PRÉCIEUX
ET
PRÉCIEUSES

CARACTÈRES ET MŒURS LITTÉRAIRES

DU XVIIe SIÈCLE

Par Ch.-L. LIVET

QUATRIÈME ÉDITION

MADAME DE RAMBOUILLET
—
L'ABBÉ COTIN
MADAME CORNUEL. — L'ABBÉ D'AUBIGNAC
SCUDÉRY.
Mlle DE GOURNAY — LE PAYS — JEAN GRILLET
BOIS-ROBERT.
—
LA GUIRLANDE DE JULIE

PARIS
H. WELTER, ÉDITEUR
59, RUE BONAPARTE, 59
—
1895

PRÉCIEUX

ET

PRÉCIEUSES

DU MÊME AUTEUR :

HISTOIRE DE L'ACADÉMIE FRANÇAISE, de Pellisson et d'Olivet, avec une Introduction, des Éclaircissements et des Notes, 2 vol. in-8.   14 »

LA GRAMMAIRE ET LES GRAMMAIRIENS FRANÇAIS au XVIe siècle. 1 vol. in-8.   7 50

PORTRAITS DU GRAND SIÈCLE. 1 vol. in-8.   7 50

DICTIONNAIRE DES PRÉCIEUSES, par Somaize. Nouv. édit., avec Notes et Commentaires, par M. Ch.-L. Livet. 2 vol. *(Bibliothèque elzévirienne.)*

SOUS PRESSE A L'IMPRIMERIE NATIONALE (février 1895) :

LEXIQUE DE LA LANGUE DE MOLIÈRE comparée à celle des écrivains de son temps. 3 vol. in-8. — (Paris, Welter, 59, rue Bonaparte.)   30 »
(Ouvrage couronné par l'Académie française, et imprimé aux frais de l'Etat.)

LA MODE DANS LE LANGAGE. 1 vol. *(En préparation.)*

IMPRIMERIE COOPÉRATIVE D'AIX-LES-BAINS
Avenue de Tresserve, " Villa Gutenberg " (Savoie)

INTRODUCTION

DE LA SOCIÉTÉ PRÉCIEUSE

AU XVIIᵉ SIÈCLE

Cette période féconde de notre histoire, qui commence avec Richelieu et finit avec Mazarin, n'est pas seulement importante par les résultats politiques obtenus : les grands soumis à la loi, la maison d'Autriche abaissée, le parti des protestants ruiné, l'équilibre européen établi, le traité des Pyrénées signé ; il s'y produisit des faits purement civils, indépendants de toute action émanée du pouvoir royal, qui amenèrent à la fois dans les mœurs et même dans la langue des réformes suffisantes pour faire, à elles seules, la gloire du XVIIᵉ siècle. Sous l'influence d'une femme justement vénérée, la marquise de Rambouillet, les hommes commencèrent à rechercher la Société des femmes ; celles-ci à recevoir dans une égale intimité les gens de lettres et les gentilshommes ; si bien qu'avant 89 l'esprit avait déjà conquis sa noblesse. Le langage prit une décence rarement observée jusque-là et demanda en outre à l'Italie la délicatesse et la galanterie, à l'Espagne la gravité et la noblesse. Alors enfin naquit l'esprit de conversation.

Si plus tard les qualités cherchées et obtenues finirent par se corrompre ; si, par suite d'un raffinement exagéré, on en vint à substituer la pruderie à la pudeur, l'afféterie à l'élégance, un pédantisme prétentieux au charme d'un savoir modeste, qu'on n'en accuse pas les premières réunions, formées sur le modèle des assemblées de l'hôtel de Rambouillet, mais ces coteries impuissantes, ces cabales bourgeoises dont les livres de Somaize et les comédies de Molière nous ont tracé de piquants tableaux.

Nous nous proposons d'aborder, dans un résumé rapide, l'histoire de cette société, si intéressante dans son origine et son progrès, comme dans la décadence qui suivit. Mais nous devons dès à présent faire ressortir un caractère commun aux deux époques ; c'est que les habitués de madame de Rambouillet ou les familiers de mademoiselle de Scudéry ont pu sans doute, en particulier, être mécontents du pouvoir ; mais uniquement sensibles aux choses de l'esprit, soumis au souverain, ils restèrent toujours, dans leurs réunions, étrangers à la politique et ne se montrèrent jamais hostiles aux actes du gouvernement. Si donc on peut remarquer que les principes d'égalité proclamés par 89 furent préparés dès cette époque par l'élévation non plus isolée, mais générale, des gens de lettres, il serait faux d'avancer que l'esprit de soumission s'y soit perdu et que l'indépendance ou la révolte y aient pris naissance ou trouvé un appui.

Le caractère entièrement privé des réunions de la société polie au XVIIe siècle nous dispense d'entrer dans le détail des événements politiques ou des grandes mesures administratives qui signalèrent les ministères de Richelieu et de Mazarin ; quelques traits sont nécessaires cependant pour faire connaître et les mœurs qui s'y réformèrent, et le langage qui s'y polit, et les circonstances qui auraient pu servir ou qui aidèrent réellement le développement de l'esprit nouveau.

Les mœurs, pour chacun et pour tous, résultent de la pratique habituelle, constante de certaines règles de conduite plutôt inspirées par les sentiments que dominées par la réflexion : pour le plus grand nombre, en effet, le proverbe dit vrai, le cœur emporte la tête, et c'est dans l'étude des penchants, des inclinations, des tendances ordinaires d'une époque que nous trouverons le plus facilement l'explication des mœurs générales.

Or, au moment de la mort de Henri IV, quelle

était la situation du pays ? Par ce qui était nous verrons ce qui restait à faire, et à quelles aspirations vers un autre avenir donnait lieu l'état actuel de la société.

Deux partis, plutôt politiques que religieux, bien qu'ils empruntassent leur nom des catholiques et des protestants, divisaient alors la France et essayaient à l'envi, ceux-là de conserver une supériorité laborieusement acquise, ceux-ci de ressaisir une influence vainement défendue. L'intrigue d'abord, les armes ensuite, avaient été appelées au service des deux causes ; l'habileté du feu roi avait su maintenir des deux côtés l'équilibre ; mais sa mort et les embarras d'une régence remettaient tout en question, relevaient le courage des ambitieux et prolongeaient en France, avec les discordes civiles, ces désordres qui atteignaient la population entière dans ses trois ordres : le clergé, la noblesse et le tiers état.

Le clergé supérieur n'avait pas alors cette haute moralité, et n'était point recruté avec ce choix intelligent et sévère qu'on admire aujourd'hui ; il était en grande partie composé de jeunes gens nobles, engagés dans les ordres ou par force ou par l'habitude du temps ; de faciles dispenses leur apportaient, avant même l'âge des plaisirs, les richesses des abbayes ou les revenus des évêchés et des canonicats; vivant pour l'ordinaire hors de leur diocèse, ils en ignoraient les besoins et menaient une vie toute mondaine. A de rares exceptions près, leur influence morale était nulle, et ils n'avaient aucune action sur le clergé inférieur. Maîtres de l'éducation dans les campagnes, ils se déchargeaient de la surveillance et de la direction des petites écoles sur le chantre de leur église métropolitaine ; s'ils connaissaient les abus, c'était pour les punir plutôt que pour les prévenir ou les réformer.

A la cour, les gentilshommes les plus nombreux, ceux qui n'imitaient personne et qui dominaient avec une autorité incontestée sur les modes, le langage ou les mœurs, étaient les gens de guerre. Témoins des débordements d'un roi dont l'âge semblait augmenter plutôt qu'affaiblir les passions obstinées ; peu scrupuleux sur la morale que cinquante années de guerre civile leur avaient singulièrement fait oublier, ils se livraient à l'amour immodéré des plaisirs, et c'était là encore une flatterie plus ou moins directe à l'égard du souverain. Toutes les provinces du royaume y avaient des représentants, tous les patois s'y parlaient ; des prononciations diverses défiguraient diversement les mots, et ce serait une grave erreur de penser qu'il y eût alors à la cour un langage choisi, homogène, qui pût agir avec succès sur la littérature : la langue écrite ne ressemblait en rien à la langue parlée ; telle qu'elle était, c'était en quelque sorte un idiome savant que tous entendaient, mais qui n'avait pas cours dans les relations habituelles. Apprise sans règles et sans grammaire, la langue n'avait guère obéi jusque-là qu'à l'usage. Que l'on mette en regard des vers de Malherbe, ses lettres chargées de solécismes et de locutions patoises, on se fera une idée de la négligence avec laquelle la langue était traitée. Si la politesse du langage ne préoccupait aucunement les gens de cour, leurs habitudes guerrières et la vie de garnison les rendaient peu scrupuleux sur la décence des expressions ; le goût des histoires graveleuses, l'emploi des termes les plus libres, les usages les plus grossiers arrêtaient dans leur expansion tous les sentiments de pudeur, toute cette réserve, cette délicatesse exquise et fine qui réclame impérieusement une langue particulière. Nous ne donnerons point d'exemples de ce qu'était alors la liberté du langage : les contes de la reine de Navarre, les poésies et les comédies du temps ne le montrent que trop [1].

[1] S'il est vrai que le sentiment moral soit moins rapide dans ses progrès que les facultés de l'intelligence dans leur développement, voici un trait qui peut suffire à faire connaitre la distance qu'avaient dû parcourir les mœurs pour avoir besoin du langage épuré et décent que nous réclamions tout à l'heure : nous l'empruntons à une sorte de civilité puérile et honnête du xvi⁰ siècle, et nous laissons ce curieux passage dans la langue où il a été écrit :

Quid odiè, proh ! pudor, fit ? Ecce juvenes, perfrictâ fronte, coràm honestissimis puellis, coràm integerrimis matronis, coràm ipsis etiam præceptoribus, membra illa

Il était donc urgent, après les améliorations successives introduites depuis, qu'une influence puissante vînt enfin consacrer, pour ainsi dire, ces progrès déjà obtenus, et fit adopter formellement, d'une manière continue et régulière, un langage nouveau pour des mœurs nouvelles.

Aux femmes fut réservée cette tâche ; elles seules purent obtenir des hommes des manières plus délicates et un langage épuré ; mais en même temps qu'elles durent se faire rechercher par le charme de leur conversation, elles eurent à faire désirer, en le rendant difficile, l'accès auprès d'elles, et à commander le respect par la pureté de leurs mœurs. Elles avaient donc elles-mêmes à se réformer. Il nous reste à chercher d'où partit la réforme.

Pour qui s'est rendu compte du nombre des couvents et aussi de la quantité de jeunes filles qui y étaient élevées et qui y vivaient jusqu'à leur mariage, il semble que l'influence des maisons religieuses devait être grande sur la société contemporaine ; si ce n'est pas de là que sortirent ces femmes qui, les premières, songèrent à pro-

---

virilia impudentissimè ostentant. Et ubi à præceptore admonentur ut illa obtegant, nescio quot paralyses eis imprecantur. In hos sane cynœdos Academiarum moderatores vel gravissimè animadvertere deberent. Indignum enim est illam juventutem in tantam inverecundiam inultam existere.

tester contre la corruption de la société, c'est un phénomène étrange qui demande une explication.

Les couvents étaient depuis longtemps dirigés par des abbesses qui songeaient plus au revenu qu'elles en tiraient qu'aux règles qu'elles y devaient faire suivre. Comme les évêques, qui restaient peu dans leur diocèse, les titulaires des abbayes observaient rarement la résidence et laissaient le champ libre aux petites ambitions, aux intrigues, aux révoltes, au relâchement et même à l'oubli de toute discipline. Au XVIIe siècle, les abus devinrent si criants qu'il fallut y porter remède. De pieux ecclésiastiques, de saintes femmes provoquèrent de nombreuses réformes, qui, malheureusement, s'opérèrent isolément et non d'une manière générale. Leurs écrits nous fournissent des peintures si vives des désordres qu'ils ont à réprimer qu'on les soupçonnerait volontiers d'exagérer le mal pour prouver mieux la nécessité de le combattre ; mais il n'est que trop d'autres sources qui confirment les faits avancés par eux, et qui nous révèlent cet état de choses déplorable d'où ne pouvait provenir aucun effet utile et qui se perpétua pendant tout le XVIIe siècle [1].

Non seulement les femmes de qualité étaient admises à suivre, ou plutôt à troubler les exercices

---

[1] Voyez, dans la préface de notre édition du *Dictionnaire des Précieuses*, de Somaize, des Extraits du P. Joseph, relatifs à cette nécessité d'une réforme.

des couvents, mais elles y avaient leur appartement, leur maison même, qu'elles y faisaient bâtir; M. Cousin nous rappelle, dans *la Jeunesse de Madame de Longueville*, que la mère Agnès refusa 100,000 livres de mademoiselle de Guise, qui sollicitait à ce prix la permission d'entrer souvent dans la communauté. Cette somme, disait-elle, ne réparerait point la brèche faite par là à l'esprit de l'institution, qui ne se peut conserver que par la retraite et l'éloignement de tout commerce du monde[1]; mais, quelques pages plus loin, il rapporte un acte authentique, passé le 18 novembre 1637, au nom de Charlotte de Montmorency, princesse de Condé, et de sa fille, mademoiselle de Bourbon, qui devint madame de Longueville, avec les Carmélites du Faubourg Saint-Jacques. Cette pièce importante, que nous empruntons au même ouvrage[2], nous dispensera d'en citer d'autres du même genre. On y lit que les religieuses, averties du désir que ces princesses « avoient fait paroistre d'être reçues pour fondatrices de la maison nouvelle que lesdites Révérendes font à présent construire et prétendent joindre à leurs anciennes clôtures; après avoir proposé l'affaire en plein chapitre et avec la permission de leurs supérieures... ont volontairement admis lesdites princesses

---

[1] *La Jeunesse de madame de Longueville*, 2ᵉ édit. Paris, Didier, 1853, p. 103.
[2] P. 117-118.

pour fondatrices, à l'effet de jouir de tous les privilèges accordés aux fondatrices...; à savoir de *la libre entrée du monastère toutes les fois qu'il leur plaira* pour y boire, manger, coucher, assister au divin service et autres exercices spirituels...; ont de plus consenti que ladite dame princesse puisse jouir des privilèges qu'elle a obtenus du Saint-Père, de *faire entrer deux personnes avec elle trois fois le mois, comme elle a fait jusqu'icy*..., à condition toutefois que lesdites deux personnes ne pourront demeurer dans les monastères passé six heures du soir en hiver, sept en esté... »

Non seulement les personnes laïques pouvaient être reçues, pour des motifs de piété, dans des couvents comme ceux de la réforme si sévère des Carmélites, mais là se retiraient encore des femmes comme la duchesse de Mazarin ou la marquise de Courcelles, qui avaient tant de scandales à faire oublier; par les bruits vrais ou faux qu'on publiait sur la manière dont vivaient au couvent des filles Sainte-Marie, de la rue Saint-Antoine, ces femmes si compromises, on peut juger des infractions à la règle que causait la présence de telles pénitentes. Laissons parler madame de Mazarin :

« Madame de Courcelles ayant été mise avec moi dans le couvent, j'eus la complaisance d'entrer pour elle dans quelques plaisanteries qu'elle fit aux religieuses. On en fit cent contes ridicules au Roi :

que nous mettions de l'encre dans le bénitier pour barbouiller ces bonnes dames; que nous allions courir par le dortoir pendant leur premier somme avec beaucoup de petits chiens, en criant *tayaut*, et plusieurs choses semblables ou absolument inventées ou exagérées avec excès...

« Sous prétexte de nous tenir compagnie, on nous gardoit à vue. On choisissoit pour cet office les plus âgées des religieuses, comme les plus difficiles à suborner ; mais, ne faisant autre chose que nous promener tout le jour, nous les eûmes bientôt mises sur les dents l'une après l'autre : jusque-là que deux ou trois se démirent le pied pour avoir voulu s'obstiner à courir avec nous[1]. »

Mal protégées dans leur retraite par des grilles qui s'ouvraient trop facilement, les religieuses reprenaient dans leurs fréquentes conversations avec des étrangères le goût des choses mondaines qu'elles avaient fait vœu d'oublier, souvent moins sous l'influence d'un pieux détachement que parce qu'elles manquaient de fortune ou de beauté.

« Ces filles qu'on sacrifie tous les jours, comme le dit Fléchier *(Grands Jours d'Auvergne)*, peuploient les couvents et y introduisoient le libertinage et le scandale. » C'étaient ces mêmes filles, victimes d'un usage cruel, qui cherchaient si sou-

---

[1] *Mémoires de la duchesse de Mazarin*, cités dans l'Introduction aux *Mémoires de madame de Courcelles*, publiés par M. P. Pougin. *Biblioth. Elzév.*

vent à se soustraire à la règle, soit en sortant fréquemment du couvent sous mille prétextes futiles, soit en y important les mœurs de la société la plus corrompue. Ainsi l'on voit au tome XIII des Manuscrits de la collection Godefroy, à la bibliothèque de l'Institut, l'histoire de cette Magdelaine Lamelin, religieuse à Bourbourg, que le maréchal de Schomberg put connaître et arracher à son couvent; qui le suivit en Portugal et dont il eut plusieurs enfants. Ainsi lit-on encore dans le même volume de ce Recueil une requête adressée au roi contre l'abbesse de Rougemont et sa sœur, Françoise de Lucé, qui, « jusques icy, ont vécu d'une manière si dépravée qu'elles ont fait passer cette maison plutôt pour un lieu public et infâme que pour un monastère, ayant eu dix enfants tout au moins... »

Ce qu'il fallait donc pour remédier à la dépravation générale, c'était une règle faite par soi et pour soi par une société choisie qui tint à honneur de l'observer, parce qu'elle-même l'avait librement établie. Le respect que l'on professait pour la marquise de Rambouillet, qui, blessée dans sa pudeur par les mœurs de la cour, s'en était de bonne heure retirée ; sa bienveillance que l'on voulait mériter et conserver, et à laquelle on voulait répondre ; le charme nouveau de ses réunions, tout concourut à établir son influence sur le cercle qui l'entourait, et par suite à multiplier ces *assemblées* (c'est le nom consacré), où, comme chez elle, on luttait d'égale ardeur, sans le dire hautement, sans parti pris et presque instinctivement, contre les mauvaises mœurs et le mauvais langage.

Des éléments heureux, qu'il s'agissait de féconder, avaient été apportés d'Italie par Marie de Médicis, d'Espagne par Anne d'Autriche, ou inspirés même et répandus dans toute la nation par un grand roi qui avait le sentiment des grandes choses; la révolte de madame de Rambouillet contre tout ce qui choquait le goût ou la délicatesse était, pour ainsi dire, dans l'air plutôt même qu'elle ne fut spontanée chez la marquise, et elle ne pouvait être isolée dans un temps où de longs excès appelaient une prompte réaction. Mais elle sut tirer un admirable parti des tendances nouvelles, et si les germes existaient, c'est à son action vivifiante qu'on en doit l'éclosion si désirée. M. Cousin, dans *la Jeunesse de madame de Longueville*, l'a dit déjà en termes éloquents :

« La grandeur, dit l'illustre écrivain, était en quelque sorte dans l'air dès le commencement du XVIIe siècle. La politique du gouvernement était grande, et de grands hommes naissaient en foule pour l'accomplir dans les conseils et sur les champs de bataille. Une sève puissante parcourait la société française. Partout de grands desseins, dans les arts, dans les lettres, dans les sciences, dans la philosophie. Descartes, Poussin et Corneille s'avançaient vers leur gloire future, pleins de pensers hardis, sous le regard de Richelieu. Tout était tourné à la grandeur; tout était rude, même un peu grossier, les écrits comme les cœurs. La force abondait. La grâce était absente. Dans cette vigueur excessive on ignorait ce que c'était que le bon goût. La politesse était nécessaire pour conduire le siècle à la perfection. L'hôtel de Rambouillet en tint particulièrement école. »

L'hôtel de Rambouillet fut le premier où l'on « tint compagnie »; mais il eut des imitateurs à Paris, et bientôt même en province. Nous ne saurions songer à passer ici en revue toutes les maisons qui eurent un nom à cette époque; mais nous dirons quel était le caractère général de ces réunions communes aux hommes et aux femmes, quelles lois en quelque sorte y présidaient, quels usages y régnaient, et quel était enfin l'aspect, la physionomie de ces assemblées.

Nous avons donné, dans notre Notice sur madame de Rambouillet, la description de son hôtel. Introduit par mademoiselle de Montpensier et mademoiselle de Scudéry, nous avons pénétré dans cette chambre où Arthénice, sans être duchesse, recevait même des princesses, et réunissait une cour plus choisie, sinon plus nombreuse que celle de la reine; nous avons suivi à son château ses heureux habitués; nous avons été de toutes leurs fêtes. Quel charme de bon goût dans tous ces divertissements ! quelle gaieté franche et vraie ! et que nous sommes loin de cette morgue prétentieuse qui distingue des vrais précieux les précieux ridicules !

Quelle différence, si nous suivons, dans une de ces ruelles qu'ils nous ont décrites, Somaize ou l'abbé de Pure !

Bélisandre arrive de province. Il a entendu parler de ces réunions charmantes où les femmes font assaut de coquetterie, les hommes de belles manières et d'élégance : il désire vivement y être admis, et, suivant le cérémonial en usage, il s'adresse à l'un de ces galants abbés connus, comme l'abbé de Buisson ou l'abbé de Belesbat, pour être les grands introducteurs des ruelles. Il prend jour et heure avec eux; on ne le fait pas attendre : dès le lendemain *Brundesius* doit le présenter.

Le soir, et fort avant dans la nuit, *Bélisandre* lit des romans; il étudie les entrées et les sorties, l'art de saluer en termes choisis, de dire toutes choses d'un air galant. Il se décide, à regret, à prendre quelques heures de repos : ses cheveux sont d'avance frisés et fortement serrés ; ses moustaches relevées par une *bigottère*, ses mains enduites d'une pommade adoucissante et cachées dans des gants; il se parfume à la fois de musc, de civette et d'eau d'ange : il se couche et s'endort en préparant dans son esprit la conversation du lendemain. C'est lui qui la dirigera. Il dira ceci, on lui répondra cela ; il est sûr du succès.

Dès la pointe du jour,

> Au sortir de son lit, ayant quitté ses gands,
> Descordonné son poil, défait sa bigottère,
> Pinceté son menton et ratissé ses dents,
> Il prend un bon bouillon et va rendre un clystère ;
> Le voilà bien muni tant dehors que dedans[1].

Il répand alors sur ses cheveux des nuages de poudre de Chypre ; il lave son visage avec une éponge imprégnée, depuis la veille, de lait virginal, et ses mains avec de l'huile d'amande douce ou de l'essence de néroli ; il parfume sa bouche avec des pastilles d'essence d'ambre et fait mettre dans ses poches des sachets de senteur. Ces sachets sont d'une étoffe de soie un peu jolie, longs de quatre doigts, un peu moins larges ; autour ils sont ornés de faveurs bouillonnées, d'une couleur convenable à l'étoffe, et sont remplis soit de poudre à la maréchale, soit de fleurs mélangées.

Après tous ces préparatifs, *Bélisandre* finit sa toilette : chemise à jabot, haut-de-chausses garni de sept ou huit rubans satinés des couleurs les plus éclatantes, et choisis chez Perdrigeon ; bas de soie d'Angleterre ; souliers très longs et qui ne permettent pas de lui supposer un petit pied ; canons bien

---

[1] Scudéry, *le Pousseur de beaux sentiments.*

empesés, à triple rang de toile de Hollande, garnis aussi de deux ou trois rangs de point de Gênes, pour accompagner le jabot; cordons, aiguillettes, jarretières du dernier galant, chapeau orné d'un beau ruban d'or et d'argent; gants isabelle vif : il est irréprochable dans son costume; autour de ses bras il passe un ruban noir pour faire ressortir la blancheur de ses mains; sur sa joue il pose une large mouche qui rend son visage blême comme il convient, et lui prête l'air langoureux qu'il veut prendre; son carrosse, — car *il a carrosse*, — l'attend : fouette, cocher[1] !

Bélisandre arriva chez *Brundesius* vers neuf heures et l'attendit quelque temps : *Brundesius* était chez La Vienne, l'étuviste. Enfin, il rentre, il est dix heures; les deux amis se rendent chez *Cléogarite*.

Au Marais, dans la rue qu'elle habite, de nombreux carrosses montrent l'empressement des visiteurs. On heurte à sa porte. Le *heurtoir* était emmaillotté de linge, pour que l'on n'entendît pas de la chambre les coups du marteau, qui eussent pu gêner la conversation. Un laquais les fait entrer et les annonce à *Cléogarite*.

La précieuse *Cléogarite* était encore dans son lit

---

[1] Les *Lois de la galanterie, Traité des parfums*, les *Visions*, poème, l'*Esprit follet*, comédie, etc.

posé sur une estrade, et séparé du reste de la chambre par un balustre,

> Loin du jour, de peur qu'on ne voye
> Que son mufle est une monnoye
> Qui n'est plus de mise en ce temps[1].

Les rideaux étaient tirés devant les fenêtres ; un paravent s'étendait de la porte à la cheminée ; aux murs étaient accrochés des portraits ; des tablettes portaient quelques livres nouveaux achetés chez Sercy ; dans la ruelle étaient assises sur des fauteuils quelques dames qualifiées de la cour, et, sur des chaises plusieurs dames de la ville ; la plupart jouaient avec de petites cannes qu'elles agitaient sans cesse[2].

Quant à leur costume,

> Beaucoup, sans attendre aux dimanches,
> Avoient mis des coiffures blanches[3],
> Qui toutes en pointes étoient.
> Beaucoup d'autres encore avoient
> Des coiffures à la paysanne,
> Et non pas à la courtisanne.

---

[1] Saint-Amant, *le Poëte crotté.*

[2] La plus part encore d'entre elles,
Soit des laides ou soit des belles,
Tenoient avec un air badin
Chacune une canne à la main,
La faisant brandiller sans cesse.
(Somaize, *Procez des Pretieuses.*)

[3] Coiffures à la picarde. (*Note du texte.*)

Si depuis un temps à la cour
La mode n'a joué son tour.
Celles qui restoient... Ah ! sans rire,
Je ne sçay si je puis le dire,
Avoient tout autour du museau
De toile jaune [1] un grand morceau,
Si gras que, sans être prophete,
On l'eust pris pour une ommelette...
Or, voyons tout presentement
Comme estoit leur habillement :
Les unes, sans que je vous mente,
Avoient une très-longue fente
A leurs habits, cela s'entend,
Et qui se rejoignoit pourtant
Par des galands [2] que devant elles
Avoient fait attacher ces belles.
Je puis dire que ces habits
Estoient de fort beaux tabis
Et d'autres estoffes très-rares :
Ces habits sont nommez cimarres.
D'autres avoient des juste-au-corps
Et d'autres avoient par le corps,
Des robbes tout autour plissées
Parce qu'elles sont plus aisées [3].

[1] Une cornette jaune. (*Note du texte.*) — La mode des cornettes jaunes, pour les femmes brunes sans doute, se conserva longtemps, car Furetière dit encore dans ses exemples : « Les coquettes mettent sur leur visage des cornettes de toile d'ortie, des cornettes jaunes, pour se conserver le teint frais. »

[2] *Galan*, d'où *galon*, de l'ital. *gala*, nœud, ruban, ornement de tête, etc.

[3] Somaize, *Procez des Preticuses*.

Bélisandre, intimidé d'abord de voir tous les regards tournés sur lui, reprit vite sa présence d'esprit. Usant du privilège des nouveaux arrivants, il vint baiser à la joue *Cléogarite*, qui s'y prêta de bonne grâce; puis cherchant un siège et ne trouvant ni chaise, ni pliant, ni perroquet, il fit comme *Brundesius* et s'assit aux pieds d'une dame sur son manteau.

L'entrée de *Bélisandre* et de *Brundesius* avait interrompu la conversation. Après les premiers compliments, *Cléogarite* demande à *Brundesius* pourquoi elle ne l'avait pas vu la veille.

— Hier, dit-il, j'étais de quartier chez *Athénodore*.

— A-t-elle grande foule d'alcôvistes[1]? Qui préside chez elle?

— Elle en a plusieurs, et de la vieille roche[2], même des femmes de la petite vertu[3]. Quoiqu'elle ait quelques diseuses de pas vrai[4], elle n'a point de ces diseuses d'inutilités[5] qui ignorent la force des mots et le friand du goût.

— Sans doute quantité de celles qui la viennent voir lui servent de mouches[6], et l'on y en trouve aussi dont la neige du visage se fond[7].

[1] De galants.
[2] Nobles.
[3] Galantes.
[4] Menteuses.
[5] Paroles superflues.
[6] Sont moins belles qu'elle.
[7] De vieilles.

— Il est vrai que l'on y en pourrait trouver qui lustrent leur visage [1] ; mais outre que celles-là sont graves par leur antiquité, les troupes auxiliaires de leur esprit soutiennent assez bien leurs ambiguïtés d'appas.

La conversation, lancée sur ce terrain, arriva vite à la médisance.

En moins d'une heure, *Bélisandre* avait appris à connaître les ruelles de *Salmis*, de *Sarraïde*, de *Sophie*, de l'illustre *Célie*, de *Stratonice*, de la charmante *Féliciane*, de l'aimable *Sophronie*, de *Félicie*, le palais de *Rozelinde*, véritable palais d'honneur, les maisons de *Nidalie*, de *Doralise*, de *Calpurnie*, de *Madonte* et de l'incomparable *Virginie*; il savait que ces noms, chez *Cléogarite*, désignaient mademoiselle de Sully, madame et mademoiselle de Scudéry, madame de Choisy, madame Scarron, madame de La Fayette, madame de Sévigné, madame de Fiesque ; que le palais de *Rozelinde* était l'hôtel de Rambouillet ; enfin que les autres maisons étaient celles de mademoiselle Ninon de Lenclos, de madame de La Suze, de madame de La Calprenède, de la comtesse de Maure et de la marquise de Villaine. Sans s'attacher beaucoup à retenir des noms précieux, qui, différents selon les divers romans, pouvaient, dans une autre ruelle, ne pas désigner les mêmes personnes, il chercha seulement à apprendre quelques particu-

[1] Qui se fardent.

larités de ce monde auquel il ne voulait pas rester étranger.

— A propos, dit *Ariston*, je fus, il y a quelque temps, chez *Aglanide*. Que dites-vous d'elle ?

— C'est une personne qui a des lumières éloignées [1].

— Pour moi, je tiens qu'elle a l'âme mal demeurée [2].

— Et moi je ne sais qu'en croire. Il y a quantité de gens qui tiennent qu'elle a un œuf caché sous la cendre [3].

— Si vos sentiments sont partialisés là-dessus, dit alors *Egistus* en rougissant, vous devez au moins avouer qu'elle a les miroirs de l'âme [4] fort beaux, la bouche bien façonnée [5], qu'elle est d'une vertu sévère [6], et qu'elle articule bien sa voix [7].

Cléogarite comprit le sentiment qui donnait au jeune *Egistus* le courage de défendre *Aglanide* absente ; elle reprit brusquement :

— *Alcyon*, qui nous a régalés de ses derniers sonnets nous en doit encore un.

---

[1] Des connaissances confuses.
[2] Qu'elle n'a point d'esprit.
[3] Qu'elle a de l'esprit et qu'elle n'en a pas la clef.
[4] Les yeux.
[5] Belle.
[6] Que l'on n'obtient rien d'elle.
[7] Qu'elle chante bien.

Cette conversation est tirée presque textuellement de la comédie de Somaize, intitulée : *Les Véritables Précieuses*. Les explications données en note sont de lui.

— Le nombre des sonnets que j'avais à vous lire, Mesdames, est achevé ; s'il est vrai que je sois venu à bout de votre patience, la faute ne pouvant être réparée par moi le sera par un autre. J'espère même me rendre aucunement recommandable par le choix de mon successeur. Ce sera, s'il vous plaît, Mesdames, M. de M. [1].

M. de M., ainsi interpellé, prit alors la parole d'un air langoureux :

Mesdames, dit-il, j'ai à vous lire des méditations sur la croix. Je me trouve en un état bien différent de celui où se feignait être, il y a quelques jours, un des beaux esprits de cette compagnie ; et au lieu qu'il appréhendait de n'avoir rien qui fût assez plaisant pour vous l'offrir, je crains de ne pouvoir rien rencontrer qui soit assez triste pour vous satisfaire [2].

On lui fit la guerre sur sa modestie, et quand il eut recueilli tous les compliments qu'il attendait, il commença sa lecture. On l'applaudit fort ; puis, comme l'heure des nécessités méridionales [3] était arrivée, on se sépara. Avant de se quitter cependant on convint, pour le lendemain, qu'on se réu-

---

[1] *Diverses Poésies sur des sujets différents*, par Ch. Vion d'Alibray. Paris, 1653, in-8° *(textuel)*. — Dans ce livre, M. de M. désigne probablement M. de Montreuil.

[2] *La Musette,* du sieur Vion d'Alibray. Paris, 1647, in-8° (en tête des *Vers moraux).*

[3] Midi, heure habituelle du dîner.

nirait chez *Claristhène*, où l'on devait s'occuper de la réforme de l'orthographe [1], qu'on trouvait trop chargée de lettres ; le surlendemain chez *Emilie*, où l'on aurait à examiner *le Criminel innocent* (Œdipe) de *Cléocrite l'Aîné* [2]. Plus tard, on se proposa de régler le blason des Précieuses [3] ; ce qu'on fit en effet quelques jours après.

Le tableau que nous venons de faire, d'une matinée chez une précieuse, sans changer un seul des traits qui nous sont fournis par Somaize, peut donner une idée de ce qu'étaient ces réunions, dans les ruelles bourgeoises ou de second ordre.

Il ne faudrait pas croire cependant que le jargon bizarre, prêté par Somaize à ses personnages, ou par Molière à Cathos et Madelon, ces *pecques* filles de Gorgibus, fût le langage adopté par les cercles précieux : ce n'est point ainsi que l'on parlait chez madame de Rambouillet, chez mademoiselle de Montpensier ou chez mademoiselle de Scudéry ;

---

[1] Somaize, *Dictionnaire des Prétieuses*, I, p. 178.

[2] De Corneille. — Somaize, *ibid.*, p. 83.

[3] *Ibid.*, p. 28. — « Les jeunes prétieuses portent d'argent, semé de pierreries au chef de gueules, à deux langues affrontées ; pour supports, deux sirennes, et, en cimier, un perroquet becqué d'or.

« Les anciennes prétieuses portent écartelé au premier et quatrième d'azur au cœur armé à cru, au second et troisième de gueules à deux pies affrontées, et, en cimier, un phénix.

« Ce blason, comme les autres, a ses explications allégoriques... », etc.

ce n'est pas ainsi que s'expriment les héros galants du *Cyrus* ou de l'*Esprit de Cour ;* et l'on ne peut mieux montrer combien Somaize a outré les défauts qu'il signale, qu'en se reportant aux ouvrages où il a puisé ses exemples.

Le plus illustre des Précieux qu'il cite est Corneille. *Œdipe,* qui parut en 1659, est, dans le *Dictionnaire,* le sujet d'une longue discussion à laquelle prennent part mademoiselle d'Espagny, mademoiselle de Lanquais et M. Foucault, et qui nous initie au procédé suivi par l'auteur pour composer son recueil de mots précieux.

Ainsi Corneille avait dit dans son épitre dédicatoire à Fouquet :

> Mais aujourrd'huy qu'on voit un héros magnanime
> Témoigner pour ton nom une toute autre estime,
> Et répandre l'éclat de sa propre bonté
> Sur l'endurcissement de mon oisiveté...

Les Précieuses de Somaize s'emparent de ces vers : tant de façons de parler extraordinaires et délicates qu'elles y voient les justifient, disent-elles, de toutes les accusations. Il est évident que l'autorité du poète permet de dire: *Cette personne répand l'éclat de sa bonté sur l'endurcissement de mon oisiveté,* au lieu de dire : *Cette personne me fait de grands présents, afin que je quitte la paresse qui m'empêche de travailler.* Corneille dit ensuite :

> Il te seroit honteux d'affirmer ton silence.

Les Précieuses auront donc le droit de dire : *affermissez votre silence,* au lieu de : *gardez le silence,* ou : *taisez-vous.*

En vain l'on fait observer à une des Précieuses que la poésie se permet de certaines hardiesses qui doivent rester étrangères à la prose. « Léostène répondit à ce que lui objectoit Félix que, dans la prose, elles ne trouveroient pas moins lieu de se défendre que dans les vers; puis elle poursuivit ainsi : — C'est ce que je vous montre dans l'endroit de la préface de cet illustre, dont je n'allègue les façons de parler extraordinaires et délicates que pour nous justifier de vos accusations, et non pour les condamner ; et vous le pouvez lire vous-même.

« Félix prit le papier et lut ce qui suit : ... *et qui n'ait rendu les hommages que nous devons à ce concert éclatant de rares qualités et de vertus extraordinaires.....* » Émilie prit la parole en cet endroit et dit : — « Eh bien ! brave Félix, qu'en dites-vous ? *Un concert éclatant de rares qualités et de vertus extraordinaires,* pour dire : *un grand homme,* ou : *un homme parfait...* En faisons-nous de plus nouvelles ? et n'avons-nous pas pour guides les grands hommes quand nous faisons des mots nouveaux ? »

A l'aide des mêmes subtilités, *Léostène,* ou plutôt Somaize qui la fait parler, arrive à prouver qu'on peut dire : *terriblement beau,* pour : *extraordinairement beau,* parce que Corneille a dit :

Et par toute la Grèce animer trop d'horreur
Contre une ombre chérie avec tant de fureur.

De même on dira : *le partisan des désirs,* pour *l'amour ;* et : *transmettre son sang,* pour : *avoir des enfants,* puisque Corneille, « après avoir mis : *c'est d'amour qu'il gémit,* adjouste plus bas dans le même sens :

De mes plus chers désirs ce partisan sincère,

et encore :

Et s'il faut après tout qu'un grand crime s'efface
Par le sang que Layus a transmis à sa race... »

En isolant ainsi certaines phrases ou certaines locutions de tout ce qui les entoure, on arrive à substituer la périphrase au mot propre, et la métaphore à l'expression simple, sans que rien justifie cet emploi hors de propos d'un mot qui, *mis à sa place,* avait sa force ou sa grâce.

Les Précieuses sont-elles jamais tombées systématiquement dans cette folie, et l'abus signalé, peut-être avec raison, dans quelques ruelles, devint-il aussi général qu'on serait tenté de le croire en lisant Molière ou Somaize ? Les Précieuses usèrent-elles jamais dans leurs réunions, en vertu d'une convention acceptée d'un commun accord, d'une langue particulière qui fût pour elle un moyen de se reconnaître, comme l'argot pour les voleurs à qui on les a comparées ? Il nous semble que la question ainsi posée est déjà résolue.

Si donc Somaize a extrait d'un certain nombre d'auteurs des termes qu'il traduit à sa façon, il ne faut en conclure ni que les mêmes auteurs employassent toujours et partout, sans choix, toutes ces expressions au lieu des locutions équivalentes, ni que toutes les Précieuses eussent fait, dans la langue écrite, un choix de phrases qu'elles aient transporté dans la langue parlée ; sur les six cents personnages de son *Grand Dictionnaire*, je ne sais si l'on en trouverait trente que l'on pût convaincre de cette manie. Ce qui est vrai seulement, c'est qu'à cette époque la mode, dont les cercles appelés précieux prenaient toujours l'initiative, adopta un grand nombre de locutions plus ou moins heureuses, plus ou moins nécessaires à la langue. Depuis, l'usage qui prend son bien où il le trouve ; l'usage, juge indépendant et souverain, a fait un tri parmi ces formes nouvelles ; il a rejeté les unes, et ce sont les seules qu'on attribue aux Précieuses ; mais il a adopté les autres, et l'on oublie de leur en faire honneur.

En fait, l'usage a toujours raison ; mais, dans ce cas particulier, le choix qu'il fit s'explique facilement par la diversité des sources où il a puisé.

En effet, au temps où Somaize publia son livre,

on voyait régner un abus que la vanité a toujours produit, à toutes les époques, sous des formes différentes ; il se trouve toujours des gens dont le costume, le langage et les divertissements sont imités par d'autres avec une exagération ridicule : la haute société avait ses alcôves, les bourgeoises eurent aussi leurs ruelles ; la cour s'était fait naturellement un langage qui n'avait rien de vulgaire ; la ville et la province, qui ne pouvaient apprendre cette langue à la cour, la demandèrent aux livres et au théâtre.

Le naturel qu'elles poursuivaient leur échappa [1], et le vulgaire, si redouté de Cathos, fut remplacé par le ridicule.

Est-ce à dire que Somaize ou Molière ont supposé des monstres pour les combattre ? Nous n'irons point jusqu'à dire que leur satire était sans objet, mais nous voulons déterminer bien nettement quels ennemis ils attaquaient. Ces précieux et ces précieuses si ridicules vivaient de la vie commune, et passaient dans le monde tout aussi

---

[1] Mascarille est partisan déclaré du naturel :

MASCARILLE. Mais n'admirez-vous pas aussi *Je n'y prenois pas garde ? Je n'y prenois par garde*, je ne m'apercevois pas de cela ; façon de parler NATURELLE. (*Précieuses ridicules*, sc. IX.)

Madelon ne l'est pas moins :

MASCARILLE...... Mon cœur ne tient qu'à un filet.

MADELON. Que tout ce qu'il dit est NATUREL ! (*Ibid.*, sc. XI.)

inaperçus que nos bourgeois qui, par un autre travers, ont leur salon comme ils avaient leurs ruelles; qui jouent des comédies et donnent chez eux des concerts, comme on y discutait sur des questions littéraires. Ce sont là des divertissements dont le luxe n'est pas impunément cherché par toutes les classes de la société; les jours où nos auteurs comiques nous égayeront aux dépens de ces salons où s'improvisent des artistes, toujours applaudis, il nous montreront aussi que la vanité qui avait fait les précieuses ridicules a survécu à Molière et qu'elle a pu se déplacer sans disparaître. Ils seront applaudis aussi de ceux qui ont donné l'élan, comme Molière l'a été de tout l'hôtel de Rambouillet.

Somaize, qui s'est fait l'historien des précieuses, n'avait pas le génie qui rend à jamais impérissables les types qu'il crée ou qu'il fixe. Ses ouvrages et le roman de l'abbé de Pure, peu connus, sinon des curieux, auraient même été plus complètement oubliés encore si l'on n'avait pas eu à chercher l'explication du choix que fit Molière des *Précieuses ridicules* pour sujet d'une comédie, et à donner le commentaire de sa pièce. Imitateur, souvent copiste de Somaize, qui lui a fourni à peu près toutes les expressions qu'il met dans la bouche de Cathos, de Madelon et de Mascarille, Molière a moins encore songé à combattre un ridicule généralement répandu, qu'il n'a voulu exploiter, comme il le dit lui-même, la vogue d'un type de convention ; et l'on n'a pas assez remarqué en effet qu'il compare au Capitan, au Docteur, au Trivelin, cette Précieuse ridicule, pecque provinciale entichée des gens de qualité.

On comprend par ce dernier trait combien les dames de la cour, à qui leur fortune et leur rang faisaient presque un devoir ou tout au moins donnaient le droit d'avoir une ruelle; combien des femmes comme madame de Rambouillet et tous ses visiteurs, durent applaudir la comédie de Molière. Chez la marquise, en effet, pas plus que chez ses illustres amis, on n'avait à courir ni après les gens de qualité, ni après un langage qui ne fût pas vulgaire ; chez elle, le goût des choses de l'esprit n'était point la préoccupation unique et constante des visiteurs ; la littérature et les arts avaient pris un trop rapide essor et avaient conquis dans le monde une place trop importante pour qu'on pût éviter d'en parler dans les conversations : il y eût eu alors plus d'affectation à les écarter qu'à les accueillir ; mais on n'oubliait ni les exigences du monde où l'on vivait, ni les graves intérêts du prince qu'on servait et auquel on était attaché par des liens plus ou moins étroits. Chez les habitués des ruelles qui s'ouvrirent bientôt par tout Paris, au contraire, c'est par l'affectation qu'on mettait à vivre loin des choses vulgaires auxquelles on touchait de si près, et où l'on était sans cesse ramené par des nécessités invincibles, qu'on cherchait à se distinguer, et qu'on voulait se rapprocher des sociétés d'un autre ordre.

Il y a là, certes, une preuve heureuse de la considération accordée à la littérature et aux littérateurs, dont on avait, pendant quelques années, fait trop bon marché. L'intérêt qu'on portait aux lettres, en effet, devait accroître leur développement ; là, sans nul doute, plus encore que dans la protection accordée aux savants par Colbert, est le secret de la gloire littéraire du siècle de Louis XIV.

Il n'en est pas moins vrai, quand la mode vint pour toute femme, quelle que fût sa fortune ou son esprit, d'avoir sa petite cour lettrée, que le goût équivoque de ces ruelles improvisées engagea de plus en plus un grand nombre des écrivains de ce temps dans une voie funeste, dont il fut plus tard fort difficile de sortir. Il ne fallut pas moins que des génies comme Pascal, Bossuet, Molière, Despréaux, pour résister avec avantage à des tendances qui ne furent pas sans influence parfois sur le style de Racine et de Corneille lui-même.

Les cabales bourgeoises ne furent donc pas sans action sur les œuvres de certains poètes de second ordre, dont on aimait les fades galanteries ; mais d'un autre côté s'élevait une école plus sérieuse, qui se rattachait par le bon sens et le naturel aux traditions du bon temps de l'hôtel de

Rambouillet : ici était Somaize, là Molière; ici Cotin, là Despréaux; ici Pradon, là Racine.

Nous avons vu déjà que madame de Rambouillet fut des premières à applaudir les *Précieuses ridicules;* est-il besoin de rappeler aussi que Montausier ne pardonna pas, sans doute, les attaques dirigées contre Chapelain, ami de sa jeunesse, par Boileau, un nouveau venu qui ne s'était encore exercé que dans un genre où la méchanceté peut parfois suppléer au talent; mais qu'il accepta plus tard les éloges de l'auteur de l'*Art poétique?* Dirai-je enfin que si le duc de Nevers, qui devait à son nom de protéger le génie, entra dans des coteries favorables à Pradon, mais plus qu'indifférentes à la gloire de Racine, il était intéressé, comme poète médiocre, à défendre ses égaux, tandis que le grand Condé se déclarait l'ami de l'auteur de *Phèdre?*

Disons-le donc : tous les grands noms de la France furent toujours à cette époque protecteurs de nos grands écrivains. Tant que, pendant une période difficile, on n'eut à accueillir que des ouvrages médiocres, on témoigna de son intérêt pour les lettres en fêtant les auteurs même dont le mérite était le plus contestable. Mais on pouvait à bon droit se montrer plus difficile, et on le prouva par l'empressement qu'on mit à repousser ce qu'on avait d'abord accepté, dès qu'on put admirer des œuvres supérieures.

L'école précieuse ne disparut cependant pas sous le ridicule dont elle fut frappée : elle fut défendue par tous ceux qui avaient intérêt à conserver une réputation trop facilement acquise, et qui ne se sentaient pas la force de s'en faire une autre par d'autres mérites ; elle resta en honneur dans tous les cercles bourgeois, où l'on adoptait, même en littérature, toutes les modes de la cour une heure après qu'elles n'y étaient plus portées.

Cette persistance du genre précieux en littérature, des habitudes précieuses dans les cercles, et surtout le succès attaché à un type que les auteurs secondaires voulurent longtemps exploiter, expliquent les nombreux écrits qui les vinrent frapper plus d'un demi-siècle encore après la première attaque de Molière. Nos comédies, même dans les premières années du XVIIIe siècle, sont pleines de traits lancés contre des ennemis que l'on serait tenté de croire disparus depuis les *Précieuses ridicules;* le lieu de la scène n'a pas changé, mais il est mieux indiqué ; les femmes ridicules qu'on voit en jeu sont des « bourgeoises de qualité ».

Les notices insérées dans ce volume sont consacrées à des noms qu'on trouve au premier rang et à des titres différents à toutes les époques de l'histoire de la *Préciosité*. Madame de Rambouillet est le type le plus pur et le plus élevé de la vraie précieuse, dans le meilleur sens du mot : elle paraît d'abord dans ce livre, et elle y occupe la principale place; c'est par une pièce due à plusieurs des habitués de son hôtel que nous le terminons. On nous saura gré, nous l'espérons, d'avoir songé à donner un nouveau texte de la *Guirlande de Julie*, la galanterie la plus célèbre du monde des Précieux et des Précieuses.

Les noms que nous avons groupés autour de celui de madame de Rambouillet se présentent avec des caractères différents, qui n'échapperont point au lecteur. Bien d'autres personnages auraient pu trouver place dans un ouvrage consacré à la société précieuse : ils nous ont en partie fourni la matière d'un nouveau volume, publié sous le titre de *Portraits du grand siècle*.

Ch.-L. Livet.

PRÉCIEUX ET PRÉCIEUSES

CARACTÈRES DU XVIIᵉ SIÈCLE

I

MADAME DE RAMBOUILLET

L'HOTEL DE RAMBOUILLET. — LA MARQUISE ET SA FAMILLE

C'est en tremblant que j'aborde le nom respecté d'une femme qui domina son siècle de toute la hauteur d'une vertu sans tache, et de toute l'influence de la vénération qu'elle inspirait. Des plumes plus exercées que la mienne, et, tout récemment, un écrivain illustre, je veux dire M. Rœderer, M. Walckenaër, et enfin M. Cousin, dans *la Jeunesse de madame de Longueville*, ont rendu à la marquise de Rambouillet une éclatante justice, et se sont attachés à faire connaître le caractère de ses réunions célèbres. Quelle part me reste donc, après des maîtres si autorisés ? Sont-ce les miettes de leur table que je viens offrir à des convives à peine sortis du festin ? des glanes, à ceux qui ont droit à la moisson ? Je ne sais trop ; on en jugera ; mais j'ai essayé d'agrandir, à l'aide de mes recherches particulières, le champ de leurs savantes études ; comme ce nain qui montait sur les épaules d'un géant pour étendre plus loin ses regards, j'ai cherché à découvrir d'autres horizons : puissé-je n'avoir pas trop présumé de la portée de ma vue!

Madame de Rambouillet peut être considérée sous deux aspects. Il y a dans son existence un côté brillant qui nous la montre au milieu d'une cour choisie, empressée autour d'elle, fière d'y être accueillie, attentive à s'y maintenir, heureuse de mériter les suffrages de son goût délicat; d'un autre côté, dans une ombre obscure que percent à peine les puissants rayons de sa vie publique, j'aperçois une femme vivant auprès de son mari, dans son intérieur muré aux profanes, une mère entourée de sa nombreuse famille, éprise des joies intimes de son foyer, vaillante à supporter les chagrins sans nombre qui l'ont visitée, et dont sa constance courageuse dérobait à ses amis le secret et les amertumes. C'est toujours une nature exquise et fine, une sensitive que blesse tout ce qui la touche sans ménagement, tout ce qui est violent ou heurté, une lumière trop vive, le froid, la chaleur, comme une parole trop rude ou un sentiment peu délicat; difficile dans le choix de ses amis, sincère, fidèle, indulgente pour eux; si belle, qu'elle commandait l'amour; si digne, qu'elle le faisait taire; si pure qu'elle ne soupçonna jamais les passions qu'elle inspirait; si bonne qu'elle put faire le bien sans trouver d'ingrat : noble et sainte femme dont le regard, comme le charbon du prophète, purifiait autour d'elle les cœurs et les lèvres, et dont la médisance n'osa jamais s'approcher.

Pour nous, c'est avec une vive et sincère sympathie que nous étudierons ce type élevé, que nous fournit le XVIIe siècle; nous suivrons la marquise dans sa vie intérieure, en même temps que nous chercherons à apprécier son heureuse influence sur le monde où elle vécut.

Notre travail comprendra donc deux parties distinctes : l'une visera à faire connaître la femme privée, l'épouse et la mère ; l'autre mêlera la marquise à son époque et cherchera à donner un nouveau jour aux réunions de l'hôtel de Rambouillet. Nous commencerons par dire ce que nous avons vu d'abord, une lueur brillante dont l'éclat a traversé deux siècles ; et, avançant toujours, notre respectueuse curiosité essayera de pénétrer dans une intimité moins connue et non moins digne de fixer l'intérêt.

L'HOTEL DE RAMBOUILLET

MALHERBE, COSPEAU, VOITURE, BALZAC, CHAPELAIN.

Catherine de Vivonne, née à la fin de 1588, épousa bien jeune encore, en janvier 1600, le marquis de Rambouillet. Elevée en Italie et par une mère italienne, elle avait rapporté de cette terre classique de la politesse et de la galanterie une délicatesse extrême. Quelque temps elle fréquenta la cour ; mais ni les mœurs qu'elle y rencontrait, ni le langage qu'on y parlait n'étaient de nature à l'y retenir : une austère pudeur, la sagesse précoce d'un caractère déjà formé, le sentiment de sa dignité enfin l'éloignèrent bientôt d'une cour où ses yeux avaient trouvé la parcimonie sans grandeur, la familiarité sans noblesse, la dépravation sans voile et sans décence[1]. Vers 1607 ou 1608, mère déjà d'une fille qu'une invincible prédilection lui

[1] Voy. notre Préface du *Dictionnaire des Précieuses*, Biblioth. elzév.

fit toujours préférer à ses autres enfants, madame de Rambouillet quitta le Louvre et se consacra tout entière aux soins de sa famille; en même temps elle s'appliquait à éclairer son esprit par la lecture, à cultiver et à mûrir son goût par la conversation d'hommes choisis, d'écrivains distingués qu'elle savait attirer auprès d'elle. Son hôtel, situé dans la rue Saint-Thomas-du-Louvre, entre les Quinze-Vingts et l'hôtel de Chevreuse, devint bientôt le rendez-vous d'une société nombreuse qui se dédommageait de ne la plus recevoir, en accourant auprès d'elle. Malherbe, Racan furent ses premiers visiteurs lettrés : une femme ne pouvait être à meilleure école pour se former l'esprit à une poésie sévère, châtiée, correcte, et décente; le *sel* de Régnier, les hardiesses de Théophile n'auraient pu que l'effaroucher. L'*Astrée*, dont la première partie put encore être présentée à Henri IV, lui révéla de bonne heure une prose facile, élégante, mise au service des sentiments les plus délicats; de l'amour le plus épuré. La mort du roi, les embarras de la régence, les troubles de l'Etat, ses fréquentes grossesses enfin contribuèrent à l'éloigner de plus en plus de la cour où son mari avait une charge de grand maître de la garde-robe, dont il se démit en 1611; et dès lors le charme de sa conversation, son caractère facile et gai, sa vertu aimable, attiraient chez elle toute une génération nouvelle, impatiente d'une longue corruption, fatiguée des divisions qu'avait enfantées un demi-siècle de guerres civiles, avide, comme le dit M. Rœderer[1], de l'épanchement d'affections longtemps contenues.

[1] *Mémoire pour servir à l'histoire de la société polie*, 1835, p. 21.

Le succès de ses réunions fut grand, parce qu'elle y présidait avec un charme exquis. Il faut le dire aussi, à la même époque aucune autre maison n'était encore ouverte à ce monde distingué, mélange heureux de grands seigneurs et de littérateurs en crédit. Je sais que M. Cousin, dans ses belles pages sur madame de Longueville, regarde comme « une erreur beaucoup trop répandue que l'hôtel de Rambouillet ait été le premier et longtemps le seul salon de Paris où se soit assemblée la bonne compagnie »; c'est là, pour nous, une assertion que l'autorité même de M. Cousin ne peut nous faire accepter, parce que nous avons vainement cherché les maisons hospitalières qu'on pouvait préférer à celle-ci ou fréquenter dans le même temps : nous aimons mieux lui demander la raison du succès de la marquise; on ne peut en donner une meilleure explication.

« Elle n'a fait que suivre, dit l'illustre écrivain, l'heureuse révolution qui faisait succéder, en France, à la barbarie des guerres civiles et à la licence des mœurs, un peu trop accréditée par Henri IV, le goût des choses de l'esprit, des plaisirs délicats, des occupations élégantes. Ce goût est le trait distinctif du XVIIe siècle; c'est là la pure et noble source d'où sont sorties toutes les merveilles de ce grand siècle[1]. » Nous acceptons volontiers ces paroles; elles montrent par quel concours de circonstances était soutenue madame de Rambouillet dans la révolution qu'elle eut l'honneur d'inaugurer, et combien les besoins et le goût du temps réclamaient le service qu'elle rendit à son siècle.

[1] *La Jeunesse de madame de Longueville*, 3e édition, p. 117.

Dès le début des réunions de la marquise, un caractère nouveau tendit à se manifester dans les relations du monde; les femmes y prirent bientôt une sorte de supériorité qui contribua puissamment à polir et les gens de plume et les gens d'épée; l'esprit de conversation y naquit, s'y développa et s'y maintint; les grands seigneurs apprirent à respecter les écrivains et à les fréquenter sur un pied d'égalité. M. Cousin a parfaitement fait ressortir ce point caractéristique : « A l'hôtel de Rambouillet, dit-il, tous les gens d'esprit étaient reçus, quelle que fût leur condition; on ne leur demandait que d'avoir de bonnes manières; mais le ton aristocratique s'y était établi sans nul effort, la plupart des hôtes de la maison étant de fort grands seigneurs, et la maîtresse étant à la fois Rambouillet et Vivonne[1]. » — Et il ajoute : « La littérature n'était pas le sujet unique des entretiens : on y parlait de tout, de guerre, de religion, de politique; les affaires d'Etat y étaient de mise aussi bien que les nouvelles plus légères, pourvu qu'elles fussent traitées avec esprit et avec aisance. Les gens de lettres étaient recherchés et honorés, mais ils ne dominaient pas. Voilà pourquoi l'hôtel de Rambouillet a exercé une influence générale sur le goût public... Chez la marquise de Rambouillet régnait la suprême distinction, la noblesse, la familiarité, l'art de dire simplement les plus grandes choses. »

Nous en avons assez dit, et les lignes qui précèdent font comprendre à merveille de quelle nature étaient les relations établies entre la maîtresse de la maison et ses hôtes, et de ceux-ci entre eux;

---

[1] *Madame de Sablé*, par M. V. Cousin; Didier, 1854. — 1 vol. in-8, page 53.

quelle utilité apportaient avec elles les réunions de la marquise, quelle influence elles exerçaient sur l'esprit public et sur les mœurs de la société qu'elle recevait. Il est temps de rechercher maintenant les événements principaux qui constituent ce qu'on pourrait appeler les chroniques de l'hôtel de Rambouillet.

La construction de cet hôtel, entreprise et dirigée sur ses plans, doit nous occuper d'abord. C'est vers 1612 ou 1613 que la marquise, qui faisait en se jouant, dit Voiture, des dessins que Michel-Ange n'eût pas désavoués, mécontente de tous les projets des architectes, entreprit de réformer l'architecture. Jusque-là on avait suivi des règles bien simples pour les bâtiments de ce genre : « On ne savait que faire une salle à côté, dit Tallemant, une chambre à l'autre et un escalier au milieu. » Un soir, paraît-il, que la marquise était fort préoccupée de son idée favorite : « Vite, vite, s'écria-t-elle, du papier ; j'ai trouvé le moyen de faire ce que je voulais. » C'était l'*euréka* de l'architecture civile. C'est d'elle, nous dit l'auteur des *Historiettes*, qu'on a appris à mettre les escaliers dans un des angles du corps principal de bâtiment pour avoir une grande suite de chambres, à exhausser les planchers et à faire des portes et des fenêtres hautes et larges, et vis-à-vis les unes des autres... C'est la première qui s'est avisée de faire peindre une chambre d'autre couleur que le rouge ou le tanné[1].

Sauval a pris la peine de nous décrire longuement les beautés de l'hôtel, ses heureuses proportions, l'harmonie de ses dispositions intérieures.

---

[1] Edit. Paulin Pâris, t. II, p. 487.

Nous lui emprunterons quelques détails. On entrait d'abord dans une cour; à gauche était la basse-cour[1], entourée des bâtiments de service; on passait, pour y entrer, sous une des ailes; de toutes les parties de la cour on pouvait voir le jardin, dessiné comme tous les jardins du temps; il était coupé de lignes droites qui venaient aboutir à un bassin rond placé au centre, et où les plans figurent un jet d'eau; s'il n'était pas grand, il n'était du moins borné que par d'autres jardins, en tel nombre qu'aucun bâtiment de ce côté n'arrêtait la vue. Le corps principal de logis était en briques rehaussées d'embrasures, de chaînes, de corniches, de frises, d'architraves et de pilastres de pierre, comme les maisons de la place Royale, les châteaux de Verneuil et de Monceaux, et le palais de Fontainebleau. Ce bâtiment lui-même était accompagné de quatre beaux appartements, dont le plus considérable pouvait entrer en parallèle avec les plus superbes et les plus commodes du royaume; on y montait par un escalier facile, arrondi en portion de cercle, attaché à une vaste salle; de là on pénétrait dans une longue suite de chambres qui communiquaient entre elles par de larges portes toutes en correspondance. Les meubles en étaient d'une rare magnificence, changés toujours suivant les exigences de la mode : la chambre bleue elle-même, si célèbre dans Voiture, mais qui ne porte plus ce nom dans *le Cyrus*, ne vit pas renouveler ses tentures de velours bleu rehaussé

---

[1] La *basse-cour*, dans les hôtels, à la ville, n'était pas ce qu'elle était, ce qu'elle est encore à la campagne; c'est là que se trouvaient les remises, les écuries, la boulangerie, l'épicerie, etc., etc.

d'or et d'argent, quand elles eurent perdu leur fraîcheur.

La *chambre bleue* était le lieu de réception de la marquise ; on n'avait pas encore inventé les salons, et la chambre à coucher, où l'on trouvait souvent la maîtresse de la maison assise sur son lit, était le lieu d'honneur où elle « recevait compagnie ». Dans cette pièce, les fenêtres, sans appui, régnaient depuis le plafond jusqu'au plancher, et laissaient, dit Sauval, jouir sans obstacle de l'air, de la vue et du plaisir du jardin. Mademoiselle de Scudéry décrivant le palais de *Cléomire* dans la septième partie du *Cyrus*, livre Ier, ajoute quelques traits nouveaux ; « Tout est magnifique chez elle, et même particulier ; les lampes y sont différentes des autres lieux ; ses cabinets sont pleins de mille raretés qui font voir le jugement de celle qui les a choisies. L'air est toujours parfumé dans son palais ; diverses corbeilles magnifiques, pleines de fleurs, font un printemps continuel dans sa chambre, et le lieu où on la voit d'ordinaire est si agréable et si bien imaginé qu'on croit être dans un enchantement lorsqu'on y est près d'elle. »

Mademoiselle de Montpensier, dans ce petit roman allégorique, *l'Histoire de la princesse de Paphlagonie*, dont Segrais nous a si heureusement conservé la clef, renchérit encore sur les éloges donnés à la beauté somptueuse de cette chambre ; elle parle de la *déesse d'Athènes*, qui l'occupait, avec un sentiment de vénération bien rare sous sa plume, et qui donne à ce passage un charme particulier : « Cette déité, dit Mademoiselle, étoit si honnête, si savante et si sage, que c'est sans doute ce qui a donné sujet à la fable de dire qu'elle étoit née de la tête de Jupiter et qu'elle avoit toujours été fille. Toute révérée qu'elle étoit, elle s'humanisoit quelquefois ; elle écoutoit les prières et les vœux d'un chacun, et y répondoit à toute heure sans distinction de la qualité, mais bien de la vertu, et souvent sans qu'elle en fût requise. Lorsque des personnes profanes ont eu la témérité d'entrer dans son temple, elle les en a chassées..... Pour moi, j'aurois toutes les envies du monde d'aller à *Athènes* (Paris) pour la voir, car je me persuade que j'aurois grande satisfaction de l'entendre.

« Je la crois voir dans un enfoncement où le soleil ne pénètre point et d'où la lumière n'est pas tout à fait bannie. Cet antre est entouré de grands vases de crystal pleins des plus belles fleurs du printemps, qui durent toujours dans les jardins qui sont auprès de son temple, pour lui produire ce qui lui est agréable. Autour d'elle, il y a force tableaux de toutes les personnes qu'elle aime ; ses regards sur ces portraits portent toute bénédiction aux originaux.

« Il y a encore force livres sur les tablettes qui sont dans cette grotte ; on peut juger qu'ils ne traitent de rien de commun. » — Au moment où Mademoiselle écrivait (1659), le temps était passé des grandes réunions de la marquise ; le bruit la fatiguait, et Mademoiselle ajoute : « On n'entre dans ce lieu que deux ou trois à la fois, la confusion lui déplaisant et le bruit étant contraire à la Divinité, dont la voix n'est d'ordinaire éclatante que dans son courroux... ; celle-ci n'en a jamais : c'est la douceur même. »

Si donc, à la fin de sa vie, madame de Rambouillet perdit le goût du monde, du moins ses infirmités précoces ne l'éloignèrent point d'abord de ses amis. Ses chagrins l'isolèrent d'eux, quand elle eut perdu M. de Rambouillet, que sa fille chérie l'eut quittée pour suivre son mari, M. de Montausier, gouverneur de l'Angoumois, et qu'une enfant rebelle, l'abbesse d'Yères, eut cherché à profaner la sainteté de son foyer par le scandale d'un douloureux procès.

Mais ne pressons pas les événements; ils accourent sous ma plume assez nombreux pour que j'aie besoin de les choisir et de les classer.

Arthénice, avons-nous dit, était le nom poétique de madame de Rambouillet. C'était Malherbe, qui, pour suivre l'usage et donner aux poètes un moyen de la chanter, sans trahir pour le vulgaire le secret d'un nom si respecté, avait trouvé dans *Catherine* cet anagramme doux à l'oreille. *Arthénice* devint presque pour elle un nom propre : il ne lui fut enlevé que par l'abbé Cotin, qui l'appliqua à madame de la Moussaye, Catherine de Champagne, et par Racan, qui nomme ainsi madame de Termes. Plus tard, quand ce fut la mode d'introduire des portraits et le récit d'aventures véritables dans les romans, on dut retirer à madame de Rambouillet le nom trop transparent d'*Arthénice :* on l'appela *Cléomire;* on l'appela *Minerve,* la déesse d'Athènes.

Malherbe, qui avait été un de ses premiers hôtes, l'avait initiée à une poésie noble et sévère, qu'elle était, plus que personne, faite pour admirer; il lui avait présenté Racan, son élève favori; lui et Cospeau, l'éloquent prédicateur, formaient pour la marquise une société austère qui n'épouvantait point sa jeunesse. Nous n'oserions présenter ici, comme l'a fait M. Rœderer dans son intéressant *Mémoire sur la société polie,* une liste des familiers illustres que comptait, dès le début, l'hôtel de

Rambouillet ; nous n'oserions surtout préciser nettement les dates ; cependant, si nous effaçons des noms signalés par M. Rœderer celui de Balzac qui, bien connu de la marquise, lui dédia plusieurs ouvrages avant de l'avoir vue, et n'avait pas encore paru chez elle en 1638[1], nous pensons aussi qu'avant la mort de Malherbe (1628), madame de Rambouillet recevait déjà Gombauld, l'auteur de l'*Endymion*, et Chapelain, connu par sa lettre apologétique imprimée en tête de l'*Adone* du Marini, Chapelain, le futur auteur de *la Pucelle*, critique de goût, érudit très versé dans les lettres italiennes et espagnoles, poète par circonstance plutôt que par vocation. Le Marini lui-même y était reçu avec honneur. Richelieu, le jeune évêque de Luçon, y retrouvait Cospeau, son professeur resté son ami ;

---

[1] M. Rœderer, dans son *Mémoire pour servir à l'histoire de la société polie*, a placé, de 1620 à 1630, l'entrée de Balzac à l'hôtel de Rambouillet. Il est étonnant qu'un livre, le premier écrit sur ce sujet, n'ait pas plus d'erreurs et renferme en si grand nombre de si utiles renseignements. Ici, une source que l'auteur n'a pu connaître nous permet une facile rectification. Voy. aussi plus bas, p. 32.

Dans les lettres de Chapelain, dont le recueil manuscrit a appartenu à M. Sainte-Beuve qui a bien voulu nous le communiquer, je trouve celles-ci adressées à Balzac, la première à la date du 29 décembre 1637 ; et la seconde, du 22 mars 1638.

1º — «... J'approuve extrêmement le dessein que vous avés d'honorer son mérite (de Mme de R.) à l'advenir par l'adresse des principaux de vos Discours, dans lesquels vous meslerés quelque chose qui regardera le particulier de sa personne. »

2º — «... Vous ne sçauriés avoir de curiosité pour une chose qui le mérite davantage que l'hôtel de Rambouillet. On n'y parle point savamment, mais on y parle raisonnablement, et il n'y a lieu du monde où il y ait plus de bon sens et moins de pédanterie, etc... »

3º — Voy. plus loin, pages 33, 34.

le cardinal de La Valette, plus jeune que lui de sept ans ; le marquis du Vigean, de deux doigts plus petit que Voiture et à peine plus grand que Godeau, qui depuis fut appelé le Nain de Julie : présenté par Conrart, son cousin, celui-ci trouva chez Arthénice des protecteurs et un évêché. Le maréchal de Souvré, gouverneur de Louis XIII enfant, ami du marquis de Rambouillet, y venait avec sa fille, la célèbre marquise de Sablé, et il y rencontrait le duc et la duchessse de la Trémouille ; Voiture, qui avait trop d'esprit pour rester dans la bourgeoisie et assez de fortune pour faire figure entre les gentilshommes, fut « réengendré » par M. de Chaudebonne, et introduit par ce vertueux ami de la marquise dans un cercle déjà nombreux.

Là encore venait assidûment mademoiselle Paulet, que la marquise avait remarquée dès le ballet de la reine mère (février 1609) ; elle ajoutait à l'agrément de ces réunions par sa beauté et sa belle voix dont madame Aubry n'atteignait pas le charme. Madame Aubry elle-même, si connue par Tallemant et les lettres de Voiture, y voyait souvent madame Saintot, femme d'un introducteur des ambassadeurs ; dans un monde plus élevé, madame la princesse, cette belle Charlotte de Montmorency pour qui Henri IV avait fait ses dernières et plus honteuses folies, amenait fréquemment aussi dès ce temps chez madame de Rambouillet une toute jeune enfant née en 1619, et qui prenait grand plaisir aux contes que lui disait la fille chérie de la marquise, Julie d'Angennes : c'était Anne-Geneviève de Bourbon, qui devait être plus tard la duchesse de Longueville ; elle était déjà charmante de beauté et d'esprit, et déjà aussi elle tenait sa place parmi les habitués de l'hôtel, où l'on faisait mille efforts pour l'amuser. Une de ces histoires qu'elle aimait tant lui ayant été contée devant Voiture, il prit la plume et écrivit, en développant un peu, le petit roman d'*Alcidalis et de Zélide*. Lui-même, ingénieux à la distraire, lui adressa un jour une longue lettre qu'un de nos historiens littéraires lui a vivement reprochée comme un oubli de toute dignité, sans penser que c'était un jeu d'esprit destiné à un enfant : je veux dire celle où Voiture raconte qu'il a été berné à l'hôtel de Rambouillet et, à l'aide d'une couverture, lancé de la terre au ciel. Auprès d'elle on voyait mademoiselle du Vigean, pour qui Voiture fit, dit-on, ces vers gracieux :

> Notre aurore merveille
> Sommeille :
> Qu'on se taise alentour !...

Les enfants de madame de Rambouillet et mademoiselle du Vigean formaient à mademoiselle de Bourbon une agréable société, et plus d'une fois de graves conversations furent interrompues par leur gentil babil.

Voiture, le vrai chroniqueur de l'hôtel, celui qui était « l'âme du rond », dit Tallemant, nous a initié par ses lettres aux plaisirs et aux occupations de la société d'Arthénice.

Le plus souvent, on se réunissait chez elle ; car une infirmité précoce dont le commencement coïncide assez avec la naissance de son dernier enfant (1623 ou 1624) ne lui permettait d'affronter ni le froid, ni la chaleur, ni la grande lumière : depuis ce temps, quoiqu'elle fût jeune encore, elle ne put qu'à de rares intervalles quitter sa chambre, et dut renoncer à visiter dans les environs de

Paris ces beaux sites qu'elle aimait à admirer. Mais il arrivait fréquemment à ses amis et à ses enfants d'aller dans les châteaux voisins chercher en liberté les plaisirs sans étiquette qu'on trouve à la campagne. Une lettre que Voiture adressait, probablement vers 1631, au cardinal de La Valette, nous peint vivement la physionomie de ces réunions d'amis, moins occupés qu'on ne croit à discuter sur les mots ou sur les syllabes. C'est le récit d'une partie de campagne faite à La Barre, propriété charmante de madame du Vigean. Nous laissons parler l'auteur :

«... Vous saurez donc, Monseigneur, que madame la Princesse, mademoiselle de Bourbon, madame du Vigean, madame Aubry, mademoiselle de Rambouillet, mademoiselle Paulet, M. de Chaudebonne et moy partimes de Paris, sur les six heures du soir, pour aller à La Barre, où madame du Vigean devoit donner la collation à madame la Princesse... Nous entrâmes dans une salle où l'on ne marchoit que sur des roses et de la fleur d'orange. Madame la Princesse, après avoir admiré cette magnificence, voulut aller voir les promenoirs en attendant l'heure du souper... Au bout d'une grande allée à perte de vue, nous trouvâmes une fontaine qui jetoit tout seule plus d'eau que toutes celles de Tivoli. A l'entour étoient rangez vingt-quatre violons... Quand nous en fûmes approchez, nous descouvrîmes, dans une niche qui estoit dans une palissade, une Diane à l'âge de onze ou douze ans, et plus belle que les forêts de Grèce et de Thessalie ne l'avoient jamais vue. Dans une autre niche, auprès, étoit une de ses Nymphes, assez belle et assez gentille pour estre une de sa suite. Ceux qui ne croyent pas les fables crurent que c'estoit mademoiselle de Bourbon et la pucelle Priande... Tout le monde estoit sans proférer une parole, en admiration de tant d'objets qui estonnoient en mesme temps les yeux et les oreilles, quand tout à coup la Déesse sauta de sa niche, et avec une grâce qui ne se peut représenter, commença un bal qui dura quelque temps autour de la fontaine... Quelque chose manquoit à ces contentements, Monseigneur, puisque vous et madame de Rambouillet n'y étiez pas. »

Dès le début, n'est-elle pas vraiment d'une charmante poésie, cette petite fête mythologique, avec cette jeune divinité qui parait, le soir, parmi les grands arbres, à l'heure où la nuit qui vient apporte ses mystères, où les fleurs jettent leur plus suave parfum, où la musique produit le plus d'effet sur l'âme facilement émue, et s'accorde si bien avec la rêverie ?

Mais ce n'était là qu'une sorte de prélude aux plaisirs de la soirée ; on ne resta pas longtemps sous le charme muet de cette féerie : « Et cela, continue Voiture, eût duré trop longtemps si les violons n'eussent vitement sonné une sarabande si gaie que tout le monde se leva joyeux..... ; et ainsi, sautant, dansant, voltigeant, pirouettant, cabriolant, nous arrivâmes au logis où nous trouvâmes une table qui sembloit avoir esté servie par les Fées. Cecy, Monseigneur, est un endroit de l'aventure qui ne se peut décrire...

« Au sortir de table, le bruit des violons fit monter tout le monde en haut, où l'on trouva une chambre si bien éclairée qu'il sembloit que le jour qui n'estoit plus dessus la terre s'y fust retiré tout entier. Là, le bal recommença, en meilleur ordre et plus beau qu'il n'avoit été autour de la fontaine ;

et la plus magnifique chose qui y fut, c'est, Monseigneur, que j'y dansay. Mademoiselle de Bourbon jugea qu'à la vérité je dansois mal, mais que je tirois bien les armes, pour ce qu'à la fin de toutes les cadences il sembloit que je me misse en garde.

« Le bal continuoit avec beaucoup de plaisir quand tout à coup un grand bruit que l'on entendit du dehors obligea toutes les dames à mettre la teste à la fenestre; et l'on vit sortir d'un grand bois, qui étoit à trois cents pas de la maison, un tel nombre de feux d'artifice, qu'il sembloit que toutes les branches et les troncs d'arbre se convertissent en fusées... »

On le voit, rien n'était épargné pour rendre agréables ces parties champêtres qui se renouvelaient souvent dans un château ou dans un autre; une franche gaieté, un aimable laisser-aller y tenaient la place d'une pruderie farouche qu'on regarde trop volontiers comme le caractère de ces réunions des familiers de la marquise; et si l'on rapproche le ton léger de cette lettre de la haute dignité de celui à qui elle était adressée, on jugera en même temps et de ce qu'était la conversation entre tous ces amis, et de l'égalité qui les rapprochait, malgré la différence des rangs. — A deux heures du matin, pour finir le récit de cette fête, toute la troupe, précédée de vingt flambeaux, revint en carrosse à Paris, non sans égayer la route en chantant les refrains en vogue, *le Petit Doigt, le Savant, les Ponts-Bretons*, et mille autres.

Tous ces plaisirs étaient surtout destinés aux nombreuses jeunes filles qui commençaient alors à se produire dans le monde. Julie d'Angennes, née en 1607, avait vingt-trois ans; mais ses sœurs, mademoiselle d'Arquenay, mademoiselle de Pisani, mademoiselle de Rambouillet, étaient plus jeunes qu'elle; elle avait aussi un frère, Léon Pompée, marquis de Pisani, alors âgé de seize ans; plein de gaieté, d'esprit et de malice, il s'était fort attaché à Voiture, et c'est aux deux amis que revenait le soin de réjouir et d'animer la maison. Que de fois leurs jeux bruyants firent trembler l'hôtel! Tout leur était permis. Mais, au besoin, Voiture aurait rejeté ses fautes sur le jeune marquis, et celui-ci, seul garçon parmi cinq filles, était sûr de trouver l'indulgence due à l'héritier du nom. Hélas! il devait mourir avant sa mère, avant ses sœurs, et leur laisser une de ces douleurs que la marquise supporta courageusement, mais que le temps ne diminua point. Déjà quand il lui fut ravi, — et nous revenons à la date de cette fête qu'un deuil suivit bientôt, — cette même année 1631, elle avait perdu son second fils, le vidame du Mans, que la peste lui enleva à l'âge de sept ans. La maladie dura trois jours; trois jours la marquise, bravant le danger, éloigna de son enfant à l'agonie les domestiques et resta près de son chevet, assistée de sa fille, sa chère Julie, que rien ne put séparer d'elle. Enfin il mourut, et seulement alors les deux femmes quittèrent la maison où une autre mort était venue jeter l'effroi sans les détourner d'un devoir sacré. On trouve dans les œuvres de Voiture une lettre où celui-ci témoigne à mademoiselle de Rambouillet sa douleur et son admiration, et une autre où il apprend ce malheur à madame de Sablé, si facile à épouvanter au nom seul de maladie; on sait qu'en 1642, quand madame de Longueville fut atteinte de la petite vérole, Julie se dévoua encore pour la soigner, tandis que ses autres amies, et madame de Sablé l'abandonnaient et redoublaient de précautions pour se préserver elles-mêmes.

Dans les maisons où un monde nombreux a comme un droit acquis de se réunir, on vit un peu comme sur un théâtre, où les sentiments seuls doivent parler qui sont demandés par le public. C'est avant le rideau levé ou après la toile tombée que les acteurs ont le droit des larmes. Mais le monde même le plus ami est inexorable, et dans ses exigences mal justifiées, il ne peut ni renoncer à une habitude prise, ni rendre la liberté à des hôtes qu'il ne croit pas importuner.

Laissons donc à madame de Rambouillet ses douleurs solitaires, et reprenons place avec elle au milieu de ses réunions ; elle recommença bientôt à en faire tout le charme, comme elle en était le centre toujours cherché. Ce n'est point, d'ailleurs, dans les larmes que l'hôtel de Rambouillet doit nous présenter son vrai caractère et les mérites qui agirent si puissamment sur son siècle : le deuil ne pouvait s'y maintenir longtemps au milieu des enfants nombreux de la marquise, insouciants comme leur âge, et qui ne manquaient pas d'y attirer leurs jeunes et brillants amis.

Les habitués de l'hôtel étaient sûrs d'y trouver toujours un bon accueil : « Jamais, dit Tallemant, il n'y eut de meilleure amie que la marquise de Rambouillet ; » et si elle était difficile dans le choix de ses amis, nulle ne leur était plus fidèle et plus dévouée. Nous en pourrions citer mille preuves ; mais voici un fait qui parle haut et qui nous dispensera de nous étendre sur ce point.

Avant d'entrer dans les affaires et d'avoir à porter le poids du gouvernement, Richelieu avait été reçu dans l'intimité de madame de Rambouillet, et les égards qu'on lui avait toujours témoignés semblaient l'autoriser à réclamer d'elle quelque service. En 1627, lorsque M. de Rambouillet fut envoyé comme ambassadeur en Espagne pour signer le traité qui terminait la guerre de Savoie, le cardinal, à qui il devait ce haut emploi, se crut, par cette faveur, fondé à recourir à celle que la reconnaissance lui attachait encore davantage. Il envoya près d'elle, les uns disent Bois-Robert[1], d'autres le P. Joseph[2], à qui il devait en partie sa fortune, confident de toute sa politique, et qui fut à la fois l'instigateur et l'agent de ses actes les plus importants. Nous ne nous prononcerons point. Quel qu'il soit, l'envoyé du cardinal amena la conversation sur l'ambassade du marquis, sur son mérite, sur les dignités auxquelles il avait droit de prétendre, et qui pourraient rétablir sa fortune compromise, disait-on, par ses nombreux procès. Mais il fallait que madame de Rambouillet aidât un peu à son élévation. Elle recevait chez elle quelques personnes ennemies du cardinal et de l'Etat. Son Eminence n'exigeait point qu'elle les éloignât, mais désirait, — et dans l'intérêt seul du royaume, — connaître les propos de ceux qui lui refusaient leur affection et faisaient obstacle à ses desseins : tels le cardinal de La Valette et madame la Princesse, dont on n'ignorait point les intrigues. Sous les habiletés de ce discours, madame de Rambouillet vit clairement ce qu'on attendait de sa complaisance et de son ambition. Répondant plutôt au sens qu'aux paroles mêmes qu'elle venait d'entendre : « Je ne crois point, dit-elle, qu'il y ait

---

[1] Voyez Segrais, *Mémoires-anecdotes*, Paris, 1755, in-12, p. 20.
[2] Tallemant des Réaux, édit. in-12, t. III, p. 214.

d'intrigue entre M. le cardinal de La Valette et madame la Princesse ; mais, quand il y en aurait, je serais peu propre au métier d'espion. » Et elle ajouta : « Tout le monde est si persuadé de la considération et de l'amitié que j'ai pour Son Eminence, que personne n'oserait en mal parler devant moi : je ne puis donc jamais avoir l'occasion de lui rendre le service que vous me demandez. »

Le cardinal ne put insister : mais nous ne voyons pas que le marquis de Rambouillet ait jamais rempli d'autre emploi, quoiqu'il eût, depuis, obligé personnellement Richelieu à la journée des Dupes ; et Tallemant ajoute : « Le cardinal, quoiqu'il lui eût une grandissime obligation, ne voulut point se servir de lui ; car, quoiqu'il eût mauvaise vue, on disait pourtant qu'il voyait trop clair. » — Nous croyons que la délicate susceptibilité de la marquise put souvent aider la clairvoyance de son mari.

Pendant l'absence du marquis, madame de Rambouillet quitta Paris, et séjourna quelque temps dans la terre dont elle portait le nom. Là, sa cour ne fut ni moins empressée ni moins nombreuse. Un jour qu'il y avait foule de jeunes filles au château, elle y fit venir Cospeau, l'éloquent prédicateur, alors évêque de Nantes. C'était un des plus anciens amis de la maison [1].

Elle aimait cet homme aux mœurs austères, au

---

[1] Dès 1602, le marquis de Rambouillet, enthousiasmé par son éloquence, lui avait donné asile dans son hôtel, et avait mis à la disposition de son jeune protégé sa table, ses domestiques et ses chevaux ; plus tard, lorsque Cospeau était évêque d'Aire, le marquis le contraignit même, malgré le désintéressement du prélat, à accepter une rente annuelle de 1,500 livres jusqu'à sa mort.

caractère indulgent, à l'esprit facile, aux réparties fines et promptes. Après l'avoir promené quelque temps dans son parc immense, elle arriva avec lui dans un lieu nommé alors et encore aujourd'hui *la Marmite de Rabelais*. C'est un cercle de grosses roches entre lesquelles s'élevaient de grands arbres touffus.

« Quand ils furent assez près de ces roches, dit Tallemant, pour entrevoir à travers les feuilles des arbres, il aperçut en divers endroits je ne sais quoi de brillant. Etant plus proche, il lui sembla qu'il discernoit des femmes et qu'elles étoient vêtues en nymphes. La marquise, au commencement, faisoit semblant de ne rien voir de ce qu'il voyoit. Enfin, étant parvenus jusqu'aux roches, ils trouvèrent mademoiselle de Rambouillet et toutes les demoiselles de la maison, vêtues effectivement en nymphes, qui, assises sur les roches, faisoient le plus agréable spectacle du monde. Le bonhomme en fut si charmé que depuis il ne voyoit jamais la marquise sans lui parler des roches de Rambouillet [1]. »

Nous avons déjà assisté à un semblable divertissement mythologique chez madame du Vigean. Ces sortes de déguisements étaient en vogue : le roman de d'*Urfé* et les *Bergeries italiennes* n'avaient pas peu contribué à en répandre le goût, et les portraits du temps, qui fournirent encore tant de *Dianes* et de *Nymphes* à la première exposition de peinture ouverte en 1673, nous montrent combien il persista longtemps. Qui sait même, comme le remarque M. Paulin Pâris, si ce n'est pas parmi ces divinités-là qu'il faudrait chercher les images

---

[1] Voyez la lettre de Voiture au marquis de Rambouillet, du 8 mars 1627.

de tant de femmes illustres dont les portraits sont restés inconnus, et de madame de Rambouillet elle-même ?

Si la fête était dans les mœurs du temps, la surprise qu'elle lui donna lieu de faire au prélat son ami était dans les habitudes de la marquise. Tallemant nous fournit plusieurs traits de ce genre, et il en est qui font grand honneur à la générosité de madame de Rambouillet ; « Elle dit qu'elle ne conçoit pas de plus grand plaisir au monde que d'envoyer de l'argent aux gens sans savoir d'où il vient. » Et ailleurs : « Un de ses plus grands plaisirs étoit de surprendre les gens. »

Un jour c'était le comte de Guiche, depuis maréchal de Grammont, que M. de Chaudebonne invitait de son chef à souper chez elle. On connaissait les goûts du comte ; on lui servit tout ce qu'il n'aimait pas. Il n'osait se plaindre et ne savait que penser de voir faire si maigre chère. Quand on se fut bien diverti de son embarras, madame de Rambouillet fit apporter un souper magnifique ; mais ce ne fut pas sans rire, dit Tallemant.

Une autre fois, le comte de Guiche, dont on connaissait le caractère facile, avait dîné avec les amis habituels, à Rambouillet. On avait servi des champignons qu'il aimait beaucoup. Dans la nuit, on fit main basse sur ses habits et on les rétrécit tous. Le matin venu, il eut grand'peine à s'en revêtir. — Comme vous êtes enflé ! lui dit M. de Chaudebonne. Comme vous êtes enflé ! répétèrent à l'envi tous ceux qu'il rencontra. Il court à un miroir. C'est fait de moi ! s'écria-t-il. Ces champignons d'hier m'ont empoisonné ! On s'agite, on cherche des remèdes. Enfin, M. de Chaudebonne apporte une formule qu'il se rappelle, dit-il, avoir vu employer avec succès, et la présente au comte de Guiche. Celui-ci y lut : Recipe *de bons ciseaux et décous ton pourpoint.* Le comte rit de bon cœur : il était guéri.

Rien de littéraire, on le voit, dans des distractions de ce genre ; rien de pédant surtout : c'est que la marquise ne recevait pas seulement chez elle des littérateurs, et les plaisirs de l'esprit n'étaient pas les seuls qu'on recherchât dans son entourage.

Cependant nulle part ailleurs plus qu'à l'hôtel de Rambouillet on n'avait le goût des choses élevées. Depuis longues années il avait cette réputation, et Malherbe déjà, dans une lettre du 6 septembre 1613, écrit à Peiresc qu'on lui a montré à l'hôtel de Rambouillet une médaille fort curieuse. On y faisait des lectures, on y commandait des vers aux poètes familiers de la maison : c'est ainsi que Malherbe en fit quelques-uns pour la fontaine de l'hôtel. Nous voyons, après sa mort, ce goût qu'il avait tant contribué à répandre et à former chez *Arthénice*, se maintenir et se développer encore. Lorsqu'en 1629 la *Sophonisbe* de Mairet eut obtenu un succès que Corneille seul dépassa dans *le Cid*, madame de Rambouillet fut des premières à applaudir au jeune poète ; elle lui fit accueil, et l'on représenta chez elle la célèbre tragédie : Julie d'Angennes avait pris le rôle de Sophonisbe, l'abbé Arnauld celui de Scipion ; les autres personnages nous sont inconnus. « Mademoiselle Paulet, dit l'abbé Arnauld [1], habillée en nymphe, chantoit avec son théorbe entre les actes, et cette voix admirable,

---

[1] *Mémoires de l'abbé Arnauld*, collection Michaud et Poujoulat, t. XXIII.

dont on a assez ouï parler sous le nom d'Angélique, ne nous faisoit point regretter la meilleure bande de violons qu'on emploie d'ordinaire en ces intermèdes. »

Il est difficile de s'expliquer aujourd'hui le succès de cette tragédie ; le principal mérite que lui aient reconnu les critiques, celui d'avoir été la première où la règle des trois unités ait été observée, n'a jamais existé que dans leur imagination, car l'unité de lieu est constamment violée. On connaît le sujet. Sophonisbe, la jeune femme du vieux Syphax, ennemi des Romains, est éprise de Massinisse, ami de Scipion et de Lælius. Syphax surprend le secret de cet amour que renie effrontément Sophonisbe : il la presse d'expliquer une conduite que mille preuves viennent condamner. Mais il n'a pas le temps d'écouter la justification de sa femme, car un combat se livre sous les murs de Cyrte, où il est vaincu et tué. Massinisse vainqueur entre dans la ville, entre dans le palais. Sophonisbe cache son amour pour exciter celui du vainqueur : prude, coquette, mal conseillée, elle réussit à se faire aimer du jeune prince. Leur mariage est arrêté et conclu en un quart d'heure : union dangereuse pour Rome, on ne sait pourquoi, et que viennent rompre Scipion et Lælius ; au nom de la république, ces fidèles amis de Massinisse l'obligent à leur livrer sa femme pour l'envoyer à Rome, ou à l'empoisonner. Mieux vaut la mort que l'esclavage, pense Massinisse, et, après avoir chargé d'injures grossières les Romains devant Scipion qui pardonne tout à sa colère, il envoie à Sophonisbe le poison qui doit la tuer. Ni Sophonisbe n'est vertueuse, ni Massinisse n'a de fermeté ; aucune pensée généreuse ne souffle dans cette tragédie. Il y a sept ans d'intervalle entre *Sophonisbe* et *le Cid*; mais *le Cid* a pris une avance de deux siècles, et chaque année augmente la distance qui le sépare de toutes les pièces contemporaines. La médiocrité meurt où elle naît : le génie se perpétue à travers les temps, et l'admiration qui l'accompagne se fortifie chaque jour davantage.

Mais à l'époque où parut la *Sophonisbe*, nul ne pouvait rivaliser avec Mairet. Celui-ci d'ailleurs était patronné par monsieur et madame de Montmorency, et ce fait explique, autant que son mérite propre, l'empressement de l'hôtel de Rambouillet à l'accueillir. Vers le même temps, l'on voit aussi chez *Arthénice*, à côté de la grave tragédie, marcher encore plus gravement la folie la plus folle de toutes, celle d'un poète qui était fou. Je veux parler de Neufgermain.

Ce Neufgermain était un de ces pauvres hères comme Dulot, Maillet ou Rangouze, qui n'écrivaient guère que des dédicaces, qui vendaient leurs vers aux libraires — quand ils en trouvaient — à raison de trois francs le cent pour les grands, et quarante sous pour les petits. Flatteurs, parasites, gourmands, gueux surtout, ils ne vivaient que d'aumônes plus ou moins déguisées. Un d'eux à qui cette ressource vint à manquer se fit, dit-on, arracher une dent pour manger ; il alla trouver un charlatan du Pont-Neuf qui lui donna dix sous [1], à

---

[1] L'histoire du poète Sibus semble en effet calquée sur des aventures contemporaines. On y lit : ..... « Après plusieurs autres cérémonies, Sibus le pria de les lui arracher. Mais quand ce fut pour tout de bon, et que des paroles on en fut venu à l'exécution, quelque propos qu'il eust fait de gagner ses dix sols de bonne grâce, la douleur qu'il sentoit étoit si forte qu'elle lui faisoit à tous moments ou-

condition qu'il ne crierait point. Le malheureux cria ! on lui refusa son salaire, et il serait mort de faim sans l'intervention d'un ami. Neufgermain, qui n'avait pas plus de talent, était moins à plaindre, puisqu'il avait accès à l'hôtel de Rambouillet. C'est là que lui fut suggérée, par raillerie, la déplorable idée de faire des vers terminés par les syllabes du nom de ses protecteurs. Il fit ceux-ci pour madame de Rambouillet :

> Entre les dieux doit tenir *rang*,
> Proche Jupin, au plus haut *bout*,
> Plus belle que rose et l'œil*let*
> La divine de *Rambouillet*.

Ce méchant quatrain se trouve dans un volume publié par lui en 1630, sous ce titre bizarre : *Les Poésies et rencontres du sieur Deneufgermain, poëte hétéroclite de Monsieur, frère unique du Roy*. — Les poésies de l'auteur — puisque *poésies* il y a — sont précédées d'un formidable cortège d'éloges signés de tous les noms des familiers

---

blier sa résolution. Il se roidissoit contre son charlatan, il s'écrioit, reculant la tête en arrière ; puis quand l'autre avoit été contraint de le lâcher : « Ouf ! continuoit-il, portant la main à sa joue et crachant le sang, ouf ! il ne m'a point fait de mal ! » Je passois par hazard par là. Je vous avoue que cette aventure, toute plaisante qu'elle est, ne laissa pas de m'attendrir et de me donner de la compassion, et, jugeant qu'un homme qui vendoit ses dents pour avoir de quoi manger devoit estre dans une estrange nécessité, je tirai mon poëte de la foule et le menay souper chez moi. Je ne sçay comment il s'en fust acquitté s'il eust eu toutes ses dents, mais je vous jure qu'à le voir bauffrer, je n'eusse jamais deviné qu'il en eust manqué d'une seule. » (*Hist. du poëte Sibus*, dans les *Variétés histor. et littéraires*, publiées par M. Ed. Fournier pour la Bibliothèque elzévirienne. T. VII, p. 109-110.)

d'Arthénice. Voici d'abord le marquis de Rambouillet lui-même, qui protégeait particulièrement le pauvre hère ; voici Chavaroche, intendant de la maison, celui-là même qui se battit en duel avec Voiture dans le jardin de l'hôtel ; puis le marquis de Villennes, cet astrologue dont parle Mademoiselle dans ses *Mémoires,* poète et père de poète ; puis encore Desmarets, contrôleur de l'extraordinaire des guerres, le futur auteur du *Clovis* et des *Visionnaires;* Patrix, le poète normand ; M. de Chaudebonne, déjà connu de nos lecteurs ; Boissat, si rebelle aux injures, qui força le comte de Sault, depuis maréchal de Lesdiguières, et alors gouverneur de sa province, à des excuses publiques ; Tristan, poète tragique, lyrique, héroïque, amoureux ; le chevalier du Bueil, persécuteur de Racan, son cousin, et de mademoiselle de Gournay ; le comte de Brion, goinfre et grand seigneur ; enfin Gaston d'Orléans lui-même, qui daigna prendre la plume et invoquer la Muse pour son *poète hétéroclite.* Voiture ne pouvait manquer à ce rendez-vous, et il prétendit avoir sa part dans cette mystification. Il fit des vers dans le goût de l'auteur, et, voulant répondre à Patrix, qui avait écrit la *Plainte des consonnes qui n'ont pas l'honneur d'entrer au nom de Neufgermain,* il inventa cet expédient « pour les rendre contentes... »

> Mais je ne vois à leur attente
> Aucun remède assez puissant,
> Si ce n'est que cet homme rare,
> Ait nom Bdelneufgermicopsant :
> Mais ce mot est un peu bizarre.

Ces bouffonneries rapprochées de la représentation de *Sophonisbe,* c'est la petite pièce après la grande ; c'est encore un jeu d'esprit, un jeu de lettrés qui ne sont point pédants.

On aimait à mettre en action des plaisanteries de ce genre. En 1632, pendant la période suédoise de la guerre de Trente ans, Julie d'Angennes s'intéressait fort aux succès de Gustave-Adolphe. On la railla de ce sentiment ; on lui dit et l'on répéta qu'elle était amoureuse du héros.

Un jour qu'elle était allée à l'hôtel de Condé, on y remarqua un nœud de diamants très riche qu'elle portait : ce bijou venait du roi d'Espagne, qui l'avait donné à M. de Rambouillet pendant son ambassade. Madame de Châteauroux, préoccupée du bruit de cet amour, qu'elle croyait sérieux, s'imagina réellement que ce présent avait été fait à Julie par le roi de Suède. « On rit fort de cette bévue, dit Tallemant [1], et Voiture, qui le sut, fit travestir cinq ou six hommes en Suédois, qui vinrent en carrosse à l'hôtel de Rambouillet présenter le portrait du roi de Suède, et cette lettre des ambassadeurs envoyés par ce prince. » — La lettre est agréable, et défraya quelque temps les conversations chez *Arthénice*.

Voiture ne faisait pas toujours des plaisanteries d'aussi bon goût. Lui qui était si délicat et si difficile, laissait souvent percer, dans ce monde choisi, le bout de l'oreille d'un parvenu. Que penser de cette grossière farce qu'il imagina pour faire pièce — quelle invention, et à qui il s'adressait ! — à madame de Rambouillet elle-même ? Il rencontra un meneur d'ours dans la rue. Il l'introduisit avec ses ours jusque dans la chambre de la marquise, et, quand celle-ci se retourna au bruit, elle vit quatre

---

[1] Dans son commentaire sur Voiture ; voyez Tallemant, *Historiettes*, édit. Paulin Paris, t. II, p. 542.

grosses pattes posées sur son paravent, et deux énormes museaux qui la regardaient bêtement. Il y avait de quoi mourir de frayeur. Toujours indulgente, toujours bonne, elle pardonna. Mais Voiture n'en fut pas mieux vu des ennemis qu'il commençait à se faire par son impertinence et par la familiarité qu'il prenait avec des gens dont le séparait une trop grande distance.

Qui n'aimerait mieux voir mademoiselle Paulet entrer, comme elle fit un jour, au milieu d'une réunion nombreuse, déguisée en marchande d'oublies? Sa bonne mine lui valut un gracieux accueil. Après avoir acheté tout son corbillon, on la pressa de dire la chanson d'usage. Elle chanta, sa voix la trahit. — Qui n'aimerait mieux encore l'embarras où madame de Rambouillet mit Voiture? Celui-ci ne publiait rien, et ne publia même rien ou à peu près de son vivant; mais il débitait volontiers ses vers dans les cercles. Un indiscret ami, à qui il avait lu un sonnet de sa façon, le retint et en donna copie à la marquise, qui le fit imprimer et introduire dans un de ces *Recueils*, alors si nombreux. Quand Voiture le vint réciter à l'hôtel, on lui montra le livre. Les pages se suivaient; le caractère était le même; ce sonnet et le sien, c'était tout un. Il finit par croire que ces vers, qu'il s'imaginait avoir composés, il s'en souvenait seulement. On rit longtemps avant de le désabuser.

A l'époque où nous sommes arrivés, dans une période de dix années, de 1630 à 1640, les événements se pressent en foule, dans le monde littéraire comme dans le monde politique. Corneille donne ses premières comédies, puis *Médée*, puis *le Cid*, puis les *Horaces*. Balzac écrit un poème latin pour célébrer l'année 1636. Descartes publie le *Discours de la Méthode ;* la poésie tragique a son maître, la philosophie se renouvelle, l'Académie se fonde.

C'est une question fort peu controversée, mais fort discutable que celle de l'origine de l'Académie [1]. Les uns voient son berceau à l'hôtel de Rambouillet. P. Cadot croit et soutient qu'elle prit naissance chez G. Colletet, son ami. Papillon la fait naître des réunions qui se tenaient chez Chauveau, le graveur, dont il a écrit la vie. Pellisson, ami de Conrart, le flatte en le donnant pour le véritable fondateur et le père de l'Académie française. A nos yeux, chacune de ces assertions est fausse en particulier, mais toutes ensemble peuvent servir à formuler cette opinion : c'est que l'Académie n'est sortie ni des réunions de Chauveau, de Colletet ou de Conrart, ni de l'hôtel de Rambouillet, ni du *Bureau d'adresses* de Renaudot : elle doit son existence à toutes ces causes réunies, et il est certain pour nous que l'Académie, de même que toute grande institution, était comme en germe dans l'air, et avait en quelque sorte pris place dans les mœurs plusieurs années avant que Richelieu songeât à la constituer en corps et à lui donner une autorité qu'il sanctionnait par un établissement légal. Historien impartial que nous sommes, nous ne prêterons donc point à l'hôtel de Rambouillet l'honneur d'avoir provoqué l'institution de la célèbre compagnie. Mais si l'Académie n'est point née de l'hôtel de Rambouillet, nous pouvons dire qu'elle y a été nourrie, pour ainsi dire, et élevée. La plu-

---

[1] On trouvera sur cette question de nombreux renseignements dans l'édition que nous avons publiée de l'*Histoire de l'Académie française*, par Pellisson et d'Olivet. Paris, Didier, 2 vol. in-8.

part des académiciens, sinon tous, y étaient admis ; les questions agitées à l'Académie l'avaient d'abord été ou devaient l'être ensuite chez la marquise ; les gens du monde y discutaient avec les savants, et y apportaient cette autorité qui l'emporte toujours sur la raison dans les questions douteuses, l'usage, le bel usage, comme dit Vaugelas. Tantôt il s'agissait d'une prononciation indécise : devait-on dire *serge* ou *sarge ?* Madame de Rambouillet disait *sarge ;* mais elle changea d'avis, au dire de Patru, et adopta *serge :* nous parlons encore comme elle. Devait-on dire *houme, Roume* ou *Rome, homme ?* L'hôtel, consulté, décida pour ces dernières formes. Quand l'Académie fit, par ordre, la critique du *Cid*, l'hôtel de Rambouillet, plus indépendant, resta fidèle à son admiration, et refusa toujours de brûler ce qu'il avait adoré.

Balzac, académicien enrôlé presque par force, mais académicien libre, — si je puis nommer ainsi un homme qui vécut toujours éloigné de l'Académie et qui conserva son franc-parler sans s'inquiéter de ce qui s'y disait ou s'y faisait, — Balzac se trouvait presque toujours d'accord avec l'hôtel de Rambouillet. Il ne le connaissait que par les lettres de Chapelain ; mais ces lettres, pleines d'une vénération vive et vraie pour *Arthénice*, suffisaient à lui faire bien connaître les réunions de l'hôtel, et à lui inspirer les mêmes sentiments [1]. Dans une lettre qu'il lui écrivait à la date du 25 mars 1637, il lui disait : « Le sieur Camuzat m'est venu rendre grâce de celle qu'il vous a plû luy faire en luy donnant un volume de vos œuvres à imprimer. Toutes ces nouvelles lettres sont rares et bien

---

[1] Voyez ci-dessus, page 12.

dignes de vous, surtout celles que vous supposés avoir escrittes à M. de Vaugelas, où il est si bien parlé de M. de Saint-Nicolas et de madame la marquise de Rambouillet. En un seul endroit où vous nommés son cabinet un « réduit où tant de rares esprits s'assemblent tous les jours », ou chose équivalente, M. de Chaudebonne, M. de Vaugelas et moy nous avons trouvé à propos, avant que de luy faire voir la lettre, de mettre : « et des excellentes personnes qui se rencontrent souvent chés elle »; par le moyen dequoy, sans changer votre sens, nous luy donnons la couleur que nous sçavons luy devoir estre plus agréable, secondant en cela mesme vostre intention, afin que son logis passe plustôt pour un abord de cette cour choisie et du grand monde purifié que vous distes si bien, que pour une conférence réglée : qui en effet ne l'est point, et qui est moins honorable de cette façon que de l'autre... Dans cet ajustement, M. de Vaugelas a fait voir la lettre à cette rare personne qui en a été transportée et touchée autant que vous le sçauriés vouloir, mais avec une certaine pudeur et confusion qui vous eust autant plû que le reste, si vous eussiés esté présent comme moy à ceste lecture. Vous ne connoistrés jamais bien cette vertu, et croyés-moy seulement qu'il n'y a rien au monde de si estimable. Je suis marry que vous avés employé ailleurs la qualité de *divine* qui luy appartenoit préalablement, et que vous ne luy pourrés plus donner sans offenser celle que vous en avés mis en possession. »

Le volume parut, et Chapelain informa en ces termes Balzac de l'effet produit par les lettres en question : « La dernière fois, lui dit-il, que je vis madame la marquise de Rambouillet, elle me chargea de vous faire de grands remerciements de ce que vous avés publié d'elle, quoyque son extresme modestie la fist rougir de ce que vous l'avés publié. Si jamais vous venés à la cour, je veux nouer cette connoissance et faire que vous me sçachiés gré de m'en estre entremis. Sans rien enchérir, c'est la plus estimable personne du monde, et croyés m'en si vous avés quelque opinion de mon jugement. »

Dans sa lettre du 22 mars 1638, et dont nous avons cité le début ailleurs, Chapelain disait encore à Balzac : « Vous ne sçauriés avoir de curiosité pour aucune chose qui le mérite davantage que l'hostel de Rambouillet. On n'y parle point savamment, mais on y parle raisonnablement, et il n'y a lieu au monde où il y ait plus de bon sens et moins de pédanterie. Je dis pédanterie, Monsieur, que je prétends qui règne dans la Cour aussi bien que dans les universités, et qui se trouve aussi bien parmy les femmes que parmy les hommes. » Puis, après avoir parlé de la vicomtesse d'Auchy, qui s'était avisée de fonder une sorte d'académie féminine avec des séances régulières, il ajoute : « Mais, pour revenir à mon propos, l'hostel de Rambouillet est l'antipathe de l'hostel d'Ochy, et le lieu du monde où vostre vertu peut avoir une place qui luy soit plus agréable, comme je suis asseuré que vous me l'avoueres lorsque vous serés icy et que vous y aurés fait quelques visites. Dès à présent, vous y estes honoré, estimé et chéri, et l'on vous y tient présent par le souvenir continuel que l'on a de vostre mérite. »

Balzac n'avait garde de ne pas entretenir des sentiments si bienveillants pour lui et si flatteurs. Il savait qu'on était difficile chez Arthénice sur le choix et l'admission des nouveaux amis [1]. Mais éloigné de Paris, instruit de la délicatesse extrême de la marquise, il n'osait écrire une ligne sans prendre conseil de Chapelain, qui montre toujours, dans toutes ses réponses, un tact parfait que n'avait pas Voiture. « Je suis bien aise, lui dit-il dans une lettre du 29 décembre 1637, que le ressentiment (la reconnaissance) de madame la marquise de Rambouillet vous ait plu, car il vous a dû plaire estant véritable et cordial, et de la plus rare femme de notre siècle, sans exception. J'approuve extrêmement le dessein que vous avés d'honorer son mérite à l'avenir par l'adresse des principaux de vos discours, dans lesquels sans doute vous meslerez quelque chose qui regardera le particulier de sa personne... — *P. S.* Je viens de voir présentement madame la marquise de Rambouillet, à qui j'ay leu l'article de vostre lettre qui la concerne. Elle a reçu le dessein que vous avés de luy adresser quelques-uns de vos discours avec beaucoup de pudeur et de ressentiment. J'ay charge d'elle de vous le témoigner et de vous persuader qu'elle se sent infiniment vostre obligée. »

Ainsi encouragé, Balzac adressa à la marquise ses beaux discours comme le *Romain*, la *Vertu romaine*, et autres où il ne cessait de lui rendre un public hommage. Modeste et reconnaissante, ma-

---

[1] Chapelain, dans une lettre à M. de Saint-Chartres, son intime ami, nous montre bien cette difficulté : « Pour l'hostel de Rambouillet, nous ferons cette affaire ; mais je vous demande du terme, tant pource que (l'hôtel) n'estant pas abordable aussy facilement que beaucoup d'autres, je seray bien aise de ménager les choses à loisir, en sorte qu'ils puissent bien connoitre ce que vous valés, et n'avoir pas moins de désir pour vous que vous en avés pour eux. » (24 déc. 1637.)

dame de Rambouillet ne lui cédait point en bons procédés et en marques d'estime. En voici un exemple : On commençait déjà dans ce temps à deviner des énigmes, dont Cotin avait alors en quelque sorte le monopole. Ceux qui n'en composaient pas s'évertuaient à deviner celles des autres. Madame de Rambouillet faisait former, par son secrétaire, un recueil de toutes celles qu'elle pouvait se procurer. Madame de Sablé, qui connaissait ce goût de la marquise et de ses amis pour ce léger jeu d'esprit, lui apporta une énigme où le « Père de l'hyperbole » n'était autre que Balzac : « Il luy a suffi, écrit Chapelain à Balzac, pour la trouver mauvaise que son autheur ait mis vostre nom en jeu, et ait voulu faire l'habile à vos dépens. Elle l'a doncques bannie à perpétuité de son hôtel, et a défendu à son secrétaire de la mettre dans le Recueil qu'elle en a fait faire, ne pouvant souffrir que vous soyés chés elle (autrement) que dans l'état que vous mérités. » *(30 octobre 1638.)*

Balzac exerçait alors une influence considérable. Du fond de la Saintonge où il vivait, il pouvait se croire une véritable royauté. La sérénité de sa solitude était bien troublée de temps à autre par quelques coups que des sujets insoumis lui portaient sans le blesser gravement; mais, au milieu de sa gloire, des traits comme ceux de la *Comédie des Comédies*, publiée par René Bary sous le nom de du Peschier [1], ou l'énigme de l'hyperbole, n'étaient pour lui que le *memento quia homo es*, souviens-toi que tu es homme, des triomphateurs romains; de nouvellles preuves d'affection et d'es-

---

[1] Cette pièce très rare, composée avec des lambeaux de phrases empruntés à Balzac, a été imprimée au tome IX de l'*Ancien Théâtre françois (biblioth. elzévir.* de P. Jannet).

time, dont les lettres de son ami et confident Chapelain rehaussaient encore le prix, lui rendaient bientôt la conscience de sa valeur et la calme jouissance de son triomphe.

Les rapports de Balzac avec l'hôtel de Rambouillet étaient jusqu'ici restés dans l'ombre : qu'on nous permette de mettre dans leur jour les relations de ces deux puissances, telles qu'elles nous sont connues par les papiers de Chapelain, leur commun ambassadeur.

On ne se croyait pas toujours obligé à Paris de louer sans réserve toutes les productions de « l'Hermite de la Charente, » comme on nommait Balzac, et c'est encore Chapelain qui nous en fournit la preuve curieuse : « La lettre que vous avés envoyée à M. le cardinal de La Valette a esté leue et admirée chés la divine Arthénice. J'y en dois faire une seconde lecture, parce que la moitié du réduit y manquoit, et M. Voiture n'étoit pas de retour... J'ay vu tout le monde s'arrester à ce mot de *besogne* pour *travail* ou *ouvrage*, et l'on le trouve bas. Je suis de cette opinion aussy. Vous y penserés. Cependant je liray *ouvrage*[1]. » — « J'ay lu vostre lettre encore une fois à l'hôtel de Rambouillet, ou plustôt je l'ay ouï lire; car mademoiselle de Rambouillet la voulut lire elle-même pour en mieux goûter les beautés, et ses auditeurs, outre moi, furent : madame sa mère, mademoiselle Paulet, MM. les marquis de Rambouillet, de Pisani et de Montausier, et M. de Voiture; M. de Chaudebonne vint après, qui la lut en particulier. Il ne se peut dire combien elle fut louée et estimée de tout le monde, et les applaudissements que vous y reçûtes.

---

[1] Lettre de Chapelain à Balzac, du 3 juillet 1639.

J'eus ordre de toute la compagnie de vous le faire savoir et de vous remercier pour le contentement qu'on reçut de ce que vous avés fait une si belle chose [1]. »

Nous avons vu ici percer une légère critique. Mais ordinairement on se bornait à tout admirer de l'auteur : l'affection que l'on avait pour l'homme y aidait. Ainsi, lorsque, en avril 1640, Balzac envoya, par son intermédiaire habituel, son *Discours de l'éloquence* à l'hôtel d'Arthénice, Chapelain ne tarda pas à lui faire connaitre l'effet produit : « J'ay leu, dit-il à son ami *(lettre du 14 avril)*, à madame la marquise de Rambouillet et à mademoiselle sa fille, M. de Voiture présent, le *Discours de l'éloquence* que vous m'avés envoyé. Il faudroit bien du temps et moins de rheume que je n'en ay pour vous dire toutes les exclamations qui furent faittes, et toutes les louanges qui vous furent données. Pour abréger, l'on vous fit justice, et l'estat où cette lecture avoit mis madame la marquise la fit sortir de sa retenue habituelle, et l'obligea à me dire qu'elle ne seroit point contente que le *Discours de la vertu ancienne et romaine* ne fût fait, et qu'elle croyoit que vous estiez obligé par vostre propre intérest à ce travail, n'y ayant point de doute que la matière ne donnast à la grandeur de vostre esprit toute l'élévation dont il estoit capable, et qu'en cette occasion vous ne fissiés le plus grand de vos miracles. »

Présent ou absent, le nom de Balzac était toujours sur les lèvres de ces admirateurs d'une langue pure et châtiée, d'un style curieusement travaillé, d'une grandeur enfin de pensées et de

---

[1] Lettre de Chapelain à Balzac, du 11 juillet 1639.

langage qui était dans l'esprit tout espagnol de ce temps et de cette société. C'est ce que nous apprend encore Chapelain dans sa lettre du 8 janvier 1640 : « Je vous consoleray de vos souffrances en vous assurant que vous estes extremement plaint de deçà, et que vos amis vous y souhaittent plus que vous ne faittes vous-même. Entre autres la *Princesse Julie* que vous sçavés, que je ne vois aucune fois sans qu'elle me le tesmoigne. Elle me dit, il y a quelque temps, qu'elle vous avoit voulu donner avis elle-mesme de sa guérison, puisque je vous l'avois donné de sa maladie [1]. Et il y a quatre jours que, m'ayant retenu à faire les Roys chés elle, la première fois qu'elle but, elle me porta votre santé de fort bonne grâce; je la portay ensuite *al Rey Chiquito* (au petit Roi), c'est-à-dire V...... (Voiture) qui la reçut avec une apparence d'estre bien aise et m'en fit raison deux fois. Après souper, on lut force vers des uns et des autres, et il fut parlé des vostres comme vous le pouvés souhaiter. »

Nous n'avons pas voulu interrompre la série de ces extraits qui nous font connaître d'une manière si neuve les liens qui unissaient Balzac à l'hôtel de Rambouillet. Mais un nom a été prononcé tout à l'heure qui appelle et doit fixer quelque temps notre attention, c'est celui du marquis de Montausier. Son rôle à l'hôtel de Rambouillet fut autrement actif que celui de Balzac, et c'est lui, on le sait, qui fit manquer la *Princesse Julie*, comme dit Chapelain, à cette sorte d'engagement, qu'elle avait pris un peu légèrement, de ne jamais se marier.

[1] C'était une fièvre continue, augmentée par le chagrin qu'avait causé à mademoiselle de Rambouillet la mort du cardinal de la Valette.

. Les relations du marquis de Montausier avec l'hôtel de Rambouillet n'eurent point, on le conçoit, le même caractère que celles des autres amis et visiteurs de la marquise. Quand il y parut pour la première fois, en 1631, il y vint attiré par l'admiration que lui inspirait le noble dévouement dont avait fait preuve Julie d'Angennes au moment de la mort de son frère. Il était jeune encore, à peine âgé de vingt et un ans, et, cadet de sa maison, il portait alors le nom de marquis de Salles. Son frère aîné avait été déjà produit chez madame de Rambouillet par madame Aubry, dont il était l'amant heureux, et celle-ci, pour dissimuler cette intrigue, l'avait présenté comme amoureux de la princesse Julie. Le marquis fit avec gloire une première campagne en Italie ; à son retour, madame Aubry feignit, pendant quatre années, de vouloir le marier avec sa propre fille, celle qui devait entrer plus tard dans la maison de La Trémouille et devenir duchesse de Noirmoutier. Une seconde campagne en Italie ne fut pas moins glorieuse au jeune maréchal de camp; mais un pressentiment secret l'avertit qu'elle lui serait funeste. En partant, il dit à mademoiselle de Rambouillet qu'il y serait tué, et que son frère, plus heureux que lui, l'épouserait.

En effet, dit Tallemant, il reçut un coup de pierre à la tête, dont il mourut [1].

Son frère, le marquis de Salles, devint, par cette mort, chef de la maison, et prit le titre de marquis de Montausier. Il put alors avouer que son admiration pour le beau caractère et les grandes qua-

---

[1] On trouve des vers sur sa mort dans les poésies de Gombauld et de Voiture. Chapelain parle souvent de lui dans ses Lettres ; enfin le duc de Rohan fait le plus vif éloge de ses grands talents militaires.

lités de Julie d'Angennes s'était changée en une affection profonde, et se porter ouvertement comme prétendant à sa main. Mais bien des causes devaient retarder cette alliance. On a dit et répété à satiété que Julie, fidèle à des principes que la mode des fausses précieuses n'avait pas encore inventés, traitait l'amour en héroïne de roman. Avec cette *Armande* anticipée, on n'aurait pu arriver à Mariage, c'est-à-dire aux confins les plus reculés du royaume de Tendre, — qui n'existait pas encore, — qu'en passant d'année en année par toutes les étapes dont Molière et Despréaux se sont si justement divertis. Mais il était bien d'autres obstacles au projet du marquis de Montausier, et il est étrange qu'on se soit toujours obstiné à n'en pas tenir compte : il y avait dix ans que Julie était mariée (1645), quand *le Cyrus* amena cette théorie qui s'établit peu à peu et dont Molière a fait si bonne justice, cette loi que « le mariage ne doit jamais arriver qu'après les autres aventures », et promulgua ces principes si plaisamment exposés par Magdelon dans la première scène des *Précieuses ridicules* (1659). Ces obstacles si sérieux n'ont rien de romanesque. Je ne vois ni rivaux qui se jettent à la traverse d'une inclination établie, ni persécutions des pères, ni jalousies conçues sur de fausses apparences, ni plaintes, désespoirs, enlèvements et ce qui s'ensuit, ni enfin toutes ces aventures réclamées par Magdelon, et qui pouvaient parfaitement s'accomplir en un mois. Si Montausier n'épousa Julie d'Angennes qu'après dix années, en 1645, c'est d'abord qu'il attendit longtemps avant de demander sa main [1], quoiqu'il

---

[1] Tallemant des Réaux le dit expressément : « M. de Salles

l'aimât et que son amour ne fût pas un secret. Julie, d'ailleurs, hésitait à faire un mariage qui pouvait l'éloigner de sa mère. Peut-être aussi songeait-elle que Montausier était de trois ans plus jeune qu'elle. Ajoutons que le jeune marquis, au moment de la mort de son frère, n'avait que vingt-cinq ans, et qu'il n'avait point encore les charges qui devaient faire de lui un parti convenable pour la fille aînée d'une maison illustre ; enfin, il était protestant, quand madame de Rambouillet, mère de Julie, et Julie elle-même étaient catholiques ferventes. Peu à peu le marquis fit ses preuves, conquit ses grades et obtint des charges importantes ; la constance de son amour fit oublier le danger d'une union que la différence d'âge pouvait rendre malheureuse ; Montausier changea de religion, et madame de Rambouillet fut la première à presser sa fille de la rassurer sur son avenir en acceptant enfin un protecteur qui lui resterait quand elle-même viendrait à lui manquer. Si Julie n'était plus jeune quand elle épousa Montausier, celui-ci, qui n'avait que trente-cinq ans, ne pouvait du moins se plaindre que l'âge du mariage fût passé pour lui.

Nous dirons ailleurs la conduite brillante du marquis de Montausier dans les différentes campagnes auxquelles il prit part ; mais dès à présent nous devons montrer quelle place importante il occupait, absent ou présent, dans la société de la marquise de Rambouillet. Dès 1633, nous voyons Julie d'Angennes intercéder pour lui et lui épargner la

---

(depuis M. de Montausier) ne se déclara point qu'il ne fût maréchal de camp et gouverneur de l'Alsace. » Edit. Paulin Pâris, t. II, p. 522.

punition d'une faute militaire [1]. D'année en année, de mois en mois, et je dirais presque chaque jour, la correspondance de Chapelain, dont il fut toujours un des amis les plus dévoués, nous le présente tantôt occupé à faire des vers sur *la Pucelle,* tantôt improvisant trois sonnets d'une traite, trois sonnets d'adieu sur son départ, au moment où il courait en poste prendre la lieutenance du gouvernement d'Alsace : c'était pour lui une mission pénible qui l'éloignait de ses amis au sortir d'une longue maladie et à l'entrée de l'hiver. Il pleura beaucoup en partant, et madame de Rambouillet, pour le consoler de sa douleur, se prit à relire Arrien, où elle avait vu qu'Alexandre avait pleuré. Arrivé en Alsace, Montausier trouva dans l'amitié sincère et fidèle de Chapelain de grands adoucissements à ses ennuis : celui-ci lui écrivait tous les bruits du jour, l'associait encore de loin à la vie de l'Hôtel, et lui donnait des preuves toujours nouvelles de l'attachement qu'avaient pour lui la marquise et tous ses amis.

En voici des exemples. Montausier, après un congé vite écoulé, retourne en Alsace; Chapelain lui écrit : « Monsieur, celle-ci est pour respondre à la vostre du 28 de ce mois, car, pour ma précédente, je la fis hier dans l'opinion que vous ne m'aviés point escrit, et me resjouissant dè vous avoir prevenu dans ce témoignage d'amitié, bien que je fusse extrêmement assuré de la vostre. Mais maintenant je me réjouis d'avoir été trompé...

« J'ay vu la sage Arthénice qui m'a fait le roman de votre voyage d'Yerre à Lagny. Son esprit familier luy en a rapporté des choses étranges, et entre

---

[1] Lettre inédite de Chapelain à Montausier l'aîné, 2 septembre 1633.

autres qu'en cinq lieues de chemin vous prononçates cinq mille fois ces paroles d'un ton haut quoyque languissant : « Est-il possible que je me sois pu résoudre à les quitter ! » Il luy a rapporté encore qu'en arrivant vous vous abouchâtes sur la table où vous deviés souper, et que, pour signe de vostre extrême douleur, vous n'aviés pu manger que du potage... Tout de bon, elle sent fort vostre éloignement, et vous recommande chèrement vostre santé, dont elle veut que vous lui rendiez compte... [1] »

Montausier avait encore d'autres distractions qui lui rendaient l'absence légère : mademoiselle de Rambouillet, Julie d'Angennes, lui écrivait; mesdemoiselles de Clermont, deux sœurs qu'il sacrifiait un peu à son amour pour Julie, lui écrivaient aussi : tout l'Hôtel s'associait, et il en résultait « plus de lettres en prose et en vers qu'il n'en faudrait pour faire une Arcadie de Sannazar. » — « Vous aviés, continue Chapelain, mis en telle humeur l'un et l'autre sexe, qu'il n'y eut personne qui ne voulût écrire, et, un jour durant, on ne traita que de vos affaires sur l'Hélicon, et les Muses ne furent occupées qu'à chanter vos louanges. » On allait en pèlerinage aux lieux qu'il aimait à fréquenter : « La belle lionne (mademoiselle Paulet), accompagnée des deux aymables sœurs que vous avez traitées en filles à l'ordinaire [2], entra

---

[1] Lettres de Chapelain, avril 1638.

[2] Mesdemoiselles de Clermont. Une lettre de Chapelain, du 12 juin 1638, disait : « Je vous avise que l'hostel de Clermont est un peu scandalisé de ce que vous vous repentés d'avoir parlé de la princesse Julie comme d'une chose trop élevée pour vous, et que vous dites ensuite qu'il vaut mieux parler

dans ma grotte, et me vint rendre le paquet qui s'adressoit à M. Conrart et à moi. Elles s'assirent sur les siéges qu'autrefois vous avés foulés, et voulurent voir le lieu où reposoient les livres que nous avions quelquefois feuilletés ensemble. » (18 juin 1638.)

Chapelain, qui ne savait meilleur moyen de se faire écouter à l'hôtel de Rambouillet que de parler de Montausier, était à l'affût de toutes les actions d'éclat dont la modestie du jeune marquis faisait volontiers mystère; ainsi il a appris par Silhon, conseiller d'État, son confrère à l'Académie, que M. de Montausier a tué de sa main deux cornettes et a envoyé leurs étendards au duc de Weimar : « Vous pouvés juger, dit-il, si ce discours m'a despleu, et si j'ay dequoy me faire escouter à l'hôtel d'Arthénice. » Et il ajoute : « Vous avés esté cruel de ne m'avoir pas escrit un mot de cela. » (1er novembre 1638.)

Le 6 novembre, Chapelain revient encore sur ce fait : tour à tour, on le voit, l'Hôtel pleure avec le marquis, répond vers s'il écrit vers, se fait guerrier s'il est en guerre. Cette dernière lettre est charmante; elle mérite d'être rapportée : « Monsieur, — il faut que les coups que vous avez rués au combat de Mulhausen ayent été bien rudes, puisqu'ils ont retenti jusqu'icy, et que le bruit qu'ils ont fait a longtemps empêché que l'on entendist parler d'autre chose. Je fus des premiers qui en ouïssent le son, et le portay partout ensuite. Madame votre mère, qui en avoit eu quelque

---

à l'ordinaire : après quoi vous parlés des deux belles-sœurs et d'Angélique l'unique. En vérité, quoique cela soit dit innocemment, cela est néanmoins dit un peu sèchement.

vent, en eut la confirmation certaine par moy, et la seule princesse Julie fut celle de toutes vos amies qui ne l'apprit point de moy. Au contraire, elle m'en voulut bien donner avis par un billet dont je vous envoie la copie...

« Au reste, jamais homme ne fut si bien récompensé de ses hauts faits que vous, puisque la grande Arthénice et son illustre fille vous en tesmoignent toutes deux leur joye avec autant d'esprit et de bonté qu'on en sçauroit souhaiter. Si j'estois en vostre place, pour avoir souvent d'aussi obligeantes lettres que celles-là, je continuerois cette persécution de cornettes jusqu'à l'infiny, et je n'en laisserois pas une en sûreté dans toute l'étendue de l'Empire. On nous a dit que M. le duc de Weimar vous avoit laissé, ou plutôt n'avoit pas voulu prendre les cornettes que vous aviez gagnées, et qu'il a désiré que vous les pussiés porter à Colmar, pour témoignage de vostre mérite et de l'affection que luy a donnée votre vertu. »

Avec Chapelain, Montausier était à l'aise pour répondre ; ses lettres « belles, polies et galantes, » ses « spirituelles cajolleries » étaient pour mademoiselle Paulet, pour madame ou pour mademoiselle de Rambouillet ; mais à son ami, il écrivait de son « style naturel, sensé, naïf et solide, » et celui-ci s'en félicitait, car, disait-il, « je ne veux point être obligé de vous respondre par haut, n'y avoir à réserver pour essayer de vous respondre belles choses pour belles choses [1]. »

Comme Balzac, comme Voiture, comme Chapelain, comme tous ceux dont les lettres étaient soumises au goût délicat d'Arthénice ou de sa cour,

---

[1] Lettre du 13 décembre 1638.

Montausier avait son éloquence d'apparat, et cherchait à soutenir brillamment le grand jour de la lecture publique. Il écrivait facilement, en prose et en vers, et s'il ne cherchait pas les éloges comme les auteurs de profession, il ne méprisait point les louanges qu'une société difficile et éclairée ne lui épargnait pas. Il savait aussi qu'un billet galant servait utilement auprès de Julie la cause de son amour, et il se reposait de la contrainte qu'il s'imposait, en écrivant à Chapelain des lettres familières et sans gêne. Si l'Hôtel prenait part à ses fatigues, à ses dangers ou à ses succès, lui-même s'associait de son mieux aux divertissements littéraires de l'Hôtel ; ses lettres, malheureusement perdues, l'auraient prouvé. Chapelain le suppléera encore ici.

Nous sommes en plein hiver de 1638. L'année, à part *le Docteur amoureux* de Le Vert, *le don Quixote* de Guérin de Bouscal, et *les Captifs,* traduits de Plaute par Rotrou, n'a vu paraître que des tragédies : *Antigone* de Rotrou, *l'Aveugle de Smyrne* par les Cinq Auteurs, *l'Amour tyrannique* de Scudéry, *le Comte d'Essex* de la Calprenède, et quelques autres. L'Hôtel, où l'on avait joué déjà une tragédie, la *Sophonisbe*, se porta, cette année, vers des sujets moins sérieux, et, qui le croirait ? ce fut le grave Chapelain qu'on chargea du soin de ce divertissement. Sa lettre à Montausier, du 20 décembre 1638, contient à ce sujet des détails intéressants : « Je me réjouis avec vous de ce bon succès (la prise indubitable de Brisac), et vous donne avis qu'au lieu du feu de joye qu'en fera toute la France, nous avons résolu d'en jouer une comédie, de laquelle nous vous gardons le principal personnage, vaillant et féroce, comme vous plein d'amour et de colère, et dont le rôle vous plaira bien assurément. M. le lieutenant fera l'amant pitoyable ; je représenteray son fidelle amy, et, des deux valets, M. le mestre de camp (Arnauld) jouera le pire, c'est-à-dire le plus méchant ; M. de Chavaroche fera l'autre. L'une des femmes sera l'adolescent Montreuil, que vous sçavés qui est au cardinal Antonio [1] aussi bien qu'à M. le P., et duquel on nous a dit qu'à Rome *era à far la donna ammaestrato* (il était passé maître à faire la femme); et, parce que la comédie est italienne et que nous n'avons point de femmes, ny qui prononcent bien cette langue, nous avons pensé de depescher en Piémont, en la cour de Madame Réale [2], sous le crédit de M. le marquis de Pisani, pour faire faire l'autre à la comtesse Massin ou à quelque autre veuve mariée de ce pays-là. Nous avons destiné le personnage de l'un des *stracciuoni*, plaideurs, à M. de Vaugelas, lorsqu'il sera revenu de Normandie, où il est allé faire une rivière ; et pour l'autre, M. de Gombauld le fera sans beaucoup de peine. Neufgermain fera le *Barbagrigia hampatore,* à cause de sa barbe, et, pour la *pancia omnipotente* qui luy manque, nous luy en ferons une d'un coussin ou de six serviettes en double. Vous voyés le dessein, et m'avouerés sans doute qu'il vaut bien la mascarade de l'année passée. Ce qui reste à faire est d'apprendre de vostre costé le roole que nous vous envoyerons, comme nous apprenons les nostres, afin que, quand vous viendrés icy au carnaval, il n'y ait plus qu'à nous

---

[1] Le cardinal Antoine Barberin, neveu du pape, depuis grand aumônier de France, archevêque de Reims, nonce apostolique, etc., etc.

[2] Sœur de Louis XIII; sa fille faillit épouser Louis XIV.

habiller tous et monter sur le théâtre. Pardonnés, Monsieur, les folies que tire de la plume d'un homme assés sérieux l'apparence de la conqueste d'une ville qui doit estre nostre commun salut, et l'espoir qu'elle nous donne de vous revoir bientost en cette cour. Je les ay écrittes par l'ordre de personnes à qui, tout volontaire que vous estes, vous n'oseriés désobéir, et pour qui on ne seroit que plus estimable quand l'on tomberoit en véritable folie. »

Montausier revint en effet, après la prise de la ville. La comédie se joua-t-elle ? Les rôles étaient appris : il est probable qu'on voulut avoir le bénéfice de ce travail, et que rien ne manqua à la fête galante préparée depuis plusieurs mois ; si la gravité du marquis de Montausier s'y prêtait de bonne grâce, l'ardeur du marquis de Pisani pour toutes les distractions un peu bruyantes devait la désirer et la presser vivement. Ce fils aîné de madame de Rambouillet servait en Piémont pendant que Montausier combattait en Alsace. Ami de Voiture, comme Chapelain était l'affidé de son beau-frère futur, il avait toute la légèreté d'esprit de son *demi-corps*, en même temps qu'il ambitionnait les louanges qu'on ne cessait de donner à la vaillance et à la galanterie de Montausier. L'esprit de famille aidant, il arrivait presque à mériter les mêmes éloges que lui ; et quand il revint de Piémont, où la petite vérole l'avait rudement éprouvé, il reçut un accueil brillant qui l'enivra de la part de madame et mesdemoiselles de Clermont, gracieuses et galantes personnes auprès desquelles il ne pouvait réussir qu'en déployant des qualités semblables aux leurs. Chapelain nous édifie complétement sur ce sujet : c'est encore à Montausier qu'il apprend le retour de M. de Pisani « non seulement de Piémont, mais encore de l'autre monde où sa maladie l'avoit fait presque aller. Il n'est pas revenu de là moins galant qu'il y étoit allé. Il y a même appris des raffinements de galanterie à le disputer avec les plus experts du mestier... Sa première descente a été à Mézières (chez madame de Clermont), où il a fait la plus agréable surprise aux nymphes qui l'habitent. A vous dire le vray, je trouve qu'il enjambe fort sur vos marches, et je vous conseillerois volontiers d'en estre un peu jaloux... Ecritures, vers, prouesses, tout ce qu'il vous plaira, les présents le gaignent (les personnes présentes l'emportent) toujours auprès des dames, et je ne vous répons pas, si vous tardés encore un peu, qu'il ne vous efface entièrement de leur souvenir. C'est assés dit pour vous faire désirer au moins de revoir la France, et vous obliger à ne point perdre d'occasion d'y revenir. Et afin que vous reconnoissiés comme l'on récompense les gens de bonne volonté, et que vous ne vous excusiés point sur notre ingratitude, l'on fut deux lieues au devant de lui, on l'attendit deux heures de nuit au pont des Fées à Saint-Cloud; dames l'amenèrent à Paris dans leur char de triomphe, et dames furent le recevoir en triomphe : et quelles dames ! les premières, toute la maisonnée de Mézières; les dernières, une princesse Julie et une héritière d'Aubridiane [1]. Voyés maintenant s'il faut délibérer. Mesme gloire, mesme destin vous attend... Nous jugerons, de M. le marquis de Pisani ou de M. le marquis de Montausier, qui

---

[1] Mademoiselle Aubry, depuis duchesse de Noirmoutier.

aura mérité le mieux la couronne de la galanterie. »
(23 nov. 1638.)

Ainsi provoqué, Montausier répondit à cet appel qui, à le bien prendre, n'était qu'une plaisanterie : entre Montausier, illustré à l'armée, et Pisani, malade pendant toute la campagne, le premier, sans grande distinction dans les traits, mais au moins sans difformité, et le second rachitique, bossu, maltraité par la petite vérole : celui-là poète facile, écrivain expert, l'autre dédaigneux des exercices de l'esprit, il ne pouvait y avoir de comparaison sérieuse, et si l'admiration était sincère et flatteuse pour l'un, pour l'autre elle n'était guère que compatissante.

Montausier fut, pendant son séjour à Paris, assidu à l'hôtel de Rambouillet. Il profita de ses relations avec tous les poètes qu'il voyait pour exécuter le dessein le plus galant qu'on ait imaginé à cette époque : je veux parler de cette fameuse *Guirlande de Julie,* qu'il composa avec l'aide des familiers d'Arthénice, tous ravis d'avoir une occasion de faire leur cour à la princesse Julie. Voiture seul n'y eut aucune part : Montausier ne pouvait le souffrir, et Chapelain, parlant de lui à son ami, l'appelait « la suffisance de votre aversion. »

Outre Montausier lui-même, qui composa seize madrigaux, nous lui trouvons associés pour cette galanterie : Arnauld d'Andilly le père, Arnauld d'Andilly le fils, Arnauld de Corbeville, mestre de camp général des carabiniers ; Arnauld de Briotte, Chapelain, Colletet, Corneille [1], Desmarets, Godeau, Gombauld, Habert de Montmort, Habert de Cérisy,

---

[1] Et non Conrart. — Voyez l'excellente Histoire de Corneille publiée par Mʳ J. Taschereau. *(Biblioth. elzév.),* liv. II.

Habert le capitaine d'artillerie, Malleville, Martin, plus connu sous le nom de Pinchesne, Scudéry, Tallemant des Réaux et le marquis de Rambouillet[1]. Vingt-neuf fleurs formaient la guirlande, et pour chacune il y eut au moins un madrigal et souvent plusieurs, puisque ces petites pièces sont au nombre de soixante et une, outre la dédicace.

Nicolas Jarry, le célèbre calligraphe, écrivit le manuscrit, et il en fit trois copies la même année (1641)[2]; sur l'original, destiné à Julie, les fleurs furent peintes par Robert; la reliure, en maroquin rouge du Levant, était un chef-d'œuvre que l'on préserva à l'aide d'un étui en peau de frangipane; elle était ornée en dedans et par-dessus du chiffre entrelacé de J.-L. (Julie-Lucine.)

Le corps de l'ouvrage était précédé de huit feuillets dont les trois premiers et le sixième sont restés blancs; le quatrième contient le titre; sur le cinquième est peinte une guirlande qui entoure ces mots : *la Guirlande de Julie;* une miniature, finement exécutée sur le septième feuillet, représente Zéphyre entouré d'un nuage, tenant dans sa main droite une rose et dans sa main gauche une guirlande de fleurs, qu'il souffle légèrement sur la terre; enfin le huitième contient le madrigal suivant, du marquis de Montausier :

---

[1] Et non Racan, Tallemant des Réaux le dit formellement. L'erreur de M. de Gaignères, qui nomme Racan dans sa Notice sur la *Guirlande*, vient de ce que l'auteur du madrigal sur l'hyacinthe n'a signé que par ses initiales : M. L. M. D. R.

[2] L'une était sur papier in-f°, une autre sur vélin in-4°, toutes deux sans figures; la troisième était sur vélin in-f°, en lettres rondes.

ZÉPHYRE A JULIE.

Madrigal.

Recevez, ô Nymphe adorable,
Dont les cœurs reçoivent les loix,
Cette couronne plus durable
Que celle que l'on met sur la tête des Roys.
Les fleurs dont ma main la compose
Font honte à ces fleurs d'or qu'on voit au firmament ;
L'eau dont Permesse les arrose
Leur donne une fraîcheur qui dure incessamment ;
Et tous les jours ma belle Flore,
Qui me chérit et que j'adore,
Me reproche avecque courroux
Que mes soupirs jamais pour elle
N'ont fait naistre de fleur si belle
Que j'en ai fait naistre pour vous.

Puis vient l'ouvrage lui-même, qui s'ouvre par une pièce de Chapelain, intitulée : *La Couronne impériale*. — « La Couronne impériale, dit Huet, est, sans contredit, la plus belle fleur et le plus beau madrigal de la guirlande de Julie. » Chapelain y fait allusion à la prétendue passion de Julie pour le roi de Suède, et feint que Gustave-Adolphe fut métamorphosé, après sa mort, en une fleur destinée à la couronner. Malleville et Scudéry s'essayèrent aussi sur le même sujet sans obtenir le succès de Chapelain. Desmarets seul put se flatter de l'avoir surpassé par ce madrigal si connu :

LA VIOLETTE.

Franche d'ambition, je me cache sous l'herbe,
Modeste en ma couleur, modeste en mon séjour ;
Mais si sur votre front je me puis voir un jour,
La plus humble des fleurs sera la plus superbe.

Ainsi, du reste, parlent toutes les fleurs; ainsi s'expriment tous les poètes; mais si le fond de la pensée est le même, aucun autre n'a atteint cette gracieuse simplicité.

D'après la Notice de M. de Gaignières, le marquis de Montausier aurait offert à Julie ce riche présent pour le jour de sa fête, qui arrivait, dit-il, « dans un temps où la terre ne produit pas assez de fleurs au gré des amants. » Comme le jour de Sainte-Julie est le 22 mai, il est difficile de croire que l'absence des fleurs naturelles l'ait engagé à présenter ce bouquet artificiel. Nous croyons plutôt, avec Huet, que Julie trouva la célèbre guirlande à son réveil, le 1er janvier; quant à l'année, il est probable que ce fut en 1642, puisque les manuscrits sont de 1641.

Cette même année, madame de Rambouillet, qui se plaisait tant aux surprises, en prépara une d'un tout autre genre à ses hôtes. Elle fit faire un grand pavillon à trois pans, dont les fenêtres donnaient sur les jardins de l'hôtel de Rambouillet, de l'hôtel de Chevreuse et des Quinze-Vingts. Mais on observa un tel secret dans la construction, que la marquise put le faire bâtir, peindre et meubler sans que personne, dit Tallemant, de cette grande foule de gens qui allaient chez elle, s'en fût aperçu. L'emplacement de ce pavillon avait été pris sur le terrain des Quinze-Vingts, et les ouvriers étaient cachés par le mur qui séparait les deux jardins. « Un soir donc, reprend Tallemant, qu'il y avoit grande compagnie à l'hôtel de Rambouillet, tout d'un coup la porte s'ouvre, et madame de Rambouillet, vêtue superbement, paroît dans un grand cabinet tout à fait magnifique et merveilleusement bien éclairé. Je vous laisse à penser si le monde fut surpris. Ils sçavoient que derrière la tapisserie il n'y avoit que le jardin des Quinze-Vingts, et, sans en avoir eu le moindre soupçon, ils voyoient un cabinet si beau, si bien peint, et presque aussi grand qu'une petite chambre, qui sembloit apportée là par enchantement. »

Les amis absents eurent leur part de cette surprise ; ainsi Godeau apprit de la marquise elle-même, par une lettre du 26 juin 1642, l'existence de cette merveille, baptisée par Chapelain du nom de *loge de Zyrphée*. Voici cette lettre, telle qu'elle nous a été conservée par Conrart dans ses papiers[1] : c'est une des très rares pièces qui nous soient restées de cette femme célèbre, et sur lesquelles on puisse juger son style. — « Monsieur, lui dit-elle, si mon poète-carabin ou mon carabin-poète (Arnauld de Corbeville) étoit à Paris, je vous ferois réponse en vers et non pas en prose ; mais par moy-même, je n'ay aucune familiarité avec les Muses. Je vous rends un million de grâces des biens que vous me désirez, et, pour récompense, je vous souhaite à tous moments dans une loge où je m'assure, Monsieur, que vous dormiriez encore mieux que vous ne le faites à Vence. Elle est soutenue par des colonnes de marbre transparent, et a esté bastie au-dessus de la moyenne région de l'air par la reine Zyrphée. Le ciel y est toujours serein ; les nuages n'y offusquent ni la vue ni l'entendement, et de là tout à mon aise j'ay considéré le trébuchement de l'ange terrestre. Il me semble qu'en cette occasion la Fortune fait voir que c'est une médisance que de dire qu'elle n'aime

---

[1] Elle a été imprimée par M. Paulin Pâris, dans son savant commentaire sur Tallemant, II, p. 511.

que les jeunes gens. Et parce que, non plus que ma loge, je ne suis pas sujette au changement, vous pouvez vous asseurer que je seray, tant que je vivray, monsieur, votre très honorable servante. *Signé* DE VIVONNE. »

Zyrphée, qui avait donné son nom à la *Loge* de madame de Rambouillet, était une enchanteresse, fameuse dans les Amadis. Chapelain lui prêta un pompeux éloge de la marquise dans des stances qu'il fît copier sur vélin et attacher, secrètement aussi, dans le nouveau pavillon : « Zyrphée, reine d'Angennes, à la cour d'Arthénice, » disait de la marquise :

> .... Son vaste cœur en ces bas lieux
> Pour remplir sa grandeur ne voit rien d'assez ample;
>   Et son esprit prodigieux
> Est l'exemple de tous, mais sans avoir d'exemple;
> De douce majesté son corps est revestu,
> Et qui le détruiroit, il détruiroit le temple
>   De l'honneur et de la vertu...

A l'entendre, Zyrphée aurait bâti ce lieu enchanté pour mettre Arthénice à l'abri de la mort et des souffrances :

> Cette incomparable beauté
> Que cent maux attaquoient et pressoient de se rendre,
>   Par cet édifice enchanté
> Trompera leurs efforts et s'en pourra défendre.
> Elle y brille en son trosne, et son esclat divin
> De là sur les mortels va désormais s'espandre
>   Sans nuage, éclipse ni fin[1].

---

[1] Imprimé sans nom d'auteur dans la 5ᵉ part. du *Recueil de Sercy*, 1660. — Cf. Tallemant des Réaux, édit. Paulin Pâris, t. II. p. 510 et suiv.

Ici encore nous retrouvons ce caractère aimable de madame de Rambouillet, toujours empressée à faire partager à ses amis les plaisirs qu'elle se ménageait à elle-même, toujours heureuse de leur réserver de ces surprises agréables dont elle avait le secret. Elle avait apporté à son mari dix mille écus de rente, soit environ cent mille francs de notre monnaie : une part importante entrait dans les dépenses communes ; le reste était employé en bonnes œuvres, en pensions, en présents dont elle laissait toujours ignorer l'auteur, et en embellissements dans son hôtel ou son parc de Rambouillet. « Si elle eût été en état de faire de grandes dépenses, dit Tallemant, elle eût bien fait de plus chères galanteries. » Et il ajoute qu'il lui a entendu dire à elle-même qu'un de ses plus grands plaisirs aurait été de faire bâtir au bout de son parc une maison magnifique, à l'insu de ses amis, auxquels elle pensait encore avant elle-même. Elle les y eût attirés ensuite, et, après bien des détours, « je les aurois menés, disait-elle, dans ma nouvelle maison, que je leur aurois fait voir sans qu'il y parût un seul de mes gens, mais seulement des personnes qu'ils n'eussent jamais vues ; et enfin je les aurois priés de demeurer quelques jours en ce lieu, dont le maître étoit assez mon ami pour le trouver bon. Je vous laisse à penser, ajouta-t-elle, quel auroit été leur étonnement lorsqu'ils auroient su que tout ce secret n'auroit été que pour les surprendre agréablement. »

Les trois années qui suivirent la construction de *la loge de Zyrphée* éloignèrent d'elle encore Montausier, retenu en Alsace par ses fonctions à la fois administratives et militaires, ou en Allemagne par sa charge de maréchal de camp du maréchal de Guébriant, qui y commandait le corps d'armée envoyé pour joindre le duc de Weimar. Après la mort du jeune maréchal, la déroute de Dillinghen lui fut fatale : il y fut fait prisonnier (1643). Rendu à la liberté en 1644, devenu par la mort de son oncle, M. de Brassac, gouverneur de Saintonge et d'Angoumois, et maintenu en outre dans sa lieutenance du roi en Alsace, il renouvela ses instances auprès de Julie, et celle-ci, pressée par mademoiselle Paulet, par madame de Sablé, par la duchesse d'Aiguillon, par le cardinal, par la reine elle-même, et surtout par sa mère, qui lui reprocha sa dureté, ne put résister davantage : elle obtint que le marquis changeât de religion, et l'épousa enfin, le 15 juillet 1645. Pisani, appelé en Allemagne où il devait combattre sous les ordres du prince de Condé, n'assista pas au mariage. Il disait en partant : « Montausier est si heureux, que je ne manquerai pas de me faire tuer, puisqu'il va épouser ma sœur. » Il mourut, en effet, la même année (3 août 1645), à la bataille de Nordlingen.

Madame d'Aiguillon, qui avait pris grand intérêt à ce mariage, voulut que les noces se fissent à Ruel, dans sa « Maïson-fée », comme dit La Mesnardière. Les fêtes furent brillantes, elles durèrent plusieurs jours. Un petit nombre d'amis, choisis parmi les plus qualifiés, y assistèrent, invités les uns par madame d'Aiguillon, les autres par M. de Montausier ou par Julie d'Angennes. Un oubli, volontaire de la part de celle-ci, qui connaissait l'humeur sédentaire de madame de Sablé, et ne la jugeait pas autrement *portative,* faillit amener une rupture entre les deux amies : Tallemant le dit ; La Mesnardière le confirme dans une épitre où il raconte à madame de Montausier le parti pris par madame de Sablé pour se venger, et l'incident qui l'en empêcha.

> ... Vous sçaurez donc que la marquise
> Qui tant de gloire s'est acquise
> Par cent admirables talents,
> Et par mille attraits excellents
> Qui l'esprit et les sens captivent,
> Et, malgré les ans, toujours vivent,
> S'étant plainte secrètement
> De quelque léger manquement
> Qui choque une amitié fort tendre
> Et commis faute de s'entendre,...
> Le jour qui s'appelle mardi,
> Jour d'un Dieu vaillant et hardi,
> Dont l'astre inspire le courage,
> Pompeuse en son leste équipage,
> Et triomphante en cheveux gris,
> Sortit bravement de Paris.

Où allait ainsi madame de Sablé? Prétendait-elle assister à une fête à laquelle elle n'était pas conviée? Nullement, on le pense bien; mais elle voulait se montrer jusque dans les environs de Ruel et prouver qu'on avait tort de la regarder

> Comme dame non portative
> Qui pour conquérir la toison
> Ne quitteroit pas sa maison.

Portative, elle l'était donc : mais quelles précautions il lui fallait prendre avant de se risquer hors du logis! Vraiment, c'était lui rendre service que de les lui épargner ; on en jugera par le récit de son médecin-poète :

> Elle prend le chemin du Roule,
> Où, pour vous, maint carrosse roulle;
> Mais de la marquise en courroux
> Le char ne roulloit pas pour vous :

> Car la dame un peu mutinée
> Ayant resvé la matinée
> Aux moyens de se bien venger,
> Sans encourir aucun danger
> De froid, de chaud, ni de nuage
> Qui pût se résoudre en orage,
> Après avoir bien observé
> Quel vent ce jour s'étoit levé,
> Calculé le temps de la lune,
> Pour voir si la nuit seroit brune,
> Vu trois almanachs tour à tour,
> Et pris des vivres pour un jour,
> A la fin vers la maison-fée
> Où d'Amour pend le beau trophée,
> Marchoit fort généreusement.

Mais à peine avait-elle passé le pont de Neuilly qu'un orage épouvantable lui montra que le ciel condamnait sa vengeance :

> Oui, c'est pour me trop mutiner
> Que je fais aujourd'hui tonner !
> Mais, grand Dieu ! je demande grâce.

Effrayée, hors d'elle-même, madame de Sablé revint à Paris dès que l'orage fut passé ; elle abjura sa vengeance, et pardonna à son amie.

Aucun autre incident ne troubla ce jour, si désiré de la marquise, et qui, s'il la privait de sa fille chérie, la tranquillisait du moins sur l'avenir qui attendait celle-ci, mariée enfin à un homme considérable, et dont la constance était une garantie de bonheur. Madame de Rambouillet se sentait vieille, affaiblie par des maladies qui ne lui laissaient aucun repos. Elle ne put douter que l'absence de Julie mettrait un terme à des réunions nombreuses, qui la fatiguaient sans doute, et la pensée qu'elle ne tarderait pas à être isolée du monde ne l'effraya pas : elle trouvait dans ses souvenirs, dans son esprit, dans son goût pour la lecture, des ressources contre l'ennui, et qui lui permettaient de se suffire à elle-même.

Pour elle, cependant, l'heure n'était pas venue encore de l'abandon ; quelques années encore l'Hôtel continua d'être le rendez-vous de la société choisie que nous y avons trouvée. Nous aurons bientôt à rappeler les événements qui firent cesser ces réunions ; mais après avoir dit les rapports qu'eurent avec l'Hôtel Balzac et Montausier, il nous reste encore à chercher quel rôle tinrent dans ces assemblées Voiture, Gombauld, Chapelain, Conrart et un tout jeune prêtre qu'on y admirait déjà, « le petit Bossuet, de Dijon. »

Il est aussi difficile de dire à quelle date précise cessèrent les réunions de l'hôtel de Rambouillet que de fixer nettement l'époque où elles commencèrent. Nous avons dit la période la plus brillante de son histoire, quand nous avons parlé des années heureuses qui ont précédé le mariage de Julie ; les fêtes se suivaient sans cesse ; je ne sais quelle fougue ardente, quel entrain fécond dominait le mouvement littéraire ; le temps avait amené de nouveaux et jeunes amis ; la mort n'avait pas fait de vides sensibles. Mais voici que les années s'ajoutent aux années, et les deuils se succèdent. L'absence et la maladie ajoutent aux chagrins domestiques ; le trouble est dans l'Etat ; les intérêts divisent les amis. Tristes sont les réunions où la mort a passé, où la politique amène des discussions envenimées, où les lettres silencieuses se laissent oublier. Les beaux jours de l'Hôtel sont finis ; quelques lueurs qu'il jette encore à de rares intervalles rappellent parfois son ancien éclat.

Mais ne cherchons plus à suivre cette série jusqu'ici non interrompue de fêtes toutes galantes ou de plaisirs tout littéraires. Le temps est venu où des circonstances pénibles doivent amener la lente mais inévitable dissolution des assemblées de la marquise. Eprouvée par de constantes douleurs, si madame de Rambouillet retrouve, comme dans de passagères visions, les joies pures et vives du passé, son sourire est bien vite éteint dans les larmes.

Les fêtes qui avaient accompagné le mariage de madame de Montausier duraient encore, quand se livra (3 août 1645) cette bataille de Nordlingen qui fut si glorieuse au duc d'Enghien, si heureuse pour la France, si fatale à la maison de Rambouillet. Là périt, victime de son courage, le seul héritier du nom, le marquis de Pisani. Qui dira la douleur de la marquise en apprenant la mort de son fils unique ? A l'envi, tous les poètes familiers de l'Hôtel essayèrent d'adoucir le chagrin de l'inconsolable mère par d'innombrables témoignages de leur respect et de leur douleur. Gombauld, Tristan l'Hermite, Petit, et d'autres encore, firent à ce sujet assez de vers pour former un recueil auquel un sonnet de La Mesnardière servit de préface. Sonnets, stances, élégies, semblent s'accorder pour faire appel à la constance toute romaine de la descendante des Savelli. Petit, entre autres, l'auteur peu connu d'un mince volume de satires dédié à Montausier, disait à madame de Rambouillet :

> Pourquoi versez-vous tant de larmes ?
> Pisani ne pouvoit avoir un plus beau sort !
> Au lit d'honneur il a trouvé la mort,
> Cherchant la gloire dans les armes.

> Son corps est couvert de lauriers
> Parmy tant d'illustres guerriers
> Dont le sang arrose la plaine.
> Madame, recevez ce grand corps abattu,
> Et rappelez votre vertu :
> Vous pleurez un tel fils et vous êtes Romaine [1] !

Voiture seul, quoique tant de gens eussent fait des vers, ne fit rien, dit Tallemant qui le lui reproche, sur la mort de celui qu'il regardait comme la moitié de lui-même. Ce blâme est injuste; et la marquise, qui a pu lire les lettres adressées par Voiture au duc d'Enghien, au maréchal de Grammont [2] et à Costar [3], n'a pu se méprendre sur les vrais sentiments d'un homme qui, pressé d'écrire en l'honneur du marquis de Pisani, répondait : « Ce que vous désirez de moy est fort juste, et plût à Dieu qu'il me fût possible !... Si je puis..., je feray ce que vous me conseillez et ce que mon devoir m'ordonne. A cette heure, vous me pardonnerez bien si je dis : *Nil nisi flere licet* [4]... Je feray pourtant tous mes efforts pour satisfaire madame de Rambouillet, à qui je dois plus qu'à tout le reste du monde ensemble. »

Des filles qui restaient à la marquise, trois étaient religieuses depuis 1638 environ; mais on sait que les cloitres n'étaient pas, à cette époque, bien étroitement fermés. L'aînée d'entre elles était abbesse d'Yères; nous avons déjà dit son caractère détestable, sur lequel nous aurons encore l'occasion de revenir. Ses deux sœurs, forcées de la quitter, et séparées d'elle par Montausier, séjournèrent même

---

[1] Recueil de Sercy.
[2] Lettres, édit. 1681, pp. 337, 338.
[3] *Les Entretiens de M. Voiture et de M. Costar*, in-4, 1654.
[4] Je ne puis que pleurer.

quelque temps à l'Hôtel ; plus tard, elles devinrent religieuses à Saint-Etienne de Reims, et tour à tour abbesses de ce riche couvent. Une dernière fille restait, filleule de mademoiselle Paulet, qui lui avait donné son nom d'Angélique. Connue des amis de la marquise, façonnée par elle aux manières du monde, elle ne fut cependant produite hors de l'hôtel de sa mère qu'après le mariage de Julie et la mort de Pisani. La Mesnardière prit la peine de célébrer cet événement important dans son style le plus pompeux :

Clarice, il faut bannir cette mélancolie ;
Le mort que vous pleurez brille parmi les Dieux.
Par leur ordre, vous seule occupez en ces lieux
La place de *Pisandre* et le rang de Julie.

Songez que maintenant la France et l'Italie
Pour voir vos premiers pas tournent sur vous les yeux ;
Pour compter leurs héros on compte vos ayeux,
Dont les exploits sans nombre ont la terre embellie...

Celle-ci resta treize ans entiers depuis cette époque sans se marier. C'est seulement le 30 juin 1658 qu'elle épousa le comte Adhémar Monteil de Grignan, qui, après l'avoir perdue (22 décembre 1664), se remaria, et, veuf une seconde fois, épousa enfin mademoiselle de Sévigné. Mais revenons à la suite de ces temps.

Cette même année 1645, au mois d'octobre, nous voyons une jeune reine donner à madame de Rambouillet les marques d'une gracieuse déférence. Marie de Gonzague, compromise par son amourette avec Cinq-Mars, n'avait point caché ses terreurs à la marquise quand fut saisie la cassette de ce favori du Roi, disgracié par le Cardinal. Lorsqu'elle épousa le roi de Pologne Wladislas, le mariage fut célébré dans la chapelle du Palais-Royal : « De là, avec sa couronne sur la tête, dit Tallemant, elle voulut aller dire adieu à madame de Rambouillet [1]; » démarche flatteuse qui les honore l'une et l'autre.

L'année suivante s'ouvre par un deuil : Cospeau, alors évêque de Lisieux, qui était avec le baron de Villeneuve [2] l'un des plus anciens amis de la marquise, Cospeau, le confident des douleurs que lui causait l'abbesse d'Yères, et qui avait si souvent essayé de ramener celle-ci au respect dû à sa mère, Cospeau mourut dans son diocèse en 1646 [3]. Professeur de Bossuet, il avait patronné chez *Arthénice* ce jeune prêtre si reconnaissant, dont les premières thèses lui avaient été dédiées, et qui avait été présenté par Arnauld de Corbeville ou le marquis de Feuquières. Tout le monde connaît ce mot de Voiture qui, assistant un soir, à une heure fort avancée, à un sermon improvisé devant la mondaine assemblée par l'abbé Bossuet, à peine âgé de seize ans, n'avait jamais, disait-il, entendu prêcher si tôt ni si tard [4].

Mais si madame de Rambouillet perdait un ami éprouvé depuis près d'un demi-siècle, elle trouvait dans la nouvelle famille que lui reconstituait Julie par son mariage une sorte de compensation bien douce. En 1647, madame de Montausier eut une fille, charmante enfant, dont l'esprit précoce fit bientôt l'admiration et la joie de sa grand'mère.

---

[1] Tallemant, *Historiettes*, édit. P. Paris, III, 303.
[2] *Id.*, III, 204.
[3] Voy. *Cospeau, sa vie et ses œuvres,* par Ch.-L. Livet, in-12, suivi de l'oraison funèbre de Henri IV. Paris, Alvarès.
[4] Voyez Mémoires et journal de l'abbé Ledieu, t. I, p. 16 et 17. Paris, Didier, 1856, 4 vol. in-8.

Bien que moins facilement abordable à cause de ses infirmités et moins visitée qu'elle n'était autrefois, madame de Rambouillet n'était pas cependant tout à fait oubliée ; en 1646, Boyer lui dédia sa tragédie intitulée *la Porcie romaine,* et, si cette pièce ne reçut pas à l'hôtel le même honneur que la *Sophonisbe,* sans doute elle y fut du moins publiquement lue comme cette *Athénaïs,* aussi de Mairet, dont on suivait pas à pas, scène par scène, la composition et l'*avancement* [1].

Le théâtre avait toujours été la passion dominante de la marquise ; on ne s'étonnera donc pas de la faveur qu'elle témoignait aux œuvres dramatiques, ni de l'opinion avancée par Segrais que, dans la comédie des *Visionnaires,* de Desmarets, madame de Rambouillet paraît sous le nom de *Sestiane,* cette fille vertueuse qui n'aimait que la comédie. D'après la même clef qui, si elle ne nous révèle pas l'intention plus ou moins malicieuse de l'auteur, sert du moins à nous faire connaître le jugement des contemporains, le plan de la comédie aurait été fourni à Desmarets par Richelieu ; *Mélisse,* amoureuse d'Alexandre, aurait été madame de Sablé qui avait rebuté le cardinal, et madame de Chavigny se reconnaissait sous le masque de la coquette *Hespérie.* Vrai ou faux, le fait avancé par Segrais n'est pas du moins improbable. Sans doute le caractère de *Sestiane* est outré ; mais c'est elle cependant qui représente la

---

[1] L'*Athénaïs* fut imprimée en 1642. Mairet, qui était alors au Mans, la dédia à M. de Lavardin, évêque de cette ville. A la date du 27 novembre 1638, Chapelain lui écrivait : « Je vous félicite de l'avancement de l'*Athénaïs,* et me prépare une grande fête quand vous la marierez à l'hôtel de Rambouillet. » (Ms. de M. Sainte-Beuve.)

raison au milieu des folies qui font le sujet de la pièce; Desmarets déclare dans l'argument « qu'on peut voir les véritables règles dans l'opinion des critiques qu'elle (Sestiane) allègue au poëte pour en avoir son avis, qui sont celles que l'on doit suivre. » Si donc *Sestiane*, dans les belles parties de son rôle, n'est autre en réalité que madame de Rambouillet, il est assez curieux de voir comment, quarante ans avant Despréaux, elle formulait la règle des trois unités :

SESTIANE

Toutefois, ces esprits critiques et sévères
Ont leurs raisons à part, qui ne sont pas légères :
Qu'il faut poser le jour, le lieu qu'on veut choisir.
Ce qui vous interrompt ôte tout le plaisir,
Tout changement détruit cette agréable idée,
Et le fil délicat dont votre âme est guidée.
Si l'on voit qu'un sujet se passe en plus d'un jour,
L'auteur, dit-on alors, m'a fait un mauvais tour;
Il m'a fait, sans dormir, passer des nuits entières.
Excusez le pauvre homme; il a trop de matières;
L'esprit est séparé, le plaisir dit adieu.
De même arrive-t-il si l'on change de lieu.
On se plaint de l'auteur : il m'a fait un outrage;
Je pensois estre à Rome, il m'enlève à Carthage
Vous avez beau chanter et tirer le rideau :
Vous ne m'y trompez pas, je n'ai point passé l'eau.
Ils désirent aussi que, d'une haleine égale,
On traite sans détour l'action principale.
En mêlant deux sujets, l'un pour l'autre nous fuit,
Comme on voit s'échapper deux lièvres que l'on suit.

La tirade qu'on vient de lire n'a rien qui puisse combattre l'opinion de Segrais, soit : *Sestiane* et *Arthénice* peuvent être une même personne. Mais *Sestiane* a ses extravagances dans la pièce : ici nous ne reconnaissons plus *Arthénice;* nous répudions tout rapprochement, et Desmarets, ami de Chapelain, qui ne lui eût pas pardonné des intentions malveillantes, eût protesté comme nous contre une assertion outrée. Segrais lui-même ne se rappelait pas les folles visions de *Sestiane*, quand il a écrit les lignes que nous citions, lui qui, faisant l'éloge de mademoiselle de Rambouillet (depuis, madame de Grignan), parlait de sa mère avec tant de respect :

> Clarice aime mes vers, faisons-en pour Clarice ;
> Qui peut rien refuser au beau sang d'Arthénice ?
> Le beau nom d'Arthénice a volé jusqu'aux cieux :
> Le beau nom de Clarice est aimé de nos dieux.
> Ses charmes sont puissants, son âme est noble et belle ;
> Elle a tout ce qui rend Arthénice immortelle ;
> Juste arbitre du chant des plus fameux bergers,
> Comme elle, elle est célèbre aux climats étrangers.
> Doncques, ô digne sang d'une divine mère..., etc.

Il paraît que la marquise avait conservé, avec ses qualités morales que l'âge semblait développer encore, cette merveilleuse beauté que le temps ne diminuait pas. Nous voyons dans une lettre de Chapelain à Montausier avec quelle modestie elle acceptait les louanges qu'on ne manquait pas de lui faire de ce visage toujours jeune, de ce teint toujours pur. Ménage, dans un joli sonnet italien, nous donne à ce sujet des renseignements curieux. Dans un âge déjà avancé, elle conservait sa fraîcheur, son éclat, la vivacité du regard, et il se croyait obligé de dire, à propos d'elle, la banalité ordinaire aux poètes de ce temps : *Mi consuma il cuore*. Je ne crois rien de cette passion ; mais j'accepte volontiers les éloges. On sait en effet, par

Tallemant, que madame de Rambouillet mourut à soixante-dix-huit ans « sans avoir rien de dégoûtant. » Au temps du sonnet de Ménage, elle avait vingt ans de moins.

LA BELLA ATTEMPATA.

Florida è sempre, e fresca, e vaga, e bella;
A nissun' altra, a se medesma eguale :
E, quel che strugge ogni cosa mortale,
Il Tempo, sue bellezze rinovella.

Tal ebbe il crine nell' età novella,
Tale la bocca ; ebbe la guancia tale :
Spargon gli occhi splendor almo immortale,
E men fiammeggia l'amorosa stella.

Se quel bel sole, col fulgor celeste,
Insu'l cader più dolce e men ardente
Gli occhi m'abbaglia et mi consuma il core;

O sfortunati voi, voi che'l vedeste
A mezzo giorno, e lucido e cocente,
Qual fù l'abbaglio, e quanto fù l'ardore[1] !

Un autre grammairien comme Ménage, mais qui n'avait rien comme celui-ci du don de poésie

---

[1] *Menagii Poemata*, Elzev. 1663, p. 302. — Cette pièce se trouve aussi dans les éditions antérieures. En voici la traduction :

LA BELLE SUR LE RETOUR

Elle reste en sa fleur; elle est fraîche, et gracieuse et belle ; supérieure à toute autre, égale à elle seule ; et le destructeur de toutes choses mortelles, le Temps renouvelle ses beautés.

Tels furent ses cheveux dans sa première jeunesse, telle sa bouche, telles ses joues ; ses yeux ont conservé leur vivant éclat, leur éclat immortel, et moins brillante est l'étoile de l'Amour.

Aussi ce beau soleil, avec sa lueur céleste, plus doux à son couchant et moins vif, m'éblouit les yeux et consume mon cœur.

Je vous plains, ô vous qui, au milieu du jour, parmi l'éclat et le feu de ses rayons, avez vu la force qu'avait cet astre pour éblouir et brûler.

polyglotte, Vaugelas, un des plus sensés régulateurs de notre langue, était aussi des amis de la marquise ; car chez elle, les lettres n'étaient pas représentées seulement par la poésie ou le théâtre : une rapide revue des gens admis à son cercle, et que nous ne pouvons nous dispenser de faire avant de quitter l'Hôtel, achèvera de le prouver.

Pour Vaugelas, on s'intéressait à sa fortune ; on aimait son enfantine crédulité, on écoutait patiemment les nouvelles qu'il venait tous les jours débiter à l'hôtel de Rambouillet, et « où, comme dit Tallemant, il n'y avoit nulle apparence. » C'était le plus inoffensif des hommes ; mais toujours besogneux, il devenait cruel par nécessité. Ainsi le vit-on poursuivre le plus loyal et le plus honnête des Normands, pour avoir son bien, dit crûment des Réaux. Chapelain nous rapporte une longue querelle qu'eut à ce sujet Vaugelas avec Bois-Robert, en pleine Académie [1]. Il s'en tira en galant homme, et l'hôtel de Rambouillet tourna, comme lui-même, cette affaire en raillerie. On ne pouvait le prendre au sérieux, cet enfant perpétuel, même dans les plus graves circonstances de sa vie, et on aimait à mettre ses étourderies sur le compte de l'amour. Voici, en effet, ce qu'en écrivait Chapelain à Godeau [2] : « Pour nouvelles, M. de Vaugelas, qui jusqu'à présent voulait faire sa fortune par le moyen des femmes, a changé de batteries et veut maintenant faire la fortune des femmes par son moyen : je veux dire, est résolu d'en épouser une

---

[1] *Voir*, pour plus de détails à ce sujet, notre édition de l'*Histoire de l'Académie*, par Pellisson et d'Olivet.

[2] Lettre du 25 décembre 1637. — Manuscrit de M. Sainte-Beuve.

qui n'a rien; et, pour ce que lui-même n'a pas grand'chose, pour mettre cette personne à son aise, l'amour qu'il luy porte est si violente qu'elle l'a porté à poursuyvre à mort un homme, le meilleur qui soit en Normandie, pour avoir son bien. Nous verrons bien s'il sera plus heureux en cette affaire qu'en toutes les autres. L'hôtel de Rambouillet se réjouit avec luy sur ce sujet. »

On se réjouissait encore avec lui à l'Hôtel quand il s'oubliait jusqu'à faire des vers, ce qui ne lui est guère arrivé plus de trois fois, dans le genre de l'épigramme assez faible que Pelisson nous a conservée, et que Vaugelas fit, provoqué par un portier de la marquise [1].

Comme le dit Pellisson, on pouvait se passer de ces épigrammes. Mais, au moment où nous cherchons à faire connaître les rapports qu'eurent avec Arthénice les beaux esprits de son temps, nous l'avouons, les preuves authentiques de ces relations sont si peu nombreuses pour quelques-uns, qu'il nous a paru nécessaire de compter les faits plutôt que de les peser, et d'en augmenter le nombre pour leur donner quelque valeur.

Pour Godeau, pour Conrart, pour Voiture, pour Chapelain, les renseignements ne nous manquent pas, et nous pouvons choisir. Avant d'arriver à ces hommes qui formèrent en quelque sorte le noyau du cercle lettré d'Arthénice, donnons encore quelques noms qui s'y produisent moins souvent, mais qui contribuaient à l'éclat et aussi à la célébrité de la ruelle d'Arthénice.

Nous avons déjà cité Neufgermain, ce fou de

---

[1] *Voir* notre édit. de l'*Histoire de l'Académie française*, par Pellisson et d'Olivet. T. I, *Notice* sur Vaugelas.

poète dont les imaginations ridicules défrayaient souvent les habitués de l'Hôtel. Un jour, qu'il avait querelle avec je ne sais quel filou, — amour, amour, quand tu nous tiens! — celui-ci le saisit par sa longue barbe, et si bonne était sa prise, qu'avec un peu d'effort, « il lui plume tout le menton ». Le mot est de Tallemant. Mais Neufgermain était brave, il était gentilhomme; il avait son épée au côté. Il laisse sa barbe sur le pavé et s'élance, l'épée à la main, après son agresseur. Il courait encore quand un savetier de la rue des Gravilliers, témoin du combat et de la bravoure du poète, et qui le savait familier à l'hôtel de Rambouillet, y porta la précieuse relique, à l'heure du dîner. Il entre, et il faisait son récit, quand Neufgermain paraît. Il était à plaindre, peut-être. Mais le moyen de rester sérieux en présence d'un tel homme et d'une telle aventure?

Malgré les travers du « poëte hétéroclite », madame de Rambouillet s'intéressait à sa misère. Par l'intermédiaire de Ménage, qui était au mieux avec Servien, surintendant des finances, elle obtint pour lui 200 livres, et elle en profita pour faire à Ménage une de ces espiègleries plaisantes qu'elle aimait. « Vous êtes obligé, dit-elle à Neufgermain, d'aller remercier M. Ménage; mais je vous donne un avis : c'est l'homme du monde, après vous, qui aime le mieux à faire des armes. Il ne l'avoue pas, à cause qu'il est d'Eglise, si ce n'est à des gens discrets, et il a toujours des fleurets cachés derrière ses livres; priez-le de faire assaut avec vous. » Neufgermain n'a garde d'y manquer. Remercier un bienfaiteur et lui porter une botte! pour un gentihomme, l'occasion était deux fois bonne. Ménage rit à son compliment. Neufgermain le presse, vante sa discrétion, insiste et fait si bien, que Ménage, pour s'en délivrer, est obligé de dire qu'il a été saigné la veille.

Un autre homme, un homme de talent, à qui Madame de Rambouillet rendit souvent aussi des services, qu'elle respectait trop pour ne pas ménager sa susceptibilité, mais qui payait aussi tribut parfois à sa malignité enjouée, c'est Gombauld. Gombauld, avec la naïveté et l'amour-propre d'un poète, avait aussi, — il m'en coûte moins de l'avouer qu'il ne lui coûtait d'en convenir, — la pauvreté d'un poète.

Toujours propre, lustré, poli, ajusté comme un sonnet, mystérieux comme Timante du *Misanthrope,* cérémonieux comme Phédon de La Bruyère, Gombauld craignait surtout de laisser percer sa misère, et visait à rappeler les manières de la belle cour ; homme à refuser une pension, si elle ne venait du roi, il avait du cœur et de l'honneur, et n'aurait pas, dit Tallemant, fait une lâcheté pour sa vie ; noble caractère, plein de dignité et de fière délicatesse, en même temps qu'il maniait la plume, il n'oubliait pas qu'il avait une épée, et si, comme tous ses confrères en Apollon, il eût volontiers pris une enseigne de poète, il l'eût surmontée de son blason. Tel était un des hommes que madame de Rambouillet aimait le mieux à recevoir. Elle ne pouvait, sans s'en divertir, entendre l'aveu de ses scrupules, ou voir ses cérémonies pour se mettre à table ou monter en carrosse ; mais elle se prêtait complaisamment à des fantaisies dont une autre, moins indulgente, n'aurait pas voulu se donner même l'amusant spectacle. Ainsi Gombauld s'était cru aimé de Marie de Médicis, qui, retrouvant en lui la figure d'un gentilhomme florentin qu'elle avait distingué avant son mariage, ne pouvait, quand elle le voyait, le quitter du regard. C'est alors qu'il composa ce poème fort transparent, où Endymion, amoureux de la Lune, représente assez bien Gombauld amoureux de la reine. L'ouvrage fit du bruit; la reine voulut l'entendre lire. Gombauld, tout intimidé, court chez madame de Rambouillet. — « Madame, lui-dit-il, prenez que vous soyez la reine et j'entrerai avec mon livre. » Puis il *répète* son entrée; s'informe si le ton de sa lecture est assez respectueux; suppose des questions pour y improviser d'avance des réponses; prépare son effet, et ne sort qu'avec l'approbation de la marquise sur tous les points. Nous ne suivrons pas le vieux poète chez madame de Clermont ou chez M. de Montlouet, où madame de Rambouillet l'avait mené avec elle quelquefois; un de ses amis nous réclame.

Huguenot comme Gombauld, poète discret, riche d'ailleurs et obligeant pour ses amis, Valentin Conrart est un de ceux qui ont le plus contribué à la formation de l'Académie. Il était très versé dans les langues italienne et espagnole, et même, j'ose le dire en dépit de mille textes imprimés de son temps, dans la langue latine [1]. Mais il faisait bon marché de tous ses mérites, et les mettait au service d'une rare bonhomie, d'un caractère serviable et d'une fidélité à toute épreuve. Madame de Rambouillet l'aimait; pressée par lui de lui composer une devise sur l'amitié, elle lui en donna une dont le corps était une vestale attisant le feu sacré dans

---

[1] J'ai vu dans ses papiers une dissertation de sa main, sur le texte latin d'une ode d'Horace; et les ratures nombreuses qui s'y remarquent montrent assez qu'il en est l'auteur.

le temple de sa déesse; le mot, mis en latin par M. de Rambouillet, était *fovebo*. Ses amis lui rendaient affection pour affection, et, sans s'inquiéter s'il était ou non gentilhomme, si sa femme devait s'appeler madame ou mademoiselle Conrart, les plus qualifiés n'hésitaient pas à se rendre à sa maison d'Athis pour les fêtes qu'il y donnait : ainsi y vit-on un jour madame de Sablé, madame de Montausier et la sœur de celle-ci, mademoiselle de Rambouillet.

Ici, je ne puis m'empêcher de remarquer combien était vif alors le sentiment de l'indépendance en matière religieuse, de quelle liberté on jouissait, quel respect on était sûr de rencontrer pour sa foi parmi ses adversaires. Gombauld, Conrart, les Tallemant étaient protestants zélés; Godeau, cousin de Conrart, était évêque ; M. de Moutausier avait abjuré le calvinisme pour épouser Julie, catholique fervente ; et tous cependant se voyaient sans que jamais, dans leurs réunions, on ait trouvé trace de ces fâcheuses discussions si promptes à s'envenimer. Était-ce indifférence ? Non. Ce qu'il faut voir là, c'est la preuve du respect que l'on portait à des croyances sincères, dont les divergences n'influaient en rien sur le commerce aimable de ce monde choisi. Les temps changeront. Le jansénisme, exclusif et jaloux comme les minorités, s'introduira dans les ruelles, et envahira la place tout entière. Mais c'est encore le règne des lettres, et il se perpétuera dans les salons quelques années encore après que l'hôtel de Rambouillet aura jeté son dernier éclat.

Godeau, ennemi déclaré non des jésuites, mais du parti jésuite, ce qui est bien différent, aurait pu amener l'Hôtel dans une voie étrangère à ses traditions. Attaqué par le révérend père Vavasseur, à cause d'un rapport dont il avait été chargé par l'assemblée du clergé de France, il dédaigna de répondre, satisfait d'avoir rempli un devoir, même en s'attirant la haine de la cabale : l'Hôtel entra à peine dans la confidence de ses ennuis ; au moins nous n'en voyons aucune trace. Pour madame de Rambouillet, cet évêque modeste, qui refusait si gracieusement de se laisser *monseigneuriser* [1] par ses amis, restait le poète aimable, facile improvisateur, toujours prêt à passer aisément du grave au doux, de dissertations sur les mystères chrétiens à l'expression d'amours purement littéraires, et à chanter en même temps et la Vierge et Philis, et les saints et ses amis. Quand il fut promu à l'épiscopat, il y avait huit jours à peine qu'il était prêtre [2] : le poids du fardeau l'effraya : il écrivit au cardinal de Richelieu une lettre véritablement très belle pour refuser. Le cardinal, sans tenir compte de l'âge et du refus du jeune prêtre, insista, et Godeau, considérant, dit-il, le faible revenu et les charges d'un évêché de six mille livres, l'éloignement de ses parents et de ses amis, la rudesse, ajoute-t-il, de ceux avec qui il avait à vivre, et la

---

[1] Le 10 octobre 1636, Chapelain lui avait écrit : « Monseigneur, je me repens et dis ma coulpe..... etc. » — Le 20 octobre, il avait la réponse de Godeau, et, pour faire droit à sa réclamation, il lui disait : « Je crains trop les foudres de l'excommunication pour vouloir risquer d'en être atteint en vous honorant autant que vous le méritez. Vous ne serez donc plus *monseigneur* dans notre commerce familier. Je suis bien dans votre sens : tous ces titres sont des inventions non-seulement humaines, mais d'hommes vains et fort éloignés de cette sainte humilité chrétienne. »

[2] *Lettres de M. Godeau.* Paris, 1713, 1 volume in-12. Lett. XXXVI, à Chapelain, p. 123.

privation, en un mot, de tout ce que la nature souhaite, se crut obligé d'accepter une dignité payée si chèrement. Depuis, il reparut rarement à l'hôtel de Rambouillet, où l'exiguïté de sa taille lui avait valu le titre de nain de la princesse Julie. Retiré dans ses montagnes de Provence, il y devint, pour les romans, le mage de Sidon. Là, il n'oubliait point ses amis absents et entretenait avec eux une correspondance active. Madame de Rambouillet lui écrivait même quelquefois, malgré la difficulté que lui donnaient à le faire un léger tremblement dans les mains et une santé délabrée. On ne peut lire sans intérêt, dans le recueil des lettres de Godeau, celles qu'il écrit, avec toute la dignité d'un évêque, et dans les termes graves réclamés par son sujet, à l'abbesse d'Yères, quand elle reçut ses bulles ; à mademoiselle de Rambouillet, pour l'exhorter à l'humilité, à la pénitence, à la patience dans les douleurs ; à madame de Rambouillet elle-même sur la perte de madame de Grignan, et pour exhorter cette noble et vaillante femme à ne pas craindre la mort. Le contraste est frappant entre l'évêque de Grasse et le nain de Julie ; aussi l'on ne peut s'étonner assez de la facilité d'un écrivain qui maniait si aisément des sujets si divers, et savait se pénétrer si bien des devoirs différents de l'homme du monde et du prélat.

Le principal correspondant de Godeau pendant son séjour à Grasse fut Chapelain, qui fut aussi l'un des familiers de l'Hôtel, et des plus considérés. Il était souvent un intermédiaire entre la marquise et ses amis, recevant des lettres pour elle et remerciant en son nom. Depuis 1627, Chapelain était assidu aux réunions de l'Hôtel ; grave et sévère dès sa jeunesse, il était sans doute un littérateur de profession, mais il publiait fort peu ; et, à cinq ou six odes près, quelques sonnets et deux ou trois autres pièces qui ne sont pas trop méprisables [1], le seul grief sérieux qu'on ait contre lui, c'est d'avoir donné *la Pucelle*. Mais qu'il attendit longtemps avant de s'y décider ! « Croyez-moi, monsieur, dit-il à Balzac, je suis peu de chose, et ce que je fais est encore moindre que moy. Le monde, par force et contre mon intention, me veut regarder comme un grand poëte, et, quand je ne serois pas tout le contraire, je ne voudrois pas encore que ce fût par là qu'on me regardât. J'ay, ce me semble, de quoy payer en chose meilleure et que je possède plus justement [2]. » — Et ailleurs [3] : « Vous me faites plaisir de me plaindre de l'honneur que ma qualité de poëte me fait recevoir icy, et de ce que je suis devenu la quintaine de tous les initiés aux mystères de nos Muses. Mais que pourrois-je faire pour y remédier ? » Jusque-là,

Doux, complaisant, officieux, sincère,

Despréaux son ennemi en convient, il avait été

Le mieux renté de tous les beaux esprits,

et il avait dû cette faveur à l'opinion fort justement avantageuse que ses contemporains avaient de ses fortes études et de son bon goût. Il dut à sa réputation d'honnête homme, à ses sentiments de dignité et d'indépendance [4], à l'intérêt de ses solides

---

[1] « Je suis l'homme du monde qui produit le moins. » (Lettre à M. Dufay de la Trousse, avril 1635.)

[2] Lettre à Balzac, 4 nov. 1637.

[3] Au même, lettre du 5 sept.

[4] « Je m'en vais désormais être bien embarrassé, parce que, si MM. les ministres ne changent point d'avis, je suis nommé et choisi pour secrétaire de l'ambassade de Rome

conversations, d'être toujours fort considéré à l'hôtel de Rambouillet, et de vivre avec Montausier dans une intimité que la disporportion de leur fortune rend aussi honorable pour l'un que pour l'autre. Quand le marquis était à Paris, il aimait à s'enfermer avec Chapelain dans l'appartement qu'occupait celui-ci chez son beau-frère, M. Faroard [1], procureur au parlement, d'abord rue des Cinq-Diamants, puis (en 1639) près des Filles pénitentes, derrière Saint-Leu. Absents, ils laissaient rarement passer un courrier sans s'écrire. Chapelain profitait de la considération dont il jouissait, d'abord pour obtenir des pensions qu'il ne sollicita jamais pour lui, mais qu'il demandait constamment pour d'autres ; si bien que si Bois-Robert était auprès du cardinal « le solliciteur des muses affligées », Chapelain l'était auprès de Bois-Robert et de toutes les puissances du jour : ses lettres en donnent constamment la preuve : aussi pouvons-nous dire, grâce aux obligeantes communications de M. Sainte-Beuve, ce que disait l'abbé d'Olivet : « On s'étonnera peut-être de me voir tant de zèle pour la mémoire de M. Chapelain. J'en dirai naïvement le motif : c'est qu'ayant lu plusieurs volumes de ses lettres manuscrites où son âme se découvre à fond, je lui paye, sans avoir égard aux préjugés, le tribut d'estime que je crois lui devoir [2]. »

(sous M. de Noailles). » (A Balzac, lettre du 17 fév. 1633.) Il refusa ce poste, parce qu'il devait être secrétaire, non de l'ambassade, mais de l'ambassadeur. (A M. de Cercelles, mai 1633.) Déjà il avait prié Bois-Robert de faire agir le cardinal pour le dégager de cet emploi, qu'il n'osait ouvertement refuser avant d'avoir le motif indiqué plus haut. (1er mai 1633.)

[1] Lettre de Chapelain à madame de Flamarens, 4 juin 1639.
[2] *Histoire de l'Académie française*, t. II.

— Du reste, tout le secret de la grandeur et de la décadence de Chapelain est dans les dates. Sa conversation fit son influence et sa réputation : l'impression de *la Pucelle*, trop prônée à l'avance, gâta tout auprès des indifférents, et réveilla ses ennemis, mais sans que ses amis, Montausier à à leur tête, songeassent à l'abandonner ou à le moins estimer. Tel était l'homme que nous voyons avec tant de crédit « addomestiqué aux hôtels de Rambouillet et de Clermont, par leur bonté singulière [1]. »

Voiture, dont il nous reste à parler, pour épuiser la liste des lettrés les plus en faveur à l'hôtel de Rambouillet, n'avait la gravité ni de Chapelain, ni de Balzac, ni de Montausier.

Roturier comme Chapelain [2], il cherchait à se maintenir dans un monde supérieur à celui où sa naissance semblait le confiner, par les distractions qu'il s'appliquait à y répandre. Aimé du marquis de Pisani et de ses jeunes sœurs, toléré par madame de Rambouillet, détesté de Montausier, il devait à l'inépuisable indulgence de la marquise et aux préférences de la jeunesse pour ses enfantillages enjoués de rester toujours l'âme, pour ainsi dire, de la conversation, quand il était dans la chambre bleue. A lui les railleries plaisantes, à lui les récits bouffons et les joyeux paradoxes. Qui oserait,

---

[1] Lettre à M. de Belin, au Mans, 12 déc. 1637.

[2] « Je vous envoie des vers qui ont été faits contre moy, où l'on fait rimer *Voiture* avec *roture*... Il me prend envie de montrer à M. Chapelain cette belle poésie. »... (Lettre de Voiture à Costar, dans le volume intitulé : *Les Entretiens de M. de Voiture et de M. Costar*. 1 vol. in-4. Paris, Courbé, 1654, p. 460.)

comme lui, dire en face leurs vérités aux gens,
à Miossens, par exemple, qui fut depuis maréchal
d'Albret ? Qui improvisait plus volontiers ces
vaudevilles qu'on chantait dans les parties de campagne ? Quel brave s'est autant battu que lui, de
jour et de nuit, à la lune et aux flambeaux ? — Ses
impertinences et ses plaisanteries de mauvais goût
indisposaient souvent contre lui : mais il avait
tant d'esprit ! ses partisans, c'est-à-dire, toute la
jeunesse, le défendaient si bien ! et puis, au fond,
il était si reconnaissant et si dévoué ! « Jamais, dit
Costar, monsieur de Voiture ne parla plus sérieusement que quand il a parlé de la divine Arthénice.
Et prendre pour des railleries les louanges qu'il a
données à la personne du monde la plus louable,
c'est un crime[1]. » Du reste, inconstant en amour,
Voiture, à moins d'être lié par la reconnaissance,
faisait, avec la légèreté d'un étourdi, fort bon marché de ses amis. Ainsi le voit-on longtemps brouillé
avec mademoiselle Paulet ; ainsi se bat-il, et dans
le jardin même de l'hôtel de Rambouillet, avec
M. de Chavaroche qui avait chez la marquise
l'emploi de Sarazin chez le prince de Conti, intendant de la maison. Tout le monde, madame de
Rambouillet, monsieur et madame de Montausier,
Arnauld lui-même, dévoué à Voiture, lui donnèrent
tort. Depuis, il perdit beaucoup de son crédit, et
c'est peut-être alors que l'on fit courir contre lui
cette pièce dont il se plaint à Costar[2] ; quelques
vers parurent d'abord et le nombre en fut bientôt
doublé par Malleville et le marquis de Rambouillet,

---

[1] *Suite de la défense de M. de Voiture,* 1 vol. in-4. Paris, Courbé, 1655.

[2] Voyez ci-dessus, *note* 2, p. 80.

qui n'épargnèrent point les mots piquants : qu'on en juge.

> Je voudrois bien rimer en *ture*
> Pour descrire monsieur de Voiture...
> Quoiqu'il ait fort peu de lecture,
> C'est un vray diable en escriture,
> En vers, prose et littérature ;
> C'est un Alexandre en peinture ;
> C'est un Démosthène en sculpture,
> Un Caton en architecture...
> Du cercle il sait la quadrature...
> C'est une aimable créature,
> Si sa race estoit sans rature,
> Et sa naissance sans roture [1].

Tout l'Hôtel, qui connaissait l'auteur, ne put qu'applaudir, et ce fut, en même temps qu'un sensible chagrin pour Voiture, une sorte de vengeance pour Chavaroche.

Celui-ci, intendant de l'Hôtel, était un homme sûr, de loyal service, amoureux sans espoir de Julie, et qui tournait facilement le vers [2]. Tous les gens attachés à l'Hôtel, depuis le premier — c'était lui — jusqu'au dernier, partageaient son dévouement pour la bonne marquise. Silésie, l'écuyer de M. de Rambouillet ; maître Claude, l'argentier ; Aldimari, le secrétaire ; Dubois, le brodeur ; Audry, le sommeiller ; la Foscarini, femme de chambre italienne, c'était à qui témoignerait plus d'attachement et de plus de vénération à madame de Rambouillet : « Car jamais, dit Tallement, personne ne fut plus aimée qu'elle de ses gens ni des gens

---

[1] *Nouveau Recueil des plus belles poésies.* — Paris, Loison, 1654, Cf. P. Pâris, édition de Tallemant des Réaux, t. III, p. 69.

[2] On trouve des vers de sa façon en tête des poésies de Neufgermain, etc.

de ses amis. » Tallemant nous en fournit plus d'une preuve, et il est curieux de voir ces pauvres serviteurs défrayer parfois les conversations de l'Hôtel, comme par exemple, quand la marquise envoyait tel d'entre eux chez Godeau, Conrart ou Chapelain, et se faisait rendre compte des messages qu'elle avait donnés.

Nous avons passé en revue les plus influents, les plus connus et les plus actifs des visiteurs lettrés d'Arthénice. Corneille ne nous est guère apparu qu'à l'occasion de la *Guirlande de Julie*. On ne peut douter qu'il ait été fréquemment reçu chez madame de Rambouillet, et nous aurions aimé à trouver des pièces qui nous eussent permis de suivre les relations établies entre cette femme, toute Romaine de vertu et de constance, et ce génie que les Romains auraient pu appeler leur frère. A l'époque où nous sommes arrivés, du reste, Corneille était retiré en Normandie; c'est plus tôt qu'il aurait fallu le chercher à l'Hôtel, où la foule n'afflue plus comme au temps du *Cid*.

L'heure de la Fronde a sonné. Les amis se séparent, selon des intérêts différents, ou les liens plus ou moins étroits qui les attachent soit aux rebelles soit à Mazarin. Montausier, forcé de rester dans son gouvernement de Saintonge, ne cessa de donner au parti du roi les preuves d'attachement les plus désintéressées, et ce désintéressement même ajourna bien longtemps sa grandeur future. Quand il revint à Paris, Voiture était mort, mademoiselle Paulet était morte et la marquise toujours souffrante, privée de ses filles, inquiète pour ses amis des deux camps, vivant dans la triste société de son mari presque aveugle, n'avait plus pour charmer sa solitude les conversations agréables de ce monde autrefois si empressé, que les circonstances dispersaient à tous les vents du ciel. Dans ces tristes moments, il est touchant de la voir, âgée, infirme, isolée, conserver toujours un caractère égal, et trouver le même plaisir à faire à ses habitués, restés fidèles, ces surprises aimables auxquelles elle les avait accoutumés. Retirée à Rambouillet, quelque temps avant les barricades, elle passait son temps entre Dieu et ses amis, et le partageait entre la prière et ses souvenirs. C'est à ce dernier voyage qu'elle composa ces pieuses prières dont Tallemant des Réaux a pu voir le manuscrit de la main de Jarry, et dont la trace s'est aujourd'hui perdue. C'est alors aussi qu'elle imagina de faire dans son parc un dernier embellissement dont le secret, longtemps gardé, excita l'admiration de ceux qui le virent : elle y établit des cascades, une nappe et un jet d'eau d'un effet pittoresque, et Montausier fut des premiers à s'en émerveiller.

Mais déjà les réunions de l'Hôtel n'existent plus ; le marquis de Rambouillet meurt le 26 février 1652, et ce deuil nouveau, qui séparait deux vies unies depuis plus de cinquante ans, fut pour sa veuve un coup terrible, une douleur qu'elle était seule alors à supporter ; mademoiselle Paulet surtout *lui fut à dire*, et la marquise, qui ne pleurait quasi jamais, dit des Réaux, lui en fit à lui-même l'aveu en pleurant.

Les soins touchants, les procédés délicats de Montausier et de sa femme, qui abandonnèrent à madame de Rambouillet la libre disposition de la fortune laissée par son mari, adoucirent sans doute ses chagrins. Depuis la mort de son père, madame de Montausier s'appliqua à faire, des chambres qui restaient inoccupées, un appartement somptueux et commode : le jour qu'il fut achevé, madame de Montausier y reçut sa mère et lui donna un souper où, par une pieuse attention, elle seule assista avec deux de ses sœurs, l'abbesse de Saint-Etienne et mademoiselle de Rambouillet. Celles-ci servirent à table leur vieille mère, dont aucun étranger ne put voir la tristesse, que personne ne put troubler dans les consolations affectueuses qui lui furent prodiguées. Triste soirée ! pénibles souvenirs ! mais quel charme eut pour elle cette douleur même, ainsi comprise, ainsi partagée !

Madame de Rambouillet trouva souvent une diversion puissante à ses afflictions dans les caresses de cette charmante petite-fille que madame de Montausier avait amenée près d'elle. Quelles larmes ne tarirait pas le sourire tranquille d'un enfant ! La marquise prenait plaisir à écouter son gracieux babil, à voir son bon sens précoce, à se rendre compte de l'impression que faisaient sur elle les éloges donnés au génie. Ainsi que de fois devant elle on avait loué Corneille ! L'enfant s'en souvint, un jour qu'elle voulait, disait-elle, faire une comédie : « Mais, ma grand'maman, ajoutait-elle, il faudra que Corneille y jette un peu les yeux. » A neuf ans, elle avait lu dans le *Cyrus* une description de la fête des fleurs, qui n'est autre qu'une fête[1] offerte par le baron de la Baume *(Peranius)* à

---

[1] « Cléonisbe ne fut pas plus tôt sur ce trône de fleurs, que le grand portique du palais s'étant ouvert, on vit trente belles personnes qui étoient chacune dans un petit char, et, marchant lentement, furent les unes après les autres rendre hommage à Cléonisbe..... Il faut que vous sachiez que ces belles personnes représentent chacune une fleur qu'elles choisissent entre elles selon leur inclination ; de sorte que

la baronne de Pervis *(Cléonisbe)*[1]; le récit de ce divertissement, réglé peut-être par sa mère, était trop dans les goûts de madame de Rambouillet pour n'être pas récompensé par des baisers : heureuse, dans sa vieillesse, de voir un enfant lui rappeler les plaisirs et les espérances du passé. Que lui importait le monde, maintenant qu'elle en avait tiré tout ce qu'il peut offrir de jouissances sans amertume? Après une vie heureuse de ce côté, les débris de sa famille restaient pour l'accompagner doucement jusqu'au tombeau; en la voyant ainsi renouvelée, elle dut se retenir encore à la vie. Ces dernières années, elle les passa, semble-t-il, loin du bruit, loin des fatigues de ces réceptions dont elle avait su faire si gracieusement les honneurs. Somaize l'a introduite dans son *Dictionnaire des Précieuses*, et Jean de la Forge, dans son *Cercle des Femmes Savantes*, qui est plutôt un cercle des femmes aimables, ne l'a point oubliée en 1663. Ce sont les derniers traits qui la rappellent encore au monde; et cependant, en la classant parmi les Précieuses, Somaize, qui n'est que l'historien de la décadence de ce monde poli, si brillant dans le salon d'Arthénice, a eu raison de la ranger parmi les femmes d'un autre âge. Etrangère à ces coteries bourgeoises, à ces sociétés pédantes qui n'avaient

ces dames, pour marquer la fleur qu'elles représentent, en ont une couronne sur la tête et une autre à la main ;... et pour achever la galanterie de cette invention, leurs habillements sont de la couleur des fleurs qu'elles représentent. La première qui sortit du palais était couronnée de fleurs d'oranger ; la seconde, de roses ; la troisième, de jasmin, etc., etc... » *(Artamène ou le Grand Cyrus*, liv. VII, 2ᵉ part., p. 797, Paris, 1652.)

[1] Ces noms nous sont fournis par une clef conservée manuscrite à la Bibliothèque Mazarine. In-4º, nº 2086.

recueilli de son héritage que des traditions altérées, elle vit avec peine les véritables Précieuses glisser jusqu'au ridicule, et s'associa de grand cœur au châtiment infligé par le goût sévère, le style vigoureux de Molière à leurs minauderies affectées, à leurs grâces étudiées, à leur fade poétique, à leurs mesquines ambitions. Aussi, dit le *Ménagiana,* tout l'hôtel de Rambouillet assistait à la représentation des *Précieuses ridicules*, et s'associa aux applaudissements qui accueillirent cet appel à une réaction nécessaire.

Ainsi finissait madame de Rambouillet. Son influence heureuse avait formé le goût : mais la voie qu'elle avait suivie avait été abandonnée. Elle eut du moins le plaisir de voir redresser dans ses travers la littérature qui allait les exagérant, et qui eût elle-même hâté sa ruine, si un homme de génie n'avait senti le danger et donné un élan nouveau.

Est-il nécessaire, en terminant cette étude sur l'hôtel de Rambouillet, de dire quels hommages lui ont été rendus par les hommes qui ont pu le mieux apprécier ses services? Rappellerons-nous les louanges écrites par Fléchier, l'abbé Anselme, Furetière, Saint-Simon, Bayle et tant d'autres ? Les faits que nous avons recueillis en si grand nombre nous dispensent de citer tous ces écrivains. Nous avons montré quelle société se rendait chez la marquise, nobles et roturiers, tous gens de mérite; quel bon goût, sans pédantisme, régnait dans les réunions; quelle femme aimable y présidait; quelles mœurs elle avait amenées; quel langage épuré elle avait su faire naître et adopter; quelle influence heureuse enfin elle avait exercée par l'ascendant de ses hautes vertus, d'un goût exquis, d'un vif amour des plaisirs de l'esprit !

Nous n'avons rien à ajouter à ces chroniques, qui, mieux que de vagues éloges, ont témoigné de notre respect et de notre admiration.

VIE PRIVÉE DE LA MARQUISE. — SES ENFANTS

Madame de Rambouillet était Vivonne par son père, Savelli par sa mère.

Jean de Vivonne, dit *de Torettes*, de la branche des seigneurs de Saint-Goard, premier marquis de Pisani [1], dont la seigneurie avait été léguée à son père par un oncle maternel, avait exercé sous trois rois des charges importantes. Colonel de la cavalerie légère italienne, sénéchal de Saintonge, honoré en 1583 du cordon de l'ordre du Saint-Esprit, il avait été successivement ambassadeur en Espagne et à Rome. C'est là qu'il épousa, le 8 novembre 1587, Julie Savelli, veuve de Louis des Ursins.

Julie Savelli, fille de Christophe Savelli et de Clarice Strozzi, n'était pas d'une famille moins illustre que son mari. Les Savelli avaient donné à la chrétienté deux papes, Honoré III et Honoré IV, et plusieurs cardinaux. Pendant plusieurs siècles, on vit toujours un Savelli en possession d'une charge unique, celle de maréchal perpétuel de l'Église et de gardien du conclave. Les Strozzi, sans parler de leur illustration en Italie, ont produit un maréchal de France, qui fut le bisaïeul de madame de Rambouillet. Julie Savelli, mariée d'abord, dans la célèbre famille des Ursins, à Louis des Ursins, de la branche des princes d'Ascoli, resta de bonne heure veuve et sans enfants par la mort déplorable de son mari, étranglé à Venise

[1] La seigneurie de Pisani était à trois lieues de Saintes.

II — LA MARQUISE ET SA FAMILLE

le 17 décembre 1585. Deux ans après, elle épousa le marquis de Pisani. L'année suivante, c'est-à-dire en 1588, elle mettait au monde Catherine de Vivonne, marquise de Pisani, dame de Saint-Goard, unique héritière du nom et de la fortune de son père.

Tallemant nous a transmis de précieux renseignements sur M. de Pisani, sa bravoure, ses talents, sa noble fierté, l'art qu'il avait de se faire des amis et de les conserver. Mais rien ne vaut l'éloge que fit de lui le roi Henri IV, qui, dans l'intervalle de ses deux dernières ambassades, l'avait choisi pour gouverneur du prince de Condé. La mésintelligence qui avait éclaté entre la mère du jeune prince et le marquis avait amené celui-ci à se démettre de sa charge de gouverneur [1]; lorsqu'il la quitta, Henri IV lui donna le comte de Belin pour successeur, avec ce témoignage honorable : « Quand j'ai voulu, dit-il, faire un roi de mon neveu, je lui ai donné le marquis de Pisani ; quand j'en ai voulu faire un sujet, je lui ai donné le comte de Belin. » Jaloux de l'honneur de son pays, ce fut lui qui, sous le pontificat de Sixte-Quint, rendit à la France, non par des négociations diplomatiques, mais à force d'audace et de résolution, la préséance qu'elle avait eue déjà sur l'Espagne.

Tel était l'homme que Catherine de Médecis destina à Julie Savelli, quand, après la mort de la comtesse de Fiesque [2], elle voulut attirer près d'elle

---

[1] Nous nous écartons un peu ici du récit de Tallemant, sur la foi des auteurs qui font mourir le marquis de Pisani à Rome, dans une dernière ambassade.

[2] Femme de Scipion de Fiesque, Alphonsine Strozzi était fille de Robert Strozzi et de Magdelaine de Médicis. Son mari fut chevalier d'honneur de la reine Catherine de Médicis.

une femme de la famille des Strozzi, dont elle était elle-même sortie, et qui avait compromis sa fortune en suivant le parti de la France.

Le marquis avait alors soixante-trois ans, mais il avait toute l'apparence d'un jeune homme, la même ardeur, la même élégance, et, malgré la différence d'âge, il fut accepté sans peine. Les troubles du royaume le décidèrent à rester en Italie ; revenu pour soutenir la cause de Henri IV, il se distingua sous ses ordres, particulièrement au combat de Fontaine-Française [1]. Il avait laissé à Rome sa femme et sa fille. Madame de Pisani, femme énergique et très instruite des affaires d'Italie, y continua en quelque sorte, avec le cardinal d'Ossat, l'ambassade de son mari dont elle transmit les traditions à son successeur. « Elle avoit, dit le président de Thou, des vertus et un courage au-dessus de son sexe ; elle avoit des connoissances sur l'état présent de l'Italie, au delà de ce qu'une dame a coutume d'avoir. »

Quand elle vint en France, vers 1595, M. de Pisani était gouverneur du fils que le prince de Condé eut de son mariage avec mademoiselle de la Trémouille ; et sa fille, qui était du même âge que le jeune prince, né comme elle en 1588, prenait part à ses jeux. « Un jour, dit Tallemant, ce petit prince en jouant avec mademoiselle de Pisani, alors âgée de huit ans, la prit par la tête et la baisa. Le marquis, qui en fut averti, l'en fit châtier très-sévèrement ; car, ajouta-t-il, les princes sont des animaux qui ne s'échappent que trop. »

Cette éducation sévère, cette réserve extrême

---

[1] Voyez l'*Histoire de Henri IV*, par M. Poirson, t. Ier, aux *pièces justificatives*.

qui, dès l'enfance, lui était commandée, influèrent sur toute la vie de mademoiselle de Pisani. Elle était tout élevée quand, le 7 octobre 1599, elle perdit son père, cet homme dont M. de Thou a dit qu'il ne savait pas de plus belle vie à écrire. Il laissait pour exécuteurs testamentaires le président de Thou, qu'il aimait à cause de son prodigieux savoir et de sa probité, et Pierre de Gondi, évêque de Paris et cardinal, qui avait été, comme lui, ambassadeur à Rome. Sa femme, qui lui survécut, mena une vie assez obscure, et trouvant, peu de temps après la mort de son mari, un parti avantageux pour son unique enfant, elle maria, en janvier 1600, mademoiselle de Pisani, à peine âgée de onze ans et quelques mois, à Charles d'Angennes, marquis de Rambouillet, baron de Talmont, seigneur d'Arquenay, vidame et sénéchal du Mans, alors âgé de vingt-trois ans.

Le marquis de Rambouillet était fils de Nicolas d'Angennes qui, en attendant l'arrivée de Henri III, nouvellement élu roi de Pologne, avait été vice-roi de ce pays, connu d'ailleurs par le succès de plusieurs ambassades et par son goût pour les belles-lettres. Sa mère était Julienne d'Arquenay ; il n'eut pas de frère, et sa sœur unique fut mariée dans cette famille du Bellay où le sceptre du royaume d'Yvetot était héréditaire.

De huit oncles qu'il avait, un fut cardinal et six ambassadeurs, comme l'avait été son père et comme il le fut lui-même. Un de ses cousins, marquis de Maintenon, épousa une nièce du fameux père Joseph, la fille de M. du Tremblay, gouverneur de la Bastille, et c'est leur fils qui céda à la veuve de Scarron la propriété de cette terre d'où elle prit le titre de marquise de Maintenon.

Ces illustres alliances, qui mettaient au rang des plus élevées la maison de Rambouillet, expliquent l'orgueil de sa race que lui reproche Tallemant, mais surtout l'influence si grande qu'elle obtint, et cette indépendance dont elle voulut jouir de bonne heure et qu'elle conserva toujours.

Madame de Rambouillet, mariée presque enfant à un homme si jeune encore, fut frappée de cette circonstance, que le marquis avait le double de son âge ; le temps, en rapprochant en quelque sorte la distance qui les séparait, — car enfin M. de Rambouillet avait onze ans seulement de plus que sa femme, — n'affaiblit en rien les sentiments de respect qu'il lui inspirait ; et, en pénétrant dans la longue intimité de leur vie commune, on est touché de le voir, de son côté, conserver jusqu'à la mort cette déférence galante, ces empressements d'une passion toujours jeune, cette affectueuse admiration que lui commandait l'esprit supérieur d'Arthénice. Mince détail que celui-là. Mais quelle protestation plus éloquente que cette union, toujours fidèle et jamais troublée, à opposer au déréglement général ? Les récits scandaleux conservés par Tallemant font d'autant mieux ressortir et la raison de la femme, et la condescendance facile du mari, et l'estime, la vénération même dont ils furent entourés.

Pure dans ses mœurs, qui contribuèrent à amener une si heureuse révolution dans les rapports entre les deux sexes, madame de Rambouillet, dont l'instinct délicat n'était pas moins sensible aux grâces d'un langage élégant et choisi, prêchait d'exemple encore dès sa plus tendre jeunesse, par le prix qu'elle attachait aux plaisirs de l'esprit, et par les connaissances qu'elle ne se lassait pas d'acquérir. L'italien et l'espagnol ne lui étaient pas moins familiers que le français ; l'histoire, la haute éloquence ne l'effrayaient pas, et nous l'avons surprise plus d'une fois lisant tantôt la *Vie d'Alexandre*, traduite d'Arrien, tantôt les discours sérieux de Balzac, tantôt les oraisons funèbres du vertueux Cospeau ou la sévère poésie de Malherbe et de Corneille ; une mémoire qu'elle conserva dans toute sa puissance jusqu'à sa dernière vieillesse la servait admirablement ; enfin elle dessinait avec une facilité et un goût dont Voiture, Sauval et Tallemant nous ont rendu témoignage.

Ce caractère sérieux de la marquise suffirait pour expliquer sa retraite de la cour. Mais les soins d'une famille nombreuse contribuèrent sans doute à l'en éloigner. Vers 1607, elle eut son premier enfant, Julie-Lucine, qui devint madame de Montausier ; elle eut ensuite Claire-Diane, qui fut abbesse d'Yères, Louise-Isabelle, abbesse de Saint-Étienne de Reims, Charlotte-Catherine. qui devint abbesse d'Yères après la mort de Claire-Diane, et enfin une dernière fille dont mademoiselle Paulet fut marraine, à qui elle donna son nom, Angélique-Clarice, et qui devint madame de Grignan. De deux fils qu'elle eut, l'un né en 1613, le marquis de Pisani, fut tué à Nordlingen ; l'autre, le vidame du Mans, né en 1624, mourut de la peste, comme nous l'avons dit, en 1631.

C'est ici le lieu, après avoir longuement parlé des amis de madame de Rambouillet, de faire connaître ses enfants.

Julie d'Angennes ne fut pas seulement pour la marquise une fille toujours soumise ; elle fut une compagne préférée, associée plus intimement qu'aucune autre à sa vie, héritière de ses goûts élevés, propre à briller dans le monde comme à partager avec sa mère les douleurs qui venaient frapper cette nature délicate.

De ses sœurs, celle qui ressemblait le plus à Julie, c'était l'abbesse de Saint-Étienne de Reims ; gaie, caressante, bonne et spirituelle, de l'aveu de Tallemant, elle était digne de sa famille : toutes ses religieuses, dit encore Tallemant, et toute la ville même de Reims, l'aiment et l'honorent. Nous avons vu un livre d'*Exercices spirituels* qui lui est dédié par un auteur rémois : ses vertus y sont hautement proclamées. Nommée par le roi à une abbaye où sa charge devait être élective, elle eut beaucoup de peine à faire reconnaître cette autorité qu'elle savait rendre si douce ; il ne fallut pas moins que la présence d'Anne d'Autriche, quand elle vint à Reims au sacre de Louis XIV, pour la mettre en possession de sa charge ; depuis, ses religieuses n'eurent plus à lui reprocher que sa trop grande perfection, qui ne laissait aucune prise à leur insoumission, et elles restèrent de bonne grâce dans le devoir.

Louise-Isabelle, avant d'être abbesse de Saint-Étienne, et sa sœur Charlotte-Catherine avaient été religieuses à Yères, où leur sœur Claire-Diane était abbesse. Celle-ci, sœur cadette de Julie, avait obtenu en 1638 [1] cette riche abbaye ; Richelieu en

---

[1] Nous fixons ainsi cette date, au lieu de 1636, d'après une lettre de Godeau, datée du 22 septembre 1638, et que nous citons dans le texte. M. P. Pàris *(Commentaire sur Tallemant)* dit 1636, d'après une autorité meilleure peut-être que la nôtre. Nous laissons la question en suspens : cependant nous devons dire encore qu'un mémoire que nous analysons plus loin, daté de 1662, dit que madame d'Yères était alors abbesse depuis vingt-quatre ans, ce qui confirme la date 1638 que nous donnons,

avait déjà disposé en faveur d'une parente de M. de Noyers, surintendant des bâtiments ; mais il retira sa parole à la sollicitation de sa nièce, la duchesse d'Aiguillon. S'ils eussent su, comme le remarque Tallemant, le peu de satisfaction qu'ils en devaient avoir, ils n'y eussent pas pris tant de peine. En effet, fille insoumise, abbesse hautaine et indisciplinée, toujours en révolte contre sa famille, son directeur et le pape lui-même, elle causa plus de chagrins, elle seule, à sa mère que tous ses autres enfants ensemble. Quand elle fut nommée cependant, les conseils ne lui manquèrent pas. Avec une grande maturité de raison, une remarquable sûreté de direction, une autorité à la fois ferme et bienveillante, le jeune évêque de Grasse, Godeau, lui écrivit une longue lettre qui mérite d'être citée : « J'ai appris, il y a quelque temps, lui dit-il, par les lettres de mademoiselle Paulet, que vos bulles étaient venues, et que dans peu de temps vous deviez partir pour votre abbaye : c'est un grand voyage, encore qu'il n'y ait que cinq lieues à faire, et vous devez vous fournir de beaucoup de choses... » Ce qu'il lui recommande surtout, c'est d'abord de se défier de ses forces, et ensuite de vivifier ses qualités par une onction intérieure sans laquelle il ne sert de rien d'être éloquent, adroit, sage, savant, patient et généreux; c'est ensuite de travailler à sanctifier ses religieuses, sévère pour l'accomplissement de leurs devoirs envers Dieu, indulgente « quant aux fautes qui la concernent, les murmures, les désobéissances, les répliques indiscrètes, les gestes insolents, les brigues, les factions ; » qu'elle réserve son autorité pour des occasions graves, mais qu'elle l'exerce d'une façon « qui ne sente rien de la domination séculaire. Vous vous souvenez bien, ajoute-t-il, de ce que nous avons dit de quelques supérieures qui pensent que ,pour faire les abbesses, il faut qu'elles soient toujours assises dans une chaire et qu'elles parlent à leurs religieuses comme à des laquais; qu'elles aient leur table, leur chambre, leur promenoir à part, et des filles que l'on nomme les filles de Madame; tout cet équipage est ridicule, pour ne pas dire abominable. » Les précautions qu'il lui indique pour le choix d'un directeur, ses conseils sur les prédicateurs qu'elle doit admettre ou écarter, la confiance qu'il lui recommande d'avoir « au bon monsieur Vincent, » qui n'est autre que saint Vincent de Paul, les livres qu'il lui prescrit, les austérités qu'elle doit adoucir pour les autres comme sa faible santé lui commande de les atténuer pour elle, ce sont autant de détails qui nous font entrer dans l'intérieur d'un cloitre de ce temps, et saisissent vivement l'intérêt. Un passage encore nous a frappé : c'est celui où, pour la détourner de la vie mondaine trop répandue dans certains couvents, il lui en trace ce piquant tableau; il ne pensait guère alors que l'abbesse si bien conseillée devait faire plus mal que toutes les religieuses dont il reprenait la conduite. Il semble en effet que madame de Saint-Étienne ait toujours pris plaisir à faire le contraire de tout ce que cherchait à lui inspirer le bon prélat, qui trouvait dans sa foi son expérience : « Croyez-moy, le diable perd beaucoup dans votre cœur..., dans vos cellules..., dans vos conférences et dans vos chapitres ; mais il se récompense de toutes ses pertes à la grille. Aux lieux les plus réformés, on commence par les discours de dévotion, on finit par les nouvelles. Aux autres, qui sont plus libres, je n'oserois écrire ce qui s'y dit et ce qui s'y fait : c'est peu quand la conversation n'a été que dangereuse ou inutile... Pensez-vous que les religieuses retournent dans leurs cellules avec une belle disposition pour prier, après avoir entendu parler de tous les mariages qui se sont faits dans Paris, de tous les ballets, de toutes les promenades, de toutes les modes ou de toutes les affaires de leurs familles et de l'État ? et c'est de cela cependant qu'on parlera à vos grilles, si vous n'y prenez pas garde. »

La jeune abbesse ne devait se rappeler ces sages avis que pour y manquer de tout point : les scandales causés par son caractère insubordonné ne furent pas renfermés dans les limites de son couvent; ils tombèrent sous la juridiction de l'autorité séculière; un procès éclata; le parlement intervint; un factum fut publié en son nom, où elle attaquait et sa famille et l'autorité ecclésiastique; elle va loger cependant chez un loueur de carrosses, dit Tallemant, ou, lit-on ailleurs, dans une auberge : de là, le parlement la fait enfermer dans une communauté de la rue Saint-Antoine. Le libelle diffamatoire qu'elle répandit alors força madame de Rambouillet à une réponse. Par une adresse toute respectable, la pauvre mère ne parle pas en son nom. Cependant la modération et la réserve de cet écrit, la connaissance intime qui y paraît de faits entièrement personnels, font penser qu'il est bien de madame de Rambouillet, comme le déclare formellement une note qui en précède la copie, conservée parmi les manuscrits de Conrart. La *Réponse au factum publié sous le nom de madame l'abbesse d'Yères* est datée de 1662; les nombreux renseignements qu'on y trouve, précieux pour la chronique de ce couvent célèbre, ne sont pas moins intéressants pour l'histoire intime des souffrances qui atteignirent la marquise dans les dernières années de sa vie.

Une précaution délicate, où l'on retrouve la bonté d'une mère pour une fille égarée, c'est de supposer, par un artifice fort transparent, que le factum publié sous le nom de madame d'Yères n'est point sorti de sa plume : « Ce sont gens sans honneur qui la font parler, et qui ne savent pas avec quelle décence doit parler une personne de sa qualité et de sa profession. » Ainsi, qu'importe à une abbesse d'avoir eu pour grand-oncle maternel le maréchal Strozzi ? On ne s'explique pas qu'elle n'ait pas cherché plutôt dans la famille des Savelli les noms dont elle voulait s'enorgueillir, « cette maison ayant donné à l'Église tant d'illustres martyrs, et encore avec eux cette bienheureuse Lucine, si célèbre dans les annales ecclésiastiques, pour avoir avec tant de cœur et de zèle protégé les premiers chrétiens pendant leurs premières persécutions. » — Madame d'Yères, passant de ses ancêtres à elle-même, « se vante que son grand mérite luy a fait avoir l'abbaye qu'elle a. » Erreur ! Elle la doit au crédit de madame d'Aiguillon, « qui s'y employa fort obligeamment, tant en la considération de monsieur que de madame de Rambouillet, mais encore plus en celle de mademoiselle de Rambouillet, qui est à présent madame la marquise de Montausier, qu'elle a toujours fort aimée et considérée; mais madame d'Yères n'a jamais voulu tenir cette abbaye de l'une ni de l'autre. »

Assurée qu'elle est de son mérite, madame d'Yères attaque celui de sa mère et de ses sœurs : on a voulu la forcer, dit-elle, à se donner une de ses sœurs pour coadjutrice. La pauvre invention ! Quoi ! c'est maintenant que madame l'abbesse s'en aperçoit, quand il y a quatorze ans que ses sœurs l'ont quittée ? « Ils disent aussi que mesdames de Rambouillet, au sortir d'Yères, se retirèrent à l'hôtel de Rambouillet : cela est faux comme tout le reste ; elles allèrent, sans séjourner nulle part, au Calvaire du faubourg Saint-Germain [1], où elles demeurèrent jusques aux troubles de Paris, auquel temps elles vinrent chez madame la marquise de Rambouillet, la demeure du faubourg n'estant pas sûre pour lors à cause de la guerre. » Elles devaient rentrer l'une et l'autre au Calvaire ; mais l'aînée ayant été, dans l'intervalle, nommée coadjutrice de Saint-Étienne de Reims, de l'ordre des Augustines, celle-ci se renferma quelque temps dans un couvent de son ordre, à la Villette, où elle emmena sa sœur, jusqu'au temps où ses bulles lui furent expédiées. Alors les deux sœurs se séparèrent, et la plus jeune rentra au Calvaire, dans une maison bien autrement rigide que le couvent d'Yères, quelque bruit qu'on ait répandu qu'on l'en avait tirée parce que madame l'abbesse voulait, malgré la proximité du sang, la soumettre à la règle commune. Que voyons-nous donc jusqu'ici dans le factum ? fausseté quand madame d'Yères prétend qu'on a demandé des adoucissements à la règle en faveur de ses sœurs ; fausseté quand elle suppose qu'on a sollicité la coadjutorerie. Eh ! qu'aurait fait madame de Saint-Étienne du titre de coadjutrice d'une jeune abbesse, et dans une abbaye qui ne vaut pas mieux que celle qu'elle possède ?

---

[1] Il y avait à Paris, au Marais, un autre couvent de cet ordre, fondé par le célèbre P. Joseph de Paris, capucin, le bras droit de Richelieu.

Quant à mademoiselle de Rambouillet, religieuse du Calvaire, « elle ne sauroit mieux faire paroître son peu d'ambition qu'en refusant depuis quatre ans la coadjutorerie de Saint-Étienne.

« ... Mais prenons les choses au pis. Quant tout ce que madame d'Yères dit seroit vray, ce qui n'est pas, cela feroit-il qu'elle fût excusable de n'avoir, depuis vingt-quatre ans qu'il y a qu'elle est abbesse, reçu que quatre ou cinq religieuses, de les avoir réduites au nombre de sept ou huit au plus, de n'avoir aucune officière, aucune novice, le chœur de l'église, qui est grand, point rempli pour faire l'office, de n'avoir jamais qu'un prêtre ignorant, et aucune des consolations spirituelles qui sont si nécessaires dans les couvents, et, en un mot, voir diminuer tous les jours de crédit cette abbaye, tant du costé du spirituel que du temporel ? » Veut-on la preuve de ces dires ? « Il n'y a qu'à aller à Yères, et bien regarder, et, après qu'on aura vu, tout sera prouvé ; car l'église, le dortoir, le réfectoire, et beaucoup d'autres choses témoignent contre elle, n'ayant pas été faits si grands qu'ils sont pour n'être remplis de personne. On se pourra aussi informer des exercices de religion, des directeurs, des bons confesseurs, des prédications fréquentes, des officières de la maison, des novices et des pensionnaires, et on trouvera que l'on ne sait ce que c'est que ces choses en ce lieu-là !

« C'est encore une chose de fait, que d'avoir vu madame l'abbesse d'Yères près de trois ans à Paris, à quatre lieues de son abbaye, logée dans une auberge avec une novice qui a fait son noviciat. Une maladie, dit-elle, la retenait auprès des médecins, à portée des remèdes. Mais cette maladie n'a pas duré plus de trois mois, à en juger par le temps qu'elle a perdu à poursuivre des procès inutiles : procès fâcheux qui, en la retenant loin de son couvent, lui coûtoient chaque année au moins six mille livres sur les huit mille que rapporte maintenant son abbaye ruinée par elle. Et à ce compte que reste-t-il pour l'entretien du couvent, la nourriture des religieuses, tous les frais enfin d'une grande maison ? deux mille livres ! Est-ce donc ainsi que doit agir une abbesse ? Est-il étonnant que l'abbaye, après avoir eu plus de cent religieuses sous madame d'Estouteville, plus de quatre-vingts sous madame de Luxembourg, n'ait jamais reconquis ce nombre important ? Que si elle nie avoir ruiné son abbaye, on lui objectera d'abord qu'elle l'avoit affermée au-dessous de sa valeur, pour douze mille livres ; maintenant, après en avoir démembré et fait vendre, on ne sait en vertu de quel droit, certaines parties, elle tire à grand'peine un revenu de huit mille livres, et la maison est chargée de dettes.

« On s'explique, par cette conduite, pourquoi madame d'Yères a refusé de recevoir le directeur, M. de Blancpignon, que lui envoyait le pape ; on s'explique que, conséquente dans son opposition, elle ait refusé même ce qui était dans son intérêt, c'est-à-dire l'introduction, dans son abbaye, de religieuses de Montmartre. « On les empêchoit de faire leurs charges, on se moquoit de leurs bons exemples, on ne vouloit rien leur donner à manger, et elles fussent mortes de faim, sans qu'on leur envoyoit du monastère de Montmartre quelque chose pour subsister. » Voilà ce qui a motivé l'envoi de madame d'Yères dans un couvent de Paris, et voilà, par suite, la cause de ses colères, de son factum et de ses calomnies : « Madame l'abbesse d'Yères, voyant qu'il falloit se soumettre à la raison et ne le voulant pas faire, a eu recours à la chicane. »

Nous avons suivi pas à pas la réponse de madame de Rambouillet au factum de sa fille, et nous avons été entraînés bien loin de ces temps où nous nous étions placé au début. Laissons madame d'Yères à ce couvent de la rue Saint-Antoine, où elle est exilée, et revenons à la dernière de ses sœurs, Angélique-Clarice, qui, sans vocation pour rester en religion, sortit dès le mariage de madame de Montausier du couvent où elle avait été élevée. Filleule de mademoiselle Paulet, elle avait comme elle les cheveux d'un blond ardent, et la petite vérole avait fort compromis sa beauté : « Elle n'est nullement belle, dit Tallemant, et n'a que la taille, mais avec une grande maigreur. » Avant l'affreuse maladie qui la défigura, mademoiselle de Scudéry traçait ainsi son portrait sous le nom d'*Anacrise*[1] : « Elle n'est pas si grande que *Philonide* (madame de Montausier), quoiqu'elle soit de fort belle taille; mais l'éclat de son teint est si surprenant et la délicatesse en est si extraordinaire que, si elle n'avoit pas les yeux extrêmement beaux et merveilleusement fins, on en feroit mille exclamations et on lui donneroit mille louanges. Mais il est vray que, quoyque la personne d'*Anacrise* soit toute belle et tout aimable, il est pourtant certain qu'il y a je ne sçay quoy dans sa physionomie de spirituel, de délicat, de fin, de fier, de malicieux et de doux tout ensemble, qui arreste les yeux agréablement et qui la fait craindre et aimer en mesme temps...

---

[1] *Artamène ou le Grand Cyrus*, 7ᵉ part., liv. I. Imprimé à Rouen et se vend à Paris, etc. — 1655, p. 499 et suiv.

Ce n'est pas qu'elle ne soit généreuse et qu'elle n'ait mesme de la bonté; mais sa bonté n'estant pas de celles qui font scrupule de faire la guerre à leurs amis, *Anacrise* est sans doute fort à craindre, car je ne crois pas qu'il y ait une personne au monde qui ait une raillerie si fine ny si particulière que la sienne. Il y a tout ensemble de la naïfveté et un si grand feu d'imagination aux choses agréables et malicieuses qu'elle dit, et elle les dit si facilement, elle les cherche si peu, et les dit mesme d'une manière si négligée, qu'on pourroit douter si elle y a pensé... Cependant elle ne dit jamais que ce qu'elle veut dire; et elle sçait si parfaitement la véritable signification des mots dont elle se sert en parlant, et sçait encore si bien conduire le son de sa voix et les mouvements de son visage, selon que plus ou moins elle a dessein qu'on sente ce qu'elle dit, qu'elle ne manque jamais de faire l'effet qu'elle veut... Pour *Anacrise,* il y a si peu de choses qui la satisfacent, si peu de personnes qui lui plaisent, un si petit nombre de plaisirs qui touchent son inclination, qu'il n'est presque pas possible que les choses s'ajustent jamais si parfaitement qu'elle puisse passer un jour tout à fait heureux en toute une année, tant elle a l'imagination délicate, le goust exquis et particulier, et l'humeur difficile à contenter. *Anacrise* est pourtant si heureuse que ses chagrins mesmes sont divertissants; car, lorsqu'on luy entend exagérer la longueur d'un jour passé à la campagne ou celle d'une après-dinée en mauvaise compagnie, elle le fait si agréablement et d'une manière si charmante qu'il n'est pas possible de ne l'admirer point, et de ne pardonner pas à une personne d'autant d'esprit que celle-là d'être plus difficile qu'une autre au choix des gens à qui elle veut donner son estime et accorder sa conversation. »

Avec ses qualités et ses défauts d'enfant terrible, que fait si nettement ressortir l'analyse minutieuse et finement nuancée de mademoiselle de Scudéry, mademoiselle de Rambouillet[1] (ainsi la nommait-on) avait un goût exquis en matière littéraire, si l'on en juge par les auteurs qu'elle préférait : Malherbe, Corneille et Molière. Elle fut même des premières à reconnaître et applaudir le mérite de notre grand comique; car, une églogue que lui adresse Segrais, dans les premières années qui suivirent la représentation des *Précieuses ridicules*, nous la montre passionnée pour les jeux

> De ce berger de Seine,
> De ce galant berger en qui furent toujours
> Avec les jeunes ris les folâtres amours[2].

[1] Les curieux mémoires de madame de la Guette racontent que cette dame, passant par Bordeaux, en 1653, y trouva mademoiselle de Pisani chez le comte de Marsin, qui avait épousé une des demoiselles de Clermont d'Entraigues : « Mon mari me dit : Ma grande fille (car il m'appeloit toujours ainsi), voilà mademoiselle de Pisany; saluez-la. — Je la vois bien lui dis-je, et lui passai devant le nez sans m'arrêter, et n'en fis nul cas tout le temps que je fus là, me souvenant bien de ce que M. de la Roche-Vernay m'avoit dit, que M. de la Guette étoit amoureux d'elle. » Malgré le nom de Pisani, qui s'applique en effet à sa sœur religieuse, nous croyons qu'il s'agit de mademoiselle de Rambouillet, parce qu'elle seule alors n'était pas en religion. Si, du reste, la jeune fille dont madame de la Guette était si jalouse avait été religieuse, elle n'aurait pas manqué de le dire. — On a vu d'ailleurs que mesdemoiselles de Clermont étaient très-liées avec l'hôtel de Rambouillet. (Voy. *Mémoires de madame de La Guette*. Bibliot. elzév. Paris, P. Jannet, 1856. 1 vol. in-16.)

[2] *Timarété*, 2ᵉ églogue à mademoiselle [Clarice] de Rambouillet. — Une note fort nécessaire nous apprend que « ce

II — LA MARQUISE ET SA FAMILLE

En revanche, à en croire Godeau, dans une lettre pieuse qu'il lui adresse, mademoiselle de Rambouillet n'aimait pas les longs sermons. Telle était la femme que rechercha François Adhémar de Monteil, comte de Grignan, lieutenant général pour le roi en Provence et en Languedoc, homme distingué, fils d'un père dont Chapelain vante les faciles poésies dans une de ses lettres à M. de Montausier. Le mariage se fit le mardi 29 avril 1658, et Loret nous l'apprend dans ces vers de la Muse historique :

> Après une recherche heureuse,
> Pressé d'une ardeur amoureuse
> Qui l'enflammoit depuis un an,
> Mardy le marquis [2] de Grignan,
> Homme de fort noble prestance,
> Avec gloire et contentement
> Epousa solennellement
> La pucelle que Dieu bénisse,
> Fille de l'illustre Arthénice...
>
> (*Gazette* du 4 mai 1658.)

Des deux filles nées de ce mariage, l'une, Françoise-Julie, en épousant le marquis de Vibray, prit alliance dans la célèbre famille des Hurault, d'où sont sortis les L'Hospital, les Chiverny, les Choisy, les Vitry, etc. Mais sa mère était déjà morte, et M. de Grignan avait pris une seconde, même, veuf une seconde fois, une troisième femme ; celle-ci est connue ; c'est la fille de madame de Sévigné. Quand mourut, le 22 décembre 1664, la première madame de Grignan, mademoiselle de Rambouillet,

---

berger de Seine », c'est Molière. — *Œuvres de M. de Segrais*, Paris, Durand, 1755, 2 v. in-18, t. I, p. 9.

[2] *Lisez* : comte.

le comte désespéré se retira aux Chartreux pour se consoler avec Dieu. Godeau, alors évêque de Vence, le vieil et fidèle ami de la famille, lui écrivit une lettre de condoléance ; en même temps il s'adressait à madame de Rambouillet : « Encore que vous ayez le cœur d'une ancienne Romaine, lui disait-il, il ne laisse pas d'être tendre comme celui d'une bonne mère, et votre haute vertu n'a pas empêché en vous les sentiments de la nature dans la mort de madame la marquise de Grignan : aussi ne faut-il pas, pour être la femme forte, être la femme insensible... Si j'avois eu assez de force, j'aurois pris la poste pour aller mêler mes larmes avec les vôtres, plutôt que pour vous consoler... Aujourd'hui j'ai prié au saint autel pour le repos de l'âme de cette chère fille, et c'est tout ce qu'elle demande de moi. »

J'ai parlé ailleurs de la mort du marquis de Pisani, qui inspira tous les poètes de l'hôtel, et de son frère, mort de la peste, malgré les soins de Julie et de sa mère : je n'ajouterai donc rien à ces détails sur les enfants de Madame de Rambouillet. C'est d'elle seule maintenant qu'il me reste à parler, c'est elle que je veux essayer de faire connaître.

Occupée de sa famille, partagée entre tous ses nombreux amis, madame de Rambouillet, si célèbre dans son hôtel, se montre rarement au dehors. Une des rares occasions où on la voit paraître dans le monde, c'est lorsqu'on dansa au Louvre, en février 1609, le fameux ballet de la Reine-Mère. C'est là, dit-on, qu'elle fit connaissance de mademoiselle Paulet, qui resta toujours son amie. Ce n'était donc point par les visites qu'elle faisait qu'elle entretenait tant de relations, mais par celles qu'elle recevait. Elle écrivait aussi fort peu ; sa mauvaise santé et un léger tremblement qu'elle avait dans les mains l'en empêchaient. Aussi, Quand Chapelain, l'intermédiaire ordinaire de sa correspondance avec leurs amis communs, envoyait quelqu'une de ses lettres, on eût dit des reliques précieuses : « J'ai une lettre de madame la marquise de Rambouillet à vous envoyer, écrit-il à Godeau. Je ne doute point qu'en tout temps les siennes ne soient toujours dignes de grande recommandation, et qu'il ne faille faire toutes les diligences possibles pour empêcher qu'elles ne se perdent. Mais en cettuy-cy, où sa santé est si mauvaise, comme il n'y a pas une ligne qui luy couste un effort, il faut redoubler de soins, et quand ces précieux caractères vous seront tombés entre les mains, pour la récompenser de sa peine, il faut luy envoyer un remerciment qui soit digne d'elle[1]. » A M. de Beauregard, il dit : « Pardonnez-moy si je vous dis que dans ce paquet vous trouverez une lettre qui vous doit tenir lieu de la meilleure fortune qui vous pust arriver, et que j'ose mettre en parallèle avec celle que vous establit le testament de M. vostre oncle : vous entendés bien que je ne puis dire cela que de la réponse que vous fait cette divine marquise qu'il vous sera à jamais glorieux d'avoir pour bienfaitrice; et je vous adjousterai, pour vous la faire estimer encore davantage, que ses continuelles maladies la dispensent presque envers tout le monde de cette sorte de civilité[2]. »

De ces lettres si rares, deux ou trois seulement nous sont parvenues. Nous en avons cité une, adressée à Godeau, où elle décrit au nain de la

[1] Lettre manuscr. de Chapelain à Godeau, 28 octobre 1638.
[2] Lettre manusc. de Chapelain à M. le baron de Beauregard, à Vienne (13 décembre 1638).

princesse Julie, la fameuse loge de Zyrphée ; une autre est adressée à madame Cornuel, et répond à la lettre où celle-ci traçait du marquis de Sourdis un portrait si piquant. Si madame de Rambouillet écrivait peu, du moins elle avait cette facilité charmante et distinguée qui a mérité une place à part aux lettres que nous ont laissées les femmes du grand siècle. Elle faisait même de fort jolis madrigaux, au dire de Tallemant. Un seul nous a été conservé, et c'est à lui que nous le devons; madame de Rambouillet l'envoya à la duchesse d'Aiguillon, qui avait oublié de demander en sa faveur le superflu de l'eau qui arrivait dans un bassin du jardin de Mademoiselle :

> Orante, dont les soins obligent tout le monde,
> Gardez que le cristal dont se forme cette onde
> Qui dans le grand parterre a son throsne estably,
> A la fin ne se perde au fleuve de l'Oubly.

Ces vers n'ajoutent rien à la gloire de madame de Rambouillet; mais, si nous rompons son silence si fidèlement gardé, elle ne peut y perdre, parce qu'on n'oubliera pas qu'elle ne faisait point métier de poète, et que si parfois elle laissait échapper quelques vers, comme son gendre *Alceste*-Montausier,

> Elle se gardait bien de les montrer aux gens.

Une autre petite pièce, vivement tournée, a été récemment publiée par M. Louis Pâris, le nouvel éditeur des poésies de Maucroix. Celui-ci avait adressé à madame de Rambouillet, au nom de cinq religieuses de Saint-Étienne de Reims, une épître où elles se plaignent de madame l'abbesse qui ne veut plus manger ; madame de Rambouillet répond :

> Cheres dames de Saint-Estienne,
> Que vous avez l'ame chrestienne !
> Qu'on voit en vous de charité,
> D'ardeur, de zèle et de bonté !
> Vous estes, par votre sagesse,
> Les abbesses de vostre abbesse...
>
> Sans craindre noyse ny castilles,
> Ostez-luy surtout ses pastilles,
> Car il ne faut, dans les couvens,
> Pour tout parfum que de l'encens.
> Malades m'ont fait trop de peine :
> Gardez qu'elle ne le devienne.
>
> Ne considère-t-elle pas
> Que je sors de cest embarras !
> Jusques à ma petite fille,
> Tout fut malade en ma famille,
> Et je me suis vû quelque temps
> Le Roger-Bon-Temps de céans.
>
> J'enverray ses sœurs au plus viste
> Au printemps vous faire visite ;
> On entendra vostre rapport,
> Et, si l'on trouve qu'elle ayt tort,
> J'ordonne qu'à cette mutine
> On donne bien la discipline.
>
> Peut-estre avant ceste saison
> La mettrez-vous à la raison :
> En ce cas, monsieur saint Estienne
> En santé toutes vous maintienne...[1].

Ces vers sans prétention, d'une femme aimable, ont été écrits dans un temps où l'âge déjà et bien

[1] *Œuvres diverses*, de Maucroix, publiées d'après les manuscrits conservés à Reims, avec notes et notices, par M. Louis Pâris. — Paris, Techener, 1854, 2 vol. in-12.

des chagrins auraient pu altérer la sérénité de son caractère ; M. Louis Pâris leur attribue la date de 1655 ; à peine alors la marquise était-elle sortie des embarras que lui avait causés la succession de son mari, embrouillée dans de nombreux procès, et gravement compromise par l'obstination qu'il portait à faire valoir à tout prix ses moindres intérêts dans les questions les plus indifférentes. Enfin la générosité de Montausier leva toutes les difficultés ; il fit à madame de Rambouillet l'abandon de tous ses droits ; il voulut même l'obliger à accepter tout le bénéfice qu'il avait fait dans un marché avec le roi ; mais la marquise refusa toujours, ce qui fit dire à la petite Montausier : « Ma grand'maman, vous dites que mon papa est opiniâtre ; mais vous l'êtes bien plus que lui. » Et cependant, au moment où madame de Rambouillet se montrait si désintéressée, sans parler des mauvaises affaires laissées par son mari, elle ne touchait rien des rentes qu'elle avait sur les aides de Saintonge, et elle avait fait passer en d'autres mains un privilège singulier dont nous devons encore parler.

On sait quelle vogue avait eue déjà en France au XVIe siècle, quelle vogue avait alors en Italie, à Venise particulièrement, le jeu ruineux de la loterie. Un Lyonnais, le sieur de Chuyes[1], batteur d'or de profession, fameux par ses voyages, en rapporta la mode à Paris : « Plus intelligent, dit Sauval, dans le négoce et dans le commerce du monde que ne portait sa condition, » il eut accès auprès de Vaugelas, auquel il exposa ses idées sur

---

[1] Il est auteur d'un curieux volume, intitulé : *Le Guide des chemins de Paris, rédigé par ordre alphabétique.*

l'art de faire une rapide fortune avec l'aide de gens crédules, qui leur apporteraient de gros profits assurés en échange d'un faible gain incertain ; Vaugelas devait avoir sa part dans les bénéfices si de Chuyes menait à bien, par son entremise, son projet de loterie. Toujours besogneux, le grammairien courtisan promit sans peine de seconder ce complaisant associé ; il se montra fort accommodant sur toutes les conditions, à cela près qu'il ne voulut à aucun prix donner à l'entreprise le nom italien de loterie *(lottaria* ou *lotteria)*, et ne voulut le patronner que sous le nom de *blanque*, qui avait depuis plus d'un siècle son droit de cité dans la langue. Cette petite difficulté réglée, Vaugelas recommanda à madame de Rambouillet la nouvelle blanque royale, et en sut si bien représenter les avantages que la marquise en demanda le privilége. Elle l'obtint en son nom, par lettres de décembre 1644. C'était la fortune si le monopole était tombé en des mains expertes ; entre les mains de la marquise, toutes les circonstances furent défavorables, et elle n'eut pas le savoir-faire nécessaire pour les conjurer : « Des murmures sourds de quelques marchands opiniâtres, dit Sauval, l'accueil favorable que nous faisons aux choses nouvelles et qui est ordinairement de peu de durée, un voyage aux Indes entrepris un peu trop subitement par le sieur de Chuyes, la mort inopinée de M. de Vaugelas, suivie du blocus, des troubles de Paris et de la longue absence de la Cour, et quelques autres semblables accidents de ce genre firent suspendre l'établissement de cette blanque et l'auroient peut-être abolie si, à la prière de monsieur et de madame de Scudéry, on ne l'avoit transportée à M. Carton et à M. Boulanger, qui leur promirent quelque part à cette nouveauté. Ces nouveaux venus, continue Sauval, plus entreprenants et moins scrupuleux en notre langue que M. de Vaugelas, ne firent point difficulté de lui donner le nom de loterie[1]. » Nous n'avons plus à suivre sous ce nom l'entreprise adoptée, puis abandonnée par madame de Rambouillet.

Après les troubles de la Fronde qui avaient éloigné d'elle monsieur et madame de Montausier, ceux-ci vinrent fréquemment à Paris ; ils demeuraient alors près de la marquise, dans l'appartement laissé libre par la mort de M. de Rambouillet. Après une circonstance solennelle qui rappela M. de Montausier dans son gouvernement, où il dut recevoir le roi lorsque Sa Majesté se rendit aux Pyrénées pour son mariage, M. de Montausier reparut à la Cour pour n'en plus sortir. Sa femme fut nommée gouvernante du jeune Dauphin ; les devoirs de sa charge la séparèrent alors de sa mère : monsieur et madame de Montausier durent venir occuper au Louvre l'appartement qu'y avait eu le cardinal Mazarin[2]. Trois ans plus tard (16 mars 1664), ils mariaient leur fille unique, Julie-Maure de Sainte-Maure, à Emmanuel II, comte de Crussol, fils du duc d'Usez, dont il prit le nom et le titre en 1680. Ce mariage, qui ne devait perpétuer le nom ni des Rambouillet, ni des Montausier, fut suivi, à un bien court intervalle, de la mort de madame de Grignan (22 décembre 1664). Un mois après, madame de Rambouillet elle-même couronnait une vie noble et pure par une mort exemplaire.

Devenue un peu pessimiste au moment de quitter

---

[1] *Histoire et antiquités de la ville de Paris*, liv. XIV, t. III, p. 62.

[2] Lettre manuscr. de Chapelain.

la vie, elle oublia les jours heureux que le ciel lui avait comptés : elle ne se souvint plus que des tristesses qui l'avaient frappée et des deuils qu'elle avait eu à pleurer. Sous cette impression chagrine elle se fit elle-même cette épitaphe, que Ménage nous a conservée dans son *Commentaire* sur les poésies de Malherbe [1] :

Icy gist Arthénice, exempte des rigueurs
Dont la rigueur du sort l'a toujours poursuivie.
Et si tu veux, passant, compter tous ses malheurs,
Tu n'auras qu'à compter tous les jours de sa vie.

Son cœur était romain et chrétien, dit l'évêque de Vence [2] ; c'étaient deux grandes qualités pour rendre ferme et intrépide madame de Rambouillet : elles avaient dominé sa vie, elles la soutinrent à la mort. La marquise la vit arriver sans effroi ; elle mourut le 27 janvier 1665, à l'âge de soixante-dix-sept ans. Elle fut enterrée dans l'église des Carmélites du faubourg Saint-Jacques.

Sa mort ne passa pas inaperçue. Le roi même et la reine témoignèrent l'estime glorieuse qu'ils avaient pour son mérite et ses vertus ; ils allèrent faire à madame de Montausier une visite qui honorait encore la mémoire de sa mère.

Entre les épitaphes composées en son honneur, celle-ci, qui fut faite par Tallemant des Réaux [3],

---

[1] *Les Poésies de Malherbe, avec les observations de Ménage.* — Seconde édition. Paris, Barbin, 1689, p. 513.

[2] *Lettre à madame la marquise de Rambouillet :* Exhortation à ne point craindre la mort. — *Lettres de M. Godeau.* Paris, 1713 ; 1 vol. in-12, p. 410.

[3] Elle nous a été conservée par le poëte Robinet, auteur des *Lettres en vers à Madame,* qui font suite à la *Muse historique* de Loret. (Lettre du 3 janvier 1666.) — Citée par M. P. Paris dans son commentaire sur Tallemant.

mérite d'être citée : il reconnaît son mérite, il propose son exemple :

> Ci-gist la divine Arthénice
> Qui fut l'illustre protectrice
> Des arts que les Neufs Sœurs inspirent aux humains.
> Rome lui donna la naissance;
> Elle vint rétablir en France
> La gloire des anciens Romains.
> Sa maison, des vertus le temple,
> Sert aux particuliers d'un merveilleux exemple,
> Et pourroit bien instruire encor les souverains.

Ainsi parlait-on de madame de Rambouillet après sa mort : on ne parla jamais d'elle autrement pendant sa vie : noble femme, qui sut inspirer assez de respect pour imposer silence même à la calomnie !

II

L'ABBÉ COTIN

Les biographies ont un danger. L'isolement où s'y trouvent placés les personnages dont on s'occupe leur constitue une sorte de grandeur qu'ils n'avaient point dans le milieu où ils ont vécu. La lumière que l'on concentre sur eux seuls donne à leurs traits un éclat d'autant plus vif que l'obscurité est plus épaisse autour d'eux, par suite de la distance qui nous sépare de leur époque. Pour être vrai, pour être rigoureusement juste, le biographe a donc des obstacles à vaincre qui naissent de la nature de son travail. Après avoir longtemps pratiqué les écrivains dont il s'occupe, il doit se tenir en garde contre cette sympathie qui naît d'une fréquentation assidue, et mesurer soigneusement ses paroles sous peine d'en voir outrer la portée; ses éloges condamneront à une supériorité illusoire des hommes qui la perdront au premier contrôle; et ses blâmes, trop facilement acceptés sans réserve, pourront enlever même à ses héros leur médiocrité acquise. Quand il s'agit de ces gloires incorruptibles, de ces astres éclatants dont la lumière propre n'est effacée par aucune autre lueur et sait même briller dans l'ombre où l'envie essayerait de l'étouffer, pour les Corneille ou les Molière, l'enthousiasme a son excuse et le dénigrement son explication. Mais les médiocrités n'ont pas le même privilège; et s'il est permis de faire connaître mieux des hommes qui sont mal connus, il serait souverainement insensé de vouloir les tirer du rang où les a classés la justice des siècles.

Je devais prendre ces précautions avant de parler de l'abbé Cotin, dont je ne veux point faire une des gloires du XVIIe siècle. Il a vécu, il a écrit, il est connu : je dirai simplement sa vie, ses œuvres et le jugement qu'on en doit porter. — Que si je le place parmi les Précieux et Précieuses qu'il a tant attaqués, il pourra en appeler : mais, preuves en main, j'aurai raison contre lui.

Charles Cotin naquit à Paris, d'une bonne famille, qui eut des alliances dans les hautes magistratures : deux de ses cousins, M. Tuffier et M. de Voluserrans, étaient maîtres des comptes. Sa naissance, comme celle d'Homère, est environnée d'un nuage : la date en est incertaine ; mais, quoiqu'il ait déploré les malheurs de Sion sans être contemporain de Jérémie, je crois, en lui voyant chanter un hymne en l'honneur du roi, vainqueur de la Rochelle, qu'il était majeur ou près de l'être en 1627. D'autres poésies de lui, odes et sonnets, célèbrent encore des événements de cette époque :

assez d'autres faits, non moins accessibles à la muse, se succédèrent depuis, pour que son enthousiasme, si le poète eût été contemporain du siége de Casal ou de la prise d'Arras, n'eût pas besoin de rétrograder. L'hymne au roi est donc à nos yeux l'acte de baptême de l'abbé Cotin.

Son éducation fut l'objet de soins tout particuliers ; le latin et le grec, dont la Cour, dit-il, ne se pique point, l'hébreu même, et de plus l'italien et l'espagnol, alors nécessaires à l'honnête homme, à l'homme du monde, lui sont familiers ; l'astrologie, cette science de Cour, inutile au profane vulgaire, ne lui est point étrangère, et dans la chambre de Mademoiselle, il dut s'entretenir plus d'une fois avec le marquis de Villaine des promesses que faisaient les astres à l'ambitieuse petite-fille du roi Henri.

Sa jeunesse s'écoula sans trouble et paraît l'avoir laissé insensible à tout autre sentiment que l'amitié, cet amour épuré qui ne connaît ni âge ni sexe, et qui semble perdu depuis les Précieuses. Aussi, quand il publia, en 1631, *les Regrets d'Aristée sur le trépas de Daphnis*, après avoir pleuré son ami avec une émotion vraie, il put joindre à ce discours funèbre une apologie de l'amour, qui pour lui n'est pas une passion. Le volume est terminé par un petit poème où *Aristée* — c'est le nom que prend alors Cotin pour le conserver toujours — fait un tableau de « ses contentements » :

> Aussi franc d'amour que d'envie,
> Je passe doucement la vie
> Au courant de ces doux ruisseaux,
> Et parmi les lys et les roses,
> A l'ombre de ces arbrisseaux,
> Mon ange m'apprend toutes choses.

Quand, à quarante années de distance, il se reporta sur cette fraîche période de sa vie où ni Boileau n'avait besoin de son nom pour nourrir ses rimes, ni Molière de sa muse surannée et vieillotte pour témoigner des progrès du siècle, quels regrets le pauvre abbé ne dut-il pas donner à cette facile obscurité qui lui permettait de si doux loisirs ! Mais alors l'ambition ne l'avait pas saisi, il n'était pas aumônier du roi, il n'avait pas l'entrée à la Cour ; il était, de par son privilége, « maître Charles Cotin » ; il était « franc d'envie, — et franc d'amour. »

Il ne resta pas longtemps dans cet heureux état. L'envie l'attendit à paraître et se garda bien de le tirer de son obscurité ; mais il crut devoir faire une concession à son siècle, et, sans être amoureux, se choisir, par droit de poésie, une amante qu'il pût chanter. Il la chercha dans un monde si élevé que personne ne fut scandalisé des hommages qu'il lui rendit ; quand il disait : Amour, on répondait : Poésie, et ni lui, ni madame de La Moussaye, Catherine de Champagne, ne crut à cette bruyante passion. Cependant trois ans après, maître Charles Cotin, serf d'amour ou soi-disant tel, se vit forcé d'introduire une variante à son premier vers des *Contentements d'Aristée*, et de dire :

Loin des atteintes de l'envie...

Ce changement dans ce vers, qui témoigne d'un changement dans son cœur, nous conduit à l'année 1634 où le jeune poète donna : *La Jérusalem désolée, ou Méditation sur les leçons de ténèbres*, avec quelques autres pièces. C'est un assez long poème, en stances de six vers, où l'auteur évoquant Jérémie lui prête des vers et des larmes sur Jérusalem :

> Aux lions des forêts tes portes sont ouvertes,
> Tes places ne sont plus que des terres désertes,
> Et l'herbe croît partout où s'élevaient des tours.
> Tes murs sont démolis, et leur fameuse enceinte
> Est un fameux cercueil plein d'horreur et de crainte,
> Où les morts ont soûlé la rage des vautours.
>
> De tes vives clartés on ne voit plus que l'ombre ;
> Où sont tes citoyens dont l'éclat et le nombre
> S'égaloient aux flambeaux qui brillent dans les cieux ?
> Les filles ont suivi le trépas de leurs mères,
> Les enfants sont liés aux chaînes de leurs pères,
> Et l'effroi seulement habite dans ces lieux.

Ces beaux vers ont précédé de deux ans la naissance de Boileau et de trente ans les premières poésies du satirique ; ils furent l'acte de prise en possession par Cotin d'un genre grave et sérieux qu'il eut le tort d'abandonner, et il mérita presque toujours des éloges quand il écrivit, soit en prose soit en vers, sur ce ton qui convenait à son caractère et à son talent.

Cotin, si grave avant d'être dans les ordres, embrassa, entre 1634 et 1637[1], la profession ecclésiastique et prit, lui centième, le titre d'aumônier du roi. *Indè mali labes.* Là commencent ses malheurs. Protégé par sa soutane, il acquit le droit d'entrer dans ces sociétés raffinées où il avait à peine eu accès jusque-là. Les femmes y régnaient ; avides d'hommages et de divertissements, passion-

---

[1] Après 1634, puisqu'un privilége qu'il obtint cette année le nomme « maître Charles Cotin », sans autre titre, et avant 1637 puisqu'une liste chronologique des aumôniers du roi, publiée en 1657, le place avant Ballesdens, reçu en 1637, lui vingt-quatrième, et Ballesdens, soixante-quatrième.

nées pour le bel esprit, sensibles à la délicatesse des sentiments, fût-elle exagérée, elles avaient accepté les écrivains comme les grands seigneurs, à la seule condition qu'ils fussent également galants et spirituels, et qu'ils se soumissent à leur inspiration.

Au siècle de Cornélie, les poètes auraient chanté la gloire, les combats et les vertus guerrières ; mais c'était le siècle de Clélie, et ceux-là seuls exceptés — et on les compte — dont le génie indépendant eut des ailes pour s'élever au-dessus de ces misères, purent échapper à ces fades galanteries, qui donnent leur caractère à presque toutes les œuvres de cette époque. Aussitôt oubliées qu'improvisées, toutes les madrigaleries, prose et vers, pouvaient être alors bien accueillies, parce qu'elles répondaient au goût du temps, et parce que les auteurs ne les répétaient ni ne les prolongeaient jusqu'à satiété ; mais le jour où on en fit des recueils, où elles osèrent se soumettre à l'attention exigeante des lecteurs, leur grâce trop délicate et trop ingénieuse ne put servir d'excuse à leur monotonie. Heureux les Voiture, les Sarrasin, les Malleville, qui moururent avant l'impression de leurs œuvres ! L'abbé Cotin put lui-même publier toutes ses poésies de ruelles : il survécut à ses livres et, s'il en vit d'abord le succès, il assista ensuite à leur déchéance.

C'est pour répondre à ce méchant goût du siècle qu'il donna, en 1638, quelques énigmes, et qu'ensuite, en 1649, en même temps qu'il publiait *Théoclée, ou la Vraie Philosophie des principes du monde*, il se fit lui-même l'éditeur d'un *Recueil d'énigmes*. Il le fit précéder d'une dissertation sur l'histoire des énigmes, la matière qu'elles réclament, et les règles qui leur sont propres. Tous les siens (il fait le mot *énigme* masculin) sont contenus dans des sonnets, des sixains ou des quatrains ; les vers en sont généralement bien tournés, préparent habilement les surprises, et fournissent de spirituelles allusions à des événements ou des usages du temps ; d'une horloge, enfermée sous son globe, on dirait d'un des princes emprisonnés ; le canon, les lettres de l'imprimerie, le papier, la prunelle de l'œil, l'ont particulièrement bien inspiré, et nous renvoyons hardiment à ces petites pièces.

A la fin de 1649, il continua à remplir auprès des dames ce rôle de cavalier-servant de la galanterie, et leur offrit un recueil de ces rondeaux que Voiture avait remis en vogue : « Après l'impression des énigmes, dit-il dans sa préface, il eût manqué quelque chose au divertissement des dames si on ne leur eût donné des rondeaux. Ces deux passe-temps les ont entretenues si agréablement l'espace de quelques mois, qu'on ne pouvoit, sans trop de rigueur, les priver d'un si doux souvenir. Qui ne sçait que c'étoit par là qu'elles commençoient autrefois leurs conversations, qu'elles s'envoyoient visiter avec un rondeau ou un énigme, et que les plus doctes en faisoient qui étoient admirés de tout le monde ! »

Aller ainsi au-devant de toutes les fantaisies littéraires des femmes de ce temps, s'associer à leurs préférences inconstantes pour une énigme ou pour un rondeau, faire des dissertations sur les sujets que leurs caprices mettaient en vogue; multiplier ces jeux d'esprit, sorte de monnaie courante des conversations, comme il en convient lui-même, n'était-ce pas vivre la vie des ruelles, et chercher des succès d'alcôve ? — *Clitiphon*, ne vous en défendez pas : vous êtes un précieux, très-précieux. *Brundesius* ou *Businian*[1] que Somaize appelle les grands introducteurs des ruelles, ont-ils mieux que vous mérité leur titre ?

Quelles étaient donc ces dames pour qui il montrait tant d'égards, et pour qui il se donnait la peine de faire et tant de rondeaux et tant d'énigmes ? Il en nomme un grand nombre de ci et de là dans ses poésies. C'était d'abord la marquise de la Moussaye, qu'il aimait vivante, et que morte il chantait encore; puis madame de Rohan-Chabot et ses filles, puis encore madame et mesdemoiselles de Rambouillet, la comtesse de Vertus, madame et mesdemoiselles de Ventadour-Saint-Géran, mesdames de Lansac, de Chavigny, de Feuquières, de La Suze, mesdemoiselles de Haucour, de Guénégaud, de Longueville, et enfin Mademoiselle, la grande Mademoiselle, mademoiselle de Montpensier. La liste est longue des galantes personnes qui le recherchaient : ce sont, on le voit, les dames les plus qualifiées de la cour, et il n'était pas une d'elles qui ne tînt à honneur d'être l'amie du galant abbé.

Je ne crois pas me tromper en avançant que le crédit dont il jouissait dans les cercles polis fut le principal titre d'admission de Cotin à l'Académie, où il entra en 1655 avec un bagage encore assez mince : il y remplaça un poète qui avait moins fait encore, Germain Habert. On croit volontiers que l'Académie a été instituée pour les écrivains seuls.

---

[1] *Clitiphon* est le nom que Somaize donna à l'abbé Cotin. *Brundesius* est l'abbé de Belesbat, et *Businian*, l'abbé du Buisson. — *Voy.* ces noms dans notre édition du *Dictionnaire des Précieuses*, t. I. *passim*, et t. II à leur ordre alphabétique.

C'est une erreur, et, dès l'origine, on voit les gens du monde y figurer en aussi grand nombre que les lettrés de profession. L'abbé Cotin fut certainement reçu comme causeur aimable plutôt que comme écrivain distingué.

Il crut pourtant se devoir à lui-même et à la Compagnie de faire un discours de réception avec toute la gravité requise; et depuis, ambitieux de se montrer au moins aussi fécond que ses confrères, on le voit d'année en année multiplier ses productions sérieuses ou légères. En 1655, voici le *Traité de l'âme immortelle;* en 1657, les *Poésies chrétiennes;* en 1659, l'*Oraison funèbre d'Abel Servien;* l'*Uranie, ou Métamorphose d'une Nymphe en oranger;* les *Œuvres mêlées;* en 1662, la *Pastorale sacrée, ou Paraphrase du Cantique des cantiques;* en 1663, les *Réflexions sur la conduite du Roi quand il prit le soin des affaires,* et les *Œuvres galantes;* en 1665, les *Odes royales sur les mariages des princesses de Nemours;* là, monté sur le faîte, il lui fallut descendre de la haute position que lui avaient faite ses amitiés. Ménage ici, ailleurs Despréaux, bientôt Molière l'attaquent à l'envi. Voyons quels défauts leur présentait sa cuirasse.

Pour s'expliquer les succès de l'abbé Cotin, il faut le voir dans sa vie privée. Bel esprit en titre auprès des dames, il avait toutes les prérogatives d'un favori. Mademoiselle présentait ses énigmes au roi, qui s'y plaisait; à la reine « qui les rendoit illustres entre ses mains; » avait-il fait quelques vers, il les envoyait à ses nobles amies, qui les trouvaient toujours meilleurs que les précédents; assidu au Cours, il ne manquait pas d'y être remarqué des promeneurs : quand Mademoiselle, par exemple, lui criait, de la portière de son carrosse, un éloge de son dernier sonnet, n'était-ce pas lui décerner un brevet public d'abbé galant? Après la promenade, empressé chez la marquise ou la duchesse, il faisait leur partie de volant et perdait pour leurs beaux yeux; les cadeaux, le cotignac d'Alençon entre autres, dont il était friand, pleuvaient chez lui; il se multipliait, il était partout. Le voici à l'Académie, qui approuve fort qu'on ne fasse plus de dédicaces qu'à des gens assez hardis pour se prononcer sur le mérite des ouvrages nouveaux; il en sort et va se cacher à Chambre-Fontaine; on le croit à Paris, il est à Caen; non, il n'y est plus; je le cherche aux eaux de Forges, et le voilà rentré à Paris; mais où le prendre? au faubourg Saint-Germain ou au Marais? — Monsieur l'abbé, prenez la poste; il n'est que trois heures, on vous attend à cinq. — Monsieur l'abbé, je m'ennuie, envoyez-moi les œuvres de Saint-Amant. — Monsieur l'abbé, j'ai un procès : ne le solliciterez-vous point? — Et l'abbé — abbé sans abbaye — répond qu'il va prêcher : on le délivre, on va l'écouter; il fait merveille, et billets galants de se presser sous les doigts de l'éloquent prédicateur, tout confus de ces amicales félicitations.

Nous l'avons vu, homme d'à-propos, faire, à l'heure de la vogue, des énigmes et des rondeaux; la mode vient des portraits; il en fait, en vers pour celle-ci, en prose pour celle-là; les métamorphoses sont en faveur, on a changé en astres les yeux de Philis : par ordre, il fait d'Uranie un oranger, et compose un traité sur les métamorphoses; les madrigaux et les épigrammes, ces jeux de l'esprit et du cœur qui s'aiguisent sur une malice ou sur un sentiment délicat, ne lui restent point étrangers;

et, quand il a expliqué sa théorie, il joint l'exemple au précepte et entasse madrigaux sur madrigaux, épigrammes sur épigrammes. On en veut, il en fait; on en veut trop, et il en fait trop. Quand il les écrivait chez ses illustres amies, et qu'il les jetait au vent, sans en garder copie, il était excusable; mais, quand on le pressait de réunir ces œuvres futiles, et qu'on lui rapportait tous ces légers petits poèmes qu'il avait donnés en se jouant, il aurait dû songer que leur mérite s'était évanoui avec les circonstances qui les avaient provoqués, et, moins indulgent, profiter, pour les détruire, de ce qu'on les rendait à sa libre disposition.

Je sais que, peu ambitieux d'une gloire posthume, il ne songe pas à l'avenir; il oublie que *le papier reste;* et dans toutes ces pièces galantes, que le hasard lui ramène au temps où la vieillesse arrive, où la vie lui échappe, il ne voit que des échelons qu'il a parcourus et qu'il aime à parcourir encore. En les lisant, il y retrouve tout ce printanier parfum de jeunesse qu'il a senti s'évanouir; et, en vérité, on est tenté de l'excuser, cet aimable vieillard, quand on voit qu'il veut seulement « se renouveler en quelque sorte, et se rappeler les beaux jours de sa première jeunesse. » Les regards qu'il jette en arrière sont empreints de je ne sais quelle mélancolie calme qui attache; sa vie a été libre et pure, et, plus que sexagénaire, il se souvient que les dames l'ont fêté, choyé, formé; il le déclare, il ne peut s'en faire un crime : « L'heureux commerce, dit-il, que j'ay eu avec les dames dès mes jeunes ans, dure encore aujourd'huy avec joye et ne me laisse rien à me reprocher. Pour ne pas faire injure à la vérité des choses passées, je leur dois rendre ce témoignage que leurs innocentes faveurs ont adoucy tout le chagrin de ma vie, et m'ont mis en état de me passer plus aisément de ce qu'on appelle fortune. Ce n'est pas que j'aye reçu jamais, des dames les plus magnifiques, aucun de ces avantages que les ambitieux et les avares appellent des biens essentiels; mais, c'est qu'en servant des personnes illustres, comme on fait la vertu, pour elles-mêmes, mes services ont fait mon plaisir et ma récompense. Les femmes ont poly mes mœurs et cultivé mon esprit; et, comme je ne leur ay jamais eu d'obligation pour ma fortune, je n'ay jamais souffert auprès d'elles de servitude ni de contrainte. »

On le voit, il a servi les femmes pour elles-mêmes, comme on sert la vertu. Quel plus délicat hommage leur pourrait-il rendre ? — Une fois cependant, il semble que Mademoiselle ait obtenu pour lui la faveur d'une abbaye : Son Altesse Royale l'a appelé Monsieur l'abbé ! — Mais où est son abbaye ? — Dans la lune, où tant d'autres ont des marquisats et des principautés : « C'est là quelque part sans doute que doit être mon abbaye, car dans le monde connu il n'en est point fait mention. J'ai parcouru toutes les cartes de géographie de bout en bout et ne l'y ay point trouvée. » On ne peut montrer plus galamment qu'on a pris son parti d'une déception.

On a pu voir quelle a été, dans la société où il a vécu, la place occupée par l'abbé Cotin; la considération affectueuse qu'il y rencontrait n'a pu le protéger contre les libres paroles des satiriques.

Ménage paraît avoir donné le signal et avoir attaqué le premier l'inviolabilité de l'abbé, vainement protégé par des princesses. Champion des

Précieuses, que Cotin attaque sans cesse [1], sans voir, hélas! la poutre dans son œil, ami de mademoiselle de Scudéry qui avait mal pris un madrigal où elle ne trouvait qu'une louange équivoque, Ménage publia contre l'abbé Cotin une épigramme latine de dix-huit vers. Le pauvre abbé, pour la première fois troublé dans la placide sérénité de sa vie, lança, pour se défendre de ce lourd pavé, une grêle de petits cailloux contre son adversaire; puis il réunit toutes les épigrammes que cette querelle lui avait inspirées, et en fit un volume qu'il dédia bravement à Mademoiselle.

Le madrigal cause de tant de colère était celui-ci :

POUR UN MAL D'OREILLES

Suivre la Muse est une erreur bien lourde;
De ses faveurs voyez le fruit;
Les escrits de Sapho menèrent tant de bruit
Que cette nymphe en devint sourde.

Mademoiselle de Scudéry-*Sapho* ne voulut pas comprendre que c'était honneur pour elle de voir « tourner à la gloire de son esprit un défaut purement de corps, » et c'est elle qui engagea Ménage dans cette sotte affaire. Il ne tarda pas à s'en repentir et fit proposer, par ambassadeurs, un accommodement à l'abbé Cotin. — « Messeigneurs, répondit l'abbé, je vous remercie. Je n'ai vu Ménage que par rencontre, avant qu'il eût dessein de m'offenser; je ne croy pas que, parce qu'il m'a voulu faire une offense, ce soit une raison de le voir. » — Et la guerre continua; les rieurs passè-

---

[1] Voy. dans les *Œuvres galantes*, outre la lettre où il se moque d'une précieuse qui avait failli s'évanouir à la vue d'un chien tout nu, les lettres des pages 181 et 275.

rent du côté du plus fort; Ménage, — qui l'eût cru? — fut réduit à se taire devant Cotin.

Celui-ci, du reste, avait des auxiliaires puissants, entre autres son ami Gilles Boileau, le président Le Maître, La Chambre et Gomberville. Un instant il crut avoir trouvé dans Molière — n'étaient-ils pas tous deux ennemis des Précieuses? — un nouveau défenseur de son droit. Quand on se rappelle ce qui suivit, le passage où Cotin annonce cette bonne fortune fait sourire : « Je pensois, dit-il, que toute la Ménagerie fut achevée, quand on m'a averti qu'après *les Précieuses* on doit jouer chez Molière Ménage hypercritique, le faux savant et le pédant coquet : Vivat! »

Et il ajoute, — curieux détail! — « Les comédiens ont mis dans leurs affiches qu'il faudra retenir les loges de bonne heure et que tout Paris y doit être, parce que toutes sortes de gens, grands et petits, mariez et non mariez, sont intéressez au Ménage. C'est une plaisanterie de comédien. » — On sait ce que fit Molière.

La même année, pressé de dire ce qu'il pensait d'un jeune poète dont quelques satires venaient de paraître, l'abbé Cotin se crut autorisé, par son âge et son caractère, à donner à Despréaux, dont le frère Gilles était son ami, des conseils peut-être intéressés : en effet, dans sa troisième satire, Despréaux avait rapproché Cassaigne de l'abbé Cotin, et affirmé qu'on était fort à l'aise à leurs sermons. Sous le titre de *Critique désintéressée sur les satires du temps,* le vieil abbé prit en main la cause de plusieurs offensés, et aussi du trône et de l'autel. A l'entendre, le jeune satirique du Palais, *le sieur des Vipéreaux,* était engagé dans une voie funeste : « Et quel peut être l'effet de la satire d'un jeune que d'ériger partout des autels à la débauche, par le décry de la raison et de la justice, par la profanation du trône ? » — Despréaux ne pardonna pas à son vieux censeur cette exagération vraiment ridicule, et il écrivit :

> Qui méprise Kautain n'estime point son roi,
> Et n'a selon Kautain, ni Dieu, ni foi, ni loi.

En vain il déguisait le nom ; on ne le trouvait pas moins facilement que l'on ne devinait celui de Chapelain dans *Pucelain* ou *Patelain*.

A ces derniers coups, Cotin, si sensible d'abord, ne répondit rien, et depuis il garda le même silence devant toutes les attaques. Ainsi quand, en 1672, Molière, qu'il croyait son ami, — on en a vu la preuve, — voulut utiliser tout entière une scène de haute comédie, la querelle de Ménage et de Cotin, dont celui-ci lui avait signalé seulement une des parties, et qu'il eut mis aux prises Trissotin et Vadius ; quand l'auteur des *Femmes savantes* livra à la risée le *Sonnet sur la fièvre de la princesse Uranie* et le *Madrigal sur un carrosse de couleur amarante* que Cotin lui-même — il le déclare — avait écrit en se jouant, l'abbé resta impassible, et feignit de ne pas se reconnaître. Etait-ce dédain ? était-ce insouciance de vieillard ? était-ce pardon chrétien des injures ? Nous ne saurions le décider.
— Il poussa même plus loin encore l'abnégation : non-seulement il ne se plaignit pas, mais il évita même de se trouver en des lieux où on aurait pu penser qu'il allait se plaindre [1].

[1] C'est ce qu'affirme du moins le *Mercure galant* à la date du 19 mars 1672 : « Monsieur Dangeau... traita magnifiquement tous les académiciens ses confrères. M. Cotin n'étoit point de ce nombre, de peur, dit-on, qu'on ne crût qu'il

Le Mercure galant, qui prit hautement son parti en cette occasion, devient dès lors presque la seule source que nous puissions consulter sur les dernières années de l'abbé Cotin, qui mêlait encore les inspirations de la poésie et celles de la Bible.

On prétend que vers ce temps-là, fatigué de l'administration de son bien, il l'abandonna à un de ses amis, à la condition de fournir à ses besoins. Grande colère de ses héritiers. Il est fou ! s'écria-t-on d'une commune voix ; et de l'appeler en justice, et de réclamer pour lui un curateur. Cotin, qui avait encore sa mémoire, se rappela Sophocle amené par ses fils ingrats dans un même embarras, et, comme le poète grec avait dit à ses juges : Ecoutez mon *Œdipe,* Cotin dit aux siens : Venez à mes sermons ! — « Les juges, dit-on naïvement, acceptèrent sa proposition, et revinrent si satisfaits de ses sermons et si indignés de l'insolence de ses parents, qu'ils les condamnèrent aux dépens et à l'amende. » — On n'avait pas fait plus pour Sophocle.

Nous donnons pour ce qu'elle vaut cette anecdote ; mais pour montrer, s'il en est besoin, que l'abbé Cotin versifia longtemps, même après la

s'étoit servy de cette occasion pour se plaindre au Roy de la comédie qu'on prétend que M. Molière avoit faite contre lui : mais on ne peut croire qu'un homme qui est souvent parmi les premières personnes de la Cour et que Mademoiselle honore du nom de son amy, puisse être l'objet d'une si sanglante satire. Le portrait, en effet, qu'on lui attribue ne convient point à un homme qui a fait des ouvrages qui ont eu une approbation aussi générale que ses paraphrases sur le *Cantique des cantiques.* Je ne parle point de ses Œuvres galantes, dont il y a plusieurs éditions : ce sont des jeux où il s'amusoit avant qu'il fit la profession qu'il a embrassée avec autant d'austérité qu'on sait qu'il fait maintenant. »

publication de ses Œuvres, nous citerons les vers suivants, qu'il fit pour féliciter Monsieur de la victoire de Cassel :

> Surmonter en tous lieux la nature et le temps,
> Prendre villes et forts et donner des batailles
> Où tu domptes l'orgueil de ces fiers combattants
> Dont la Flandre aux abois pleure les funérailles;
> Surprendre l'univers par des faits inouïs,
> Et contraindre l'Espagne et l'Envie à se taire :
> On ne peut faire plus ; mais pouvais-tu moins faire,
> Philippe, fils de France, et frère de Louis ?

En juillet 1678, quand le Roi proposa la paix aux Hollandais, Cotin présenta aussi à Sa Majesté, qui l'accueillit gracieusement, un sonnet qui finit ainsi :

> Quand l'orgueil des Titans tomba sous le tonnerre,
> Ainsy le Roi des Dieux fit gloire d'accorder
> Le retour de la paix aux besoins de la terre.

La faiblesse de sa voix l'empêchait de se faire entendre[1] qu'il écrivait encore, et d'une plume assez ferme; ce dernier sonnet toutefois clôt la liste de ses ouvrages. Il semble qu'il fût mort au monde depuis trois ans, quand, dans son volume de décembre 1681, *le Mercure galant* annonça que le décès de l'abbé Cotin, arrivé dans la première quinzaine du mois, laissait une place vacante à l'Académie ; puis, par une inadvertance fort explicable, dans le volume de mars, le rédacteur qui ne visait pas autrement à l'exactitude, inséra

---

[1] Le *Mercure galant* rapporte qu'à la fin de l'année 1678, dans la séance de réception de l'abbé Colbert à l'Académie française, « M. l'abbé Cotin commença par un discours de philosophie... il n'en lut qu'une partie, son âge ne lui laissant pas assez de voix pour se faire entendre. »

cette note : « M. l'abbé Cotin étant mort dans le mois de janvier, MM. de l'Académie française jetèrent les yeux sur M. l'abbé de Dangeau pour remplir sa place. » — Ce dernier passage a été mille fois cité, et les biographes n'ont cessé depuis de placer en 1682 la mort de l'abbé Cotin, survenue à la fin de 1681.

C'est là un mince détail sans doute, mais qui prouve du moins notre exactitude. Nous voudrions aussi que de cette étude ressortît notre complète impartialité. En reconnaissant l'abbé Cotin pour un causeur aimable, un homme de bonne société, « ami, dit Chapelain, de la liberté et du plaisir, sans dol et sans malice [1] », nous n'avons point entendu le défendre de toutes les poésies galantes qu'il a données. Ses ouvrages sérieux valent mieux; le travail dont il a accompagné le *Cantique des cantiques* est remarquable et offre des vues alors très neuves. Mais ses poésies légères représentaient, pour la génération contemporaine de sa vieillesse, une mode passée, et, par une réaction facile à comprendre, on attaqua dans l'abbé Cotin le dernier représentant de l'école des fausses Précieuses. En vain il les avait bafouées lui-même; sous l'influence de son temps, il avait été précieux sans le savoir : cette faute, dont il était innocent à le bien prendre, a cependant plus fait, pour perpétuer sa mémoire, que tous ses autres mérites, puisqu'elle l'a livré à Molière. — Cotin est mort; Trissotin vivra toujours.

[1] *Mélanges tirés des lettres manuscrites de M. Chapelain.* Paris, 723, in-8°, p. 248.

III

MADAME CORNUEL

Madame Cornuel parmi les Précieuses, c'est la guêpe parmi les abeilles : je trouve les unes butinant sur les fleurs, — sur les vers, ces fleurs de la pensée ; je reconnais l'autre à son aiguillon. Si je parlais d'elle à mademoiselle de Scudéry, je dirais que madame Cornuel, fixée au pays de Tendre, n'habite pas une de ces villes qui s'appelaient Nouvelle-Amitié, Négligence ou Tiédeur, Petits-Soins, Complaisance ou Respect ; dont les temples étaient consacrés à la muse Amourette ; où l'on parlait madrigal : retranchée entre Grand-Esprit et Médisance, également loin de Soumission, Jolis-Vers et Billets-Galants, sur la rive droite du fleuve d'Inclination, près de Grand-Cœur et de Sincérité, *Zénocrite* (c'est le nom de madame Cornuel dans le *Cyrus*), habitait Bon-Sens, qu'on cherche en vain sur la carte de Tendre ; son culte s'adressait à Franc-Parler; sa langue était l'épigramme. Elle n'avait autour d'elle que des amis et des alliés qui avaient reconnu ses privilèges, qui la redoutaient et l'aimaient à la fois, et qui comprenaient son langage sans le parler. Qui donc était-elle et comment s'était-elle conquis cette indépendance?

Anne Bigot, madame Cornuel, était d'une famille orléanaise, et avait dans les veines, avec le sang *guépin,* cet esprit alerte, incisif, armé pour le combat, qui distingue ses compatriotes. L'éducation qu'elle reçut, le milieu où elle se trouva, son enfance et sa première jeunesse sont restées jusqu'ici dans l'ombre; et il faut le remarquer même, le dix-septième siècle, qui est plein de son nom et qui a recueilli avec tant de soin toutes ses paroles, n'a pas pris garde qu'il éveillait la curiosité sur sa vie et n'en a presque rien dit, ou du moins n'a laissé à son biographe que des traits épars et sans suite. Il est mille scènes où l'on entend sa voix ; mais invisible et présente, elle ne parle jamais que dans la coulisse.

Elle naquit le 29 novembre 1605 et fut l'unique enfant de Jacques Bigot, seigneur des Gaschières, et de Claude Galmet, qu'il avait épousée le 28 octobre 1596. Comme son père était intendant du duc de Guise, elle connut de bonne heure sans doute la famille Cornuel, dans laquelle elle entra; en effet, Nicolas, l'aîné des trois frères Cornuel, fut élevé page du duc de Guise; Claude, frère cadet de Nicolas, fut président de la chambre des Comptes; le plus jeune frère était Guillaume, trésorier de l'extraordinaire des guerres, qu'elle épousa.

C'est à regret que nous passons si brusquement de son baptême à son mariage : jusque-là, le monde ne l'avait pas connue; mais dès lors l'attention, fixée sur elle, ne la quitte plus : d'année en année nous la pouvons suivre pas à pas, je dirais plutôt d'une parole à l'autre, jusqu'à la fin de sa longue carrière.

Guillaume Cornuel était veuf de Marguerite Combefort, veuve de Le Gendre ; celle-ci, de son premier mariage, avait eu une fille, Marie, dite *Marion* Le Gendre, et donna à son second mari une autre fille, Marguerite ou *Margot* Cornuel, bien connue dans le monde précieux sous le nom de la reine Marguerite, et qui épousa, après 1652, M. de la Ferronnays, gouverneur du château de Vincennes. A l'enterrement de sa première femme, Guillaume Cornuel inconsolable remarqua mademoiselle Bigot, et, peu de temps après, au dire de Dom Bonaventure d'Argonne (Vigneul-Marville), « l'ayant rencontrée dans une assemblée où elle brilloit pardessus les autres dames, il lui prit un bouquet qu'elle avoit à son côté ; » cette liberté « témoignoit qu'il la vouloit épouser ; en effet il l'épousa au bout de quinze jours. » — Foin des longs soupirs !

De ce mariage, célébré le 4 février 1617, naquirent cinq filles et trois fils. Quatre des filles ne nous sont connues que par les actes de leur baptême : Charlotte, 2 juillet 1630 ; Marie, 20 février 1632 ; Jeanne, 20 décembre 1638, et Anne Cornuel ; la cinquième fille, Geneviève, épousa, déjà âgée, le marquis de Guerchy. Des trois fils, François, baptisé en 1633, Claude, baron de Monçay, et seigneur de Villepion, qui vivait encore en 1659, et Charles-Léon, qui, après la mort de ses deux frères, prit le nom de Villepion, ce dernier seul nous est connu. Peut-être fut-il présenté au baptême par le comte de Fiesque, aussi nommé

Charles-Léon, et qui ainsi que la comtesse, était en relations très intimes avec la famille Cornuel.

Riche et amoureux, M. Cornuel en usait avec sa femme fort tendrement, et, entre autres galanteries, il ne laissait point sa bourse vide. Devait-elle jouer, il lui remettait jusqu'à dix mille livres, quelque trente mille francs de notre monnaie ; c'était pour elle un si faible denier, que, « nullement touchée d'avarice, dit encore Vigneul-Marville, elle l'abandonnait au premier venu ». Sans doute elle adorait un tel mari ! — Point ; dès les premier temps de son mariage, elle entreprit de venger une femme qu'elle lui avait fait si vite oublier. — Je vais, lui dit-elle, à une assemblée du voisinage ; je rentrerai fort tard. Mais elle ne sort pas ; elle attend qu'il soit endormi, et, à l'heure où l'on rêve fantôme, drapée dans un suaire, masquée, les cheveux dénoués : « Me voilà, dit-elle, ingrat ! me reconnais-tu ? » Un éclat de rire sacrilège, qu'elle ne put retenir, vint calmer l'effet de ce terrible cauchemar.

Peccadille, si elle n'avait eu d'autres torts envers son mari. Mais il paraît que Charles-Brûlard, sieur de Genlis, ne lui fut pas indifférent ; l'on en parla même assez pour que Francinet, un fou qu'elle alla voir pour se divertir, selon la coutume, pût apprendre cette amourette et lui dire : « Je suis Genlis, ce garçon si bien fait, qui a de si belles dents. » Elle demeura muette, elle qui avait de la monnaie pour toutes les pièces. On soupçonna aussi, pour ne pas dire plus, quelques intrigues entre elle et le marquis de Sourdis, celui-là même dont Tallemant et Mademoiselle ont divulgué la prodigalité et la lésine, l'étourderie et la gravité, et qui de la même plume écrivait des traités de piété et des vers à ce fou de Neuf-Germain[1]. Le marquis était gouverneur d'Orléans, et peut-être l'autorité dont il jouissait dans un pays où madame Cornuel avait de grands biens ne fut pas sans le servir auprès d'elle. Amoureux de cette femme d'un si grand sens, lui qui n'en avait guère, aimé peut-être d'elle, il craignait fort ses railleries. Aussi disait-elle, en rappelant un mot cruel qu'elle lui avait infligé : « Comme je prétendois me retirer à Orléans à cause des troubles, lui et sa femme l'empêchèrent, de peur que je ne les tournasse en ridicule. » — « Il avoit raison, ajoute Tallemant, qui rapporte ce trait, car feu La Feuillade disoit que, si elle vouloit, elle tourneroit la bataille de Rocroy en ridicule, qui étoit, disoit-il, la plus belle chose qui se soit faite depuis les Romains. » Habitué, par l'humeur satirique de madame Cornuel, à craindre les beautés d'Orléans, il n'osait y devenir amoureux que de filles de quinze ans, car, disait-il après expérience, à vingt ans les esprits d'Orléans ne sont plus traitables.

Facile pour elle-même, madame Cornuel était indulgente pour les autres. Sans rappeler un trait que cite Tallemant à la fin de *l'Historiette* du maréchal d'Estrées, sans rappeler aussi l'épigramme que Bois-Robert lui décocha, et sa mordante allusion au nom de Cornuel, nous en avons une preuve dans un épisode du *Grand Cyrus*, où nous la voyons favoriser les amours de deux personnages restés inconnus, *Arpalice* et *Thrasymède*, au grand dépit de la famille d'*Arpalice*, qui la voulait marier avec *Ménécrate*. — Cette aven-

---

[1] Cf. *Dictionnaire des Précieuses*, nouv. édit., Biblioth. elzév., t. I, p. 94, et t. II, p. 375.

ture, ignorée malgré les nombreuses éditions du *Cyrus*, forme un chapitre assez curieux de l'histoire galante de cette époque, et surtout nous y trouvons un portrait tracé de main de maître; c'est une analyse minutieuse et sincère qui peint au vif l'esprit de madame Cornuel :

« *Zénocrite* est une personne qui est en droit de dire tout ce que bon lui semble sans qu'on s'en ose mettre en colère. En effet, on passeroit pour ne savoir point du tout le monde, si on s'advisoit de trouver mauvais que Zénocrite dît une chose un peu malicieuse; et, quoiqu'il soit assez rare de voir qu'on cherche avec soin la conversation de celles qui ne pardonnent rien, qui n'excusent presque jamais personne, et qui parlent quelquefois indifféremment des amis et des ennemis, il est pourtant vray qu'il y a toujours plus d'honnêtes gens chez cette dame dont je parle, qu'en tout autre lieu de la ville. Zénocrite est belle [1]; sa personne est bien faite; sa physionomie est fine, quoy qu'elle ait aussi quelque air languissant; elle dit les choses comme si elle n'y pensoit pas, et les dit pourtant plus spirituellement que ceux qui y pensent le plus. Elle a une imagination admirable qui fait qu'elle tourne toutes choses agréablement, et qu'elle ne prend des événements qu'on lui raconte que ce qui peut servir à les luy faire redire plaisamment. Elle fait quelquefois un récit avec une exagération si éloquente, qu'elle vous fait voir tout ce qu'elle veut vous apprendre, et quelquefois aussi

---

[1] Voyez son portrait; on le trouve dans différents recueils, entre autres dans l'*Europe illustre* et dans l'édition des *Lettres de Madame de Sévigné*, donnée par M. de Monmerqué.

elle fait une grande satire en quatre paroles. Elle est pourtant née bonne et généreuse; et, si elle parle en désavantage de quelqu'un, c'est plustost par excès de raison et de sincérité, et par une impétuosité d'esprit et d'imagination qu'elle ne peut retenir que par malice. Ce qu'il y a de plus rare en cette personne, c'est que le chagrin de son esprit fait bien souvent la joye de celui des autres; car lorsqu'elle se plaint ou des malheurs du siècle ou du mauvais gouvernement, elle le fait d'une manière si agréable qu'elle divertit plus par ses plaintes et par ses murmures que les autres ne peuvent faire avec l'humeur la plus enjouée... De plus, comme il y a un grand abord de monde chez elle, la liberté y est tout entière; ceux qui se veulent plaindre se plaignent, ceux qui veulent railler raillent, ceux qui veulent ne point parler se taisent; de sorte que chacun, suivant son humeur, trouve en ce lieu-là de quoy se satisfaire. Ce n'est pas qu'il n'y ait des heures où ils l'importunent; mais l'ennuy qu'elle en a ne laisse pas de servir au divertissement de la compagnie : enfin, je puis vous assurer que Zénocrite est une personne tout à fait extraordinaire. »

Cet épisode où se trouve mêlée madame Cornuel est fort long, et elle n'y occupe qu'un rôle secondaire; mais on l'y reconnait toujours avec son caractère de femme d'esprit, redoutable à ses ennemis, facile et bonne pour ceux qu'elle aimait. L'histoire du *Cyrus,* qui se passe un peu avant la Fronde, nous conduit jusque-là; *Zénocrite* dut être de l'opposition, par caractère; mais les fonctions de son mari étaient de celles qui demandaient, avant toute chose, la protection royale : madame Cornuel, qui avait déjà fait ses preuves au temps de la cabale des *Importants,* et qui, la première, les avait affublés de ce nom ridicule, resta mazarine : elle n'en fut pas mieux vue par les Frondeurs. Dans une pièce intitulée : *la Voix du Peuple au Roi* [1], son nom est assez maltraité, et les injures qu'on adresse à son mari retombent sur elle par ricochet.

« Que Cornuel, lit-on dans cette mazarinade, plus cruel que tous les hommes qui ont dévoré le peuple, élevé du centre de la terre à une richesse de plus de deux millions d'or par un gouffre de concussions, corruptions et larcins publics et particuliers; qui perd et sauve qui bon lui semble, selon les mouvements de sa hayne, de son amour ou de ses intérêts; qui achète des maisons et bastit des palais pour sa femme, pour laquelle il dépense plus de cinquante mille livres par an; qu'il soit puny d'un double supplice... C'est ce Cornu qu'il faut traisner à quatre chevaux avec ce fanfaron de grand maître de l'artillerie La Meilleraie. »

En ce temps-là, — une autre mazarinade [2] nous l'apprend, — madame Cornuel habitait le Marais, comme la plus grande partie de la société précieuse, entre la rue Payenne et la rue du Temple, dans la rue des Francs-Bourgeois. Près d'elle demeurait mademoiselle de Scudéry, qui l'a si bien connue et fait connaître; madame Arragonnais, sœur de Le Gendre, dont la veuve avait été la

---

[1] Il ne peut être question que de Guillaume Cornuel, car Claude était mort en 1635, et Nicolas exerçait une charge à Châlons. — *Voy.* Mss. de Conrart, t. V, in-f°, p. 349. — *Voy.* aussi dans le *Dictionnaire des Précieuses*, II, 215, 216, un texte plus complet de cette citation, que nous avons dû ici tronquer et adoucir.

[2] *Catalogue des partisans.*

première femme de son mari ; madame d'Haligre, fille de madame Arragonnais ; la princesse

> Et le bon prince de Guemené
> D'esprit si bien approvisionné
> Que tout ce qu'il dit fait bien rire [1] ;

madame de Blérancourt, la duchesse de Rohan, mesdames de Piennes, de Bassompierre, de Maugiron, de Choisy, de Bois-Dauphin, du Lude, de Belin, de la Suze, de Grimauld et d'autres encore, toutes ces célébrités du temps formaient sa société habituelle. Là elle connut aussi le poète La Ménardière, qui n'a garde d'oublier dans ses poésies elle et ses deux belles-filles. Par exemple, dans une très longue épître qu'il adresse à mademoiselle de Vandy pour qui un amant s'était poignardé : Laissez faire les fous, s'écrie-t-il ; et il ajoute, dans un langage qu'il essaye, assez maladroitement, de vieillir à dessein :

> Si tel conseil vous semble trop cruel,
> Ordonnez-leur d'aller chez Cornuel ;
> Chez Cornuel, la dame accorte et fine
> Où gens fâcheux passent par l'étamine
> Tant et si bien, qu'après que criblés sont,
> Se trouve en eux cervelle s'ils en ont.
> Si pas n'en ont, on leur fait bien comprendre
> Que fats céans onc ne se doivent rendre,
> Et six yeux fins, par s'entre-regarder.
> Semblent leur dire : Allez vous poignarder.

Ces « six yeux fins » dont parle le poète durent, bientôt après la publication de cet hommage, pleurer une mort qui vint les surprendre, celle de

---

[1] Scarron, *Adieu au Marais*.

M. Cornuel, arrivée le 27 ou le 28 octobre 1657[1]. Les consolations ne manquèrent pas aux désolées. La vieille madame Pilou, cette bourgeoise qui faisait les délices du grand monde, eut un mot qui devait leur faire oublier leur douleur : « M'amie, disait-elle à madame Cornuel, ne vous affligez point; votre mari est mort bien gentiment, et bien gentiment on l'a enterré. » Ajoutons que la nouvelle veuve reçut alors les visites de toute la Cour.

Pour se distraire de sa douleur sans doute, vers ce temps-là, elle fit avec madame de Maure un assez long voyage. Elles passèrent ensemble quinze longs jours dans une litière : « J'étois si lasse, a dit depuis madame Cornuel, d'avoir toujours une même personne devant les yeux, que j'ai eu deux ou trois fois l'envie de l'étrangler. » Heureusement elle n'en fit rien : elle avait encore tant de bons mots à dire, et que le bourreau peut-être aurait interrompus! — L'année suivante, madame Cornuel avait, semble-t-il, pardonné à madame de Maure ce long ennui d'un inévitable tête-à-tête, et elle écrivait à la comtesse une lettre charmante, portrait frappant d'un homme qu'elle connaissait bien, et qui n'était plus alors que son ami, le marquis de Sourdis : c'est la seule pièce qui soit restée d'elle; à ce titre, un extrait pourra paraître intéressant :

« 23 *octobre* 1659. — Nous avons vu le marquis de Sourdis céans. Si M. le comte de Maure se récria du portrait que j'en fis il y a quinze jours, ce n'est rien de le peindre de mémoire; il en faut faire un sur l'original. Vous sçavez, madame, qu'il

---

[1] Note de M. Paulin Pâris dans son édition des *Historiettes* de Tallemant des Réaux. — L'acte de l'enterrement est du 29 octobre.

n'y avoit pas trois semaines qu'il étoit parti de Paris, dimanche, qu'il arriva céans ce matin. Il a donc vu quatre de ses maisons, Amboise, Tours, des Religieuses proche de Tours, affermé et rehaussé des terres, vendu de hauts bois, gagné (cela entre nous) cent mille francs sur le marché avec le Roy; mais, s'il vous plaist, n'en dites rien. Il a bâty deux maisons, abattu à Amboise, ordonné des levées de la rivière de Loire, avancé pour cela de son argent, fait sa provision de vin, de bougie, et enfin tant de choses que *reçu de l'argent* m'échappe de la mémoire, aussy bien que quelques légers arbitrages. Vous croyez donc, madame, qu'à tout cela, et n'estre que deux jours en chaque lieu, il n'a pas eu de temps de reste? Ecoutez. Il a fait un roman, vers, prose, aventures... De la même plume il prend un autre portefeuille, et a écrit même un traité de la Grâce, un de la Médecine et quelque autre de la Physique. Dans le carrosse, il fait des devises avec dom André... Vous ne vous estonnez pas s'il ne m'a pas demandé comme je me portois, ny dit un mot de ma maladie en sorte quelconque... A la quantité des choses qui luy passent dans la teste, rien ne peut y demeurer assez de temps pour passer au cœur : les frivoles bouchent le passage aux sérieuses [1]. »

Jusqu'ici nous avons pu voir madame Cornuel mêlée à quelques événements ou à certaines aventures. Maintenant il nous est seulement permis de

---

[1] Tallemant des Réaux. — *Historiettes*, édit. Paulin Pâris, tome V, pages 139-140 *(Note.)* — A la suite de cette lettre, Conrart, qui nous l'a conservée dans ses papiers, a joint la copie d'un billet de madame de Rambouillet à madame de Maure, qu'elle remercie de lui avoir envoyé la lettre de madame Cornuel.

rappeler quelques-uns de ses mots heureux, que les contemporains ont relevés avec grand soin, et qui conservent encore leur saveur après tant d'années.

Les Grands-Augustins étaient accusés de prêter sur gages : « Comment s'en étonner ? dit-elle; n'ont-ils pas chez eux le cœur du président de Bercy ? » — Or le président de Bercy, qui venait de mourir (vers 1658), et dont le cœur avait été en effet déposé chez les Grands-Augustins, avait fourni à Bois-Robert le modèle de son Amidor, à Molière l'original d'Harpagon; le grand comique, après Bois-Robert dans *la Belle Plaideuse,* avait même copié sur une aventure arrivée au président de Bercy et à son fils cette scène où Harpagon et Cléante se trouvent en présence, l'un pour emprunter, l'autre pour prêter à usure.

Ce trait se retrouve partout. Madame de Sévigné, qui connaissait madame Cornuel et aimait à la visiter, nous a conservé aussi un grand nombre de ces saillies, de ces boutades qui tombaient de ses lèvres malignes presque à son insu, et qui lui échappaient encore la veille de sa mort.

.6 *mai* 1676. « La comtesse (de Fiesque) maintenoit l'autre jour à madame Cornuel que Combourg n'étoit point fou ; madame Cornuel lui dit : Bonne comtesse, vous êtes comme les gens qui ont mangé de l'ail. — Cela n'est-il point plaisant ? M. de Pomponne m'a mandé qu'il me prioit de ne pas oublier d'écrire tous les bons mots de madame Cornuel. » — Elle disait une autre fois de la même comtesse que ce qui avait conservé sa beauté c'était d'être salée dans la folie.

7 *oct.* 1676. « Madame Cornuel étoit l'autre jour chez Berryer dont elle étoit mal traitée. Elle atten-

doit à lui parler dans une antichambre qui étoit pleine de laquais. Il vint une espèce d'honnête homme qui lui dit qu'elle étoit mal dans ce lieu-là. « Hélas, dit-elle, j'y suis fort bien ; je ne les crains point tant qu'ils sont laquais. » Voilà ce qui fait rire M. de Pomponne de ces rires que vous connoissez. Je crois que vous le trouverez fort plaisant aussi. » — Le mot en effet méritait d'être enchâssé par Le Sage dans *Turcaret*. Voici qui n'est pas moins plaisant : au XVIIIe siècle, un descendant de ce Berryer eut le crédit de faire effacer le nom de son aïeul dans les éditions qui se firent, de son vivant, des *Lettres de madame de Sévigné*.

Indépendante comme elle l'était, madame Cornuel, qui aimait le Roi, ne craignait point les crimes de lèse-majesté, et ses mots s'attaquaient sans choix à toutes les puissances. Ainsi, le duc de Noailles, qu'elle faisait descendre des lamentations de Jérémie, le duc d'Elbeuf, madame de La Ferté, le Roi lui-même, qui avait fait sa cour aux bourgeois, disait-elle, en étendant trop le nombre des chevaliers du Saint-Esprit, furent tour à tour l'objet de ses railleries. Un jour, elle revenait de Versailles, où elle avait trouvé de jeunes ministres, M. de Seignelai, entre autres, qui n'avait pas trente-cinq ans, auprès du vieux Roi : « Je viens de voir, dit-elle, l'amour au tombeau, et les ministres au berceau ».

Elle n'épargnait pas davantage le clergé : l'abbé de Valbelle, successeur très relâché de Pavillon, le très austère évêque d'Alet, le père Gonnelieu, jésuite, qui surfaisait en chaire et donnait à bon marché dans le confessionnal, l'archevêque de Reims, Le Tellier, qu'elle disait trop porté au bien, parce qu'il était avare, eurent à se plaindre, entre mille autres, de sa malignité aiguisée encore par son bon sens.

C'est à la suite d'une réflexion fort juste sur Bois-Robert que l'abbé-poète décocha sur elle ce sonnet méchant dont nous avons parlé. A certaine messe de minuit où Bois-Robert officiait, elle avait reconnu l'abbé : «Voilà, dit-elle, toute ma dévotion évanouie! » Le lendemain, raconte encore Tallemant, comme on la vouloit mener au sermon, « Je n'y veux pas aller, dit-elle, car après avoir trouvé Bois-Robert disant la messe, je trouverois sans doute Trivelin en chaire. Je crois, ajouta-t-elle, que sa chasuble étoit faite d'une robe de Ninon.» Elle avait raison ; mais il est parfois prudent d'avoir raison tout bas. Bois-Robert se vengea, elle se repentit d'avoir parlé, et elle-même demanda à faire la paix.

Comment, du reste, aurait-elle épargné l'abbé, quand elle n'épargnait pas son propre fils ? A cette époque il ne fallait pas deux générations dans les finances pour s'enrichir. Aussi M. de Villepion, dédaignant un emploi où M. Cornuel avait assuré la fortune de sa race, n'accepta pas, dans son héritage, la robe que son père lui avait laissée : il se fit d'épée, et servit même avec quelque distinction. Après une campagne à la tête du régiment de Sourdis, nommé colonel d'un régiment de cavalerie de son nom, il le commanda avec beaucoup de valeur à cette sanglante bataille de Saint-Denis, près Mons (14 août 1678), où le prince d'Orange, qui avait la paix signée dans sa poche, se fit battre par le maréchal de Luxembourg. Madame Cornuel pouvait donc, sans trop d'indulgence, reconnaître que son fils avait fait ses preuves. Cependant, lorsque, en 1689, sans doute après l'échec de

Mayence, le chevalier de Sourdis vint conter la déroute à madame Cornuel, et s'en prit à la cavalerie qui l'avait abandonné et avait fait onze lieues sans regarder derrière elle, sa pensée se reporta aussitôt sur Villepion : « Voilà de bons chevaux, dit-elle, ne pourrais-je point en avoir de la race pour envoyer à mon fils ? On ne sait ce qui peut arriver. »

Son fils n'eut pas besoin de ces chevaux si vites et continua à le prouver. En 1690, il fut fait mestre de camp, — *in partibus*, disait-elle. Cependant M. de Villepion exerça son emploi et s'y distingua noblement dans plusieurs affaires, et particulièrement en 1693, à La Marsaille, où il fut blessé. C'était répondre dignement aux craintes ambitieuses d'une mère qui, sans doute, exigeait beaucoup de lui, parce qu'elle l'aimait beaucoup.

Qu'étaient devenus à cette époque les autres enfants de madame Cornuel ? Toutes les sources que nous avons consultées sont muettes sur ce point. Une seule de ses filles, Geneviève Cornuel, a échappé à l'oubli, grâce à ces lignes du marquis de Dangeau : « M. de Guerchi, qui avoit épousé, en premières noces, une fille de la comtesse de Fiesque, de son premier mariage avec M. de Piennes, s'est marié, quoiqu'il eût beaucoup d'enfants, et a épousé une fille de madame Cornuel : les parents, de part et d'autre, en ont été assez mécontents[1]. »

Le marquis de Guerchi était un compagnon d'armes de M. de Villepion ; il prit part aux mêmes batailles que lui ; il fut nommé le même jour chevalier de Saint-Louis. Mais si, après avoir épousé

---

[1] *Journal de Dangeau*, juillet 1685. — Cf. Sévigné. *Lettres*, 27 et 29 janvier, 19 fév. 1672.

une fille de la comtesse de Fiesque, il prenait alliance dans une famille moins considérable, d'un autre côté, madame Cornuel pensait que « madame de Guerchi n'était morte que pour avoir le corps usé de ses fréquentes couches, et craignait ces maris qui se défont de leurs femmes à force d'en être amoureux ; » elle se rappelait le scandale répandu sur le nom de Guerchi par la propre sœur du marquis, fille d'honneur de la reine, accusée d'avoir commis un infanticide chez une sage-femme, la Constantin[1], où elle avait été cacher sa grossesse ; elle pensait que sa fille n'était plus jeune, et de là ce mécontentement dont parle Dangeau[2].

Malgré ses chagrins, jusqu'à sa dernière heure, madame Cornuel conserva sa vivacité et sa liberté d'esprit.

Témoin, dans sa longue existence, du gouvernement absolu de Richelieu, des débauches guerrières de la Fronde, des galanteries de la jeune cour, de la gloire d'un nouveau règne, elle sema sur tous les événements, à mesure qu'ils défilaient dans leur étrange variété, sur tous les personnages, à mesure qu'ils passaient à sa portée, des mots incisifs qui les caractérisaient vivement. On l'entendit encore, en 1693, après les stériles victoires du maréchal de Luxembourg, comparer ses exploits aux blés de cette année calamiteuse : « Ils sont beaux, disait-elle, mais ils ne rendent point. »

A peu de temps de là, elle perdit une ses amies, madame de Ville-Savin, qui avait l'âge du siècle :

---

[1] *Voy.* les lettres de Guy-Patin sur toute l'affaire de la Constantin et de mademoiselle de Guerchi.

[2] La seconde madame de Guerchi n'eut pas d'enfants, non plus que son frère, et en eux s'éteignit cette seconde branche des Cornuel.

« Hélas ! dit-elle, me voilà découverte ! Il n'y avait plus qu'elle entre la mort et moi ! » La mort, en effet, ne l'oublia pas longtemps ; elle mourut vers le 9 février 1694, âgée de près de quatre-vingt-neuf ans. Dans le recueil de pièces imprimé à La Haye cette année-là, on trouve une épitaphe composée, dit-on, pour elle, peut-être par Chaulieu ; les épigrammes dont elle y est l'objet ne l'atteignent point, et, selon nous, c'est par erreur qu'on a pu regarder madame Cornuel comme l'objet de cette satire, plus que médiocre.

Après sa mort, nous ne trouvons plus trace de ses deux filles. Mais son fils lui survécut longtemps. La veille même du jour où mourut sa mère, il était porté le quatrième sur la liste des officiers des armées de terre nommés chevaliers de Saint-Louis, le 8 février 1694. Depuis, en 1704, il fut créé inspecteur général de la cavalerie, et fut l'un des lieutenants les plus actifs et les plus aimés de Catinat. Le maréchal, qui l'avait connu à La Marsaille, le retira d'Italie et l'employa sous ses ordres à l'armée de la Lys et au siège d'Ath. Plus tard, au temps de la guerre de la Succession, M. de Villepion repassa en Italie, appelé encore par Catinat, et se signala dans son nouveau grade de maréchal de camp, à Carpi, à Chiavari, et enfin à Castelginfré, dont il s'empara, chemin faisant, en allant se mettre, après la bataille de Luzzara, au service de M. de Vaubecourt qui faisait le siège de Guastalla. M. Villepion mourut en 1728, sans, paraît-il, avoir laissé de postérité. — Lui-même n'avait pas suivi les traditions de sa mère et ne s'était fait ni remarquer par son esprit, ni redouter par sa malice. Il fit mieux. Ses belles actions valent bien des bons mots.

IV

L'ABBÉ D'AUBIGNAC

L'abbé d'Aubignac appartient surtout à la littérature militante : précieux par le style et la nature de plusieurs de ses ouvrages, batailleur par caractère, il nous présente un homme à la fois trop original pour accepter sans contrôle les traditions du passé, et trop faible pour résister aux tendances de son époque, les diriger ou les dominer. Hardi en présence des erreurs ou des opinions qu'il croit telles, zélé pour la défense et la propagation des saines doctrines, il combat souvent son siècle; mais s'il ne tombe pas au-dessous du *servum pecus* des contemporains, il ne s'élève pas au-dessus; il est de son temps, il ne sort point de la foule, il reste non pas *paulo infirmior*, mais *unus multorum,* comme dit Horace. Sa vie est presque toute dans ses nombreux ouvrages, et c'est là surtout que nous nous sommes attaché à la retrouver.

François Hédelin naquit à Paris le 4 août 1604; son père était Claude Hédelin, avocat en parlement, issu d'une famille noble, originaire de Souabe; sa mère était Catherine Paré, fille du célèbre chirurgien de Charles IX. Chargé de famille, Claude Hédelin quitta Paris en 1610, et alla s'établir à Nemours, où il avait acheté une charge de lieutenant général. De douze enfants qu'il eut, un seul, François, hérita des goûts littéraires de son père; un autre, qui lui succéda dans sa charge, « eut l'honneur de faire des vers aussi mal qu'un autre pour le moins [1]. »

A l'âge de onze ans, le jeune François Hédelin comprenait assez le latin pour lire Horace; dès lors, il repoussa tous les maîtres, et son désir de se soustraire à la discipline habituelle dut être l'occasion de sa première lutte. Mais son père fut son complice, et il triompha : « Je quittai, dit-il lui-même [2], ces pédagogues qui enseignent les principes aux enfants,... et je m'attachai seul à la lecture des auteurs; et, chose assez surprenante, les premiers que je me mis à lire furent Horace et Justin, par le secours desquels et par un travail opiniâtre j'acquis la connoissance de cette vieille langue et la facilité de l'écrire et de la parler. Depuis ce temps-là, si l'on en excepte la philosophie, pour laquelle j'eus durant deux ans un précepteur domestique, j'ai étudié de moi-même la langue grecque et l'italienne, la rhétorique, la poésie, la cosmographie, la géographie, l'histoire, le droit et la théologie; et je défie tout homme vivant au monde de se vanter de m'avoir jamais rien enseigné comme maître, ni de dire que j'aie jamais étudié une heure dans aucun collège de la terre. » Ce manque absolu de direction dans les études

---

[1] Tallemant, édit. in-18, t. X, p. 232.
[2] Quatrième dissertation contre Corneille. — Cette dernière pièce n'a pas été imprimée par Granet dans son Recueil de dissertations sur Corneille et Racine.

pouvait avoir des suites fâcheuses; le chaos en pouvait résulter au lieu de l'ordre. Mais cette expérience fut heureuse, grâce aux goûts studieux du jeune insoumis et à une sorte de logique naturelle qui se développait en lui à mesure que ses connaissances s'augmentaient. Son père pouvait-il être d'ailleurs complètement étranger à ses études? Ecrivain assez estimé, lié avec le cardinal du Perron et avec de Lingendes, auquel même il s'était associé pour publier une traduction des *Héroïdes* d'Ovide [1], il était considéré par de Lingendes comme un de ces hommes « dont les ouvrages portent leur recommandation et leur prix avec le nom de leur auteur [2]. » Si donc il n'eut pas d'action directe sur l'éducation de son fils, il exerça sur son intelligence une influence réelle par les amis dont il s'entourait. C'est ce que reconnait le jeune Hédelin, quand il dit : « La fréquentation des savants, dont l'entretien me donnoit l'ouverture des grandes questions avec la connoissance des bons livres, et la lecture assidue de ceux que j'avois en assez grand nombre, ont fait tous mes collèges et toute mon instruction [3]. »

De bonne heure, enthousiaste des plaisirs qu'il trouvait dans l'étude, François Hédelin voulut les faire partager aux jeunes gens de son âge qui habitaient la même ville. Le rang élevé de son père, qui, en l'absence du prince de Savoie, duc de Nemours, y occupait la première place, rendait

[1] Les *Épistres (Héroïdes)* d'Ovide, traduites en prose françoise par les sieurs du Perron, de La Brosse, de Lingendes et Hédelin. Paris, T. Du Bray, 1618, 1 vol, in-8°.

[2] Avertissement aux lecteurs, en tête du livre cité plus haut.

[3] Quatrième dissertation contre Corneille.

considérable l'honneur d'être admis aux réunions provoquées par le jeune savant, et bientôt il n'y eut plus seulement à ces sortes de conférences académiques des écoliers désireux de s'instruire en commun, mais des hommes de talent, avides de briller dans la ville et dans tout le pays. Le clergé, les gentilshommes des environs, les dames même semblèrent s'associer à cette modeste ambition, et, les loisirs de la province aidant, on vit pendant plusieurs années, dans les salles de M. le lieutenant général, le concours le plus empressé, le plus flatteur. On discutait, on lisait de la prose, on récitait des vers. François Hédelin se distinguait déjà dans un genre qu'il abandonna plus tard, malgré les encouragements de son père, qui fit imprimer un poème de six cents vers composé par son fils et lu publiquement dans son académie. D'autres ouvrages suivirent, où les pensers ardents de la jeunesse se montrent déjà dans des titres tout galants : voici, entre autres, l'*Opérateur d'amour*, que suit bientôt la *Foire d'amour*, sorte d'allégorie où l'on voit les dames mettre en vente la beauté, la grâce et l'amour au prix des vertus, des services et d'une affection véritable. D'autres poésies vinrent ensuite, commandées par la marquise de Latour Landry et la marquise de Saint-Sauveur, parentes du maréchal de Brézé, que le jeune auteur connaissait déjà ou qu'elles lui firent connaître.

Poète et poète reconnu comme tel, comment François Hédelin n'a-t-il pas persévéré dans cette voie de faciles séductions ? Il songea sans doute que la fortune de son père, partagée entre douze enfants, serait d'une faible ressource pour chacun ; que la lyre de Phœbus-Apollo, même sous les doigts d'un Homère, n'a jamais valu qu'une maigre chère à qui l'a fait résonner ; et, songeant au pain quotidien, — nous avons déjà dit qu'il avait du bon sens, — il donna momentanément congé aux Muses et se jeta dans l'étude de la jurisprudence. Reçu docteur en droit canon [1], car l'enseignement du droit civil était alors supprimé, il exerça quelque temps, à Paris, la profession d'avocat en parlement : c'est ainsi, du moins, qu'il signe, en 1627, son premier ouvrage, le *Traité des Satires, brutes, monstres et démons* [2]. Ce livre, qu'on peut regarder comme un des meilleurs ouvrages de l'auteur, est dédié au maréchal de Saint-Géran ; ce sont, dit-il, « les prémices de mes études ; » elles lui sont dues comme l'affection à le servir, « naturelle dans la famille dont je suis sorti. » Nous ne savons à quel titre la famille Hédelin était attachée aux La Guiche : ce premier hommage d'un jeune homme de vingt-trois ans avait du prix ; il ne pouvait qu'être parfaitement désintéressé, puisqu'il était adressé au maréchal, assez peu en crédit et hors d'état de servir personne. Quoi qu'il en soit, ce livre est assez remarquable pour son temps ; peut-être même a-t-il encore quelque intérêt : aujourd'hui que de savantes recherches sur la mythologie grecque sont venues éclairer la même thèse avec tant de succès, il peut être curieux de remonter à l'origine de ces études et de les connaître dans leur enfance.

[1] Ce titre lui est donné dans le privilège de ses *Essais d'éloquence*.

[2] *Des Satyres, brutes, monstres et démons, de leur nature et adoration, contre l'opinion de ceux qui ont estimé les satyres estre une espèce d'hommes distincts et séparés des Adamiques*, par F. Hédelin, avocat en parlement. — Paris, N. Buon, 1627, in-8°.

L'ouvrage, fortement empreint de l'esprit du temps, croit aux sorciers et montre une vive horreur du sabbat : mais qui donc au XVIIe siècle avait secoué ces croyances ? Cette concession faite à son époque, François Hédelin marche librement à travers les fables antiques. Il ne s'écrie pas : Il n'y a point de satyre ; les auteurs ont tant répété ce nom qu'il l'accepte, avec l'espèce d'êtres ainsi désignée : ne voit-on pas là plus de force et de vrai savoir que dans la négation de leur existence ? Ces êtres admis, quels sont-ils ? sont-ce des hommes, mais différents de la race adamique, comme l'ont soutenu Paracelse et Pic de la Mirandole ? Mais si ce sont des hommes autres que nous, ou bien ils nous sont supérieurs, et ce sont des anges, ou ils nous sont inférieurs, et ce sont des brutes. Or, qui pourra dire qu'ils nous sont même égaux, à moins de soutenir aussi qu'il y a en eux un principe immortel comme notre âme ? Et comment le prouver, à moins de montrer qu'ils sont susceptibles de mérite et de démérite, qu'ils peuvent recevoir des peines et des récompenses comme l'homme adamique, seul capable et responsable du bien et du mal ? Les satyres ne nous sont donc ni supérieurs, puisqu'ils ont un corps matériel comme nous, ni égaux, puisqu'ils n'ont point d'âme. Ils nous sont donc inférieurs ; ce sont des brutes, et, s'il faut chercher dans les êtres actuels les animaux qui ont égaré la mythologie ancienne, l'opinion du jeune savant est formelle : les satyres ne sont autres que les singes.

Tel est, quant aux satyres, le résumé du livre de François Hédelin ; mais les détails incidents qui se rattachent à cette question, la discussion des textes relatifs aux Faunes, au dieu Pan et aux autres Dieux forestiers, les faits nombreux réunis, pesés, éclaircis, font du traité que nous signalons un livre important dans les questions tératologiques et mythologiques; le style en est vif et serré, et si des erreurs nombreuses sont échappées à un auteur qui, nous le répétons, fut et resta toujours de son siècle, il ne s'est jamais du moins départi d'une logique sensée, appuyée sur un vrai savoir.

Le *Traité des Satyres* devait être le point de départ de l'auteur, qui voulait passer en revue les croyances des anciens sur tous les monstres et demi-dieux dont parlent leurs écrits, comme « les hippocentaures, tritons, néréides, géants, pygmées, acéphales, arimaspes, hommes colorez, et tant d'autres monstres dont les histoires font mention. » — Le temps était mauvais pour les meilleurs livres; la guerre avec les protestants occupait tous les esprits; un auteur si jeune, inconnu, habitant Paris depuis peu, ne pouvait pas attendre grand succès pour son premier ouvrage : aussi François Hédelin, découragé, ne continua pas ses études dans la même direction, et comme il ne traita jamais depuis aucun sujet qui se rattachât à celui-ci, on a peine à comprendre qu'il en soit l'auteur.

Si ce livre ne lui valut pas les applaudissements du public, il le servit du moins auprès de Richelieu, et le Cardinal, malgré la jeunesse de Fr. Hédelin, le donna en 1631, quand il avait à peine vingt-sept ans, pour précepteur au duc de Fronsac.

Armand de Maillé-Brézé, duc de Fronsac, était fils du maréchal de Brézé et de Nicole du Plessis-Richelieu, sœur puînée du Cardinal, et frère de Claire-Clémence de Maillé, qui épousa le grand Condé. Né en 1619, le jeune duc avait douze ans lorsqu'en 1631 son oncle confia ses études aux soins de François Hédelin, qui déjà avait abandonné la profession d'avocat pour prendre les ordres sacrés. C'est vers ce temps qu'il obtint une petite abbaye du diocèse de Bourges, qui était à la nomination du roi et produisait un revenu de 680 à 700 livres, environ 2,000 francs de notre monnaie. Depuis ce temps il prit le nom d'abbé d'Aubignac, qu'il conserva toujours.

Admis dans une famille puissante alors par ses emplois, considérable encore aujourd'hui par son inépuisable bienfaisance, l'abbé d'Aubignac s'occupa activement de l'éducation de son élève et sut lui inspirer la plus affectueuse confiance : lui-même s'attacha pleinement au jeune prince, et, plus de trente années après l'avoir perdu, il conservait de lui un souvenir assez présent pour donner au portrait qu'il en retraçait alors un accent de vérité saisissant : « Le jeune duc, dit-il, parloit peu, n'estimant pas qu'un homme de qualité dût rien dire que de fort sérieux ; mais il parloit bien....; il avoit naturellement l'esprit judicieux et le cœur ardent de générosité; il entroit bien dans le fond d'une affaire et d'une intrigue et en prévoyoit toutes les suites; il étoit d'un génie fort docile, et, comme la correction a toujours quelque chose d'amer, s'il y apportoit quelque répugnance ou qu'il en remportât quelque chagrin, il ne vouloit pas que cela refroidît le zèle que l'on avoit pour son service; et, dans son enfance comme depuis qu'il fut dans les emplois de la guerre, il me disoit assez souvent que cela n'estoit que de légers mouvements des sens auxquels je ne devois pas m'arrester... Il avoit l'âme si droite que je ne l'ay jamais ouy mentir, croyant que cela n'estoit qu'un effet

de lâcheté, et sa parole fut toujours inviolable...
Sa libéralité fut éminente en cela qu'estant presque
sans mesure elle estoit sans pompe...; il cachoit
même le bien qu'il faisoit et le mal de ceux qu'il
soulageoit; et quoyqu'il ne donnât rien que par
mon ministère, car à peine connoissoit-il l'argent,
j'ignorois souvent le nom de ceux à qui je donnois
par son ordre... Il se plaisoit au jeu, mais avec une
entière indifférence pour la perte ou pour le gain... ;
et, quoyque bien souvent, par la nécessité de ses
intérêts, je l'aye arraché des académies (maisons
de jeu), et plusieurs fois interrompu son jeu dans
une mesme après-dînée, sa parole et ses yeux ne
m'en ont témoigné jamais aucune émotion... »

Je ne prolongerai pas cette citation, qui montre
assez dans quels termes vivaient le maître et
l'élève : confiance et soumission d'un côté, affection
et autorité de l'autre. Pendant tout le temps que
l'abbé d'Aubignac eut à surveiller cette éducation,
il semble qu'il ait consacré tout son temps à son
élève, car nous ne trouvons point en lui cette
fécondité de production qu'il eut après la mort du
duc. En 1636, cependant, nous le voyons prononcer
dans l'église des Filles-Sainte-Elisabeth un discours sur l'incarnation ; discours assez faible au
point de vue de l'art oratoire, mais traité savant
où il montre dans l'Egypte ancienne, dans la Libye,
en Assyrie, en Chine, et enfin dans l'Europe, en
Grèce, en Italie et en Gaule la croyance en une
femme, vierge immaculée, dont le divin Fils devait
régénérer l'univers : divinité émanée d'un Dieu
toujours vierge, humanité issue d'une femme restée
vierge. L'année suivante, nous trouvons l'abbé
faisant aux religieuses du Calvaire une instruction
évangélique sur la paix du juste. Rien ne montre

mieux quelle estime il inspirait que de le voir dans ce pieux couvent, fondé par P. Joseph, directeur scrupuleux et zélé, si soigneux d'y entretenir la règle, et qui prenait tant de précautions pour qu'aucune doctrine suspecte ne vint corrompre son œuvre de prédilection. Une affluence telle envahit l'église, que l'abbé d'Aubignac crut devoir en témoigner sa reconnaissance à l'auditoire : « Il faut donc, dit-il, que je vous remercie de vostre assistance ; mais si vous me l'avez rendue avec des sentimens de chrétiens, Dieu vous en prépare dans le ciel les récompenses qu'il a promises aux fidèles ; si c'est par complaisance, et pour me faire faveur, je vous en dois rendre grâces, mais ailleurs, mais à la mode du siècle, où l'on paye en paroles fort énergiques, peu séantes néantmoins à l'autorité de cette chaire et à la majesté des autels... Et si vous l'avez fait pour blâmer et censurer mon travail, puisse le Dieu de paix vous pardonner !... Mes ouvrages sont foibles, je le sçais bien, mais des coups d'essai ne peuvent pas estre des chefs-d'œuvre... Si néantmoins, par une sainte docilité de chrétiens, vous en avez reçu quelque satisfaction, rendez grâces à Jésus-Christ aussi bien que moy, car c'est à lui seul à qui nous en sommes redevables ; et si je n'ay pas contenté vos curiosités et vos souhaits, ne pensez pas que je vous en veuille faire des excuses : au contraire, je vous avertis que vous n'aurez point d'excuses vous-mesmes devant Dieu, si vous n'en avez tiré quelque profit. »

Ce langage si ferme annonçait un orateur ; pendant quelques années, il semble que l'abbé d'Aubignac veuille s'appliquer uniquement à la prédication ; puis il partage son temps entre la chaire et le théâtre ; enfin il devient tout mondain, et ses derniers ouvrages laisseraient à peine penser qu'ils ont eu le même auteur que ses discours.

En 1638, pendant que M. de Fronsac, dès lors plus connu sous le nom de Brézé, faisant en Flandre ses premières armes, l'abbé, devenu intendant des biens du jeune duc, fit, dans l'église des Carmes des Billettes, paroisse de l'Académie française, un nouveau discours sur l'Eucharistie ; en 1639, il prononce dans la chapelle de l'abbaye de Montmartre, un panégyrique médiocre de saint Ignace de Loyola, et, dans l'église des Filles-du-Calvaire, où il avait déjà paru un an avant la mort du P. Joseph, un discours sur la génération éternelle du Verbe divin et sur la création du monde. Chaque année sa réputation de prédicateur s'augmente ; les églises le recherchent, et il ne prêche guère deux fois dans le même lieu : ainsi, en 1640, il donne dans l'église du Petit-Saint-Antoine une instruction sur la félicité temporelle ; l'année suivante, nous le trouvons à Nemours, appelé pour une triste solennité. Le duc de Nemours, Louis de Savoie, est mort à peine âgé de vingt et un ans, à la suite des fatigues qu'il avait supportées au siège d'Aire ; ses frères firent porter son corps à Nemours, et c'est à l'arrivée du convoi que l'abbé prononça l'oraison funèbre du prince, « devant tous les officiers et principaux habitans, accompagnez de plusieurs ecclésiastiques et gentilshommes de la province ». Il devait cet hommage à une famille dont son père et son frère avaient occupé la place à Nemours : il y trouva un succès que nous ne lui ferions pas aujourd'hui pour si peu.

Par quelle transition, après ces exercices de prédication, le voyons-nous si brusquement s'appliquer à des œuvres dramatiques ? Sans doute le désir de faire sa cour au cardinal de Richelieu l'y avait conduit : c'est alors que le théâtre et la chaire semblent se le partager. Cette période d'occupations pieuses et de travaux profanes nous conduit jusqu'en 1653, où l'abbé prononce un éloge de saint Pierre, sa dernière œuvre religieuse.

Cyminde, sa première pièce, était de 1642. C'est une tragédie en prose, nouveauté si étrange et si peu imitée depuis, qu'elle parut une invention de La Motte quand il fit son *Œdipe*. Mais la prose est-elle bien le fait de la tragédie ? Guillaume Colletet, l'un des cinq membres du bureau dramatique de Richelieu, et qui cependant n'a laissé aucune pièce de théâtre originale, ne le pensa pas, et l'année même où fut publiée *Cyminde* ou *les Deux Victimes,* il en donnait, chez Courbet, une traduction en vers : ainsi fit Thomas Corneille pour le *Don Juan*, ainsi fit Somaize pour les *Précieuses ridicules.*

Cyminde est femme d'Arincidas, favori du roi de Coracie. Le sort a désigné Arincidas pour être la victime qui doit apaiser Neptune irrité. Cyminde se sacrifie pour lui à son insu, et est abandonnée sur la mer dans une frêle barque. Arincidas apprend ce dévouement. Désespéré, il se jette dans la mer. Mais le ressentiment de Neptune est vaincu par tant d'amour : le dieu les protège, et les flots qu'il commande ramènent doucement au rivage les deux époux-amants.

La même année parut *la Pucelle d'Orléans*, autre tragédie en prose, représentée en dépit du bon sens, paraît-il, et dont l'impression fut commencée à l'insu de l'auteur. Furieux d'être imprimé sans son aveu, il fit saisir les presses de Fr. Targa;

mais, apaisé par les soumissions de celui-ci, il donna enfin son consentement, à condition qu'il ne serait pas nommé : « En quoy, dit traîtreusement le libraire, je tiens ma parole à M. l'abbé Hédelin. » Remis d'accord, l'auteur et le libraire se réunirent pour dauber rudement les acteurs. Les reproches faits à ceux-ci dans les avis qui précèdent et *Cyminde* et *la Pucelle* ne sont pas sans intérêt pour l'histoire des représentations dramatiques. On y voit que les comédiens, « en plusieurs endroits, ont changé les termes, pour ne savoir lire qu'à grand'peine les ouvrages manuscrits ; » qu'ils ont tantôt réuni, tantôt divisé les tirades, faute de les comprendre ; que les comédiens ignorants et avares ont refusé de faire la dépense de machines nécessaires : « Au lieu de faire paroître un ange dans un grand ciel dont l'ouverture eût fait celle du théâtre, ils l'ont fait venir quelquefois à pied, et quelquefois dans une machine impertinemment faite et impertinemment conduite ; au lieu de faire voir dans le refondrement et en perspective l'image de la Pucelle au milieu d'un grand feu allumé et environné d'un grand peuple, ils firent peindre un méchant tableau sans art, sans raison et tout contraire au sujet ; et au lieu d'avoir une douzaine d'acteurs sur le théâtre pour représenter l'émotion des soldats contre le conseil, au jugement de son procès, ils y mirent deux simples gardes qui semblaient plutôt y être pour empêcher les pages et les laquais d'y monter, que pour servir à la représentation. » Enfin « les juges étoient tous mauvais acteurs, mal vestus, portant d'ordinaire une image ridicule de juges de villages. » Voilà pour *la Pucelle*. Dans l'autre pièce, une actrice chargée du rôle de *Cyminde* refusa de se baisser pour reconnaître le corps de son mari, et resta debout, soit qu'elle ne pût ou ne voulût pas faire autrement.

Nous n'insisterons pas davantage sur cette tragédie de *la Pucelle*, où, malgré les prétentions historiques de l'auteur, on voit sans cesse le merveilleux mêlé au réel, où Jeanne est représentée comme aimée de Warwick, mais où du moins la règle des trois unités est suivie avec une extrême rigueur. Ah! s'il suffisait, pour réussir au théâtre, de respecter les théories! Ce mérite tout négatif ne remplace point ce que Voltaire appelle le diable au corps; l'abbé d'Aubignac avait la science, mais la nature lui avait refusé le génie.

De deux autres pièces que fit imprimer l'abbé d'Aubignac en différents temps, le *Martyre de sainte Catherine* et *Zénobie*, cette dernière seule est considérable, non par le talent de l'auteur, mais par le bruit qu'elle fit. L'étude approfondie des règles du théâtre à laquelle s'était depuis longtemps appliqué l'abbé d'Aubignac lui avait fourni des armes que sa malignité naturelle dirigeait trop volontiers contre les poètes dramatiques. Ses épigrammes ne respectaient personne. Les plus timides se taisaient; d'autres, pour toute réponse, le déclaraient incapable de faire même aussi mal qu'ils avaient fait. Sophisme tout pur. Qu'importe à la cause sacrée de l'art que ses défenseurs excellent dans la pratique, s'il est vrai qu'un goût sain, éclairé par l'étude, suffit pour juger, poser et soutenir les vrais principes? Cependant pressé par des défis insolents, entraîné aussi par un goût décidé pour les œuvres dramatiques, l'abbé d'Aubignac oublia qu'on peut être bon juge d'une mêlée sans en être un des champions, et il s'y jeta imprudemment. Il fut vaincu. — *Zénobie*[1], disait-il, est conforme à la vérité historique. — Ce n'est pas au théâtre, lui répondit-on, que l'on cherche l'histoire : c'est dans les livres qu'il faut l'étudier. — *Zénobie*, reprenait-il, est composée dans les règles les plus rigoureuses du poème dramatique. — Nargue des règles, répliquait le grand Condé : je ne leur pardonne pas d'avoir fait faire une si mauvaise tragédie. Et comme le comte de Fiesque, rapprochant cette tragédie du *Cinna*, qu'il regardait comme le chef-d'œuvre de Corneille, disait hautement que *Zénobie* était la femme de Cinna. — Soit, dit quelque rival de l'auteur : mais la femme est-elle l'égale du mari ?

Zénobie est une tragédie en cinq actes et en prose, comme *Cyminde* et comme *Jeanne d'Arc*. L'amour y tient la principale place. Excepté les confidents, tous les personnages sont amoureux. La reine de Palmyre est aimée d'Aurélien qui la combat, de Timagène et de Zabas qui la défendent, et elle-même, veuve et mère de quatre enfants, sans aimer personne, éprouve cependant pour les deux princes qui meurent en combattant pour elle je ne sais quel sentiment bizarre qui n'est pas de l'amour, mais qui est plus tendre que la simple amitié : — ce sentiment, bien connu dans le royaume de Tendre, n'en a jamais franchi les limites.

C'est quand Zabas et Timagène ont succombé que la Reine se rend compte de l'état de son cœur : elle veut mourir ; une sorte de trahison la confirme

---

[1] *Zénobie*, tragédie en prose, où la vérité de l'histoire est conservée dans l'observation des plus rigoureuses règles du poème dramatique. — Paris, Sommaville 1647. — In-4º.

dans son projet funeste, Marcellin, confident dévoué d'Aurélien, et jaloux de la gloire de son maître, craignant que son amour pour sa captive ne l'entraîne à oublier ce qu'il doit à sa patrie et à lui-même, affirme à Zénobie que l'intention du vainqueur est de faire d'elle le principal ornement de son triomphe. C'est trop d'humiliation et de honte. La reine ne veut pas donner à son vainqueur la joie de la voir marcher enchaînée devant son char. Elle se tue. Aurélien est désespéré. Un prompt supplice doit le venger de Marcellin et lui-même va se percer de son épée. Autant d'amours, autant de morts. Aurélien, le rideau tombé, oublie son dessein, je l'espère; mais Marcellin prend sa place sur cette liste de victimes dressée par le farouche abbé.

Telle est *Zénobie*, cette tragédie qu'une mauvaise prose, d'un ton faux et prétentieux, n'était point faite pour recommander à la bienveillance. Heureusement pour l'amour-propre de l'auteur, il put s'en prendre à l'envie de ses rivaux du mauvais succès de sa pièce, et, comme nous l'avons vu, il persista dans sa fâcheuse idée d'écrire pour le théâtre : sa *Sainte Catherine* est de 1650.

L'année qui suivit la chute de *Zénobie* apporta au cœur de l'abbé un deuil plus sérieux. Il perdit au siège d'Orbitello, le 14 juin 1646, le duc de Brézé, dont il était alors intendant et qui le regardait comme un ami fidèle. Blessé à mort, le duc voulut savoir, dit Tallemant, « dequoi on payeroit ses créanciers, et s'étant satisfait sur cela, il partit content. On trouva après sa mort qu'il donnoit près de cinquante mille livres tous les ans. » Ces aumônes abondantes étaient distribuées par les soins de l'abbé d'Aubignac, qui nous rapporte une

bien autre preuve de la génorisité du jeune duc :
« Par la crainte de donner quelque mécontentement à M. le maréchal de Brézé, son père, il ne voulut jamais retirer de ses mains quatre cent mille livres qu'il avoit reçues pour lui, et une terre de quatorze mille livres de rente dont il jouissoit[1] ».
Avec un caractère si libéral, le duc de Brézé ne pouvait manquer à récompenser son ancien précepteur. Il lui laissa quatre mille livres de pension viagère. Le prince de Condé, qui avait épousé la sœur unique du duc et son seul héritier, disputa mesquinement ce legs à l'abbé d'Aubignac. Selon Tallemant, « le pauvre abbé n'en jouit que depuis que ce héros est hors de France; il s'est accommodé avec les économes »; mais selon l'opinion commune, l'abbé écrivit sur ce point un mémoire où il établissait ses droits, et le présenta au prince. Celui-ci lut la requête, et, sans différer, donna gain de cause au légataire de son beau-frère[2].

Ce fut sans doute avec la pensée de témoigner au grand Condé sa reconnaissance, que l'abbé d'Aubignac se chargea, en 1651[3], de faire l'éloge funèbre

[1] *Discours contenant le caractère de ceux qui peuvent juger favorablement de cette histoire* (en tête de *Macarise*, p. 180).

[2] Selon Camuzat, « la requête qu'il adressa en 1647 à M. le prince », a été imprimée : « C'est un petit in-4° de quarante pages. » — Nous ne l'avons jamais rencontré. — Voyez les *Mélanges de littérature tirés des papiers de M. Chapelain*..

[3] Ce panégyrique fut prononcé le 2 janvier 1651 en l'église des Filles de la Providence, à Paris. — La princesse était morte en décembre 1650, et l'évêque de Vabres avait prononcé son oraison funèbre dans le grand Couvent des Augustins, le lundi matin, 12 décembre. (Voyez Loret, *Muse historique*, lettre du 18 décembre 1650.)

de Marguerite-Charlotte de Montmorency, veuve du père du héros. L'année précédente, il avait déjà donné un panégyrique pompeux de ce brave maréchal de Rantzau, mort mutilé après tant de blessures que le cœur seul, disait-on, lui restait entier ; il avait prononcé l'éloge de sainte Catherine, et un autre éloge d'une femme qu'il regardait comme le modèle des veuves chrétiennes, la marquise de Maignelay. Ce dernier discours attira dans la maison des Filles de la Providence, le lundi 12 septembre 1650, « la présence de plusieurs princesses, duchesses, grandes dames et autres personnes de condition ». Ainsi, nous le voyons revenu du théâtre à la chaire : nous le retrouverons bientôt au milieu des occupations profanes.

Était-ce la mort du duc de Brézé qui l'avait rappelé aux pieuses pensées de la religion ? Était-ce l'inconstance habituelle de son esprit ? Était-ce sa reconnaissance pour le prince de Condé, ou le désir de le rendre favorable à ses droits ? Si cette dernière supposition est la vraie, nous n'aurons pas de peine à trouver dans son discours des passages qui durent fortement émouvoir et le fils privé de sa mère, et le jeune général arrêté dans ses exploits, et le sujet révolté à regret contre son roi pour une cause qu'il croyait juste. L'éloge du vainqueur de Rocroy si habitué à « faire marcher devant luy la terreur et derrière luy la victoire, de ce jeune Démétrius Poliorcète, preneur de villes et vainqueur de quatre batailles », s'y trouve joint à ceux du prince de Conti et de madame de Longueville, « ce négociateur célèbre du repos de l'Europe... » — « Hélas ! s'écrie tristement l'orateur, frappé du contraste de tant de gloire et de tant de malheur, que sont-ils devenus !... Ah ! que la colère des souverains est un foudre bien redoutable ! »

Rien dans les écrits de l'abbé d'Aubignac ne laisse percer son opinion sur les dissensions funestes de la Fronde. L'intérêt qu'il témoigne pour la famille de cette belle princesse de Condé, que l'amour d'un roi avait forcé dans sa jeunesse à quitter la France, était légitime dans tous les camps ; mais il est remarquable cependant que les discours qu'il fait à cette époque sont destinés surtout à flatter le parti opposé à la Cour. Ainsi le maréchal de Rantzau avait payé par un emprisonnement de onze mois son attachement à la Fronde ; la marquise de Maignelay, dont il prononça aussi le panégyrique, était la propre tante du cardinal de Retz, et, rapprochement qui ne peut être fortuit, le 18 mars 1652, c'est lui que nous trouvons portant la parole au cardinal de Retz, à l'occasion de sa promotion au cardinalat, au nom de la congrégation pour la Propagation de la foi.

Ses relations avec le cardinal de Retz mirent fréquemment l'abbé d'Aubignac en présence de Gilles Ménage. Tous deux savants, tous deux d'humeur assez mordante, infatués l'un et l'autre de leur connaissance des théories des anciens, avides de discussions, ardents à débattre les questions les plus inoffensives, ils durent avoir et ils eurent en effet plus d'une fois maille à partir. Une de leurs querelles surtout fit grand bruit : la guerre qu'ils eurent ensemble commença en 1640 et ne se termina pas même par la mort de l'abbé d'Aubignac. Ménage, qui lui survécut, disputa encore la victoire à un ennemi qui ne pouvait se défendre.

Cette lutte mit l'abbé d'Aubignac dans un tel état d'irritation, et excita à tel point sa susceptibilité qu'il reste, après avoir rompu une première lance, en état de guerre permanent contre tout le genre humain : c'est Ménage, c'est mademoiselle de Scudéry, c'est Corneille, c'est l'Académie, ce sont les médecins, ce sont les coquettes, c'est l'univers entier qu'il veut combattre. Approchez, Navarrois, Maures et Castillans ! L'abbé d'Aubignac vous attend, le poing sur la hanche et la lance en arrêt. Panégyriste bénin de saint Ignace, pieux apologiste des saintes veuves, qu'êtes-vous devenu ? Et ce n'est pas assez de ses contemporains pour assouvir sa fureur guerrière : témoin des luttes engagées autour du nom d'Homère, le voilà qui aiguise ses armes contre la vieille renommée du prince des poètes ; sûr de sa force, fier de sa valeur, il ne se rallie pas à ses ennemis. Lui premier, lui seul, il laisse en arrière les autres adversaires du poète grec, il s'avance résolûment, il l'attaque corps à corps, il le terrasse, il l'étouffe, et s'écrie : « Il n'y a plus d'Homère ! »

Mais revenons au début de cette période de combats. Un incident léger en fut la cause, le prétexte ou l'occasion.

Un jour qu'il se promenait dans le jardin du Luxembourg, c'était en 1640, il y fit rencontre de Ménage. Deux savants qui se sont salués n'ont pas à parler de la pluie ou du beau temps. Fi des événements du jour ! vive la belle antiquité ! « L'abbé, dit Ménage, que pensez-vous de Térence ? — Je l'admire fort. — Malgré votre respect pour les règles ? — Térence ne les a jamais violées, qu'au jugement des mauvais critiques. — Mais l'*Hécyre* ? — L'*Hécyre* est la pièce la plus régulière de l'antiquité. — Et l'*Heautontimorumenos* ?... —

Ne l'est pas moins : son action se passe en dix heures. »

Sourire incrédule de Ménage.

« Vous en doutez? — Non, je n'en crois rien. La pièce est régulière, soit; mais son action réclame plus de douze heures. — Erreur! je vous convaincrai. »

Là-dessus on se sépare, Ménage riant sous cape sans doute d'avoir fait pièce à son fiévreux ami; d'Aubignac jurant *in petto* de venger Térence.

« M. d'Aubignac, dit Ménage, mit ses raisons par écrit, et il fit imprimer en la même année un discours sur notre contestation qu'il intitula : *Discours sur la troisième comédie de Térence intitulée* l'HÉAUTONTIMORUMÉNOS, *contre ceux qui pensent qu'elle n'est pas dans les règles anciennes du poème dramatique;* et il me fit l'honneur de m'adresser ce discours, mais sans y mettre son nom ni le mien. Je répondis à ce discours par un autre que j'intitulai : *Réponse au discours sur la comédie de Térence intitulée* HÉAUTONTIMORUMÉNOS, auquel je ne mis point aussi mon nom. Tout cela se passa très honnêtement de côté et d'autre, et nous demeurâmes amis, M. d'Aubignac et moi, comme auparavant [1]. »

La guerre, on le voit, n'est pas encore allumée. Mais c'est le feu caché sous la cendre. Il y couve dix ans, que dis-je? quinze ans même avant d'éclater.

En 1650, pendant un assez long voyage de l'abbé

---

[1] La *Pratique du théâtre,* par l'abbé d'Aubignac, tome second, contenant... etc. — Amsterdam, Bernard, 1715. — 2 vol. in-12. (Avertissement en tête du 2e volume.)

d'Aubignac¹, Ménage fit imprimer ses *Miscellanea*, et introduisit dans cet ouvrage le premier écrit de son adversaire, qu'il ne nomma pas, et sa réponse, qui était « retouchée en plusieurs endroits », il en convient, augmentée même d'après les avis de l'abbé et à son insu, puis grossie de paroles injurieuses, si l'on en croit d'Aubignac. Celui-ci, à son retour, trouve le volume de son ami. « C'est une trahison ! j'ai vengé Térence, je me vengerai moi-même. »

Et de prendre la plume, et d'écrire *ab irato* une foudroyante réplique. Cela fait, l'abbé ferma l'écritoire et s'endormit content. Mais il n'était pas encore rompu aux combats. Au moment de publier son œuvre et de recommencer la lutte, il hésita, se consulta, prit conseil de ses amis ; poussé par d'Ablancourt et Le Pailleur, par le savant Nublé et par Chapelain ; pressé « par plusieurs autres personnes de condition, des ecclésiastiques illustres, des présidents de mérite, des avocats fameux », il ne se rendit pas encore. Il fit prier Ménage, par Chapelain, leur ami commun, de supprimer de sa réponse les injures gratuites, et lui fit offrir d'imprimer ensemble toutes les pièces du procès dont le poète de *la Pucelle*, pris pour arbitre, adoucirait les termes de part et d'autre. Ménage, au dire de l'abbé d'Aubignac, devait beaucoup à Chapelain, qui avait jeté, dit-il, les fondements de sa fortune et de son premier établissement dans le monde, et qui, par conséquent, prendrait volontiers part à la réputation de son ami. Cette démarche demeura sans effet. Ménage s'écria fièrement, comme Pilate : *Quod scripsi, scripsi*, et accepta la guerre.

¹ Avertissement en tête du *Térence justifié*. — Dans la *Pratique du théâtre*, édit. citée, t. II.

L'abbé ne pouvait plus reculer, et, de l'avis de Chapelain, il fit imprimer enfin son *Térence justifié*, dans lequel il réunit ses deux écrits[1]. Il y attaquait, disait-il au titre, « les erreurs de maître Gilles Ménage, avocat en parlement ». Ménage se tut. Goûtait-il les raisons de l'abbé d'Aubignac? Non, sans doute, et son silence ne s'explique guère. Cependant il gardait rancune à son adversaire, et ne lui pardonnait pas surtout d'avoir mis en regard les deux titres si inégaux de messire Hédelin, l'abbé, et de maître Ménage, l'avocat; si bien qu'en 1664, lorsqu'il publia ses Aménités du droit *(Juris Amœnitates)*, il déclara que rien n'est plus beau que la profession d'avocat, qu'il se glorifie de l'avoir exercée, que ce prêtre et prédicateur *(presbyter ille et concionator)*, qui a écrit sur la pratique du théâtre, a fait preuve d'un bien petit esprit, et bien à court de bonnes raisons, quand il lui inflige ce titre de *maître* Ménage, et termine en protestant qu'il n'a jamais tiré de ses plaidoiries les plus faibles honoraires. Térence, on le voit, est ici hors de cause : l'abbé d'Aubignac laissa passer ces lignes sans reprendre la plume. Puis le temps s'écoula et il mourut. Plus de douze ans après, Ménage faisant visite à madame Dacier apprit d'elle qu'elle travaillait sur Térence, et qu'elle partageait l'opinion de l'abbé d'Aubignac. Il y avait

---

[1] *Térence justifié*, ou deux dissertations sur l'art du théâtre, dont la première est un discours où l'on fait voir que la troisième comédie de Térence, intitulée l'*Heautontimorumenos*, est dans les règles des anciens poètes; la deuxième contient plusieurs maximes du poème dramatique, etc., par messire François Hédelin, conseiller, aumônier et prédicateur ordinaire du Roi, abbé d'Aubignac, contre les erreurs de maître Gilles Ménage, avocat en parlement, 1655.

des témoins : l'abbé de la Grange de Vély et M. Boivin le jeune, que Ménage présentait à la savante femme, avaient entendu ce jugement, contraire à celui qu'il avait porté. Il y allait de son honneur. Il s'engagea à reprendre de nouveau sa thèse et fit juge de ces derniers coups madame Dacier elle-même. Un obstacle le gênait. Il s'était engagé en 1664, dans ses *Aménités du droit,* à ne rien dire désormais de l'abbé d'Aubignac : il se fit relever de ce vœu imprudent par des casuistes et docteurs de Sorbonne[1], et donna une dernière dissertation.

Nous ne nous ferons point juge de ce combat, soutenu de part et d'autre avec des armes que nous aurions mauvaise grâce à manier ici, et avec les secours controversés de toute l'érudition présente et passée. Aussi bien le temps nous presse; la trompette sonne d'un autre côté : la guerre n'est plus la guerre civile sur la terre étrangère; c'est un combat sur le sol même de la patrie, entre deux champions nouveaux, dont la force inégale est compensée par des secours plus nombreux accordés au plus faible : je veux parler de la lutte qui s'engagea entre l'abbé d'Aubignac et mademoiselle de Scudéry. Il y eut bien des épigrammes lancées de part et d'autres, bien des récriminations échangées; mais le bruit en a été tellement étouffé sous le poids de deux siècles écoulés depuis, que les pièces seules, cause du débat, peuvent entretenir aujourd'hui l'attention.

En 1654, l'abbé d'Aubignac fit paraître la *Nouvelle Histoire du temps, ou Relation véritable du*

---

[1] Avertissement en tête des *Dissertations* de Ménage, dans la *Pratique du théâtre,* édition citée.

royaume de Coquetterie, extraite du dernier voyage des Hollandois aux Indes du Levant[1]. Mademoiselle de Scudéry avait déjà, paraît-il, composé une allégorie du même genre, *la Carte du Tendre*, qui courait manuscrite, et qu'elle se proposait d'introduire, comme elle le fit en effet, dans son roman de *Clélie*. Furieuse de voir que l'abbé d'Aubignac prenait les devants, elle cria au voleur, et prétendit que son rival avait écrit la *Relation du royaume de Coquetterie* sur l'idée bien connue de sa *Carte du Tendre*. C'était une question de priorité. Le droit de Sapho était-il bien fondé? A mes yeux, le cas n'est pas douteux. Ce monde allégorique, comme le dit fort justement M. Francis Wey[2], descendait en droite ligne de notre Christine de Pisan, qui le tenait de Jean de Meung, lequel s'était borné à copier Guillaume de Loris, inspiré lui-même des troubadours provençaux et des cours d'amour. Sans remonter si loin, qui ne sait que Malherbe se disait originaire de Balbut en Balbutie[3]? que Scarron a donné quelque part une assez piètre idée de la province de Scarronnerie[4]? Balzac, dans une lettre du 10 août 1645, à Bois-Robert, ne parle-t-il pas « de cet homme du pays des Epigrammes qui demandoit de la soif à celui qui vouloit lui donner du

---

[1] In-12, Paris, Ch. de Sercy, 1654. — L'année suivante, Marin Leché fit une nouvelle édition de ce petit livre anonyme, et il y joignit : le *Siège de Beauté* et la *Blanque des illustres filoux du mesme royaume de Coquetterie*, 1 v. in-12, 1655, avec une pl. grav.

[2] *Histoire des révolutions du langage français*, 1848, p. 497. Cf. Ozanam, *Etude sur Dante*, etc.

[3] *Tallemant des Réaux*, édit. P. Pâris, t. I, p. 287.

[4] *Lettre à ****, dans les Dernières Œuvres de M. Scarron, t. I, p. 89, édit. 1701.

vin[1] ? » Rappelons enfin que le *Nouveau Recueil des pièces les plus agréables de ce temps*, publié en 1644 par Charles Sorel, contient, outre une *Gazette galante*, qui pourrait bien avoir servi de modèle à la *Gazette de Tendre*, une *Relation du siège de Beauté*, qui a précédé de dix ans la *Géographie précieuse* dont *Sapho* et l'abbé d'Aubignac se disputaient l'invention[2]. D'Aubignac se justifia du reste pleinement du reproche de plagiat dans sa *Lettre d'Ariste à Cléon*, contenant l'apologie de l'Histoire du temps (1659) : « quel rapport, dit-il, entre ces deux ouvrages pour estre copiez l'un de l'autre? Dans toute la *Carte de Tendre* on y voit quatre villes, trois rivières, deux mers, un lac et trente petits villages sur les diverses routes qu'on y peut tenir, et si proches l'un de l'autre, que les voyageurs n'ont pas seulement le loisir de se lasser. Dans le *Royaume de Coquetterie*, on ne voit point de rivière, on n'y parle de mer qu'en passant; il n'y a qu'une grande ville, et les chemins ne sont point remplis de gistes. C'est un pays où l'on doit aller viste et faire de longues traites si l'on veut arriver à ses fins; et dans cette petite carte, qu'y trouve-t-on de conforme en la moindre circonstance avec la place de *Cajolerie*, le tournoi des *chars dorés*, le combat de *belles-jupes*, la place du *Roy*, le palais des *Bonnes-Fortunes*, le bureau des *Récompenses*, la borne des *Coquettes* et la chapelle de *Saint-Retour?* Le *Tendre* est un petit

---

[1] La Rochefoucauld, dans ses *Maximes*, parle aussi du pays de l'Amour-Propre; mais c'est plus tard. On a aussi la *Carte de la Cour*, écrite en prose, par Guéret, et en vers, par le père Lemoine, etc.

[2] Ce *Siège de Beauté* pourrait bien être de l'abbé d'Aubignac lui-même.

coin de terre dans le pays de l'Amitié, sans autre description que les lieux, et le *royaume de Coquetterie* est d'une vaste étendue, composé de tout ce qui peut rendre en Etat considérable et réglé par toutes les maximes de la politique. Ce peuple a son roy, sa religion, ses loix, ses escholes, son trafic, ses jeux publics, ses magazins et ses différentes conditions. »

Ce passage de l'abbé d'Aubignac n'établit pas seulement la différence des deux ouvrages, mais encore marque assez nettement la supériorité qu'il attribue au sien. Nous ne déciderons point entre ces deux descriptions, qui paraissent également ingénieuses, en se plaçant au point de vue et du temps et de la société pour qui elles avaient été écrites. Dans celle de d'Aubignac, on remarquera certains passages assez piquants, celui, par exemple, où il fait le dénombrement des dames du royaume : « Les Admirables, qui n'ont rien de merveilleux que le nom ; les Précieuses, qui maintenant se donnent à bon marché ; les Ravissantes, les Mignonnes..., les Evaporées..., les Embarrassées..., et les Barbouillées ». Ses différentes classes d'étrangers, son code du royaume, ne touchent pas de moins près à la satire ; enfin la bibliothèque publique, « bâtie d'imaginations ridicules et de souhaits rarement accomplis », est fort riche de ces ouvrages imaginaires dont le savant trop modeste, qui se cache sous le pseudonyme de Hermann Hænsel, nous a dressé la liste piquante.

A peine avait-il pris pied dans le royaume des Précieuses, desquelles il faisait, on le voit, assez bon marché, qu'il se vit intimement mêlé à ce monde par son ami l'abbé de Pure[1]. Celui-ci, dans son curieux roman intitulé : *la Précieuse ou le Mystère des ruelles* (1656), suppose une conversation dont les personnages sont d'abord *Parthénoïde*, dont le nom tiré du grec a été traduit en français par Despréaux, et désigne *Pucelain*, c'est-à-dire Chapelain, auteur de la *Pucelle*, puis *Géname* ou Ménage, et une Précieuse. Celle-ci lit à ses visiteurs un sonnet qui finit ainsi :

> Car dans ce chaste sein où vostre amour, Livie,
> Prétend de lui donner une seconde vie,
> Vostre douleur luy donne une seconde mort.

« — Je connois ces vers, l'autheur et le sujet, répliqua Géname. Ils furent faits par *Nidhélie*, qui est un des plus beaux esprits que je connoisse, ou, pour dire plus vray, que j'aye connu : car son sçavoir nous a rendus ennemis..; mais cela n'empesche pas que je ne l'estime. — Dites-nous donc, reprit *Parthénoïde*, pour qui ils furent faits; car je sçais bien vos demeslez et j'ignore qui peut estre l'objet d'un sonnet si galant. — C'est, repartit *Géname*, la vefve de ce seigneur valeureux que la valeur n'a pu soustraire à l'infortune ny à la mort dans un païs qui a toujours esté ruineux au nostre... — Il n'est pas besoin de nous en dire davantage, *Géname* ».

Ce passage, qui nous parait plutôt encore flatteur qu'inoffensif, irrita vivement l'abbé d'Aubignac; et, dans sa susceptibilité un peu farouche, il écrivit à l'auteur cette lettre, jusqu'ici inédite, où éclate

---

[1] Les relations amicales des deux abbés se voient clairement dans une lettre manuscrite de d'Aubignac à l'auteur d'*Ostorius* et de la *Précieuse*, datée du 11 janvier 1656. (Bibl. imp. ms. 275, suppl. fr.)

tout son mécontentement[1] : « 14ᵉ may 1656. — Monsieur, on m'a faict voir dans la première partie de vostre *Précieuse* l'endroict où vous prétendez parler de moy; mais si cela est, vous ne sçavez ny mes vers ni mon histoire; car pour mes vers, vous n'en avez mis ny les paroles ny le sens, et, pour mon histoire, il n'est pas vray que j'aye négligé l'amitié de M. Ménage. Je luy ay rendu cent civilitez dont sa présomption a tousjours abusé, comme autrefois M. Costar[2] m'en avoit adverty. C'est pourquoi je vous supplie très-humblement de ne point parler de moi dans vostre troisiesme partie, ny en bien ny en mal : vous aurez peut-être peine d'en dire du bien, parce que je ne cours pas si souvent à l'odeur des tables des grands ministres que M. Ménage, et je ne croy pas qu'il vous soit bien séant d'en dire du mal, parce que vous m'avez persuadé que j'avois quelque part en l'honneur de vostre amitié. Ostez-moy, s'il vous plaist, ce nom de roman que l'on dit estre le mien anagrammatisé *(Nidhélie,* — Hédelin) et ne considérez ny l'esclat de ces faveurs étrangères dont mon adversaire tire la nourriture de sa vanité, ny l'obscurité de ma vie cachée, que j'ayme d'autant plus qu'elle n'est qu'à moy et à mes amis, entre lesquels je vous ay toujours considéré comme des premiers, et par vostre mérite et par la protestation que j'ay faite d'estre toujours vostre très-humble et très-obéissant serviteur, HÉDELIN, *abbé d'Aubignac* ».

L'abbé de Pure se rendit à cette réclamation, et le nom de *Nidhélie* ne reparut plus dans la suite

---

[1] Biblioth. impér. ms. n° 275, suppl. fr.
[2] P. Costar, ami, correspondant et défenseur de Voiture.

de l'ouvrage. Si l'auteur de la *Précieuse*, ami fidèle de Corneille, eût prévu les chicanes que devait faire l'abbé d'Aubignac au grand tragique, il est probable qu'il l'aurait moins ménagé. Mais, en ce temps, d'Aubignac regardait l'auteur de *Cinna* comme le modèle des poètes dramatiques, et, dans cet ouvrage qu'il donna en 1657 sur la *Pratique du théâtre*, il n'invoquait guère d'autre modèle que le grand Corneille.

Composée pour plaire à Richelieu, « dont la vie a fait le siècle des grandes et des nouvelles choses, » la *Pratique du théâtre* ne parut que longtemps après la mort du cardinal, en 1657. Cet ouvrage, dont les modernes ont peu de fruit à retirer, est, comme document historique, le titre le plus sérieux de l'abbé d'Aubignac auprès de la postérité. Comme l'avait fait précédemment La Ménardière, l'auteur y soutient la doctrine rigoureuse d'Aristote, non plus seulement dans la théorie, mais aussi et surtout dans l'application. Richelieu avait « passionnément souhaité ceste *Pratique*, dans la croyance qu'elle pourroit soulager nos poètes de la peine qu'il eût fallu prendre et du temps qu'il leur eût fallu perdre s'ils eussent voulu chercher eux-mêmes dans les livres et au théâtre les observations que j'avois faites ». Bien accueilli du public désintéressé, l'ouvrage fut mal vu de ceux qu'il prétendait régenter : « J'ay néanmoins eu le malheur d'avoir encouru pour cela la disgrâce de quelques petits auteurs qui ne se sentoient pas assez d'études et de génie pour suivre l'art du théâtre dans l'excellence qu'il acquéroit, et de m'être attiré la haine d'une partie de nos comédiens…. Mais le succès a confondu cette ignorance, car on ne vit jamais tant de poèmes dramatiques ni de plus agréables que depuis ce temps, encore que nous n'avons plus de Valérans, de Veautrais et de Mondorys pour acteurs ».

Après avoir prouvé non pas simplement l'utilité, mais la nécessité même des spectacles et exposé le dessein de son ouvrage, l'auteur explique, « ce qu'il faut entendre par la *pratique* du théâtre ».

« On a traité fort au long, dit-il, l'excellence du poème dramatique, son origine, son progrès, sa définition, ses espèces, l'unité de l'action, la mesure du temps, la beauté des événements, le sentiment, les mœurs, le langage et mille autres telles matières, et seulement en général, que j'appelle la théorie du théâtre. Mais pour les observations qu'il falloit faire sur ces premières maximes, comme l'adresse de préparer les incidents et de réunir les temps et les lieux, la continuité de l'action, la liaison des scènes, les intervalles des actes, et cent autres particularitez, il ne nous reste aucun mémoire de l'antiquité ; et les modernes en ont si peu parlé qu'on peut dire qu'ils n'en ont rien écrit du tout. Voilà ce que j'appelle la pratique du théâtre ».

Pour entrer avec autorité dans le détail de ces règles, l'abbé d'Aubignac s'appuie beaucoup sur Aristote, mais surtout sur la raison : il sacrifierait volontiers l'un à l'autre, tant il est peu fanatique, et c'est cette justesse de bon sens qui fait le principal mérite de son livre. Rien ne prouve mieux quels services il pouvait rendre alors, que cette page spirituelle décochée contre tous ces poëtastres qui, trop faibles pour suivre les voies nouvelles ouvertes par Corneille « le maître de la scène », se modelaient sur les auteurs de la première partie du siècle : nous la citons pour montrer ce qu'est le style de l'abbé lorsqu'il veut bien oublier le genre précieux.

L'auteur prend le futur poète dramatique dès le collège, où les représentations théâtrales qui s'y donnent lui inspirent l'amour des spectacles : « L'estime du théâtre et la liberté qui luy reste après avoir achevé le cours de ses premières études le portent aussitôt à la comédie. Il entreprend hardiment de se faire poète dramatique. Il prend donc une histoire qui lui plaît, sans savoir ce qu'elle a de convenable ou de mal propre à la scène, sans regarder quels ornements elle peut souffrir et quels inconvénients il faut éviter. Il se résout de cacher sous un rideau tout ce qui l'incommodera, de mettre la France dans un coin du théâtre, la Turquie dans l'autre, et l'Espagne au milieu. Tantôt les acteurs paroîtront dans la salle du Louvre, tantôt sur un grand chemin, et aussitôt dans un parterre de fleurs. Il dispose une toile verte pour faire passer quelqu'un sur mer de France en Dannemark, et remplit tout de ridicules imaginations et de pensées directement opposées à la vraisemblance. Sur ce plan néanmoins il ne laisse pas de faire la première scène de sa comédie. Et comme il se trouve incontinent dans l'embarras, il retourne au théâtre pour en rapporter quelque invention qui lui plaise. Il visite les sçavants de réputation, il en excroque quelque beau sentiment ou quelque adresse de l'art, dont après il se sert à contretemps. Il y met toutes les élégies, les stances et les chansons qu'il a faites pour Cloris. Et quand il a composé trois ou quatre cents vers, il s'avise de dire que c'est un acte. Ainsi, continuant par cette méthode, il va jusqu'à la mort ou jusqu'au mariage de quelque prince; et, sans savoir ce qu'il y a fait, il sème un bruit secret que c'est une comédie incomparable. On fait des assemblées solennelles pour l'entendre. Il la débite dans toutes les ruelles. A la première pointe, les dames s'écrient que cela est ravissant. Chacun lui applaudit en se réservant le droit de s'en moquer à loisir. Et le voilà baptisé poète nouveau ».

Tout le livre est écrit de ce style franc et nullement prétentieux ou pédant ; on ne le lira pas seulement pour connaître l'opinion raisonnée et raisonnable d'un savant sur l'art dramatique à cette époque ; on y cherchera ses jugements sur les tragédies de Corneille, sur *Théodore*, par exemple, cette pièce, dit l'abbé, la plus régulière de son théâtre, que le mauvais choix du sujet a seul fait mettre au second rang ; on y trouvera aussi quelques renseignements curieux. Ainsi, on sait quelle habitude avaient nos anciens prédicateurs d'interrompre leurs sermons pour demander du silence à leur auditoire ; on se rappelle les *Hem! hem!* fréquents d'Olivier Maillard ; mais je ne sais si l'on trouverait ailleurs que dans la *Pratique du théâtre* la trace de l'usage où étaient les acteurs contemporains de s'adresser aux spectateurs dans le même but : « On souffre bien, dit-il, qu'un acteur s'interrompe quelquefois pour demander silence, parce que l'on conçoit aisément en ces rencontres que c'est Bellerose ou Mondori qui parle, et non pas un dieu ou un roi ; sa voix, sa contenance et le sujet présent en donnent bien distinctement la connoissance... »

Ce serait dépasser les bornes que nous nous sommes tracées que d'insister davantage sur l'ouvrage, aujourd'hui oublié, de l'abbé d'Aubignac. Un second traité, qui devait suivre celui-ci, lui

avait aussi été commandé par Richelieu ; c'était
« un Projet pour le rétablissement du Théâtre-
François, contenant les causes de sa décadence et
les remèdes qu'on y pouvoit apporter : le dessein
lui en fut si agréable, dit l'abbé et il conçut tant
d'espérance de le faire réussir, qu'il m'avoit obligé
de commencer à traiter dans toute son étendue ce
que je n'avois fait que toucher sommairement,
s'étant engagé d'employer à l'exécution de ce dessein
tout son pouvoir et ses libéralitez ». La mort du
Cardinal « fit avorter cet ouvrage » ; mais le Projet
est resté, et nous allons en donner une idée rapide.

Six choses, dit l'abbé d'Aubignac, ont arrêté le
progrès où les soins et les libéralités du cardinal
de Richelieu avaient engagé le théâtre :

1º « La créance commune que d'y assister, c'est
pécher contre les règles du christianisme » : erreur,
puisque les représentations théâtrales ne sont plus
un acte de religion qui nous ramène au paganisme ;

2º « L'infamie dont les loix ont noté ceux qui
font profession de comédiens publics » : ce mépris
doit cesser maintenant que le théâtre est purgé
« des impuretés qui s'y disoient et s'y représentoient », et que la licence de la vie des comédiens
n'est plus autorisée par la licence des pièces qu'ils
ont à jouer ;

3º « Les défauts et les manquements qui se rencontrent dans les représentations » : on aura moins
lieu de s'en plaindre quand les encouragements
donnés aux acteurs et l'estime qu'on leur témoignera permettront que « les personnes instruites
aux bonnes lettres ne soient plus retenues de monter sur le théâtre ou par la créance de pécher ou
par la crainte de l'infamie » ;

4° « Les mauvais poèmes qui s'y représentent indifféremment avec les bons » : la présomption des nouveaux poètes et l'ignorance des comédiens « qui prennent trop peu de soin à repasser et éprouver leurs pièces devant les personnes capables avant de les donner au public », expliquent cette cause de décadence ;

5° « Les mauvaises décorations » : parce que « ce sont nos comédiens, quoique peu accommodez en leurs affaires, qui font tous les frais ; »

6° « Enfin les désordres des spectateurs...; ici les représentations sont incessamment troublées par de jeunes débauchez qui n'y vont que pour signaler leur insolence », qui sèment l'effroi partout, et qui souvent y commettent des meurtres...; « maintenant les galeries et le parterre sont très-incommodes, la plupart des loges étant trop éloignées et mal situées, et le parterre n'ayant aucune élévation ni aucun siège : sy bien que la sûreté n'y étant point, les gens d'honneur ne s'y veulent pas exposer aux filoux, les dames craignent d'y voir des épées nues, et beaucoup de personnes n'en peuvent souffrir l'incommodité. »

Après avoir ainsi énuméré les obstacles qui s'opposent au développement de l'art dramatique, l'abbé d'Aubignac propose les moyens de les surmonter.

« Pour remédier, dit-il, à tous ces désordres, il est nécessaire avant toute chose que le Roi fasse une déclaration qui porte d'une part que les jeux du théâtre n'étant plus un acte de religion et d'idolâtrie comme autrefois, mais seulement un divertissement public, et d'un autre côté que les représentations y étant réduites dans l'honnêteté et les comédiens ne vivant plus dans la débauche et avec scandale... Sa Majesté lève la note d'infamie décernée contre eux par les ordonnances et arrêts : avec défense néantmoins de ne rien dire ni faire sur le théâtre contre les bonnes mœurs ;... Et pour y conserver la bienséance, ne pourront les filles monter sur le théâtre si elles n'ont leur père ou leur mère dans la compagnie ; les veuves ne joueront qu'après être remariées.

« Pour l'exécution de cette déclaration, Sa Majesté établira une personne de probité et de capacité comme directeur, intendant, ou grand-maître des théâtres et des jeux publics de France...

« Par ce moyen, les deux premières causes qui empêchent le rétablissement du théâtre cesseront ;... la troisième cause cessera pareillement, car cette profession n'étant plus infamante, ceux qui s'en trouveront capables s'y présenteront librement par l'espoir du gain et de l'honneur, et l'intendant du théâtre aura lui-même soin d'en chercher dans les collèges et dans les troupes qui vont par les provinces... Personne ne pourra être associé dans une troupe que par brevet du Roi, donné sur un certificat de sa capacité et de sa probité, qui lui sera délivré par l'intendant, après en avoir fait l'épreuve...

« La quatrième cause, qui regarde les poètes, sera traitée avec quelque modération. Tous ils devront soumettre leurs pièces à l'intendant : les auteurs déjà connus, seulement pour faire juger l'honnêteté et la bienséance de leurs pièces ; les écrivains nouveaux, pour qu'on réforme leurs pièces suivant les règles.

« Quant aux décorations, elles seront faites par les soins de l'intendant et aux frais de l'État : « Les comédiens ne seront chargés d'autres frais que de leurs vêtements particuliers et de la récompense qu'ils donneront aux poètes.

« A l'égard de la sixième, en ce qui concerne la sûreté et la commodité des spectateurs, le Roi fera défense à tous pages et laquais d'entrer au théâtre à peine de la vie, et à toutes personnes, de quelque condition qu'elles soient, d'y porter l'épée ni autres armes offensives sur les mêmes peines... Le parterre doit être élevé en talus et rempli de siéges immobiles.

« Mais pour achever la magnificence du théâtre, l'intendant trouvera un lieu commode et spacieux pour en dresser un selon les modèles qui seront donnés à l'exemple des anciens, en sorte que sa longueur et sa profondeur soient capables de toutes les grandes représentations, et où les sièges des spectateurs soient distingués, sans que les personnes de condition y soient mêlées avec le menu peuple ; et à l'entour duquel seront bâties au dehors des maisons pour loger gratuitement deux troupes de comédiens nécessaires à la ville de Paris ».

Ce projet, sagement conçu, est surtout remarquable à nos yeux par le détail des maux qu'il se propose de combattre. Comment croire sans l'aveu de l'auteur aux désordres si graves qui venaient souvent ensanglanter la salle ? Comment s'expliquer sans une absolue nécessité cette défense qu'il réclame de porter l'épée, de quelque condition qu'on soit, sous peine de la vie ? La plupart des réformes qu'il propose ont été suivies ; le Roi a eu la direction des théâtres sous la surveillance d'un surintendant ; l'État est intervenu dans les dépenses précédemment supportées par les troupes ; le parterre a été pourvu de siéges fixes, et disposé en plan incliné ; mais une part plus large est laissée maintenant aux directeurs, qui ont le droit de composer leur troupes comme ils l'entendent, et aux auteurs, qui peuvent impunément violer toutes les règles, si le public s'y prête et si les troupes y consentent.

Nous avons trop insisté déjà sur les efforts tentés par l'abbé d'Aubignac dans l'intérêt de l'art dramatique pour pouvoir même analyser la dissertation sur la condamnation des théâtres, qu'il publia en 1666 : nous nous bornons à la signaler ; elle a sa place marquée dans la grande querelle qui s'agita à cette époque, non pas seulement entre les laïques et le clergé, mais même entre plusieurs ecclésiastiques. On sait la part qu'y prit Bossuet.

Nous sommes au milieu de la vie active de l'abbé d'Aubignac. En aucun autre temps il n'a plus produit et sur des sujets plus opposés. Alors surtout se trouve vérifié le jugement porté sur lui par Chapelain : « C'est un esprit tout de feu, qui se jette à tout et qui se tire de tout [1] ». Si nous ouvrons ces recueils qui paraissaient presque périodiquement et remplaçaient en quelque sorte nos revues, nous trouvons, dans le plus célèbre d'entre eux, publié la première fois en 1653, par le libraire Ch. de Sercy, une pièce assez piquante de sa façon. Elle est intitulée : *le Trio de la médecine*[2], et prouve que l'abbé, souvent original dans ses antipathies comme dans ses théories, n'avait pas attendu Molière pour surprendre et mettre en

---

[1] *Mélanges de littérature tirés des papiers de M. Chapelain.* 1 vol. in-8, 1726, p. 181.

[2] *Recueil de pièces en vers des plus célèbres auteurs de ce temps*, t. II, p. 221 (édit. 1653).

relief les sottises ridicules et la prestance grotesque des médecins de son temps...

>J'ay fait venir ensemble icy
>Trois fameux en la médecine,
>Vray trio de haute doctrine;
>Voicy ce que ces beaux esprits
>Pour trois escus m'en ont appris...
>Ils viennent en pas d'éloquence,
>Font une docte révérence,
>Et, d'un sourire assez niais,
>Se donnent le *bona dies*.
>
>Après cette belle préface,
>Selon leur rang ils prennent place,
>Le plus jeune ayant l'âme en deuil
>De n'estre pas dans un fauteuil [1].

Trait de mœurs, on le voit. Plus loin, l'auteur nous montre encore le plus jeune docteur qui, fidèle aux statuts de la faculté de médecine, parle le premier. Mis en présence d'un malade, pensez-vous que les médecins s'en occupent? Nullement. Le premier parle de Galien ou Galène, et gémit de voir quelquefois l'usage de la conversation substituer des mots vulgaires à des termes scientifiques; le second se déclare pour Galien contre Galène, fait l'apologie de l'usage, ce grand maître

>Qui renverse et qui retient fermes
>Dans une langue tous les termes;
>Car, qui voudroit nous prosner *ains*,
>*Branc d'acier*, *gésir* ou *méhains*,
>*Cil*, *baud*, *moult*, *cuide* et *carolles*,
>Mériteroit des croquignolles.

[1] Sur l'étiquette des sièges, voyez notre édit. du *Dictionnaire des Précieuses*, tome I, préface. (*Bibl. elzév.*)

Le troisième parle université, privilèges, faculté, vieux langage, et le reste. Apôtre de la science obscure, il réclame l'emploi de ces mots techniques qui voilent si utilement aux yeux du malade l'ignorance du médecin, il préfère Galenus à Galène ou Galien, et se met enfin à parler en termes inintelligibles, selon ses principes, de la maladie du sujet. On discute, on s'échauffe :

Une colère hippocratique

menace d'envenimer la discussion, lorsque, dit l'auteur,

Doucement j'y mets le holà.
Alors, d'un maintien vénérable,
Ils s'acheminent vers la table
Où, prenant la plume à la main,
Le plus jeune fait l'écrivain... ;
Puis, en faisant la révérence,
Chacun vers mon valet s'avance,
Dont, recevant un bel écu,
Tous trois me tournèrent le c...

Ces vers, qu'il imprimait en 1653, avaient été faits le jour de la bataille de Rocroy, comme il nous l'apprend dans une apostille qu'il y a jointe. Sans doute alors il était atteint de cette maladie dont il se plaint souvent, et qui lui laissait peu de relâche. C'est, en effet, pendant un accès de « fièvre double tierce continue » qui le tenait déjà depuis « cinquante-deux jours » qu'il écrivait, le 27 décembre 1661, une longue lettre de compliments à Perrot d'Ablancourt, son ancien ami, et le félicitait de la traduction donnée par celui-ci de Thucydide et de Xénophon. Il y expose d'ailleurs sur la manière de traduire les grands auteurs des idées assez bizarres, et se montre peu soucieux de la fidélité de la version : « Il ne faut jamais, dit-il, laisser un grand autheur avec de petits défauts : quand il en a, il en faut soutenir les foiblesses, relever les chutes, épurer les bagatelles, nettoyer les taches et aller toujours au plus parfait; il faut faire ce qu'il a voulu faire, quand il ne l'a pas connu [1] ». Singulière théorie, qui était celle de tous ses contemporains, et qui explique l'étonnement d'une dame dont parle d'Olivet après la lecture d'un saint Augustin et d'un Cicéron, traduits par Goibaud du Bois : elle ne s'expliquait pas que des auteurs qui avaient écrit avec des idées si différentes à une si grande distance l'un de l'autre, eussent le même style et la même tournure d'esprit. Hélas! c'est que le traducteur avait fait comme d'Ablancourt, si hautement loué par d'Aubignac : ses traductions étaient de belles infidèles.

L'approbation de l'abbé d'Aubignac avait alors grand prix. Il était dans tout l'éclat de sa réputation. Ses amis étaient Conrart, Chapelain, d'Ablancourt, Doujat; il voyait la société qu'ils fréquentaient eux-mêmes, entre autres cette mademoiselle Le Vieux, pour qui Conrart fit maintes fois des vers, et à qui Patru écrivit plusieurs lettres sous le nom d'Olinde. C'est dans ce moment glorieux qu'il fit faire son portrait *ad vivum* par un maître habile, par Gilles Rousselet, graveur célèbre, à qui l'on doit aussi les portraits de Richelieu, de Mazarin, de Fouquet et autres illustres personnages. L'abbé d'Aubignac s'y présente avec une physionomie très caractérisée; il paraît grand et

---

[1] Lettre inédite de l'abbé d'Aubignac à M. Perrot d'Ablancourt, le 27ᵉ déc. 1661.

maigre; la pose est un peu roide; ses lèvres minces dénoncent la malignité; les yeux, qu'il avait mauvais, au dire de Tallemant, semblent très vifs; le nez long, mais peu saillant, rappelle assez celui de Fouquet, sans en avoir, à vrai dire, la difformité; le front est fuyant, la tête pointue au sommet, le visage carré du bas; une forte proéminence est marquée sur son front au-dessus de l'œil droit. Il porte le costume ecclésiastique[1]. Au-dessous de l'image, on lit ces vers signés Anchemant, pseudonyme, pense Tallemant, sous lequel se serait caché le frère de l'abbé[2] :

> Il a mille vertus, il connoît les beaux-arts;
> Il étouffe l'Envie à ses pieds abattue,
> Et, Rome à son mérite, au siècle des Césars,
> Au lieu de cette image eût fait une statue.

Vers et portrait furent placés en tête d'une œuvre nouvelle de l'abbé d'Aubignac et dont nous devons parler, malgré le discrédit où elle est justement tombée : je veux dire le roman de *Macarise ou la Reine des îles fortunées*, ouvrage insensé, livre vraiment absurde où l'auteur ne se reconnaît plus, mais qui cependant mérite par quelques côtés de fixer l'attention.

Macarise, au dire de l'auteur, qui le déclare au titre, est une « histoire allégorique contenant la philosophie morale des stoïques sous le voile de plusieurs aventures agréables, en forme de ro-

---

[1] Ce portrait est daté de 1663. En 1673, on l'a reproduit pour le commerce, mais sans conserver à cette vive physionomie son caractère fortement accentué.

[2] Dans le manuscrit où nous avons pris l'extrait d'une lettre de d'Aubignac à Perrot d'Ablancourt, on trouve deux ou trois pièces signées *Anchemant*.

man » : philosophie toute particulière, qui s'est « volontairement soumise à l'Évangile. » Dans sa dédicace au Roi, l'abbé prône Macarise comme « une héroïne d'humeur agréable, d'un visage riant, et pourvue de mille grâces qui luy peuvent donner l'entrée du cercle aussi bien que de votre cabinet. Je l'ay, ajoute l'auteur, revêtue d'habillemens à la mode et d'ornemens propres à paroître devant le beau monde; ses conversations n'ont rien que de galant; elle ne détruit point les règles de la bienséance ». Paroles de dédicace, promesses de prospectus. Ni Macarise n'est d'humeur agréable, ni son visage n'est riant, ni ses conversations ne sont galantes.

En vain Giry et Patru, académiciens, en vain Guéret, Vaumorière, le cartésien Jean de la Forge, Fr. Ogier, Richelet, Despréaux [1] et jusqu'au savant mathématicien Personne, plus connu sous le nom de Roberval, ont comblé de louanges et l'œuvre et l'auteur; en vain il obtint de Fr. Chauveau une gravure pour chaque livre : le public n'accepta pas cet ouvrage si vanté que l'abbé d'Aubignac lui offrait, et, tel qui avait loué l'auteur, Richelet, dit-on, avant l'apparition du livre, se dédit quand l'ouvrage eut paru :

> Hédelin, c'est à tort que tu te plains de moi;
>   N'ai-je pas loué ton ouvrage ?
>   Pouvois-je faire plus pour toi
>   Que de rendre un faux témoignage ?

---

[1] Le madrigal de Despréaux ne se trouve pas en tête du livre de l'abbé d'Aubignac comme les autres *testimonia* que nous avons cités, parce que le livre était imprimé quand il envoya ses vers; mais l'auteur a conservé dans ses œuvres cette petite pièce.

Tallemant nous a conservé plusieurs autres de ces épigrammes dirigées contre la *Macarise*. Mais le plus cruel de tous les outrages qu'eut à subir l'auteur est le récit que se plut à faire de Visé des propos tenus par l'abbé d'Aubignac au libraire de Sercy avant l'impression de son livre. Il l'aurait mandé chez lui, et lui aurait dit, selon de Visé : « Or çà, mon bon monsieur, j'ai plusieurs ouvrages dont le moindre est capable de vous enrichir. J'ai, entre autres, un roman qui n'a point de pareil; et les *Cassandres*, les *Cléopâtres*, les *Cyrus*, les *Clélies* et les *Pharamonds* ne sont rien en comparaison de cet inimitable roman. Cependant vous savez combien ils ont fait gagner à monsieur Courbé. Quand vous vous associeriez quatre ensemble, mon roman vous feroit faire à chacun une aussi grande fortune, et, pour vous montrer que je suis sans intérêt, je ne vous demande pour chaque volume qu'autant que l'on a donné pour les livres que je viens de nommer. Ce grand ouvrage est intitulé *le Roman stoïque;* il aura dix volumes; j'en ai déjà six de faits... Tout ce qui sera dans cet ouvrage sera allégorique, jusques aux points et aux virgules... — Toutes paroles des grands hommes étant des oracles, ajoute de Visé, le libraire ne fut pas plus tôt de retour chez lui, qu'il écrivit votre harangue, qu'il m'a donnée, afin que le public ne fût pas privé d'une pièce si considérable ». On lit ensuite que Sercy refusa l'impression, et de là les injures que lui prodigua plus tard l'irascible abbé.

Vrai ou faux, ce petit conte fut sensible à l'auteur de *Macarise*, réduit à faire les frais d'un ouvrage qui ne se vendit pas, et qu'il se vit forcé d'interrompre dès le second volume. La belle œuvre cependant ! Et comment douter de son mérite quand on voit l'auteur prouver que tous les romans qui ont précédé celui-là ne valent absolument rien ? Voulez-vous de la science ; lisez l'abrégé de la philosophie des stoïques et les éclaircissements qui précèdent et qui suivent *Macarise;* vous y verrez que l'ouvrage vaut, et mieux, un traité d'Aristote. Voulez-vous une œuvre d'imagination ; lisez-le, sans tenir compte des sens cachés, et vous verrez combien sont intéressants Armanie, Canorthe, Cléante, Eumathès et bien d'autres ; et quand vous vous sentirez passionné pour les hauts faits d'Arisman, d'Anaxie ou de Clodomire, courez à la clef, et votre cœur battra plus fort, à n'en pas douter, quand vous reconnaîtrez Mazarin, Anne d'Autriche et Louis XIV. Avec quel agrément l'histoire n'est-elle pas mêlée à la philosophie ! Vous vous croyez au Portique avec Zénon : point ; vous êtes à Amsterdam, où le Roi Très Chrétien a obtenu pour ses sujets le libre exercice de la religion catholique. Suivez-le encore à Thinopolis, c'est-à-dire Dunkerque, vous y verrez Dioclée ou la religion chrétienne triompher d'Asirée ou l'hérésie. Voici les fêtes du sacre qui se célèbrent à Astyrème qui est Reims, et Paléodice qui est M. de Créqui, vengé à Rome de l'insulte faite à sa dignité par Léandre, qui est le Pape. Voulez-vous enfin de la poésie ou des tableaux pompeux ; voici un tournoi en l'honneur de Cinaïs, le ballet des portraits, et l'exacte description du cabinet de Cinaïs ; voici tant de sonnets et autres poésies qu'une table est nécessaire. Les discours ou les lettres vous intéressent-elles davantage ; vous pourrez vous borner à l'étude de ces modèles ; une autre table vous les indique encore. On le voit, l'auteur sait que tous les goûts sont dans la nature, et il s'y est prêté avec toute la variété de son talent. Encore une fois, lisez *Macarise;* vous y trouverez toujours au moins l'imprévu.

Comme dans la *Description du royaume de coquetterie*, l'abbé d'Aubignac, précieux sans le savoir, lança encore quelques traits contre ces « jeunes personnes... qui pensent estre fort précieuses quand elles ont appris quelques paroles extravagantes comme *aimer furieusement, plaire terriblement*, et mille autres façons de parler impertinentes...[1]; qui ne veulent pas apprendre quel est véritablement le prix et le mérite d'une honneste femme...; qui se persuadent que la perfection d'une femme consiste à grimacer de bonne grâce et dire une impertinence avec un sourire affecté, des mouvements de tête bien façonnés et quelque emportement d'une mauvaise raillerie. Les inventions éclatantes (de *Macarise*), les pensées nobles (de *Macarise*), les expressions justes (de *Macarise*), enfin tout ce que les livres ont de grand et de merveilleux n'est pas de la portée de ces gens-là. »

Je crois en effet que les précieuses eurent en horreur ce pédantesque ouvrage ; et peut-être est-ce le motif qui anima encore contre elles l'abbé d'Aubignac, leur complice sans le savoir, quand il publia, quelques mois après *Macarise,* un fragment détaché de la suite de ce roman sous le titre de *Aristandre ou l'histoire interrompue*. Ce petit ouvrage, composé « pour le divertissement et l'instruction des honnestes gens », met encore en scène les Précieuses tenant tribunal, et rendant des arrêts

---

[1] *Abrégé de la philosophie des stoïques*, en tête de *Macarise*, p. 123.

auxquels s'oppose la cour de Beauté. Femmes belles et femmes précieuses, ce n'étaient point les mêmes personnes, et ce n'est pas sans malice que l'auteur les met en regard.

Mais je me surprends à chercher une cause aux attaques dirigées par l'abbé d'Aubignac contre les Précieuses, comme s'il avait besoin d'un motif pour déclarer la guerre ! Il combat par besoin, il guerroie par tempérament; ce qu'il cherche, c'est l'action; il aime à provoquer pour qu'on lui réponde, à porter des coups pour qu'on lui en rende : ce stimulant lui est nécessaire; un peu faible, il a besoin d'être excité pour rester toujours en mouvement, comme il l'aime. Ainsi, pourquoi s'attaquer à Corneille, qu'il a tant vanté dans sa *Pratique du théâtre?* Pourquoi essayer de faire concurrence à l'Académie ? Pourquoi remonter jusqu'à Homère pour trouver à lutter, après être entré tour à tour en lice contre tous ses contemporains? Ah ! si le temps ne lui avait pas manqué ! Entre Homère et Corneille, aucun ne lui aurait échappé des écrivains intermédiaires.

En cherchant bien, je sais qu'on trouve au moins des prétextes à ses déclarations de guerre. Commençons par Corneille. On prétend que le grand poète dédaignait de consulter l'abbé d'Aubignac sur ses tragédies, et qu'ensuite, dans les examens dont il les accompagnait à l'impression, il ne reconnut jamais les services que lui avait rendus la *Pratique du théâtre,* et n'en nomma jamais l'auteur. La belle raison pour attaquer un homme de génie dont l'abbé avait tant de fois fait l'éloge ! Il n'est pas vrai, d'ailleurs, que Corneille n'ait jamais consulté l'abbé sur ses pièces; du moins, quand il fit *Horace,* il en donna lecture à quelques amis, et entre autres à l'abbé d'Aubignac, et il modifia le cinquième acte d'après ses indications, conformes à celles de Chapelain. On dit aussi que l'abbé avait fait le plan du *Manlius Torquatus* de mademoiselle Desjardins (madame de Villedieu), comme il avait fait ceux d'*Erixène* et de *Palène*, et que Corneille ayant plaisanté cet ouvrage, d'Aubignac n'avait eu ensuite d'autre but que de se venger. Quoi qu'il en soit, l'un des deux adversaires au moins mérite bien qu'on s'intéresse au combat ; mais nous n'avons pas à en rappeler les circonstances, rapportées par M. Taschereau, dans son *Histoire de Corneille*, avec une exactitude et une abondance de détails qui nous sont interdits ici.

Nous arrivons à l'écrit fort curieux que lança, en 1664, l'abbé d'Aubignac contre l'Académie. Sans s'adresser au docte corps, il l'attaquait directement, puisqu'il lui suscitait un rival et lui retirait une partie de ses privilèges.

L'abbé avait à se plaindre de l'Académie française. Il s'était présenté en 1640, et n'avait pas été admis.

Une lettre inédite de Chapelain à Balzac, en date du 13 juillet 1640 [1] en donne ainsi la raison : « M. d'Aubignac est M. Hédelin. M. Hédelin, *autem*, fut naguère précepteur de M. le marquis de Brézé (duc de Fronsac), et est encore son domestique (c'est-à-dire de sa maison). L'une de ses plus fortes ambitions a été d'entrer dans l'Académie, et il y avoit grande apparence qu'il eût été le premier reçu s'il n'eût point fait un libelle contre la *Roxane* de M. Des

---

[1] Voy. notre édition de l'*Histoire de l'Académie française*, par Pellisson et d'Olivet. Paris, Didier, 2 vol. in-8, t. I, p. 388.

Marets, où il blâmoit le goût de Son Eminence et de madame d'Aiguillon qui l'avoit estimée. Dans ce temps, M. Porchères d'Arbaud se laissa mourir, et plusieurs se présentèrent pour remplir cette place, le libelliste entre autres. M. Patru, notre ami et très galant homme, l'obtint d'une commune voix, et le précepteur eut l'exclusion, dont *moult dolent fut et plaintif.* »

Ainsi évincé, l'abbé ne se présenta plus. Il se dédommagea tant bien que mal en se faisant l'habitué de plus en plus assidu de la vicomtesse d'Auchy, qui avait ouvert des conférences mi-partie galantes, mi-partie pédantes, et tout à fait dans son caractère. Il ne manqua pas de s'y faire des ennemis par sa fureur d'attaquer tout le monde. Un jour, entre autres, en présence du comte de Pagan, il y prononça un discours contre l'orgueil : c'était s'adresser directement au comte, ingénieur distingué, mais l'homme le plus vain de son siècle. Dans son utile commentaire sur Tallemant, M. Paulin Pâris nous apprend que le texte manuscrit de ce discours est conservé dans la bibliothèque de M. de Monmerqué, et il en cite un long passage qui n'a pas échappé, dit-il, à Molière. — L'auteur y parle des gens de lettres vaniteux : « Combien voit-on de ces gens-là, dès lors qu'ils nous montrent une épigramme, un sonnet, une lettre, un discours, commencer par : Voicy qui est beau. — Cette pensée ne vous déplaira point. — Vous trouverez ce sujet assez bien traité. — Monsieur tel ou madame une telle a gousté cette pièce merveilleusement, et sans doute vous serez de son avis... — Combien de fois est-on obligé de mentir, si l'on est complaisant, ou de les démentir si l'on est véritable ! »

Cette satire anticipée de tous les Orontes, de tous les « hommes au sonnet » qui étaient là, jointe aux traits personnels lancés contre le comte de Pagan, ne manqua pas de susciter contre l'abbé de nouvelles colères et de lui rendre difficiles ses relations avec ses confrères. Du reste, la vicomtesse mourut en 1646, et les assemblées qui se tenaient chez elle étant interrompues, l'abbé d'Aubignac eut à chercher un nouveau lieu où sa mauvaise langue pût continuer des attaques auxquelles sa plume ne suffisait pas. Peut-être assista-t-il ensuite aux mercredis de Ménage, avant d'être brouillé avec lui; peut-être le retrouverait-on à l'Académie d'Habert de Montmort ou dans le cabinet de MM. Dupuy; mais il y avait là des hommes trop supérieurs à lui pour se soumettre à l'ascendant qu'il aimait à prendre sur ses amis, ou pour se prêter facilement à ses malices.

C'est alors qu'il songea lui-même à organiser une Académie dont il pût être le chef et le modérateur. Assez bon nombre d'écrivains se pressèrent autour de lui, et c'est après avoir tenu ses conférences pendant deux années avec un certain succès qu'il adressa au Roi un discours dont le privilège lui fut accordé en 1656, mais qu'il imprima seulement en 1664 [1].

« Les empressements d'un nombre assez considérable de vos sujets, dit-il à Sa Majesté, qui se sont unis pour conférer ensemble de leurs études et consacrer à Votre Majesté tous les fruits de leurs veilles, ne me permettent plus de demeurer dans le silence et de leur refuser mon ministère

---

[1] *Discours au Roy sur l'établissement d'une seconde Académie, dans la ville de Paris*, par messire Hédelin, abbé d'Aubignac. — 1664, Paris. — 1 vol. in-4 de 51 pp.

pour mettre au jour les impatiences de l'honneste dessein qui les fait agir. » Après ce début adroit et flatteur, il s'étend longuement sur l'éloge des sciences et des lettres, sur les avantages qu'elles apportent aux peuples et aux souverains, sur le progrès des études, aidé par les discussions des sociétés savantes, où l'on cherche moins à soutenir les opinions des anciens qu'à les combattre si elles sont fausses, ou en tirer d'utiles conséquences si elles sont justes ; il comprend qu'il se ferait tort en attaquant l'Académie française, toute-puissante auprès du Roi, et, partant de la considération des services qu'elle rend, il prouve qu'une seconde Académie est nécessaire à Paris pour multiplier les heureux résultats déjà obtenus : d'ailleurs les gens capables de faire avancer la science sont-ils donc réduits à ce petit nombre qui compose l'Académie française ? « Une compagnie de quarante personnes n'a pas épuisé la France d'orateurs, de poètes, de philosophes, de mathématiciens ; Paris en a mille, et votre royaume en pourroit faire des armées...

« C'est donc à l'avantage de votre royaume, Sire, et à la gloire de Votre Majesté, que nous la supplions très humblement de nous accorder l'honneur de sa protection et les caractères de son autorité pour établir en Académie royale les conférences que nous avons continuées depuis deux ans dans une mutuelle communication de nos études ; elles nous ont fait connoitre la grandeur et l'utilité de ce dessein ; elles nous ont servy d'épreuves à nos forces, et nous ont confirmés dans l'espérance de pouvoir quelque jour satisfaire à ce que le public en peut souhaiter. Nous ne voulons pas dire que cette Compagnie a des esprits aussi noblement passionnez pour les bonnes lettres que le reste de vostre Estat...; mais nous pouvons assurer Votre Majesté qu'ils ne sont pas indignes d'être les puinés de l'Académie françoise ».

L'auteur espère que la nouvelle société sera bien vue de l'Académie française, et toutes deux, par une noble émulation, essayant de se surpasser, produiront des merveilles. Du reste, la Compagnie qu'il propose de fonder ne cessera de faire des efforts pour prouver son attachement au service du Roi « par les respects d'une parfaite soumission, par les devoirs d'une obéissance indispensable, par les ardeurs d'une affection sans réserve, et par les serments d'une inviolable fidélité ».

Tant de protestations et de belles promesses restèrent sans effet. Le Roi n'accorda point les lettres patentes qui faisaient d'une Compagnie particulière un corps officiel. Cette concession eût ouvert la porte à trop d'abus. Paris aurait vu bientôt quarante académies plus ou moins inoffensives, mais plus ou moins bavardes, dont le grand nombre et les discussions oiseuses auraient fait tomber dans un discrédit général les sociétés même les mieux méritantes. Mais l'Académie de l'abbé d'Aubignac, qui fonctionnait avant qu'il eût adressé au Roi sa requête, continua à se réunir après qu'il eût été refusé. La publication de son Discours au Roi fut une sorte d'appel à l'opinion, qui attira sur lui une attention plus vive. Il songea alors à constituer régulièrement la société. Les statuts qu'il donna à son Académie ne nous sont pas parvenus; mais nous en connaissons encore l'organisation et les principaux membres [1].

[1] Voyez le *Mercure galant*, 1672.

Chaque semaine, l'Académie des belles-lettres, ainsi la nommait-on, tenait une séance privée chez l'abbé d'Aubignac, et chaque mois une séance publique à l'hôtel Matignon, « devant une assemblée composée de plusieurs personnes de qualité de l'un et l'autre sexe ». Un des membres prononçait d'abord un discours ; ainsi l'on eut à admirer M. Blondeau, avocat ; M. de Vilaines, gouverneur de Vitry-le-Français, fils de l'astrologue ; l'abbé de Saint-Germain, prédicateur. Après les discours, on lisait des ouvrages de poésie composés par quelques-uns des académiciens. Le bureau était composé de l'abbé d'Aubignac, directeur ; M. de Vaumorière, sous-directeur ; M. Guéret, secrétaire. On nomme ensuite : le marquis du Châtelet, le marquis de Vilaines, le marquis d'Arbaux ; MM. Perachon, avocats ; les abbés de Villars, Ganaret, de Saint-Germain ; puis MM. Richelet, de Launay, Carré, du Perrier, Baurin et Baralis le médecin ; ajoutons M. Petit, qui succéda à l'abbé d'Aubignac, et l'abbé de Villeserain, directeur après M. Petit. On avait proposé aussi d'admettre des femmes, et les premières places auraient été données à madame de Villedieu, madame Deshoulières et la marquise de Guibermeny, fille du marquis de Vilaines, poète comme son père et sa mère. Après la mort de l'abbé d'Aubignac, les assemblées continuèrent à se tenir pendant quelque temps ; mais l'abbé de Villeserain fut nommé à l'évêché de Senez, et, après son départ, personne ne prit en main la direction de l'Académie, qui se dispersa et ne tarda pas à se faire oublier.

Dans la requête adressée au Roi par l'abbé d'Aubignac, un mot, glissé en passant, montrait que le vieux savant commençait à secouer le joug des anciens, dont jusque-là il avait été le défenseur fervent. Il blâmait fortement ceux « qui sont attachés opiniâtrement aux maximes que les anciens ont laissées dans leurs écrits, et ne veulent rien chercher au delà. » Animé de ces dispositions malveillantes pour l'antiquité, il n'essaya pas cependant de combattre les règles qu'elle avait laissées, mais il l'attaqua dans une de ses admirations, dans les poèmes qui ont servi de modèles aux auteurs et de règles aux critiques. Il composa un volume de *Conjectures académiques sur l'Iliade*, qu'il laissa, avant de mourir, entre les mains de Charpentier, de l'Académie française. — L'ouvrage ne fut imprimé qu'en 1715.

Dans sa belle *Histoire de la querelle des anciens et des modernes*, M. Rigault a apprécié ce livre en des termes que nous n'aurions osé employer, de peur d'être suspect de partialité. Mais nous avons montré assez de sévérité contre d'autres œuvres de l'abbé pour avoir le droit de répéter au moins les paroles d'un critique qui ne le combat pas sans lui décerner les plus grands éloges.

« De toutes les critiques d'Homère que nous avons vues se produire au XVIIe et au XVIIIe siècle, celle de l'abbé d'Aubignac est sans comparaison la plus hardie et la plus neuve. Seule, s'élevant au-dessus des chicanes de détail faites aux dieux, aux héros, au plan et au style de l'*Iliade*, il ose aborder la question même de l'épopée primitive; seul, cet admirateur d'Aristote déserte l'ornière où, au nom d'Aristote, le P. le Bossu avoit traîné le XVIIe siècle, va droit à Homère et le somme de prouver son identité. Je crois à l'existence d'Homère...; mais je ne veux pas méconnaître la hardiesse et la sagacité de l'abbé d'Aubignac. Sur la question homérique, il a vu plus haut et de plus loin que son temps, et il a devancé de plus d'un siècle le scepticisme imitateur de l'Allemagne...; d'Aubignac n'a qu'un tort : c'est de supprimer Homère. »

Un côté assez piquant du livre du vieil abbé, c'est qu'il rapproche assez souvent ce qui s'est passé de son temps de ce qui a dû se passer, à son avis, au temps de la composition homérique. Ainsi, pour montrer que l'*Iliade* est formée d'environ quarante poèmes de différente longueur, il rappelle qu'il a vu une comédie faite avec des fragments de chansons et une autre toute composée de phrases de Balzac. Pour prouver quel danger il y a à expliquer par des allégories ce que dit l'*Iliade* de ses divinités, il cite Montaigne qui condamne « ces visions bourrues » et rapporte une aventure assez plaisante arrivée à M. V***, c'est-à-dire à Charles Sorel : « Un docte Allemand ayant vu son roman intitulé l'*Orphyse de Chrysante* l'interpréta pour l'histoire de la pierre philosophale, et vint en France exprès pour conférer avec lui, et le surprit fort des belles imaginations qu'il avoit conçues sur des choses auxquelles il n'avoit jamais pensé. » Pour critiquer l'habitude où sont les héros de l'*Iliade* de faire la cuisine, il leur objecte qu'ils n'ont pas la même excuse que le roi Henri IV, qui, s'étant égaré près de Château-Landon, entra dans la ville avec les ducs d'Epernon et de Montbazon, et, pour ne pas être reconnu, leur fit préparer son repas.

En résumé, comparant les diverses traditions laissées par l'antiquité sur la personne d'Homère, il arrive à conclure ainsi : « Faisons donc cette réflexion, qu'il est impossible qu'un homme ait vécu parmi les autres sans nom, qu'il soit né sans père ni mère, qu'il ait vécu sur la terre sans vivre en quelque lieu. » Puis, dans une seconde partie, inférieure à la première, passant de l'homme à l'œuvre, il en montre le défaut d'unité, les sutures apparentes, les interpolations flagrantes, mais le tout en se plaçant au point de vue de son temps, sans avoir la force de se reporter à l'époque de l'épopée homérique, sans en apprécier les mœurs avec justesse, et sans comprendre quelles précieuses ressources peut trouver l'historien dans ce tableau si vrai d'une société qui commence.

La date précise de ce traité nous est inconnue ; mais la nette fermeté du style suffit à prouver que l'abbé d'Aubignac n'était pas, quand il l'écrivit, dans cet état d'imbécillité où, au dire de Despréaux, il passa les trois dernières années de sa vie [1]. Le titre de *Conjectures académiques* semble prouver aussi qu'il le composa en vue des lectures qu'il faisait dans ces réunions savantes dont nous avons parlé, et dont l'époque la plus florissante fut cette année 1664, où il lança dans le public son *Discours au Roy*.

L'année suivante, en 1665, il obtint de succéder dans l'abbaye de Meimac, diocèse de Limoges, à l'abbé de Lévis-Ventadour. On se rappelle que c'est au maréchal de (La Guiche)-Saint-Géran que l'abbé d'Aubignac avait dédié son premier livre : c'est

---

[1] *3ᵉ Réflexion sur Longin :* — « J'ai connu M. l'abbé d'Aubignac. Il était homme de beaucoup de mérite et fort habile en matière de poétique, bien qu'il sût médiocrement le grec. Je suis sûr qu'il n'a jamais conçu un aussi étrange dessein (de nier l'existence d'Homère), à moins qu'il ne l'ait conçu dans les dernières années de sa vie, où l'on sait qu'il était tombé en une espèce d'enfance. »

alors seulement qu'il fut récompensé de cet hommage ; car il n'est pas douteux que l'abbé de Lévis, dont le frère était allié aux La Guiche, ait fait à l'abbé d'Aubignac la cession de son bénéfice par considération pour les vieilles et fidèles relations qu'avait entretenues celui-ci avec sa famille. Les bulles qui conféraient à l'abbé d'Aubignac le titre d'abbé de Meimac lui furent expédiées par Alexandre VII, en date du 26 février 1665. Son revenu se trouva alors augmenté de deux mille livres; joint à la pension laissée par le duc de Brézé au profit de l'abbé d'Aubignac, il s'élevait à six mille sept cents livres, plus de quinze mille francs de notre monnaie.

L'abbé d'Aubignac était donc fort accommodé ; il pouvait faire figure dans le monde, où il allait beaucoup, et où il apportait une indulgence qu'il n'avait pas quand il s'agissait de défendre la science ou d'attaquer ses rivaux. Rien ne prouve mieux le sentiment qu'il eut des convenances sociales qu'un dernier petit livre publié par lui en 1666, sous le titre de : *Conseils d'Ariste à Célimène*[7]. Cet écrit fort sage est vraiment un traité de l'art de vivre en société. Composé à un point de vue tout mondain, il s'appuie toujours sur une morale pure, rigoureuse à soi-même, indulgente aux autres. Le dernier mot, la vraie doctrine de l'abbé d'Aubignac est dans ce vers du *Tartufe* :

Je veux une vertu qui ne soit point diablesse.

Imprimés en 1666, ces *Conseils* avaient été composés longtemps auparavant, comme le prouve la

---

[7] Les *Conseils d'Ariste à Célimène sur les moyens de conserver sa réputation*. Paris, N. Pepingué, 1666, 1 vol. in-12.

date du privilège, accordé en 1656. Il semble que l'auteur, *Ariste*, l'adresse à mademoiselle de Rambouillet, *Célimène*, au moment où elle allait devenir madame de Grignan. Partout on trouve cité l'exemple d'*Arthénice*, partout on trouve placé son éloge : « La sage Arthénice, lit-on dès le début, vous a donné avec la naissance une partie de l'estime que vous avez acquise. Elle vous a donné la beauté sans y avoir dépensé que son image et quelques souhaits ; mais, pour votre éducation, elle n'a rien épargné de ses soins et de son travail... Les grâces de son visage n'ont jamais fait mal penser des mouvements de son cœur, et elle a vu toute la cour à ses pieds avec autant de respect pour sa vertu que d'admiration pour les charmes de sa personne. » S'agit-il de la conduite à tenir avec ses domestiques ou avec ces courtisans empressés qui se font un jeu des paroles d'amour : c'est encore Arthénice qu'il faut imiter.

Les *Conseils d'Ariste à Célimène* terminent la vie littéraire de l'abbé d'Aubignac : vie de luttes incessantes, de haines sans cesse provoquées. Cet adieu aux lettres, qui est en même temps un adieu au monde, nous montre l'abbé devenu doux, simple et bon en vieillissant. Mais il eut tort d'attendre trop longtemps pour faire cette conversion. Que devint-il ensuite ? Il paraît qu'il se retira chez son frère Anne Hédelin, à Nemours. Dès lors une sorte de mystère l'enveloppe ; il vit dans la retraite et se fait complétement oublier du monde. Nous savons seulement qu'il résigna en 1669 son abbaye d'Aubignac, où il eut pour successeur Louis Feydeau, conseiller au parlement ; à la même époque, il introduisit la réforme de Saint-Maur dans son abbaye de Meimac, et la résigna de même en 1670, avec l'agrément du Roi. Sa vue était alors presque perdue, sa santé ruinée, et peut-être même était-il tombé dans cette espèce d'enfance dont parle Despréaux. Toutefois, il eut encore assez de force, en 1671, pour faire une édition complète des discours religieux que nous avons déjà cités dans le cours de cette étude [1]. Dédiés à l'archevêque de Paris, François de Harlay, les *Essais d'éloquence* sont précédés d'un avertissement au lecteur où l'abbé discute longuement la convenance du mot *essais* qu'il a adopté pour son ouvrage, à l'imitation de Montaigne « ce Sénèque en désordre »..., « qui peut en estre l'autheur », et qu'il traite assez mal, selon son habitude de tenir toujours l'épée levée contre quiconque manie la plume.

Si les *Essais d'éloquence* ne sont pas le dernier ouvrage composé par l'abbé d'Aubignac, ils forment du moins l'objet de sa dernière publication. Du reste, il ne vécut pas longtemps depuis; car il mourut en 1672, quoi qu'en dise Chaufepié, d'ordinaire mieux renseigné [2].

Ainsi va le monde. Moins d'un demi-siècle après

---

[1] *Essais d'éloquence chrétienne*, contenant les panégyriques funèbres de quelques personnes illustres, les éloges de plusieurs saints, les discours sur quelques mystères et diverses instructions évangéliques. Paris, Edme Conterat, 1671, 1 vol. in-4°. Fr. Hédelin y prend les titres de « docteur en droit canon, conseiller, aumônier et prédicateur ordinaire du Roi »; et, quoiqu'il eût résigné ses bénéfices, se donne encore comme « abbé d'Aubignac et de Meimac ».

[2] Chaufepié accuse d'erreur tous ceux qui placent la mort de l'abbé avant le 25 juillet 1676, et notamment la plupart des auteurs, qui rapportent sa mort à l'année 1673. La date 1672 que nous donnons néanmoins s'appuie sur un passage contemporain, emprunté au *Mercure galant* de 1672, t. VI, p. 65.

la mort de l'abbé d'Aubignac, on ignorait jusqu'à l'année de son décès. Et cependant que n'avait-il pas fait pour se conserver dans le souvenir de la postérité ! Malheureusement, comme nous le disions au début, s'il s'agita fort dans son milieu ; s'il eut le talent nécessaire pour s'y distinguer, et assez de malignité pour ne s'y jamais laisser oublier, il n'eut pas assez de génie pour surpasser ses contemporains, et atteindre ce niveau au-dessous duquel la postérité peut jeter un regard curieux, mais dédaigne de fixer longtemps son attention.

V

GEORGES DE SCUDÉRY

Georges de Scudéry naquit au Havre en 1601 ; lui-même nous dit le lieu de sa naissance dans une ode au comte du Pont de Courlay[1], et nous en apprend la date dans la préface de ses *Poésies*[2]. Il se prétendait issu d'une famille originaire de Sicile, qui serait venue s'établir en Provence à la suite des princes de la maison d'Anjou : d'anciens titres latins nomment ses ancêtres *Scutifer*, et des pièces du XVIe siècle leur donnent le nom de *Scudier* ou

[1] Sachant que je tiens la naissance
Des lieux où vous avez pouvoir....,

lui dit-il. Or, François du Pont de Courlay, neveu par sa mère du cardinal de Richelieu, était gouverneur du Havre depuis la mort de son père, arrivée en 1625.

[2] « Ce n'est pas que j'aye encore besoin de beaucoup de poudre pour cacher la blancheur de mes cheveux, ni que ma vieillesse soit décrépite. Mais enfin, j'ai quarante-huit ans, et ma première maîtresse n'est plus belle. » (Préface des *Poésies,* 1649.)

Escuyer[1]. Aussi lit-on dans *le Grand Cyrus*, roman de sa sœur, qu'il était « d'un rang si noble qu'il n'y avoit point de famille où l'on pût avoir une plus longue suite d'ayeuls, ny une généalogie plus illustre ny moins douteuse[2]. »

Elzéar de Scudéry, aïeul du poète, était militaire; son père avait commandé une compagnie[3]; lui-même, à l'âge de trente ans environ, avait un régiment[4]; aussi, fier de ces emplois dans les armes, il déclare « qu'il est sorty d'une maison où l'on n'a jamais eu de plume qu'au chapeau[5]. » — Elzéar de Scudéry se distingua surtout pendant les guerres de religion, et, nommé maire de la ville d'Apt par M. de la Coste, qui en était gouverneur sous Charles IX, il dirigea plusieurs petites expéditions contre les huguenots retirés dans le voisinage.

Le père de Georges de Scudéry quitta la Provence à la suite d'André de Brancas, seigneur de Villars,

---

[1] Le P. Niceron, *Mémoires pour servir à l'histoire des hommes illustres de la république des lettres*, t. XVI.

[2] *Le Grand Cyrus*, VI⁰ partie, liv. II, p. 355, édit. 1654.

[3]   Moy qui suis fils d'un capitaine
  Que le monde estima jadis.
    (*Ode au Roy*, dans les poésies qui suivent
    le *Trompeur puny*, 1636).

[4]   Plumes de coq au nombre de deux mille
  M'ont vu leur chef et m'ont cru leur Achille;
  Drilles armez chez moy tous les matins
  Faisoient sonner fifres et tambourins.
  Mais, ô malheur! par la fin de la guerre
  Mon régiment fut cassé comme verre.
    (*Epitre à Doris* (mademoiselle du Val). —
    Poésies, 1649, in-4, p. 255.)

[5] Dédicace du *Trompeur puny*, tragi-comédie, à madame de Combalet (depuis duchesse d'Aiguillon). — 1 vol. in-8, Paris, Sommaville, 1635.

qui fut, sous Henri III, gouverneur du Havre : il fit obtenir à son protégé la charge de lieutenant du Roi en cette ville. Au temps de la Ligue, André de Brancas défendit Rouen assiégé par Henri IV, et Scudéry le père eut part à cette brillante résistance : c'est lui qui commandait au fort Sainte-Catherine[1]. Lorsqu'en 1594 M. de Villars rendit enfin la ville à Sa Majesté, il reçut le titre d'amiral, et Scudéry, à qui le Roi pardonna, conserva sa charge au Havre. A la mort d'André de Villars, son frère Georges, premier duc de Villars, hérita de son gouvernement, sans que la fortune de M. de Scudéry en souffrit. Il entra même fort avant dans les bonnes grâces de la femme du duc, laquelle était sœur de Gabrielle d'Estrées. Mais il eut, paraît-il, la maladresse de lui déplaire, et ce fut le commencement de ses malheurs. Quoique le *Grand Cyrus* parle du bien qu'il partagea fort inégalement entre son fils et sa fille, tout en mettant celle-ci en position « non-seulement de n'avoir besoin de personne, mais de pouvoir mesme paroitre avec assez d'esclat dans le monde », il est certain que, le samedi 23e octobre 1610, il lui arriva une mésaventure qui ne permet pas de lui supposer une grande fortune : M. de Scudéry, gentilhomme, de la ville d'Apt, fut mis en prison en vertu d'un arrêt de prise de corps rendu par le lieutenant général de l'amirauté de France au siège de la Table de marbre, et cela à la requête d'un marchand de Middlebourg nommé Corneille Gnadhebinx. M. de Scudéry ne fut relâché que le 23 décembre suivant, après avoir fourni caution juratoire, et à la charge

---

[1] *Fastes des Rois de la maison de Bourbon,* à la date du 11 novembre 1591.

par lui de se représenter toutes fois et quantes il serait besoin : ce sont les termes même d'une pièce inédite que nous avons sous les yeux.

Georges de Scudéry père avait épousé en Normandie une demoiselle de Brilly, et de ce mariage naquirent en 1601 un fils, et en 1607 une fille, Magdelaine de Scudéry, qui ne fut pas moins célèbre que son frère. En 1613 mourut leur père, et, six mois après, privés aussi de leur mère, ils demeurèrent confiés aux soins d'un oncle riche qui prit le plus grand soin de leur éducation. Georges apprit un peu le latin, et put dire plus tard :

Il est peu de beaux-arts où je ne fusse instruit [1].

Mais il ne tarda pas à abandonner ses études pour entrer dans une carrière où il devait entraîner la muse pendant trente années :

> Sans respecter ma pauvre Calliope,
> Le sort la berne en cent lieux de l'Europe,
> Tantôt icy, puis après tantôt là,
> Sans que le ciel y mette le holà :
> Trente ans entiers, de province en province,
> Elle a changé de climat et de prince,
> Et n'a trouvé presqu'en tout l'univers
> Qu'ingratitude et qu'oubli pour ses vers [2].

Quatre voyages à Rome [3] et d'assez longs séjours faits à diverses reprises en différents lieux de l'Italie lui en firent connaître la langue ; il possédait aussi l'espagnol, et ces deux langues, alors néces-

---

[1] *Le Dégoût du monde.* — Sonnet. (*Poésies*, p. 96.)
[2] Epitre à Doris. (*Poésies*, p. 254.)
[3] Préface des *Harangues académiques*, traduites du Manzini.

saires à un homme de cour, lui servirent pour quelques-uns de ses ouvrages [1].

Ses premiers vers lui furent inspirés par l'amour. Pendant les quelques années de sa première jeunesse qu'il passa à Apt, il fut passionnément épris d'une demoiselle Catherine de Rouyère. Appelé en Normandie pour les intérêts qu'il y avait conservés, il revint brusquement la surprendre une nuit, pendant son sommeil, en chantant sous ces fenêtres ces paroles qui rappellent de loin l'aubade de *la Juive* :

> De l'autre bout de la France
> Où le sort m'avoit détenu,
> Pour témoigner ma constance,
> Ma Catin, me voici venu.
> Vous dormez et me voici de retour
> Avec autant d'amour
> Comme le premier jour.

Cet amour fervent fut mal récompensé. Mademoiselle de Rouyère quitta Apt pour aller épouser à Aix M. de Pigenat [2].

En quelle qualité, à l'âge de vingt-huit ans, servit-il dans l'armée d'Italie que commandait Louis XIII en personne? Nous l'ignorons; mais une *Ode au Roi*, qu'il fit à Suse pendant une trêve, « accoudé dessus un tambour [3] », nous montre ses premiers essais à la gloire de Sa Majesté. Vers le même temps, il se fit connaître dans sa province en concourant pour le prix fondé aux fameux

---

[1] Dédicace à la Reine de l'*Amant libéral*, tragi-comédie imitée de Michel Cervantes.

[2] Les frères Parfaict, *Histoire du Théâtre François*, t. IV, p. 430.

[3] *Poésies diverses*, à la suite du *Trompeur puny* (in-8, 1635).

Palinods de Caen. Deux *Odes sur l'Immaculée Conception de la Vierge* sont suivies d'un *Remercîment à MM. J. D. P. D. C.*, c'est-à-dire évidemment à messieurs (les) juges du Palinod de Caen, et cette dernière pièce nous apprend qu'il y remporta le prix :

> Me voyant couronné, je vous en dois l'honneur.

Pendant son séjour dans le Midi, Scudéry avait connu le duc de Montmorency, cette malheureuse victime d'une faute que Richelieu ne devait pas pardonner; avec Mairet, Théophile et P. de Boissat, qui fut académicien, il faisait, semble-t-il, partie de cette petite cour choisie de poètes qui entouraient le jeune duc, leur protecteur et leur ami. C'est sans doute pour lui complaire qu'il publia en 1630, selon l'abbé d'Artigny, une édition des œuvres de Théophile, et qu'il lui dédia en 1631 sa première pièce de théâtre, *Lygdamon et Lydias*, représentée dès 1629. Dans le premier ouvrage, son amitié pour Théophile, sa haine pour ses persécuteurs, les Garasse et les Guérin, son admiration pour Malherbe et pour Ronsard [1] et surtout pour le poète qu'il publie, ont inspiré son *Tombeau de Théophile* et une préface où son humeur fanfaronne se donne large carrière : « Je me pique, dit-il, d'aimer jusques en la prison et dans la sépulture. J'en ay rendu des témoignages publics durant la plus chaude persécution de ce grand et divin Théophile, et j'y ai fait voir que parmy l'infidélité du siècle où nous sommes, il se trouve encore des amitiez assez généreuses pour mespriser tout ce que les autres craignent. » Légataire des

---

[1] Cf. Remercîment à MM. J. D. P. D. C., cité plus haut.

« manuscrits que la bienveillance de cet incomparable autheur a mis jadis entre ses mains, » il en donne pour la première fois, dit-il, une édition correcte, et il ajoute, avec une outrecuidance qui fait sourire ici comme dans toutes ses autres préfaces : « Je ne fais pas difficulté de publier hautement que tous les morts ny tous les vivants n'ont rien qui puisse approcher des efforts de ce vigoureux génie. Et si parmy les derniers il se rencontre quelque extravagant qui juge que j'offense sa gloire imaginaire, pour lui montrer que je le crains autant comme je l'estime, je veux qu'il sache que je m'appelle — *De Scudéry*. »

Qui aurait osé relever le gant si hardiment jeté ? Scudéry n'eut aucune lance à rompre, et ne brisa pas la plume qui avait écrit ces rodomontades. Dans sa dédicace de *Lygdamon*, il dit au duc de Montmorency : « Je vous présente avec ce livre la main dont il est party. Vous trouverez qu'elle est capable d'une autre façon de servir. Que si toutesfois ma poésie est assez heureuse pour toucher vostre inclination, je vous promets que j'apprendray à escrire à gauche, afin que la droicte, s'employant plus noblement, puisse vous faire voir, au prix de ma vie, que je suis..., etc. » — Sa préface n'est pas moins extravagante de forfanterie : « Pensant n'estre que soldat, je me suis encore treuvé poëte..; ces vers que je t'offre sont, sinon bien faits, du moins composez avec peu de peine;... si je rime, ce n'est qu'alors que je ne sçay que faire, et n'ay pour but en ce travail que le seul désir de me contenter; car bien loing d'estre mercenaire, l'imprimeur et les comédiens tesmoigneront que je ne leur ay pas vendu ce qu'ils ne pouvoient payer;... j'ay passé plus d'années parmy les armes que dans mon cabinet, et beaucoup plus usé de mèches en harquebuse qu'en chandelle; de sorte que je sçay mieux ranger les soldats que les paroles, et mieux quarrer les bataillons que les périodes. » Après s'être ainsi mis à couvert, il prend l'offensive et court sus aux critiques. Haro sur « ces ânes masqués sous l'habit d'un homme, » ces « éplucheurs de syllabes ! » Haro aussi sur ces cavaliers qui blâment un gentilhomme de tenir la plume ! A ces « valets de chiens je repondray que parmy tant de cors et de cornes qu'ils ont, ce n'est pas merveille de leur voir donner un jugement cornu. »

Soyons juste pourtant. Quand il a lancé ses hâbleries, Scudéry, bien qu'il les pense certainement, est le premier cependant à s'en moquer : « Jusqu'icy, dit-il en terminant, j'ay joué le personnage d'un poète; je commence, en finissant, celuy d'un homme raisonnable. » Mais ce personnage raisonnable est modeste, et l'on ne reconnaît plus Scudéry.

Lygdamon et Lydias, ou la Ressemblance, est la première pièce de théâtre qu'ait fait imprimer Scudéry. Rotrou, Scarron, Hardy, du Ryer et Corneille soutinrent de leurs madrigaux cette publication du jeune poète.

Le héros de la pièce est Lygdamon. Il a le cœur tendre et la vie dure, — le cœur si tendre que, désespéré des froideurs de Silvie, il cherche la mort dans les combats; — la vie si dure, que ni le fer des ennemis, ni la gueule des lions auxquels il est livré par une fatale méprise, suite de sa ressemblance avec Lydias, ni le poison qu'il prend après avoir tué deux lions à lui seul, ne peuvent achever une existence que le poète avait intérêt à conserver : comment ne pas couronner enfin la constance de son amour, et ne pas lui donner la main de Silvie ? L'intrigue est fondée sur la ressemblance de Lygdamon et de Lydias, deux guerriers dont le second est un « gentilhomme de Rhotomage » et le premier « un gentilhomme ordinaire d'Amasis, souveraine des nymphes » de ce Forez illustré par l'auteur de l'*Astrée.* Dans cette pièce, d'un style indécis, l'auteur cherche sa voie ; le genre pastoral et de fraîches descriptions, le genre noble et quelques vers bien frappés, les pointes molles du madrigal italien s'y succèdent ou s'y mêlent. — C'est un début, et la pièce est loin d'être un chef-d'œuvre. « Cependant, dit-il dans la préface d'*Arminius, Lygdamon,* que je fis en sortant du régiment des gardes et dans ma première jeunesse, eut un succès qui surpassa mes espérances aussi bien que son mérite. Toute la cour le vit trois fois de suite dans Fontainebleau ; et, soit qu'elle excusât les fautes d'un soldat, soit qu'elle mit ces fautes au nombre des péchés agréables, il est certain que ses pointes touchèrent cent illustres cœurs, et que chacun loua beaucoup une chose qui étoit peu digne de l'être [1]. »

Lancé dans la voie du théâtre et enivré par son succès, Scudéry ne s'arrêta plus. Il eut bien quelque pudeur de tenir une plume avec une main faite pour porter l'épée ; aussi lorsqu'il donna sa seconde pièce, il crut devoir présenter au public sa justification. Un neveu de Malherbe, M. de Chandeville-Sarcilly [2], lui donna à cet effet une préface

---

[1] Préface d'*Arminius.*

[2] Elzéar de Sarcilly, sieur de Chandeville, un des personnages du roman de *Cyrus,* est connu par un petit recueil posthume de vers. Il avait dit cependant, dans la préface

où il prouve, par l'exemple de Malherbe et de Racan, qu'on peut être gentilhomme et poète : ne sait-on pas d'ailleurs « qu'il se trouve peu de personnes à la cour qui ne fassent des vers ou qui ne les aiment ? » M. de Scudéry imite les uns et plaira certainement aux autres.

La tragédie pour laquelle fut faite cette préface est le *Trompeur puny,* ou l'*Histoire septentrionale,* jouée en 1631, et imprimée depuis, avec une dédicace à madame de Combalet et des vers à la louange de l'auteur par ses patrons habituels, Corneille, du Ryer, Mairet, Bois-Robert et l'acteur Mondory, dont ce ne sont pas là les seuls vers connus. Le sujet, tiré à la fois de l'*Astrée,* comme Lygdamon, et du *Polexandre,* ne se passe plus dans le Forez ou en Normandie, mais tantôt en Danemark, tantôt en Angleterre : c'est dire que Scudéry faisait bon marché de l'unité de lieu et de l'unité de temps : « Comme les bonheurs sont enchaînés aussi bien que les infortunes, ce second ouvrage, dit le poète, eut le même succès que le premier. » — Il ne valait pas mieux.

Quand Scudéry publia cette pièce, en 1633, il la fit précéder de son portrait, gravé par Michel Lasne : longs cheveux épais et bouclés, grands yeux noirs, nez fort, moustaches courtes et relevées, jolie bouche, visage ovale, tel pourrait être son signalement; il porte un costume militaire, ce qui explique la légende :

> Et poëte et guerrier
> Il aura du laurier.

que nous citons : « Je défends icy une cause où je n'ai point d'autre intérêt que celuy de M. de Scudéry, mon dessein n'étant pas qu'on voye mon nom imprimé ailleurs que dans ses livres. » — Il mourut en 1633, à l'âge de vingt-trois ans.

Une *peste* fit cette parodie :

> Et poëte et gascon
> Il aura du bâton.

Le *Vassal généreux*, qui parut au théâtre un an après le *Trompeur puny,* ne mérite pas davantage de nous arrêter. Nous remarquerons seulement qu'il la fit précéder, quand il la publia, en 1636, d'une dédicace à mademoiselle de Rambouillet. Nous avons hâte d'arriver à la *Comédie des Comédiens,* pièce jouée en 1634, imprimée en 1635 et dédiée au marquis de Coislin, gendre du chancelier Séguier. Dès la préface au lecteur, Scudéry donne certaines particularités qu'il est bon de relever et qui font de mieux en mieux connaître son humeur vantarde et ses prétentions en poésie : « Si la suite des temps (lecteur) te met en main *Lygdamon,* le *Trompeur puny,* le *Vassal généreux, Orante,* le *Fils supposé,* le *Prince desguisé,* la *Mort de César,* ou celle de Didon que je traitte, tu ne t'estonneras point d'y voir une diversité si grande, soit aux pensées, soit en la façon de les exprimer. Quelques-uns de ces poëmes m'ont obligé de toucher en passant la morale et la politique; d'autres m'ont fait parler de l'art militaire et par terre et par mer ; les voyages de nos héros m'ont fait marquer la carte de leur navigation; les adventures des personnes illustres m'ont donné les grandes et les fortes passions que demande une douleur éloquente ; et de cette sorte, j'ai tasché de n'estre point ignorant dans les sciences et dans les arts qui se sont trouvés comme enchaînés avec les subjects que j'ay voulu prendre. » — Ici, il travaille dans un genre nouveau, « que les Italiens appellent *capriccioso.* Si l'impression le fait aussi bien réussir que le théâtre, ajoute-t-il, je ne plaindray pas quinze jours que m'a cousté cette production. »

Une gravure de Van Lochom sert de frontispice à l'œuvre. On y voit, à l'entrée d'un jeu de paume, trois personnages : un Arlequin soucieux marche précédé d'un tambour, rondache au bras, rapière en main, et un cavalier les regarde passer. Une affiche encadrée annonce les *Comédiens du Roy*. Dès l'ouverture de la pièce, un prologue apprend au spectateur que l'on est à Lyon, que le tambour et l'Arlequin doivent parcourir la ville, « comme le pratiquent les petites troupes; » que Mondory, sous le nom emprunté de M. de Bellemare, va faire le voyage de Saint-Mathurin, pour guérir la troupe de sa folie; que les insensés qui la composent, enfin, se cachent vainement sous les noms de Belle-Ombre, Belle-Fleur, Belle-Epine ou Beau-Séjour : on sait ce qu'en vaut l'aune, de ces beautés-là.

Belle-Ombre est le portier de la salle. Il se désespère d'être inutile et d'attendre en vain un public indifférent. Arlequin et le tambour qui reviennent n'amènent pas un seul spectateur. « Puissé-je, dit Arlequin, ne souper d'aujourd'hui, à voir le peu d'esmotion que ma présence leur apporte, si l'on ne diroit que je suis bourgeois comme eux ou qu'ils sont tous Arlequins comme moy... Cependant cette ville n'a point de carrefour où je n'aye fait le crieur public. » Arlequin, c'est l'espoir de la troupe. Aussi ses confrères des tréteaux s'empressent à l'envi autour de lui. Une conversation s'engage entre eux et une comédienne; la Beau-Soleil en vient à parler ainsi des ennuis du métier et à en faire l'apologie : « Une erreur, dit-elle, où tombe presque tout le monde pour ce qui regarde les femmes de notre profession, c'est de penser que la farce est l'image de notre vie, et que nous ne faisons que représenter ce que nous pratiquons en effet ; il ne s'en trouve pas un qui ne croye avoir droit de nous faire souffrir l'importunité de ses demandes... Comme nos chambres tiennent des temples en ce qu'elles sont ouvertes à chacun, pour un honneste homme qui y visite, il nous faut endurer les impertinences de mille qui ne le sont pas. L'un viendra branler les jambes toute une après-dînée sur un coffre, sans dire mot, seulement pour nous monstrer qu'il a des moustaches et qu'il les sçait relever ; l'autre, un peu moins rêveur que celuy-cy, mais non pas plus habile homme..., tranchant de l'officieux, voudra tenir le miroir, attacher un nœud, mettre de la poudre, et, prenant sujet de parler de toutes choses, il le faict avec des pointes aussi nouvelles que la Guimbarde ou Lanturlu ; le troisième, prenant un ton plus haut et trop fort pour son haleine, s'engage inconsidérément à la censure des poëmes que nous avons représentés. » Tous les comédiens écoutent avec patience cette longue tirade qui les flatte, et l'on arrive ainsi à cinq heures : à cette heure, d'ordinaire, la représentation était finie ; mais, ce jour-là, elle n'était pas commencée. Belle-Ombre reste à la porte attendant des spectateurs obstinés à ne pas se présenter. Enfin paraît M. de Blandimare, riche gentilhomme qui court la France à la poursuite d'un coquin de neveu, lequel n'est autre que Belle-Ombre ; celui-ci, sans le reconnaître, lui montre l'affiche près de laquelle il fait sentinelle.

M. DE BLANDIMARE, *lisant l'affiche.*

« Les Comédiens du Roy... Oh ! cela s'entend

sans le dire. Cette qualité et celle de gentilhomme ordinaire de la chambre sont à bon marché maintenant. Mais aussi les gages n'en sont pas grands. Que prend-on ?

BELLE-OMBRE

Huit sols. »

Huit sous! précieux détail, quand on pense que vingt ans après cette comédie, Molière était à Lyon, qu'il avait la même peine peut-être à recruter un public, et que ses premiers admirateurs étaient admis, pour huit sous, dans les jeux de paume où commença sa renommée !

M. de Blandimare, peu confiant dans la recette de cette soirée, invite la troupe à un souper, qui se passe dans l'entr'acte. A l'ouverture du second acte, les comédiens et leur amphitryon sont encore à table.

M. DE BLANDIMARE

« Qu'on apporte à laver ; nous ne faisons plus rien à table. Ça, donnez-moy la main, mademoiselle de Beau....

MADEMOISELLE DE BEAU-SOLEIL

De Beau-Soleil, à votre service, monsieur.

M. DE BLANDIMARE

La faute de ma mémoire est fort excusable, car toutes les terres des comédiens ont tant de rapport aux noms, qu'il est bien difficile qu'on ne les prenne l'un pour l'autre : M. de Bellerose, de Belleville, Beauchâteau, Belleroche, Beaulieu, Beaupré, Bellefleur, Belle-Epine, Beau-Soleil, Belle-Ombre, enfin eux seuls possèdent toutes les beautez de la nature. »

M. de Blandimare a grande autorité auprès de la troupe qu'il traite. Après cette critique des noms et titres, il fait un long dénombrement de toutes les qualités que doit posséder un bon comédien, et prie ses convives de lui réciter quelques vers.

M. DE BLANDIMARE

« Quelles pièces avez-vous?

M. DE BEAU-SOLEIL

Toutes celles de feu Hardy... (M. de Blandimare fait l'éloge de ce poète fécond *qui fami non famœ inserviebat.*) Nous avons encore tout ce jeu imprimé : le *Pyrame* de Théophile, la *Silvie,* la *Chryséide* et la *Sylvanire,* les *Folies de Cardenio,* l'*Infidèle confidente* et la *Philis de Scyre,* les *Bergeries* de M. de Racan, le *Lygdamon,* le *Trompeur puny, Mélite, Clitandre,* la *Veufve,* la *Bague de l'Oubly* et tout ce qu'ont mis en lumière les plus beaux esprits du temps. Mais, pour maintenant, il suffira que nous vous fassions ouïr une églogue pastorale de l'auteur (Scudéry) du *Trompeur puny.*

M. DE BLANDIMARE

Vous n'avez pas mal choisi pour rencontrer mon approbation, car ce gentilhomme dont vous parlez est à mon gré un de ceux qui portent une espée qui s'aide le mieux d'une plume. »

M. de Blandimare est enchanté de l'églogue qu'on lui récite; il demande toute une pièce; dans un élan d'enthousiasme, il se déclare prêt à prendre un rôle dans la troupe, et ne veut plus la quitter désormais. — Suit une tragi-comédie pastorale en trois actes qui n'offre plus pour nous le même intérêt et qui fait corps avec la pièce principale.

Deux autres tragi-comédies, c'est-à-dire deux tragédies dont le dénoûment était heureux, et une comédie succédèrent à la bizarre *Comédie des Comédiens* dans la seule année 1635. *Orante* fut dédiée à la duchesse de Longueville, *Le Prince déguisé* à cette jeune sœur du grand Condé, qui fut aussi plus tard, par alliance, duchesse de Longueville, et la comédie du *Fils supposé* à un ami de l'auteur, le Chevalier de Saint-Georges. On voit que Scudéry savait bien choisir les protecteurs de ses pièces. Ces dédicaces étaient d'ailleurs à peu près les seuls hommages que l'orgueil de Scudéry consentit à accorder aux puissances du jour : il suffit de parcourir ses œuvres pour voir qu'il disait vrai dans ce passage de l'épître à Doris (Mademoiselle du Val) :

> Le cœur que j'ai n'est pas un mercenaire.
> De tant de grands qui sont en l'univers
> Peu, mais très peu se verront dans mes vers.
> Heureux, Doris, dans un séjour champêtre,
> Heureux celui qui n'a sujet ni maistre !
> Heureux, Doris, celuy qui comme vous
> Peut, en repos, aller planter ses choux !

Pellisson, dans son *Histoire de l'Académie*, ne porte pas à moins de dix à douze mille le nombre des vers de Scudéry. Parmi tant de pièces, plusieurs sont dédiées à Richelieu, et une dizaine d'autres au plus à des personnages considérables. Mais toutes ses tragédies étaient autant d'occasions, qu'il ne négligeait pas, de faire sa cour : c'est ainsi que la *Mort de César*, *Didon* et l'*Amant libéral* furent dédiées, celle-ci à la Reine, la seconde au comte de Belin et la première au cardinal de Richelieu.

Scudéry avait accès auprès du Cardinal; il avait servi sous ses ordres en Italie, et d'ailleurs, madame de Combalet, nièce du Cardinal, et M. du Pont de Courlay, son neveu, avaient facilement pu lui présenter le poète. Richelieu se prit d'amitié pour cette fougueuse nature, si généreuse au fond, mais si prompte à vanter ses bonnes qualités; il comprit vite que Scudéry était un homme sûr, et il lui fit volontiers du bien. Le poète chanta dès lors sur tous les tons et dans tous les modes les louanges de son bienfaiteur : après la mort même du Cardinal, par une fidélité honorable, rare alors parmi les poètes, il ne cessa pas de rappeler fréquemment ce nom glorieux. Aussi disait-il au duc de Richelieu en lui offrant son volume de *Poésies:* « Ce volume, aussi bien que la plupart des vingt-huit autres que le public a vus de moi, est tout plein des louanges de ce grand homme. »

C'est en s'appuyant sur la bienveillance du Cardinal que Scudéry osa, dans l'année qui suivit, attaquer une pièce dont son amitié pour l'auteur lui interdisait l'examen. Ne devait-il pas d'ailleurs de la reconnaissance à Corneille, qui avait placé des madrigaux de sa façon en tête des deux pièces de Scudéry, et avait osé témoigner ainsi qu'il les trouvait bonnes ? Le vrai motif de ce duel littéraire ne saurait être ni la jalousie de Scudéry, ni la haine de Richelieu, dont Scudéry se serait fait le second. Le vrai mot de cette énigme nous échappe. Quant aux détails de la lutte et à l'issue du combat, M. Taschereau les a suffisamment rappelés dans sa consciencieuse *Histoire de Corneille,* et nous n'avons pas à y revenir après lui.

Mais pour expliquer les manœuvres de Scudéry contre Corneille, nous sera-t-il permis de hasarder une explication ? A nos yeux, dans cette lutte, il n'est pas nécessaire de faire intervenir Richelieu.

Sans doute, Scudéry était en quelque façon l'homme lige du Cardinal. Un mot de Son Eminence, et le procès du *Cid* n'aurait pas été porté à la barre de l'Académie française. Mais, au moment où s'établissait la célèbre Compagnie, où allait se fonder son autorité, n'était-ce pas rendre un éclatant hommage au génie de Corneille que de choisir sa pièce entre tant d'autres pour forcer les académiciens à produire un acte décisif, où le public, qui l'ignorait, et le parlement, qui le craignait, vissent nettement que l'Académie n'était pas un corps politique, mais une assemblée littéraire? Enfin, la Compagnie naissante avait ses ennemis, et « l'envie, dit Pellisson, en attendait depuis longtemps quelque ouvrage pour le mettre en pièces [1]. » L'appel de Scudéry à l'Académie n'était-il pas, aux yeux du Cardinal, une occasion précieuse pour faire taire les uns et désarmer l'autre ? Dix ans après la mort de Richelieu, c'est-à-dire plus de quinze ans après la publication du *Cid*, Pellisson, lui premier, laisse entrevoir de la part du Cardinal quelque jalousie d'auteur ; Tallemant confirme la méchanceté ; mais Sorel voit dans la conduite du ministre une protestation de l'homme politique contre certaines tendances dangereuses. Quant à nous, nous avons peine à y trouver, pour Richelieu, un intérêt personnel, et quelque nature

---

[1] *Histoire de l'Académie française,* par Pellisson et d'Olivet, 2 vol. in-8°. Paris, Didier, 1858, t. Ier, p. 98, et l'Introduction.

qu'il puisse être ; et il nous semble que le désir de forcer l'Académie à se montrer en public a pu être le seul mobile du Cardinal.

Pour Scudéry, appréciant mal l'intention de son maître, qui ne daignait point sans doute s'expliquer avec lui, il crut nécessaire d'aller jusqu'à se poser en adversaire du *Cid*. D'abord les lauriers d'un rival l'empêchèrent de dormir ; puis il s'anima au combat, et alors il oublia de plus en plus ce qu'il devait à un ami, à un compatriote, à un homme déjà illustre : ainsi s'explique toute sa conduite. Richelieu le laissa agir, pour obtenir de l'Académie un jugement qui la fît connaître, dès le but de son existence, telle qu'elle était ; mais en même temps, il n'épargna rien pour dédommager Corneille des ennuis de ce procès. Des lettres de noblesse conférées à Corneille le père, trois représentations du *Cid* au Louvre et deux au Palais-Cardinal, des marques répétées de sa libéralité, et enfin la permission que donna à l'auteur la duchesse d'Aiguillon, nièce soumise de Richelieu, de lui dédier sa pièce, montrent assez que le Cardinal n'avait contre le poète aucune animosité, et ne se montrait pas des moins empressés à reconnaître, à fêter, à récompenser son génie [1].

Plus d'une fois déjà il était arrivé aux deux rivaux, Corneille et Scudéry, que le temps n'avait pas encore classés, de se trouver en concurrence devant le public. Une circonstance solennelle les avait mis récemment en présence. Le 28 novembre 1634, pendant les fêtes célébrées à l'Arsenal à l'occasion du triple mariage du duc de La Valette,

---

[1] Voyez notre édition de l'*Histoire de l'Académie française ; — Introduction*.

de Puylaurens et du comte de Guiche (depuis maréchal de Grammont), on représenta, devant la Reine et toute la cour, la *Comédie des Comédiens* et *Mélite*[1]. Le succès fut grand de part et d'autre; mais Scudéry l'eût voulu pour lui seul : *indè iræ.* Les deux poètes étaient alors sur un pied d'égalité qu'ils conservèrent quelque temps; mais bientôt Scudéry, déjà mécontent, se vit dépassé par son rival. Qu'étaient les applaudissements donnés à la *Comédie des Comédiens,* à *Orante,* au *Vassal généreux,* auprès de la gloire immense, éclatante, acquise dans toute la France par le *Cid* à son jeune auteur ?

Scudéry comprit enfin qu'il avait fait fausse route. Pour étouffer le succès du *Cid,* il ne fallait pas se mettre à côté pour le harceler, ni attirer l'attention par le bruit même des coups portés; il fallait se mettre au-dessus et le dominer : c'est ce qu'essaya de faire Scudéry; et il donna, dans l'intention visible de continuer le combat avec d'autres armes, son *Amour tyrannique.*

L'*Amour tyrannique* est, comme le *Cid,* une tragi-comédie; comme le *Cid,* elle fut jouée au Palais-Cardinal, non pas deux, mais quatre fois[2]; elle est dédiée aussi à la duchesse d'Aiguillon, et elle fut aussi déférée au jugement de l'Académie française; les circonstances extérieures où elle se produit sont donc les mêmes : mais ce souffle intérieur qui animait le chef-d'œuvre de Corneille, —

---

[1] *Gazette,* du 30 novembre 1634.
[2] « C'est plutôt par l'impatience publique que par ma propre inclination que je me porte à faire imprimer cet ouvrage, car après la gloire qu'il a eue d'estre représenté quatre fois devant Monseigneur et devant vous... » *(Dédicace* à madame la duchesse d'Aiguillon.)

spiritus intùs alit, — manquait à la pièce de Scudéry, et de là l'indifférence, plus cruelle que le mépris, qu'a montrée pour cette pièce la postérité toujours juste.

Un intérêt particulier s'attache à l'une des représentations de cette pièce au théâtre du Palais-Cardinal : un enfant de treize ans, déjà célèbre par son talent précoce pour la poésie, y tint son rôle; sa gentillesse, son esprit et son cœur déjà grand obtinrent, à l'issue du spectacle, la grâce de son père exilé : le père était Etienne Pascal; l'enfant, c'était Jacqueline, sœur de l'auteur des *Provinciales*. « Mondory, qui était de Clermont, et qui avait pris le nom de Mondory, parce que son parrain, qui était un homme de condition de cette ville, s'appelait M. de Mondory [1], » se chargea d'instruire sa jeune compatriote et de régler son jeu : « Monsieur mon père, écrivait Jacqueline, le 4 avril 1639, le lendemain de la représentation de l'*Amour tyrannique* devant M. le Cardinal; je m'en vais vous raconter de point en point tout ce qui s'est passé.

« Premièrement, M. de Mondory entretint M. le Cardinal depuis trois heures jusqu'à sept heures, et lui parla presque toujours de vous, de sa part et non pas de la vôtre...; il lui dit tant de choses qu'il obligea M. le Cardinal à lui dire : « Je vous promets de lui accorder tout ce qu'elle me demandera. » M. de Mondory dit la même chose à madame d'Aiguillon, laquelle lui disoit que cela lui faisoit grande pitié, et qu'elle y apporteroit tout ce qu'elle pourroit de son côté. Voilà tout ce qui se passa devant

---

[1] Voyez *Jacqueline Pascal,* par M. Cousin. Paris, Didier 1 vol. in-8º.

la comédie. Quant à la représentation, M. le Cardinal parut y prendre grand plaisir, mais principalement lorsque je parlois. Il se mettoit à rire, comme aussi tout le monde de la salle. »

Richelieu avait ri; il était désarmé. L'enfant n'eut pas de peine à obtenir ce qu'elle désirait, et cette journée ne fut pas seulement utile à son père, mais à son frère même et à toute sa famille, que Son Eminence apprit à connaître.

Cette pièce, il faut en convenir, n'était guère de celles qu'il nous semblerait aujourd'hui convenable de faire jouer par des enfants. Je remarque toutefois que, dans le rôle si court de Cassandre [1], tenu par Jacqueline Pascal, aucun des vers qu'elle prononce, vingt-cinq tout au plus, ne présente d'idées par trop étrangères à son jeune âge, à ses treize ans; et si elle brilla, ce fut vraisemblablement plutôt par sa tenue que par son débit.

Voici le sujet, qui touche d'assez près à celui de *Britannicus*, traité plus tard par Racine.

Un jeune prince, vertueux jusque-là, marié, comme Néron, et comme lui, maîtrisé, tyrannisé par une passion qu'il ne peut vaincre, oublie tous ses devoirs et veut à tout prix enlever la femme du Roi son beau-frère. Un sujet du prince, son gouverneur, un autre Burrhus, essaye de le détourner de ce fatal dessein : ses efforts sont inutiles, et, comme l'Abner d'*Athalie*, il passe alors au parti contraire. Vaincu enfin dans ses projets, le Roi revient à la vertu : dénoûment maladroit que Racine n'a eu garde d'imiter; mais dénoûment heureux, suivant la poétique du temps, et qui per-

---

[1] Scudéry lui-même nous apprend que tel fut le personnage représenté par Jacqueline (*Poésies*, 1649, 1 vol. in-4°, p. 320).

mit de donner à cette pièce le titre de tragi-comédie.

Sous le nom de Sillac d'Arbois, Sarasin, ami de Scudéry, fit un pompeux discours pour prouver que l'*Amour tyrannique* était le plus parfait des poëmes dramatiques ; examinant tour à tour la fable, les mœurs, les sentiments et la diction, il arrive à conclure ainsi : « Puisqu'il n'y a pas une seule beauté qui manque à l'*Amour tyrannique,* il ne seroit pas raisonnable qu'il s'y rencontrât un seul manquement » ; et pour le prouver, il va jusqu'à dire : « J'avoue que je n'ai jamais pensé à la disposition de cette fable, qu'elle ne m'ait souvent tiré en secret, et sans l'aide des vers ni du spectacle, les larmes que tout le monde n'a pu dénier à sa représentation, et qui ont arrosé les galeries et le parterre [1]. »

Malgré ces exagérations ridicules, Pellisson, dans sa préface en tête des *Œuvres de Sarasin,* n'hésite pas à faire l'éloge de « ce Discours sur le fameux poëme de M. de Scudéry », discours « qui mérita mille louanges à son auteur : jusque-là que feu M. de Balzac, qui étoit déjà au plus haut point de sa gloire, sur cette simple lecture l'estima assez pour lui offrir le premier son amitié [2]. »

Sarasin avait dédié son travail à Messieurs de l'Académie française, comme « les juges de nos belles-lettres, » et « afin qu'ils en prononçassent souverainement l'arrêt. » — Mais l'Académie avait fait ses preuves ; Richelieu, sans doute parce qu'il trouvait inutile qu'elle se commît de nouveau

---

[1] *Œuvres de Sarasin,* publiées par G. Ménage, 1 vol. in-4°, 1656, p. 260 et 264.

[2] *Discours sur les Œuvres de M. Sarasin,* p. 17 (en tête du volume cité).

en public, ne jugea pas à propos qu'elle répondit à l'appel de Sarasin : du moins on peut l'inférer de ces dernières paroles, dont le fond seul nous importe, c'est que « le divin cardinal de Richelieu, ce grand esprit, a défendu à l'auteur de l'*Amour tyrannique* de répondre, si jamais la malice des hommes l'attaquoit au préjudice de la vérité; » mécontent même peut-être de la provocation de Sarasin, il disait encore : « que l'*Amour tyrannique* estoit un ouvrage qui n'avoit pas besoin d'apologie, et qui se deffendoit assez de soy-même [1]. »

Il n'est pas besoin de dire que Sarasin n'interprète point comme nous ces paroles; mais le sens que nous y attachons résulte clairement à nos yeux de la conduite de Richelieu envers l'Académie, qu'un acte important, comme l'examen du *Cid,* suffisait à classer et à distinguer des corps politiques, avec lesquels les étrangers affectaient de la confondre [2].

Dans le mois qui suivit la fameuse représentation donnée au Palais-Cardinal, Scudéry publia, je ne sais à quelle occasion, une *Apologie du théâtre* [3]. Il y entreprend la défense des poëtes qui s'occupent du théâtre, des pièces qui s'y jouent et des acteurs qui les représentent, enfin « des illustres personnes qui s'y plaisent. » Un relevé des autorités qu'il cite occuperait plusieurs pages; Montaigne, « le Sénèque françois, » y coudoie la Bible; saint Augustin et Etienne Pasquier, Plutarque et Virgile, Aulu-Gelle et Macrobe, Suidas et Suétone, Horace, Pline,

---

[1] *Œuvres de Sarasin,* p. 284.
[2] Voir la nouvelle édition de l'*Histoire de l'Académie,* t. I, p. 222 et 400.
[3] *Apologie du théâtre,* par M. de Scudéry. Paris, Courbé, 10 may 1639, in-4° de cent pages.

Aristote, Platon, toute l'antiquité et quelques modernes y sont évoqués tour à tour. La *Genèse* y figure pour soutenir le raisonnement suivant : « Le talent dramatique est inné dans l'homme, car on a dit : *Nascuntur poetæ.* Or la Bible dit de tout ce que Dieu créa qu'il vit que cela étoit bon : donc l'inclination naturelle est bonne, qui porte à écrire pour le théâtre. » Ce syllogisme bouffon, sérieusement produit, est suivi d'éloges infinis en faveur des acteurs anciens de la Grèce et de Rome, et, parmi les modernes, du seul Mondory, puis, enfin, d'attaques contre les seigneurs ignorants de la Cour et les badauds du parterre; des premiers, il dit : « Lorsqu'ils se contenteront de dire qu'une pièce est belle, sans approfondir les choses, leur bonne mine, leur castor pointu, leur belle teste, leur collet de mille francs, leur manteau court et leurs belles bottes, feront croire qu'ils s'y connoissent ; » les seconds « ne sont pas capables de goûter les bonnes choses : qu'ils imitent au moins les oies qui passent sur le mont Taurus, où les aigles ont leurs aires, c'est-à-dire qu'ils portent une pierre au bec qui les oblige au silence. » On le voit, le temps ne peut adoucir le rude caractère de Scudéry ; nous avons toujours affaire aux mêmes extravagantes insolences.

S'il ne perdait rien de ce tempérament batailleur qui l'exposait si souvent aux querelles, Scudéry, dans la force de l'âge, et, pour ainsi dire, dans toute sa puissance de production, n'arrêtait pas sa verve. Cinq tragédies, peut-être six, en comptant *Lucidan* ou le *Héraut d'armes,* qui lui est attribué, composées dans le court espace de cinq années, prouvent et de reste combien était *fertile* cette *plume* du *bienheureux Scudéry,* dont s'est raillé la satire de Despréaux. *Eudoxe, Andromire, Ibrahim* ou l'*Illustre Bassa, Axiane,* et enfin *Arminius* n'épuisent même pas cette veine intarissable.

Eudoxe est une des tragédies de Scudéry les mieux écrites. Si les détails de l'action y sont faibles, si la passion y est brutale, si le dénoûment, heurté et mal motivé, est impossible, le langage y est pour l'ordinaire assez élevé, de nobles sentiments y éclatent, et la vertu s'y exprime en bons termes ; un des rôles surtout, celui de Thorismond, fils de Genséric, est généralement bien soutenu et présente quelque intérêt. Sous le titre de *Genséric,* madame Deshoulières a repris tous les personnages de cette pièce; en la refaisant, elle n'a eu garde de s'y permettre cette odieuse scène de viol, risquée par Scudéry, qui avait alors pour excuse l'indulgence d'un temps où Corneille ne craignait pas d'introduire la prostitution sur le théâtre (dans *Théodore).*

Andromire est, comme *Eudoxe* et la plupart des pièces de Scudéry, une tragi-comédie. Le poète affectait de traiter ce genre d'ouvrage qui, après avoir excité la terreur ou la pitié, comme la tragédie, rassurait l'esprit par un dénoûment heureux : « Ce beau et divertissant poëme, dit-il dans la préface, sans pencher trop vers la sévérité de la tragédie, ni vers le style railleur de la comédie, prend les beautés délicates de l'une et l'autre, et, sans être ni l'une ni l'autre, on peut dire qu'il est toutes les deux ensemble et quelque chose de plus... Je ne sçais si j'ai raison de me faire une loi de mon expérience ; mais je sçais bien que de treize poëmes que j'ay composés pour le théâtre, et qui tous ont été reçus du public plus favorablement que je ne le méritois, les tragi-comédies ont été les plus heureuses. » *Andromire,* bien entendu, n'a pas eu, à en croire l'auteur, moins de succès que les précédentes. Passons.

Ibrahim, qui suivit, est la mise en action du long roman, en quatre gros volumes, publié par Scudéry en 1641, sous son nom, bien que sa sœur Madeleine eût fait l'ouvrage. Déjà, on le voit, nos auteurs avaient le talent de faire d'un sac plusieurs moutures. Il dit lui-même, toujours fidèle à ses habitudes de vanité satisfaite, que « *l'Illustre Bassa* avoit été trop heureux en roman pour ne l'être pas en comédie. » Scudéry dédia la pièce au prince de Monaco, dont Isabelle, héroïne du poème, est donnée comme une des ancêtres. Le roman eut les honneurs de plusieurs éditions et fut même traduit en italien [1]. La pièce reçut plusieurs suites, l'une entre autres de Desfontaines, sous le titre de *Perside ou la Suite d'Ibrahim Bassa* (1644), et fut reprise en 1681, sous le titre de *Soliman,* avec les mêmes personnages, par l'acteur de La Thuillerie : ce fait permet de penser que la pièce de Scudéry ne lui avait pas survécu.

Le roman d'*Ibrahim* fournit encore à Scudéry le sujet d'une autre pièce : c'est *Axiane,* tragi-comédie qu'il écrivit en prose, forcé qu'il fut d'abdiquer la poésie par un de ses amis, auteur de pièces en prose, à qui il avait soutenu que les vers étaient nécessaires au théâtre tragique, et qui, après le succès de ses propres œuvres, exigea de lui cette concession.

Cet ami, qui n'était autre, sans doute, que l'abbé d'Aubignac, rendit à Scudéry un mauvais service :

[1] Venise, 1684. — 2 vol. in-12.

on ne saurait trouver de pièce plus ennnuyeuse, à moins d'en venir aux tragédies de l'abbé lui-même.

La dernière œuvre dramatique de Scudéry est *Arminius*, qu'il avait évidemment composé pour rivaliser avec le *Cinna* de Corneille. Mais quelle différence ! Cependant les frères Parfait, généralement sévères pour le poète, conviennent que « la tragédie d'*Arminius* a de vraies beautés, qu'on y trouve de l'esprit, de l'art, des situations, des sentiments, et qu'elle est, outre cela, régulière. » Quant à Scudéry, après avoir fait dans la préface, une sorte d'histoire de tous ses poëmes dramatiques, il montre qu'il ne pense pas moins de bien de celui-ci ; il en parle ainsi : « Enfin, lecteur, il ne me reste plus à nommer que le grand *Arminius*, que je vous présente, et par lequel je prétends finir un si long et si laborieux travail : c'est mon chef-d'œuvre que je vous présente en cette pièce, et l'ouvrage le plus achevé qui soit jamais sorti de ma plume, soit pour la fable, pour les mœurs, pour les sentiments ou pour la versification. Il est certain... que si mes labeurs avoient pu mériter une couronne, je ne l'attendrois que de ce dernier ». Nous avons trop longuement parlé déjà du théâtre de Scudéry pour pouvoir insister sur cette pièce : nous nous bornerons à remarquer que le fameux vers :

A vaincre sans péril on triomphe sans gloire

se trouve déjà dans *Arminius* :

Et vaincre sans péril seroit vaincre sans gloire.

Scudéry travaillait encore pour le théâtre avec cette effrayante fécondité qu'on lui connaît, quand l'évêque de Grasse, le *Nain de Julie,* comme on l'appelait, grave et sérieux quand il le voulait, lui écrivit pour tâcher de l'attirer à Dieu : « Pensez-vous lui disait-il, que sans ingratitude vous puissiez lui refuser l'hommage de votre voix? Après les Eudoxe, ne voulez-vous point faire parler les Agathe ou les Cécile? Le théâtre de la céleste Jérusalem mérite bien, ce me semble, qu'on ne le laisse pas vuide. Que vous auriez d'illustres spectateurs! que votre louange seroit solide! que votre récompense seroit glorieuse [1] ! » Mais le poëte guerrier ne se laissa point convaincre par ces pieux conseils. S'il quitta le théâtre, il n'en persista pas moins dans une voie toute profane, comme le montre sa traduction des *Harangues académiques* du Manzini : travail bizarre, dont nous ne comprendrions plus aujourd'hui l'intérêt, mais qui avait cependant alors une certaine vogue.

On sait combien étaient nombreuses en Italie ces réunions de lettrés qui, sous le nom d'Académies lunatiques, obscures, folles, ou tout autre nom burlesque, répandaient dans toute la péninsule le goût des choses de l'esprit, des dissertations délicates, des discussions galantes. Sur le modèle de ces façons d'académies, mais avec un nom plus sérieux, s'étaient formées en France diverses assemblées, comme, par exemple, chez la vicomtesse d'Auchy : nous avons encore, dans les *Œuvres de Vion d'Alibray*, des morceaux de prose qui, à n'en pas douter, y furent prononcés. Or, c'était pour donner des exemples de ce qui se faisait au delà des monts que Scudéry traduisit, en 1640, les œuvres d'un des nombreux écrivains qui avaient

---

[1] Lettre du 16 août 1641. — Dans le *Recueil des Lettres de M. Godeau,* Paris, 1723, 1 vol. in-12.

donné à l'Italie leurs élucubrations académiques. Seulement, il se garda bien de s'astreindre à une fidélité rigoureuse : il savait trop « que les goûts des nations sont différents, que ce qui est galant à Rome est ridicule à Paris, » et il revêtit sa traduction de couleurs toutes personnelles.

Chacune des harangues est précédée d'un argument qui en indique le sujet et l'occasion, et suivie d'une sorte d'épilogue qui dit le succès obtenu soit à l'Académie des Humoristes, soit à l'Académie des Endormis, soit à l'Académie de la Nuit, où elles furent toutes prononcées. Plus tard, en 1665, Scudéry composa sur le même plan des *Harangues des femmes illustres,* que nous nous bornons à signaler et qui ne présentent pas autrement d'intérêt.

L'époque où nous sommes arrivés nous montre Scudéry retiré du théâtre. Il est malade, et des occupations d'un ordre à ses yeux plus relevé le détournent de ses premiers travaux : Richelieu, cédant aux sollicitations du pieux évêque de Lisieux, Cospeau, l'ami et le protecteur des gens de lettres, et de la marquise de Rambouillet, avait donné à Georges de Scudéry le gouvernement de Notre-Dame-de-la-Garde, forteresse voisine de Marseille et qui dominait un rocher élevé : il n'aurait pas voulu, disait madame de Rambouillet, accepter un gouvernement dans une vallée : « Je m'imagine, ajoutait-elle, le voir sur le donjon de Notre-Dame-de-la-Garde, la tête dans les nues, regarder avec mépris tout ce qui est au-dessous de lui. » L'orgueilleux écrivain était homme, en effet, à s'applaudir de bonne foi de cette circonstance. Mais s'il avait des travers, il avait en même temps de nobles qualités : nul ne montra jamais plus de reconnaissance pour ses bienfaiteurs. Ses poésies sont pleines de témoignages des services qu'il en a reçus.

Confiant dans l'intérêt que lui portait Richelieu, c'est à lui qu'il s'adresse dans ses nécessités; la commission de gouverneur qui lui fut donnée nous en fournit une nouvelle preuve. On oubliait facilement de lui payer les gages de son emploi : il recourut « au Cardinal, dans le temps qu'il revint de Perpignan : »

> De Nostre-Dame-de-la-Garde
> Où je m'en vay servir sous toy,
> L'on commande ce qu'on regarde,
> Et tout est au-dessous de moy.
>
> Mais malgré cette illustre grâce,
> Qui rend mon sort illustre et beau,
> Sans toy cette importante place
> Seroit celle de mon tombeau...
>
> Grand Duc, oste-moy cet obstacle,
> Prends soin d'un soldat qui te sert,
> Et fais, par un nouveau miracle,
> Pleuvoir la manne en ce désert;
>
> Fais que le Roy m'y continue
> Ce que mes devanciers ont eu;
> C'en est fait : ma peur diminue,
> Tu vas protéger la vertu [1]...

Le Cardinal accueillit-il cette prière? On peut le penser en voyant, dans les *Historiettes* de Tallemant des Réaux, le poète quitter Paris avec sa sœur, ses meubles et ses tableaux, dont il avait déjà une riche galerie, et où l'on remarquait, dit le

---

[1] *Stances pour feu mondit seigneur à son retour de Perpignan; Poésies*, p. 275.

même auteur, « tous les portraits des illustres en poésie, depuis le père de Marot jusqu'à Guillaume Colletet ».

A peine arrivé dans son nouveau poste, Scudéry, sous l'influence de l'enthousiasme que lui inspirait la beauté grandiose du lieu, en fit une description trop longue peut-être, mais riche en traits heureux. Il la termine en donnant des regrets aux nobles amis qu'il a quittés, et entre autres à madame de Rambouillet et à Julie sa fille :

> C'est nommer la vertu que nommer Arthénice ;
> Elle est l'amour des bons, elle est l'effroy du vice,
> Et son esprit divin plus grand que l'univers,
> A cent fois espuisé nostre encens et nos vers.
> Ouy, par elle la France égalle l'Italie ;
> L'une a son Arthénice et l'autre a sa Julie ;
> Fille égale à sa mère, en beautez, en pouvoir,
> Et qui n'ignore rien de ce qu'on doit sçavoir.
> Telle dessus vos bords, adorable, mais fière,
> Se fit voir autrefois la déesse guerrière,
> Lorsque contre Neptune elle osa disputer
> Ce que, depuis, Ovide a sceu si bien chanter.
> Julie en a le port, Julie en a la taille ;
> La majesté la suit, en quelque part qu'elle aille ;
> Et les Muses cent fois, à son port, à son pas,
> L'ont prise pour Minerve et ne la quittoient pas.

C'est ainsi que Scudéry payait la dette de la reconnaissance. Depuis cette époque, 1643, il n'élève plus la voix que pour chanter des hymnes funèbres en l'honneur du grand Armand, que la France venait de perdre. Revenu alors à Paris, il y resta quelque temps ; et c'est seulement au milieu de l'automne de 1647 qu'il songea à rentrer dans son gouvernement. Il y était déjà, fort tranquille sans doute, lorque la *Gazette,* par le récit d'un accident qui lui était arrivé, mais dont il était sorti heureusement, vint porter l'inquiétude dans l'esprit de ses amis de Paris. On lisait en effet dans le journal de Renaudot, parmi les nouvelles adressées d'Avignon à la date du 16 octobre, ces lignes affligeantes : « On a ici appris la mort du sieur Scudéry, arrivée à une lieue et demie au-dessus de Valence, au passage de la rivière de l'Isère, par l'ouverture du bateau qui se fendit, en venant de Paris avec une sienne sœur, pour se rendre à son gouvernement de Notre-Dame-de-la-Garde, de Marseille, dont le Roy défunt l'avoit honoré depuis quelques années à la recommandation du feu cardinal-duc de Richelieu, qui avoit en singulière estime et son bel esprit et sa grande capacité dans la poésie. » — Heureusement, la nouvelle s'en trouva fausse; Scudéry avait encore de la gloire à conquérir [1].

Son séjour à Notre-Dame-de-la-Garde ne fut signalé par aucune œuvre nouvelle ; il semblait y oublier tout le monde et s'y oublier lui-même, quand la faim, qui chasse, dit-on, le loup du bois, le força à quitter et sa retraite et la paresse qu'il y entrenait. Depuis longtemps il avait l'honneur, honneur qu'il répudiait, d'être le créancier du Roi. « Il voyoit ses soldats pâles, défigurés », mal payés, et pressés par la famine,

> N'espargner ni souris ni rats.

Il craignait pour lui-même le sort d'Actéon qui

---

[1] Depuis la première publication que nous avons faite de cette notice, dans *le Moniteur*, M. Cousin a imprimé des lettres charmantes de Mlle de Scudéry, relatives au voyage et au séjour qu'elle fit en Provence avec son frère. — Voy. *La Société française au* XVII*e siècle.*

déchira sa meute; dans son effroi, s'adressant à sa Muse : Va, lui disait-il,

> Eslance-toy de ce donjon,
> Quitte ta stérile montagne,
> Et, laissant à gauche l'Espagne,
> Vole à Paris, mon cher soucy,
> Où l'on mange bien mieux qu'icy.

Une pensée cependant l'arrête : — Mais, ajoute-t-il,

> Mais dans ce séjour de nos princes,
> Où paroît peu dame Vertu,
> Muse, à qui t'adresseras-tu ?
> Tu verras tel portant couronne
> Que maint estaffier environne,
> Qui, ma foy, ne mérite pas
> D'estre mieux coiffé que Midas.
> En vain pour gagner leur estime
> Tu dirois miracles en rime :
> Ces godelureaux parfumez
> N'aiment plus que les bouts-rimez.
> Adieu, rondeaux! adieu, ballades!
> Adieu cartels et mascarades!
> Les épigrammes, les sonnets,
> Sont bons à siffler sansonnets :
> La stance, l'élégie et l'ode,
> Tout cela n'est plus à la mode :
> L'héroïque Muse a campos.

Il ne se décide donc pas facilement à partir; ou, du moins, parlant au nom de la Muse, il s'adressera d'abord au Surintendant, et lui demandera :

> .... Que cette modeste Muse
> Obtienne aujourd'huy pour tout bien
> Que le Roy ne luy doive rien.

Il paraît que le Roi continua à rester son débiteur et que, la dette n'étant pas payée, Scudéry fut forcé de quitter Notre-Dame-de-la-Garde. L'heure des troubles avait déjà sonné ; les routes étaient peu sûres ; partout on rêvait voir des gens d'un parti contraire, et l'on cherchait, selon sa force, à les fuir ou à s'en saisir.

C'est dans ces circonstances que Scudéry et sa sœur se mirent en route pour Paris.

Les moments étaient précieux. Il fallait regagner à force de travail, enlever à la pointe de la plume, ce qu'on avait négligé, par indolence, de s'assurer pendant les loisirs d'un séjour en province. Nos deux beaux esprits composaient donc, chemin faisant, le roman d'*Artamène ou le grand Cyrus*. Une nuit qu'ils s'étaient arrêtés au Pont-Saint-Esprit, retirés dans une chambre d'auberge, ils réglaient le sort de leurs personnages. « Que ferons-nous, disait à sa sœur le poète-soldat, du prince Mazare ? — Il faut le tuer », répondait, sans hésiter, la sœur implacable et sanguinaire. Des marchands, couchés dans une chambre voisine, entendirent ce sinistre propos. Ils se lèvent en hâte. Les uns font sentinelle à la porte des assassins, un autre court avertir la justice. La garde arrive ; on entre précipitamment dans la chambre des criminels, alors paisiblement endormis : pour qui le remords est-il donc fait ? et sans entendre leurs explications, on les emmène d'abord en prison, où ils passent la nuit ; le lendemain, assez tard, à une heure convenable, on les conduisit chez le magistrat du lieu, avec toutes les mesures de précaution dont on doit user envers les grands coupables, accusés et convaincus d'attentats contre la vie des princes. Là, non sans peine, on s'expliqua, et l'on finit par s'entendre. Scudéry et sa sœur, après une nuit d'angoisses et de mauvais traitements, furent mis enfin en liberté.

Nous avons laissé les deux romanciers sur le chemin de Marseille à Paris. Arrivés, non sans grandes difficultés, dans cette ville où ils devaient trouver tous leurs amis partagés en deux camps par la guerre civile, ils prirent eux-mêmes bientôt parti. Scudéry, dès le début, s'attacha au prince de Condé, et lorsque le prince abandonna le parti de la cour, le poète lui-même se montra hostile à Mazarin, successeur de Richelieu, son maître, et continua à suivre la fortune du nouveau patron qu'il s'était choisi.

Il ne négligeait pas cependant de poursuivre les succès réservés à ses travaux littéraires; ainsi, en 1649, il publia cet ouvrage que l'histoire de l'art revendique avec raison comme une source des plus utiles, *le Cabinet de M. de Scudéry*. C'est un volume de vers sur des tableaux et sur des portraits d'artistes anciens ou contemporains, dont il assure ou suppose que son cabinet est orné. On peut y voir un pur effet de sa vanité. On a dit qu'il ne possédait point tous les chefs-d'œuvre que ses vers ont glorifiés. J'en crois les critiques; mais il est certain qu'il avait de nombreux portraits des poètes de son temps, et qu'il mettait tout en œuvre, jusqu'aux importunités, pour se les procurer; à tel point que Chapelain, mécontent de son insistance, faillit se brouiller avec lui; il est certain aussi, nous l'avons vu, qu'en partant pour son gouvernement « il s'étoit obstiné à transporter bien des bagatelles et tous les portraits des illustres en poésie [1]. »

[1] Tallemant des Réaux, *Historiette* de Scudéry, édit. in-18, t. IX.

La même année où Scudéry publia son *Cabinet*, il donna aussi un volume de *Poésies*. Aucune analyse ne saurait présenter une idée de cette abondante collection de pièces de toute sorte : élégies, épîtres, odes, épigrammes, madrigaux, stances, descriptions, rondeaux, sonnets surtout montrent la fécondité et la variété de son talent. Nous regrettons de ne pouvoir citer tous les beaux vers de ce volume; mais nous ne croyons pas nous avancer légèrement en disant que le tiers au moins du recueil est très remarquable; et si nous ne nous prononçons pas d'une manière plus favorable, c'est pour éviter d'être accusé d'exagération et pour ne pas rompre trop rudement en visière à l'opinion reçue. Qui sait? Un temps viendra peut-être où des gens de goût trouveront trop timide un éloge que nous croyons presque téméraire.

L'année suivante, il profita de son séjour à Paris pour demander à ses amis, « aux illustres » du temps, la place que la mort de Vaugelas, arrivée, selon Guichenon, en février 1650, laissait vacante à l'Académie. Il fut élu. A ce sujet, Tallemant raconte la petite historiette que voici : « Conrart, comme secrétaire de l'Académie, recueille tous les compliments des réceptions. Scudéry lui envoya le sien, où il y avoit cent fanfaronnades, et, quelques jours après, il lui écrivit qu'il le prioit d'ajouter ces trois lignes en un tel endroit : « L'Académie se « peut dire à plus juste titre *porphyrogénète* (née « dans la pourpre) que les empereurs d'Orient, « puisqu'elle est née de la pourpre des cardinaux, « des rois et des chanceliers. » — Tallemant dit si souvent vrai, qu'il n'est pas inutile de le reprendre quand il sacrifie la vérité à un bon mot ou un bon conte, ne fût-ce que pour montrer qu'on ne peut pas toujours attacher à ses récits une foi absolue. Ici, par exemple, il a été mal informé. Nous avons encore le discours de Scudéry [1]. On ne voit pas trop où aurait pu s'y introduire la phrase citée par l'auteur des *Historiettes,* phrase qui se trouve, du reste, à peu près, dans la dédicace de l'*Alaric;* en cherchant bien même, il est impossible de trouver dans cette harangue le caractère habituel de Scudéry, sinon peut-être dans ce passage, le seul où le nouvel académicien parle de lui :

« Je ne sçay, dit-il après avoir fait l'éloge du cardinal de Richelieu, du chancelier Séguier, du Roi et de la Compagnie, je ne sçay comment j'ay l'audace de venir mêler les défauts qui sont en moy avec les perfections qui sont en vous, et d'oser me mettre au rang des Dieux, moy qui suis parmy le commun des hommes. Il est vray que je suis d'une profession à qui la témérité est sinon permise, au moins tolérée; en un mot, je suis soldat, et par conséquent obligé d'être hardy. Et puis, Messieurs, je ne me présente pas à votre illustre corps avec la croyance d'en être digne, mais avec l'intention de tâcher de me le rendre, et de vous témoigner par mes services, à tous en général et à chacun en particulier, combien je me sens votre redevable de l'honneur que vous me faites. » S'il y a là des fanfaronnades, pour parler comme Tallemant, ce sont, il faut en convenir, de ces fanfaronnades de réserve intéressée, dont La Harpe a dit :

L'excès de modestie est un excès d'orgueil.

Il semble que Scudéry, venu à Paris après quelques années d'absence, ait hâte de dépenser les

---

[1] Recueil des *Harangues de MM. de l'Académie françoise,* 1 vol. in-4°, Paris, J.-B. Coignard, 1698.

trésors de belle prose et de fine poésie dont son imagination avait fait des économies forcées pendant son séjour dans la province. Sa sœur partage cette sorte d'exaltation fiévreuse. Tous deux unis dans une commune collaboration, dont une part, si petite qu'on voudra, mais une part certaine, appartient au frère, écrivent, partie sur des mémoires reçus de Paris, partie d'après des faits auxquels ils ont été mêlés, comme acteurs ou comme témoins, ce prodigieux ouvrage dont nous les avons vus tracer le plan dans une hôtellerie de grand chemin. *Artamène ou le grand Cyrus* parut en 1650. On sait que, sous des noms de fantaisie, y sont représentés des personnages réels, et que le prétendu roman n'est, à vrai dire, autre chose qu'une histoire contemporaine. Tout l'ouvrage tourne autour du prince de Condé, déguisé sous les deux noms d'Artamène et de Cyrus; madame de Longueville, sa sœur, y paraît sous le nom de Mandane, et plusieurs faits historiques, dont ils sont les héros, y sont rappelés avec la plus fidèle exactitude. On conçoit d'ailleurs que Scudéry, qui, publiant le livre sous son nom, l'avait dédié à madame de Longueville, ait poussé jusqu'au scrupule le désir de la représenter, elle et les siens, avec une ressemblance qui empêchât toute confusion.

Le premier acte de la Fronde était achevé. Condé, assez maître de lui et de ses ressentiments pour les faire taire devant le devoir, avait porté à la cour et à Mazarin son épée encore bien jeune et déjà glorieuse; le succès lui avait été fidèle dans cette triste campagne de Paris où il perdit Châtillon. Scudéry n'avait donc pas à craindre de choquer les puissances en célébrant le jeune prince qui les avait sauvées. D'ailleurs son dévouement à la maison de Condé remontait à une date déjà ancienne. Dès 1636, il avait dédié à mademoiselle de Bourbon sa tragédie du *Prince déguisé*. En offrant à madame de Longueville son roman d'*Artamène*, il ne faisait donc que tenir à la femme les promesses faites à l'enfant.

Entre la dédicace du premier livre et l'impression du dixième et dernier, les événements avaient changé de face, et les hommes de parti. Madame de Longueville avait gagné son illustre frère au parti des révoltés. Scudéry n'en resta pas moins fidèle, et plus d'une fois, en portant à la princesse ses volumes nouvellement parus, il eut à courir de vrais dangers. C'est ce qu'il nous apprend dans l'épître dédicatoire placée en tête de son dernier tome : Madame, lui dit-il, *Cyrus* veut finir par où il a commencé, et vous rendre ses derniers devoirs comme il vous a rendu ses premiers hommages. Votre Altesse sait que dans la plus grande chaleur de la guerre et durant la plus aigre animosité des partis, l'on a toujours vu vos chiffres, vos armes, votre nom, vos livrées et des inscriptions à votre gloire sur ses drapeaux ; qu'il n'a point craint la rupture entre les couronnes, et qu'il vous a été trouver en des lieux où il ne lui estoit pas possible d'aller sans estre obligé de faire voir de quelle couleur estoit son écharpe, et sans qu'on lui demandast : *Qui vive !* Si bien, Madame, qu'après avoir passé à travers les armées royales pour s'acquitter de ce qu'il vous devoit, il n'a garde d'estre moins exact, en un temps... où l'on ne peut plus l'arrester sans violer le droit des gens aussi bien que l'amnistie. »

S'adressant ensuite au lecteur, il confesse qu'une

maîtresse adorée — la gloire, « cette belle dame dont la possession ne lasse point », — le force à entreprendre un nouveau labeur; en même temps, il annonçait et le roman de *Clélie* et « un poème héroïque d'onze mille vers, fait pour cette grande reine de Suède, qui est aujourd'huy l'objet de l'admiration de toute la terre. » De nouveaux loisirs permirent à Scudéry de s'occuper de ces deux travaux durant les troubles; une petite intrigue pour M. le Prince le força à se retirer à Granville, en Normandie; c'est là sans doute qu'il reçut de la part de madame de Longueville, exilée à Montreuil-Bellay, en Anjou, un portrait enrichi de diamants qui pouvait bien valoir douze cents écus : elle n'avait, dit Tallemant, rien de meilleur à lui donner.

Scudéry sut habilement tirer parti du prestige dont l'environnaient son exil et sa renommée. C'est alors, s'il en faut croire Tallemant, qu'il épousa mademoiselle de Martin-Vast, d'une bonne famille de Normandie, alliée, paraît-il, au président de Bauquemare, beau-frère du duc de Saint-Aignan. Les circonstances de ce mariage méritent d'être rapportées. « Comme il s'étoit retiré à Granville, en Normandie, à cause d'une petite intrigue pour M. le Prince, durant les troubles, feu madame de l'Espinay Piron, une veuve qualifiée du pays, passant par là, vit notre auteur qui se promenoit. Elle demanda qui il étoit. On le lui dit. A ce nom de Scudéry, elle lui fait compliment et le mène chez elle. Une vieille fille de ses parentes, qui étoit avec elle, s'enflamma du grand Georges, et ils se marièrent : mais c'étoit mettre un rien avec un autre rien. »

Bien que Tallemant ne précise pas de date, il est

permis de penser que le mariage se fit vers 1651, et cela semble résulter d'un passage, assez obscur du reste, du *Segraisiana*[1]. Mademoiselle de Martin-Vast n'avait pas alors plus de vingt ans[2] ; lorsqu'elle vint à Paris, ses alliances lui permirent de voir les personnes de la cour les plus haut placées, c'est ainsi qu'elle se lia avec le duc de Saint-Aignan, avec mademoiselle de Portes, mademoiselle de Vandy, mesdames du Vigean et de Montmorency[3], avec le comte de Guiche, M. d'Elbène, Sobieski, depuis roi de Pologne, l'abbé de Choisy, le P. Rapin, et enfin Bussy, pour qui elle fut longtemps une correspondante très active, et dont elle put même procurer le retour d'exil : « De toutes les femmes que la correspondance de Bussy nous fait connaître, madame de Scudéry, dit Walckenaër, est incontestablement, après madame de Sévigné, celle qui mérite la préférence. Elle est loin d'avoir l'imagination vive et brillante de la petite-fille de sainte Chantal; mais son style, moins figuré, moins animé, est plus correct; sa raison est plus calme, et son jugement moins variable; elle apprécie mieux le monde; ses réflexions, elle les tient de

---

[1] Madame de Rambouillet, — mais elle n'était pas veuve alors, — ayant appris dans le même temps et le mariage de Scarron et le mariage de Scudéry, aurait dit en riant qu'elle craignait que l'envie ne lui prît aussi de se marier; or le mariage de Scarron, dont on rapproche celui de l'auteur d'*Alaric*, est de 1651.

[2] Selon M. Walcknaër, elle avait trente-six ans à l'époque de la mort de son mari.

[3] Madame de Montmorency, dont il est ici parlé, et dont on a recueilli plusieurs lettres dans la correspondance de Bussy, n'est autre que cette demoiselle de Palaiseau dont Scarron et Scudéry furent amoureux. — Voyez le *Segraisiana*. — Nous en parlerons plus loin.

son expérience et de ses propres observations. L'expression de ses pensées est toujours simple, forte, naturelle et digne, en parfait rapport avec la noblesse de ses sentiments et l'élévation de son âme. » Nous n'ajouterons rien à cet éloge de la compagne que se donna Scudéry, déjà rendu à l'âge de cinquante ans : quant à lui, c'était, dit-elle, à ses yeux, « un fort bon homme, qui étoit de mes amis comme s'il n'eût pas été mon mari, qui m'a toujours louée, toujours estimée, toujours bien traitée. »

Où était ce temps dont parle Segrais, où Scudéry, fou d'amour pour cette mademoiselle de Palaiseau, qu'avait aussi aimée Scarron, venait passer aux Tuileries des journées entières pour la voir, et cachait sous son manteau le morceau de pain qu'il mangeait en l'attendant ? Scudéry l'avait oublié, — cette passion était trop ardente pour durer longtemps, — et il devint, au jugement de sa femme elle-même, le modèle des maris.

Nouveau ménage, nouveaux frais ; comment Scudéry fit-il fasse aux dépenses de sa nouvelle position ? Le gouvernement de Notre-Dame-de-la-Garde était d'un faible revenu, et les désordres de l'Etat avaient amené une grande incertitude dans les payements ; Scudéry n'était pas trop à plaindre cependant, parce que tout ce qui sortait de sa plume se vendait au poids de l'or. Quand parut le *Cyrus*, les éditions s'en suivirent rapidement, mais pas encore assez au gré des lecteurs impatients, qui attendaient les feuilles et se les arrachaient à mesure qu'on les imprimait. Courbé, le libraire, y gagna cent mille écus, et Scudéry lui-même dut, ainsi que sa sœur, en tirer un large bénéfice. Aux sommes qui lui en revinrent se joignit encore, vers le même temps, un autre gain dont il est difficile de préciser le chiffre. A la sollicitation de M. et de madame de Scudéry, dit Sauval[1], on transporta aux sieurs Carton et Boulanger le privilège de la loterie autorisée en faveur du sieur de Chuyes et de madame de Rambouillet, et les profits durent en être partagés entre les deux titulaires et leurs protecteurs.

Peu de temps après, c'est-à-dire en 1654, l'éditeur habituel de Scudéry, Courbé, fit imprimer un ouvrage qui devait être l'*Exegi monumentum* du grand Georges, s'il n'avait eu la passion du papier noirci : je parle de son poème d'*Alaric*. Extérieurement, c'était un magnifique volume in-folio, riche en marges, orné de magniques gravures de Chauveau, comme *le Grand Cyrus ;* le titre formait antithèse à un livre de son ami Mascaron, de Marseille, pour qui il avait fait les vers les plus flatteurs : *Rome délivrée, ou la Retraite de Caïus Marlius Coriolanus* (1646). Avant de l'entreprendre, Scudéry s'était assuré de l'appui de Christine de Suède, qui avait la prétention de compter Alaric parmi ses ancêtres. L'ouvrage, mis sous presse en 1653, fut achevé d'imprimer le 2 mars 1654. En tête figurait un pompeux privilège, arraché de force à la facile complaisance de Conrart, et dont le début flatteur mérite d'être rapporté :

« Louis, par la grâce de Dieu..., etc. — Notre cher et bien amé le sieur de Scudéry, gouverneur de nostre chasteau de Nostre-Dame-de-la-Garde, en Provence, et capitaine entretenu sur nos galères, nous a fait remonstrer qu'il a composé un poëme héroïque intitulé *Alaric ou Rome vaincue,*

---

[1] *Antiquités de Paris*, t. III, p. 82, l. XIV.

lequel il a dessein de mettre en lumière avec des figures dessinées et gravées par les meilleurs maîtres qui soient aujourd'huy, pour le rendre plus digne de la dédicace qu'il prétend en faire à la sérénissime reine de Suède, nostre très-chère et très-aimée bonne sœur, cousine et alliée, qui par ses rares vertus et ses libéralités royales attire l'admiration et les vœux des personnes d'esprit et de savoir de toutes les parties de l'Europe. *A ces causes*, et désirant favorablement traiter l'exposant qui, après s'être signalé par diverses actions de valeur et de courage durant plus de vingt ans qu'il a passés dans les armées, pendant le règne du feu Roy..., tant sur terre que sur mer, en France et aux pays estrangers, où il a eu des commandements et des charges honorables, s'est depuis quelque temps retiré de ce pénible exercice, et, dans un genre de vie plus tranquille, a fait voir par un très-grand nombre de belles productions de son esprit qu'il n'est pas moins nay pour les lettres que pour les armes, nous lui avons permis et permettons, etc. »

Le volume était en outre précédé de deux magnifiques portraits : l'un, de la reine de Suède, gravé par Nanteuil d'après Bourdon; l'autre, de Scudéry lui-même, dessiné d'après nature et gravé aussi par Nanteuil. Là encore il est désigné, comme dans son curieux privilège, sous les titres de gouverneur de Notre-Dame-de-la-Garde et capitaine entretenu sur les galères du Roi. Cependant, de nos recherches faites aux archives de la marine, sous l'obligeante direction de M. Jal, il résulte que Scudéry n'eut le commandement d'une galère que pendant quatre ans, de 1643 à 1647. Ses gages étaient de quatre cents livres. Quant à son gouvernement, il l'avait encore en 1656, et s'il le perdit bientôt après, il n'en garda pas moins ses titres, et peut-être ses appointements[1].

La publication d'*Alaric* donna lieu de sa part à un trait de générosité qui ne nous surprend point de la part d'un homme habitué à agir comme il parlait, c'est-à-dire toujours avec une certaine grandeur un peu emphatique. Urbain Chevreau le raconte ainsi : « Le caractère de M. de Scudéry étoit opposé à celuy de M. Chapelain. Il voyoit ses amis sans intérêt, aimoit l'honneur, n'étoit pas même ennemi du faste, et ne plaignoit ni le superflu ni le nécessaire pour sa curiosité ou pour son plaisir. » La reine Christine avait dit cent fois qu'elle réservait, pour la dédicace qu'il lui ferait de son *Alaric*, une chaîne d'or de mille pistoles. Mais comme le comte Magnus de La Gardie, dont il est parlé fort avantageusement dans le poème, était alors en disgrâce, Chevreau eut ordre de prier Scudéry de rayer de son ouvrage les vers où il était parlé de lui. « Quand la chaîne d'or, répondit Scudéry, seroit aussi grosse et aussi pesante que celle dont il est fait mention dans l'histoire des Yncas, je ne détruirai jamais l'autel où j'ai sacrifié. — Cette fierté héroïque, continue Chevreau, déplut à la Reine, qui changea d'avis; et le comte de La Gardie, obligé de reconnoître la générosité de M. de Scudéry, ne lui en fit pas même de remercîment[2]. »

---

[1] Du moins sur un état conservé aux archives de la marine, nous avons vu plusieurs des collègues de Scudéry, demander, avec leur retraite, la faveur de conserver leur solde, et de garder ou de prendre, soit le titre de leur charge, soit même celui du grade supérieur.

[2] *Chevræana*, p. 28.

Il semble que tout ait été dit sur le poème d'*Alaric*, le jour où Despréaux en a raillé le premier vers :

Je chante le vainqueur des vainqueurs de la terre.

Cependant l'auteur des *Satires* lui-même est revenu, dans sa deuxième réflexion sur Longin, de l'opinion émise dans l'*Art poétique*. Que si l'on ne se laisse pas arrêter, dès le début, par une opinion préconçue, j'ose penser que l'on trouvera dans l'*Alaric*, comme dans les sonnets que nous avons loués plus haut, des passages parfaitement beaux et d'une ampleur vraiment cornélienne. Je ne dis pas qu'on puisse citer partout au hasard, mais j'affirme qu'on trouve dans l'*Alaric* plus d'un morceau digne d'être conservé : tel est cet admirable tableau de Rome dans la décadence (1er livre, vers 45 et suiv.) :

Rome, degenerant de sa grandeur antique,
N'avoit plus la splendeur qu'avoit la republique,
Ni le solide appuy des armes et des loix
Qui la fit redouter lorsqu'elle avoit des roys.
Des premiers des Césars la valeur indomptable
Estoit mal imitée, ainsy qu'inimitable ;
Jule, Auguste et Trajan, en leurs nobles travaux,
Parmy leurs successeurs n'avoient plus de rivaux.
Tous ces grands empereurs que l'histoire révère,
Tite, Vespasian, Alexandre Sévère,
Le sçavant Marc Aurele et le sage Antonin,   [destin.
Parmy leurs grands tombeaux gardoient leur grand
Aucun nouveau phœnix ne sortoit de leur cendre.
Rome, au lieu de monter, achevoit de descendre.

Et plus loin :

L'aigle, qui fut longtemps plus craint que le tonnerre,
N'osoit plus s'eslever et voloit terre à terre,

> Et ce superbe oyseau, loing des essors premiers,
> Se cachoit tout craintif dessoubz ses vieux lauriers.

Sans nous arrêter à signaler dans chacun des dix livres de l'*Alaric* les beautés qu'on y peut facilement trouver, nous voulons du moins indiquer aux curieux, dans le dernier livre, une longue prophétie de la sibylle de Cumes : les prophéties ont de tout temps été une des principales machines épiques. C'est là que le poète, aux éloges des héros suédois qui ont pris part à la guerre de Trente ans, joint les louanges de Richelieu, de Christine et du comte de La Gardie qu'il nomme, pour la mesure du vers, de La Garde. Deux tables, dont l'idée appartient en propre à l'école ancienne, permettront de retrouver facilement ces passages : l'une est la table des descriptions, l'autre celle des comparaisons.

Comme le roman de *Cyrus*, comme celui de *Clélie* qui suivit, et où Scudéry eut aussi quelque part, le poème d'*Alaric* fut accueilli avec faveur, reçut les honneurs de plusieurs éditions fort rapprochées, et fut publié dans tous les formats.

A sa vie littéraire si nous cherchons à réunir la vie privée de Scudéry, nous le voyons encore, à cette époque, gouverneur de Notre-Dame-de-la-Garde, où depuis longtemps il n'avait pas paru : c'est ce que nous apprennent Chapelle et Bachaumont, dans le récit du curieux voyage où ils ont pu, en 1656, visiter cette forteresse,

> Gouvernement commode et beau,
> A qui suffit pour toute garde
> Un suisse avec sa hallebarde
> Peint sur la porte du château...

« Une description magnifique qu'on a faite autrefois de cette place[1], continuent les voyageurs, nous donna la curiosité de l'aller voir. Nous grimpâmes plus d'une heure avant que d'arriver à l'extrémité de cette montagne, où l'on est bien surpris de ne trouver qu'une méchante masure tremblante, prête à tomber au premier vent. Nous frappâmes à la porte, mais doucement de peur de la jeter par terre. » Des gens qui travaillaient dans les environs leur apprirent que

>Le gouverneur de cette roche,
>Retournant en cour par le coche,
>A, depuis environ quinze ans,
>Emporté la clef dans sa poche.

On dit bien vrai : A beau mentir qui vient de loin. Il n'y avait pas dix ans que Scudéry avait quitté son poste, et la médisance disait quinze! — « La naïveté de ces bonnes gens, lit-on enfin, nous fit bien rire, surtout quand ils nous firent remarquer un écriteau que nous lûmes avec assez de peine, car le temps l'avoit presque effacé :

>Portion de gouvernement
>A louer présentement.

Plus bas, en petit caractère :

>Il faut s'adresser à Paris
>Ou chez Conrart, le secrétaire,
>Ou chez Courbé, l'homme d'affaire
>De tous messieurs les beaux esprits

Cette raillerie, que Chapelle et Bachaumont, amis de Scudéry, ne se fussent pas permise s'il eût

---

[1] Nous avons parlé précédemment de la description faite par Scudéry du fort qu'il commandait, et à laquelle font allusion les spirituels *touristes*.

dû s'en fâcher, lui fut cependant fatale : elle n'amena pas sans doute pour lui la perte de son gouvernement, mais elle précéda de fort peu ce malheur, puisqu'en 1658, Scudéry n'avait plus son emploi, au dire de Tallemant, et faisait vainement agir ses protecteurs, madame de Rambouillet, entre autres, pour le ressaisir. Scarron, cherchant la cause de sa disgrâce, l'attribuait à la publication du *Cyrus* :

> L'auteur du fameux Artamène,
> A perdu son gouvernement
> Sans savoir pourquoi ny comment,
> Et son roman que l'on admire,
> Peut-être ne sert qu'à lui nuire [1].

Nous n'avons pas à dire combien était peu fondée cette supposition, si longtemps après la publication du *Cyrus*, auquel d'ailleurs on s'obstinait à lui attribuer une part moindre que celle qu'il y eut réellement. Trop pauvre alors sans doute pour faire figure à Paris, Scudéry prit bravement le parti de se retirer à la campagne, et passa quelques années en Normandie. Cependant il venait de temps à autre voir et ses amis et son libraire, et ne se laissait point oublier. Le roman de *la Précieuse*, par l'abbé de Pure, fait de lui le plus grand éloge ; Furetière ne l'oublie point dans sa *Nouvelle allégorique des troubles arrivés au royaume d'Eloquence* (1658). Enfin, en 1660, il revint se fixer à Paris, rapportant de province son roman d'*Almahide*, qu'il avait composé, paraît-il, avec la collaboration de sa femme : c'est du moins ce qu'assure

---

[1] Epitre chagrine à M. Rosteau. — (*Les Œuvres de Monsieur Scarron*, édition 1700, t. I, p. 27.)

formellement Somaize dans son *Dictionnaire des Précieuses*[1].

L'ambition, le besoin peut-être, après son retour à Paris, forcèrent Scudéry à rentrer dans la voie des sollicitations et des requêtes : sa femme d'ailleurs tenait ruelle, et, sans doute, non sans être obligée par là à quelques dépenses[2]. Un petit conte que rapporte Tallemant nous le montre vers cette époque chez le Roi, où la faveur du duc de Saint-Aignan l'avait fait admettre à présenter lui-même un placet à Sa Majesté. Louis XIV prit le placet « et le donna au duc pour l'en faire ressouvenir; puis, s'adressant à ce dernier : Vous vous ressemblez, lui dit-il, par la bravoure et par les lettres. — Ah! Sire, répondit le duc, j'approche encore moins de sa bravoure que de sa poésie. M. de Turenne, qui entendit cela, se mit de la conversation et dit : « Je donnerois volontiers tout ce que j'ai fait pour la retraite que fit M. de Scudéry au Pas-de-Suze. » Bienheureux Scudéry ! il avait trop bonne opinion de lui-même pour ne pas croire sur parole et M. le duc de Saint-Aignan et M. de Turenne : quel souvenir il dut remporter de cette audience de Sa Majesté !

Scudéry n'eut pas seulement cette satisfaction d'un amour-propre trop facile à contenter. Grâce aux sollicitations du duc de Saint-Aignan, il obtint une pension de quatre cents écus.

Le généreux duc était pour M. et madame de Scudéry un ami sincère. Lorsque, au mois de juin 1662, le poète, déjà âgé, fit baptiser son premier enfant, qui mourut abbé, Saint Aignan fut le

---

[1] Nouv. édit., Paris, P. Jannet, t. I, p. 243 (*Biblioth. Elzév.*).
[2] *Ibid.* au mot RUELLE.

parrain et mademoiselle de Montpensier la marraine. Ce petit événement fit grand bruit, et la gazette de Loret n'oublia pas de faire connaître *urbi et orbi* la faveur faite au

> ... Sieur de Scudéry,
> Des Muses le cher favory,
> Et dont, en toute compagnie,
> On admire le beau génie.
> Ce fut un grand bonheur pour luy.
> Mais, comme on l'estime aujourd'huy
> Un fort honnête et galant homme,
> Et mesmement bien gentilhomme,
> Chacun doit demeurer d'accord
> Qu'il est digne d'un si beau sort[1].

Il semble qu'il y ait eu alors une sorte de recrudescence de gloire pour Scudéry, et que sa femme ait été son bon génie : du moins elle n'est pas oubliée près de lui. Chargé de présenter à Colbert un mémoire sur les gens de lettres dignes d'être pensionnés, Costar écrivait en 1662 : « *M. de Scudéry* s'est marié avec une demoiselle de basse Normandie nommée mademoiselle de Martinvas *(sic)*, qui n'écrit pas moins bien que mademoiselle de Scudéry... Il a fait des romans admirables et qui sont écrits merveilleusement » ; et l'auteur ajoutait : « Il est présentement dans une grande dévotion. » Chapelain, chargé de présenter, pour le même objet, un travail semblable à Colbert, parle aussi de Scudéry avec éloge, mais sans rien dire d'une dévotion qui n'empêchait point notre poète de traduire du Manzini le roman du *Calloandre fidèle*, de publier ses *Harangues des femmes illustres*, sortes d'héroïdes en prose, et

---

[1] *Muse historique*. — Lettre du 17 juin 1662.

même d'écrire pour le théâtre, s'il est vrai qu'il soit l'auteur d'une tragédie d'*Annibal*, jouée au commencement de 1667.

C'est en cette année même qu'il mourut. Il fut emporté, dit-on, par une apoplexie, le 14 mai 1667 ; mais sa mort subite força à retarder son inhumation, qui n'eut lieu que le 18, comme on le voit par son acte de décès, fidèlement transcrit par nous sur un registre des archives de l'état civil :

« Le mercredi 18 may 1667, messire Georges de Scudéry, gouverneur du fort de Nostre-Dame-de-la-Garde, capitaine entretenu sur les galleres du Roy, âgé de soixante-six ans, a esté pris rue de Berry, porté et inhumé dans leglise ; le service chanté à son intention, avec l'assistance de monsieur le curé, et des prêtres du chœur [1]. »

La mort de Scudéry fut pour sa veuve une occasion d'éprouver à quel point on estimait et son talent et son grand cœur, depuis surtout qu'il avait rejeté la forfanterie de sa jeunesse, et elle put mesurer toute la sympathie qu'elle inspirait. Elle reçut des consolations de toutes parts, « depuis le sceptre, dit-elle, jusqu'à la houlette. » Mais, toujours fidèle au souvenir de son mari, elle le pleura trois ans, — et ne se remaria pas.

---

[1] Extrait du *Registre mortuaire de l'église paroissiale de Saint-Nicolas-des-Champs, à Paris*, commençant au mercredy 1ᵉʳ avril 1665, du temps de venerable et discrette personne, maître François Mommignon, docteur en théologie et curé de cette église.

VI

MADEMOISELLE DE GOURNAY

J'ai toujours été frappé, en lisant l'histoire des personnages célèbres, de voir leur vie entière jugée par leurs derniers actes ou les faits les plus éclatants de leur existence. On nous fait des hommes tout une pièce, qui n'ont ni enfance ni vieillesse; dont le caractère immobile dès la première heure ne se dément jamais. Toutes leurs actions, toutes leurs opinions, tous les événements auxquels ils ont eut part semblent dominés par une même influence. S'agit-il de Montausier ? C'est de la tête aux pieds un homme maussade, grondeur, morose, comme s'il n'avait jamais eu vingt ans. S'agit-il de Racine? Il a eu, enfant de treize ans, l'étourderie impudente de porter un troisième exemplaire de *Théagène et Chariclée* à Lancelot, son maître, qui en avait retiré deux de ses mains. Racine méritait le fouet, rien autre. Et cependant on nous raconte cela avec respect et l'on veut notre admiration, comme s'il s'agissait d'une scène de *Phèdre*. Pour moi, si de tels détails m'intéressent, c'est à la condition d'être mis à leur date: en les donnant, on se rappellera l'âge de l'enfant et non la gloire de sa vieillesse. Autrement comprise, une biographie n'est qu'un long travestissement.

Ces réflexions me sont inspirées par la pensée d'une prévention de ce genre attachée au nom de mademoiselle de Gournay.

Comment, en effet, nous apparaît, entre toutes, mademoiselle de Gournay? Pour celle-ci, la jeunesse s'efface, et il semblerait que dans cette vie, dont le début est si lointain, la vieillesse paraissant d'abord, les années qui la précèdent s'y ajoutent, et l'augmentent d'autant plus que nous en sommes plus éloignés; c'est toujours vieille, toujours grondeuse qu'un premier regard nous la montre avant toute réflexion, et que l'opinion, l'instinct général plutôt, consent à la voir et à la reconnaître. Ce serait dérouter les lecteurs à qui son nom n'est pas étranger, que d'en faire une belle jeune fille, ardente, sensible aux sentiments les plus délicats de l'âme humaine, et, dans sa jeunesse austère, accessible seulement à deux passions que l'âge développe en elle, la passion du bien et la passion du beau. — Nous reprendrons cette vie un peu oubliée, et si notre respect est acquis à la noble fille d'alliance de Montaigne, nous ne dissimulerons point pourtant quelques travers qui ne la laissent pas moins grande à nos yeux.

Marie de Jars de Gournay naquit à Paris, le 6 octobre 1565. Son père, Guillaume de Jars, était d'une ancienne famille qui tirait son nom et sa noblesse du bourg de Jars, près de Sancerre; la branche dont il sortait, riche d'abord, avait été forcée de quitter la carrière des armes, moins lucrative que brillante, et avait dû passer de la campagne à la ville, de la tente au cabinet. Lui-même eut une charge de trésorier du Roi, et fut gouverneur de Remi, Gournay et Moyenneville, trois châteaux jadis bâtis par les Anglais.

Sa mère, Jeanne de Hacqueville, était d'une noblesse sinon plus ancienne, du moins plus illustre, relevée par de glorieuses alliances, et soutenue par une grande fortune, qu'elle avait apportée à son mari. Celui-ci mourut jeune, laissant six enfants à une femme vertueuse sans doute, mais assez peu habituée aux affaires, trop faible pour son fils aîné, soldat du Roi, dont elle payait les dettes, et trop portée, paraît-il, à faire bâtir à crédit. Forcée, pour restreindre sa dépense, de se retirer à la campagne, elle emmena ses quatre filles et son plus jeune fils à Gournay, en Picardie. Mademoiselle de Gournay était l'aînée de la famille. Que devint-elle dans ce lieu reculé, où les livres et la conversation utile des savants lui faisaient également défaut? Toute jeune, elle avait montré pour l'étude une ardeur invincible, et cette passion ne put être refroidie en elle ni par la difficulté de s'instruire, ni par le dédain, « l'aversion » même que témoignait sa mère pour les choses de l'esprit. Mais que ne peut la volonté? A des heures mystérieusement dérobées à la surveillance maternelle, la jeune fille put apprendre les lettres, seule et sans secours, et le latin même sans grammaire, en confrontant seulement les traductions avec les originaux. On sait ce qu'étaient alors les traductions : de verbeuses paraphrases où le sens de l'auteur n'était pas toujours respecté. Mademoiselle de Gournay n'en vint pas moins à son honneur, et, possédant à fond la langue latine, elle se tourna vers le grec qu'elle apprit à peu près, mais qu'elle abandonna depuis : l'étude des langues n'était, du reste, dans sa pensée, qu'un premier pas dans la science de la morale.

Mademoiselle de Gournay comptait sans cet attrait puissant de l'étude et sans la curiosité capricieuse qu'elle développe vers les objets les plus opposés : un vrai savant ne voit guère l'inconnu sans s'y arrêter, et ne s'y arrête pas sans essayer de le pénétrer. Ainsi fit mademoiselle de Gournay. Elle s'applique à la morale ; mais la critique l'appelle, la grammaire l'intéresse, la poésie la provoque, et il n'est pas jusqu'à la chimie, — l'alchimie, comme on disait alors, — qui n'occupe quelque temps son esprit et ne compromette même un peu sa fortune.

Esprit inquiet, marchant mal à l'aise dans une seule voie, fût-elle large comme la poésie ou étroite comme la morale, mademoiselle de Gournay se jetait avec passion dans toutes les études ; elle aimait à exercer son esprit dans un cercle d'idées qu'elle élargissait et creusait à la fois, comme une mine dont tous les filons lui étaient également précieux. Ces tendances diverses devinrent en elle des aptitudes heureuses vers les objets les plus variés. Aussi dans son siècle, nul ne fut-il mieux préparé, quand parut le livre des *Essais*, à apprécier les mille questions qu'il soulevait, les hardiesses qu'il prodiguait, les erreurs accréditées qu'il remplaçait par d'audacieuses vérités.

C'est vers 1583 ou 1584 que mademoiselle de Gournay connut l'œuvre de Montaigne, dont les deux premiers livres avaient paru en 1580 et restèrent seuls jusqu'à la cinquième édition qui, en

1583, s'augmenta d'un troisième livre. N'est-ce pas un phénomène étrange de voir un tel ouvrage, l'orgueil des philosophes, qu'aucune idée n'effraye, qu'aucune expression n'arrête, aussi heureux à deviner le dernier mot des questions qu'il se montre ingénieux à les soulever et libre dans la discussion, rencontrer pour premier adepte une fille de dix-huit ou dix-neuf ans, et éveiller l'enthousiasme dans une jeune âme qui, contre toute attente, se trouve, et par ses études et par ses hautes visées, en état de le comprendre et de le suivre ? Laissons-la raconter elle-même ce fait capital de sa vie : « Bien que les *Essais,* dit-elle, fussent nouveaux et sans nulle réputation encore qui pût guider son jugement, elle les mit non-seulement à leur juste prix, trait fort difficile à faire en tel âge et en un tel siècle si peu suspect de porter de tels fruits; mais elle commença de désirer la connoissance de leur autheur plus que toutes les choses du monde : tellement que, sur la fin du terme de deux ou trois ans qui se passa entre la première vue qu'elle eut du livre et celle de l'auteur, ayant reçu, comme elle lui vouloit écrire, un faux avis qu'il étoit mort, elle en souffroit un déplaisir extrême : lui semblant que toute la gloire, la félicité et l'enrichissement de son âme étoient fauchés en herbe par la perte de la conversation et de la société qu'elle s'étoit promise d'un tel esprit. Soudain, ayant un contraire avis suivi de l'heureuse arrivée de lui-même à la cour de Paris, où pour lors, suivant sa mère, elle étoit venue passer quelque temps, elle l'envoya saluer et lui déclarer l'estime qu'elle faisoit de sa personne et de son livre. Il la vint voir et remercier dès le lendemain, lui présentant l'affection et l'alliance de père à fille : ce qu'elle reçut avec tant plus d'applaudissement de ce qu'elle admira la sympathie fatale du génie de luy et d'elle, s'étant de sa part promis en son cœur une telle alliance de luy depuis la première inspection de son livre, et cela sur la proportion de leurs âges et l'intention de leurs âmes et de leurs mœurs [1]. »

Cet élan si naturel qui nous porte vers l'auteur d'œuvres que nous admirons, cette vague prévision du lien affectueux qui devait attacher l'un à l'autre le grand philosophe et sa jeune admiratrice, cette piété enfin du souvenir qui survit à une éternelle séparation, ce sont des sentiments vrais, qu'une plume ingénue et loyale, comme celle de mademoiselle de Gournay, est faite pour exprimer avec vérité. Huit ou neuf mois dura le séjour de Montaigne à Paris; mademoiselle de Gournay ne cessa de le voir; l'illustre philosophe, en retour, lui accorda toute son amitié et l'appela sa *fille d'alliance :* alliance toute spirituelle, dont le nom exprimait seulement la force et la pureté de leur attachement. Ainsi Nervèze, vers le même temps, parlait de sa *sœur d'alliance* et de son *maître d'alliance*, et leur dédiait ses œuvres comme frère ou comme valet; et quant au titre que prenait mademoiselle de Gournay, il a été consacré par Montaigne lui-même, qui, dans le dix-septième chapitre du second livre des *Essais*, s'exprime ainsi : « I'ay pris plaisir à publier en plusieurs lieux l'esperance que j'ay de Marie de Gournay le Jars, ma fille d'alliance, et certes aimée de moi beaucoup plus que paternellement, et enveloppée en ma retraite et solitude comme l'une des meil-

---

[1] *Vie de mademoiselle de Gournay*, par elle-même.

leures parties de mon propre estre. Je ne regarde plus qu'elle au monde. Si l'adolescence peut donner presage, cette ame sera quelque jour capable des plus belles choses... Le jugement qu'elle fit des premiers *Essays*, et femme, et en ce siecle, et si jeune, et seule en son quartier, et la bienveillance qu'elle me voua sur la seule estime qu'elle en print de moy longtemps avant qu'elle m'eust veu, sont des accidens de très-digne consideration [1]. »

Pleine d'attention pour ce père qu'elle s'était choisi et qui l'acceptait pour fille avec une affectueuse admiration, nous la surprenons occupée à le distraire et à charmer une longue promenade où elle l'accompagnait par un de ces contes qu'il n'aimait guère à faire, mais qu'il écoutait d'elle avec indulgence. Le *Promenoir de M. de Montaigne* est un petit récit romanesque qu'elle écrivit en 1589, après l'avoir raconté à Montaigne lui-même. Elle avait alors vingt-trois ans. A cet âge, son cœur pouvait parler; mais, absorbé tout entier dans un culte enthousiaste, il avait dit son dernier mot le jour où le hasard lui avait présenté l'œuvre de Montaigne : « Semble-t-il point, dit-elle dans le *Promenoir*, que l'amour qui est je ne sçay quoy doibt sourdre aussi de je ne sçay quoy ? » — Le livre de Montaigne avait été pour elle ce je ne sais quoi, et avait éveillé en elle un sentiment qui suffit à remplir sa vie entière. Dès ce temps, elle avait sur l'amour une opinion qui sert d'excuse à ce qu'elle en dit dans son roman : « Les discours qui précèdent et qui suivent sur l'amour ne m'échap-

---

[1] L'édition de 1652, et déjà celle de 1635, ont beaucoup modifié le texte de l'édition de 1595, la première qu'ait donnée mademoiselle de Gournay, et la première aussi où se trouve ce passage.

peroient point, dit-elle, vu mon sexe, quelque modestie qui les accompagne, s'ils ne tendoient à spiritualiser ses passions et son commerce hors le mariage, autant qu'il est en mon pouvoir, puisqu'on ne peut espérer de les bannir du tout. Or, suivant mon fil, il y a plus de fruit à cueillir en la pratique amoureuse pour l'esprit que pour le corps. » — *Spiritualiser la passion*, puisqu'elle peut exister hors le mariage, telle est donc sa pensée. Mais loin d'elle ces minauderies contre le gros mot mariage, qui effraya si sottement les pecques, comme dit Molière, de la période suivante. Le mariage est une sainte institution qu'elle admire, et personne mieux qu'elle ne comprenait le doux charme de la maternité et des familières caresses de l'enfance : ainsi elle dit à *Chrysante*, dont la fille relève d'une maladie : « Embrassez mille fois ce nouvel ange en douceur, en innocence, en beauté, qu'un autre ange envoyé de Dieu vous ramène par la main. Pleurez d'aise sur ce tendre visage, à cette heure sur les traits du père, à cette autre sur les autres, puis sur les uns et les autres mêlés ensemble. Demandez-luy auquel des deux le premier elle voudroit sauter au cou, si ce bon père étoit présent avec vous. Il me semble que j'entends sa petite prudence vous répondre qu'elle a deux bras pour vous contenter également l'un et l'autre, et qu'elle ayme papa parce qu'il ayme maman, et maman parce qu'elle ayme papa. »

Il serait facile de trouver d'autres traces dans les livres de mademoiselle de Gournay de ces sentiments qui semblent si mal s'accorder avec la réputation prématurée de vieille fille insensible qu'on veut trop tôt lui donner.

Deux événements funestes vinrent coup sur coup lui apporter un deuil qu'elle conserva toujours. En 1591 mourut sa mère, et, en 1592, la mort prématurée de Montaigne, enlevé à soixante ans, lui laissa « un regret incomparable. » Elle avait alors vingt-sept ans; libre d'elle-même et de sa fortune, elle quitta la province et vint chercher à Paris ce qui lui faisait tant défaut à Gournay, des livres et une société lettrée.

Quelle était donc, au moment où elle entrait pour ainsi dire dans la vie active, la situation d'esprit de mademoiselle de Gournay, son caractère, ses ressources? Elle-même s'est chargée de nous l'apprendre. Après la mort de sa mère, il fallut, pour payer les dettes que celle-ci avait contractées, vendre deux maisons à Paris et quelques meubles; tout réglé, il resta « à trois copartageants environ deux mille cent livres de revenu par tête. » A ces trois copartageants, qui sont mademoiselle de Gournay, une jeune sœur et un frère dont elle fut chargée, il faut ajouter un frère aîné, sieur de Neufvic, une sœur mariée au sieur de Bourry, et qui renonça pour huit mille écus à son droit de succession, et une autre sœur religieuse à Chantelou. De ses deux pupilles, l'une fut demoiselle chez la maréchale d'Amboise, et finit par se marier à Cambrai avec le sieur de La Salle; le second fut placé comme page chez M. de Balagny.

Un peu éblouie par la libre disposition d'un revenu qui, au taux actuel, représenterait environ six mille livres, et qui fut triplé quelque temps par celui de ses deux pupilles, mademoiselle de Gournay fit assez légèrement quelques dépenses qu'elle eut à se reprocher dans la suite. « Ma bonté trop confiante, dit-elle, m'a coûté cinq cents écus, et la vanité de jeunesse cinq cents autres, quoique toutefois elle se soit tenue dans les bornes de ma condition, que je reconnois fort médiocre. Je le dy, parce que je say qu'il y a certains esprits qui m'ont supposé des badineries à me rendre ridicule, et non plaignable en mes infortunes, par l'excès d'une vaine piaffe. Les uns ont publié que j'avois un page ; les autres, de riches meubles ; les autres, que je tenois table ; les autres m'ont attribué deux demoiselles : choses autant et publiquement fausses l'une que l'autre, excepté que j'eus une fois à mes gages une fille de ceste estoffe, avec celle qui m'estoit ordinaire et nécessaire, à cause que celle-là jouoit du luth et que je désirois apprendre d'elle à toucher quelques airs, joint que son harmonie me faisoit besoin un temps pour m'aider à charmer quelque importune tristesse ; et l'ayant gardée huit mois seulement, je la rendis à sa mère. J'ay eu parfois deux laquais, et recognois que c'étoit trop d'un ; mais aussi ay-je advoué que la vanité de jeunesse m'a coûté quelque chose...

« Quant au reste, appellent-ils tenir table de traiter parfois, rarement et sobrement, une ou deux personnes familières ? A quoy j'ajouteray que non-seulement l'entretien de ma personne a toujours été plein de frugalité ménagère, comme j'ay représenté, mais aussy mon logement, mon vivre et mon meuble. Je n'eus jamais qu'un lit de laine en toute saison, la tapisserie légère et le reste à l'avenant. Pour le regard du carrosse que j'entretenois, cela est né avec les femmes de ma qualité, toute simple que je l'aie reconnue, oui même nécessaire par la longueur et saleté du pavé de Paris... Puis l'exemple général et tyrannique du siècle rend la honte du manquement d'un carrosse si grande, qu'il n'est pas permis à celles qui veulent vivre avec quelque bienséance du monde de consulter s'il coûte trop ou non [1]. »

A ces dépenses, ajoutons les frais que lui causa son goût pour l'alchimie, non pas cet art creux qui donnait à ses adeptes « la folle espérance de millions de millions, » mais cette science dont nous avons fait la chimie, où sa curiosité trouvait un inépuisable sujet d'études. Elle y dépensa d'abord « quelque somme non méprisable » dans la première année, puis, en sept ou huit ans, environ neuf cents écus. « Depuis ce temps, deux écus d'ordinaire et parfois un troisième me défrayent par an pour cet égard, » écrivait-elle « dès le bas âge du roi Louis XIII. »

Au temps où nous l'avons laissée, quelques années avant la publication de son *Apologie*, elle avait vingt-sept ans ; elle n'avait pas perdu encore cette fleur de jeunesse qu'on appelle la beauté du diable ; elle était de taille moyenne, avec les cheveux châtains, les yeux un peu saillants et très vifs ; son visage, qu'elle dit rond —

Nos deux esprits sont ronds, et ronds nos deux visages [2].

— présente, sur ses portraits, un ovale allongé [3]. Sans être belle, elle ne pouvait être laide à repousser les galants, si son caractère avait pu les accueillir. Mais l'amour la trouva seulement facile autant que fidèle à l'amitié, et renfermée dans ce sentiment seul, qu'elle portait à une extrême puissance.

[1] *Apologie* par la demoiselle de Gournay.
[2] Vers à madame de Ragny.
[3] Elle dit ailleurs dans sa *Vie* : « Elle est née la taille médiocre et bien faite, le teint clair-brun, le poil castain, le visage rond, et qui ne se peut appeler ni beau ni laid. »

C'est ce qu'elle dit elle-même dans un long poème intitulé *Peinture de mœurs,* où elle trace ainsi son portrait moral :

> Voicy donc mes défauts : je suis d'humeur bouillante ;
> J'oublie à peine extrême une injure poignante ;
> Je suis impétueuse et sujette à courroux… ;
> J'avoue encore après, reprochable à bon droit,
> Qu'à servir le grand Dieu mon esprit est trop froid,
> Encore que mon cœur d'un zèle franc l'honore.
> Hé ! quel autre mortel d'un juste vœu l'adore ?
> Le fini, l'Infini ? l'ouvrage, son Auteur ?
> Un atome, un néant, l'unique Créateur ?
> Pour m'estimer un peu, je ne mérite blâme :
> D'un appât si friand chacun flatte son âme.
> Je n'en crains les rieurs, si je me prise à point.
> Qui ne voit ses vertus, son vice il ne voit point.
> Je ne m'accuse pas du défaut de ménage :
> De ce reproche en vain le vulgaire m'outrage ;
> Pour me voir sans moyen, sans ménage on me croit…
>
> Mes bonnes qualités prendront ici leur place.
> Les loix de l'équité d'un saint respect j'embrasse.
> J'ay l'entre-gent modeste et de l'honneur j'ay soin…
> Ma science proscrit toute phœbuserie.
> L'on ne remarque en moy null' charlatanerie… ;
> Je ne drappe ou médis ; de léger je ne croy ;
> Je suis fort véritable et d'une entière foy…,
> Je n'abuse jamais la simplesse facile
> Par un mauvais conseil, quoyqu'il me fût utile.
> La vertu sans les biens, j'honore où je la voy.
> Pour moy je fay raison et la fay contre moy.
> J'ay le cœur noble et franc, je hay toute feintise ;
> Je suis inviolable en l'amitié promise ;
> En fortune, en disgrâce, en la vie, en la mort.
> Du monde ny des ans ce vœu ne sent l'effort.

Avec un tel caractère, si bien connu, si bien tracé, mademoiselle de Gournay, tout élan et toute passion, ne fut pas moins sensible à la mort de Montaigne que ne le furent sa femme et sa fille. Appelée par elles, pleine d'affection pour l'une, qu'elle respectait, et pour l'autre « qui la chérissoit plus que fraternellement, » elle se fit un devoir sacré d'aller près d'elles partager et soulager d'autant leur commune douleur ; c'était en 1594, le temps n'avait point affaibli le sentiment d'une telle perte : mademoiselle de Gournay resta quinze mois en un lieu tout plein du souvenir de son père d'alliance. Lorsqu'elle revint à Paris, en 1596, ses affaires de famille s'étaient terminées ; un acte passé devant le notaire La Morlière mettait fin à toutes les lentes difficultés d'une succession embrouillée.

Déjà connue dans le monde lettré par son *Promenoir* et par l'édition qu'elle venait de donner (Paris, 1595) des œuvres de son second père, mademoiselle de Gournay se lança alors sans réserve dans la vie littéraire, et depuis, d'année en année, se succèdent rapidement ses ouvrages, qu'il nous reste à examiner ; nous dirons en même temps à quelles attaques elle se vit bientôt exposée, dans ses écrits et même dans sa personne. Heureux les noms qui se font sans bruit ! La renommée est une harmonie qui ne s'obtient guère que par des dissonances.

Les Œuvres de mademoiselle de Gournay peuvent se répartir en quatre classes : dissertations morales, écrits de circonstance, défense des femmes, traités sur la langue. Ces nombreux ouvrages ont été recueillis par elle-même, en 1626, sous le titre d'*Ombre de la demoiselle de Gournay*, en 1636 sous le titre de *Présents*, et, pour la dernière fois, avec quelques additions, en 1641 ; c'est cette dernière édition que nous avons consultée. Elle est intitulée : *Les Advis ou les Présents de la demoiselle de Gournay.*

Cet épais in-4º, qui ne contient pas moins de mille et tant de pages (dont 995 chiffrées), est précédé d'un portrait de l'auteur à l'âge de trente ans. Une simple chlamyde grecque indique la prétention, et une branche d'olivier dans la main droite, le caractère de la nouvelle Minerve. Ses cheveux lisses remontent vers le sommet de la tête, où ils se réunissent à une sorte de voile qui tombe par derrière ; le front est élevé et bordé d'un bourrelet de petits cheveux frisés qui encadrent carrément un visage ovale. Les yeux paraissent très saillants : peut-être mademoiselle de Gournay les avait-elle ainsi ; peut-être est-ce l'effet seul de la gravure qui, à cette époque — il est facile de s'en convaincre par les portraits que nous ont laissés Léonard Gaultier et Thomas de Leu — accusant fortement la paupière inférieure, grossit l'œil d'autant ; le nez est fort, la bouche fine, un peu pincée ; le visage a beaucoup d'énergie et n'est pas sans quelque dureté. Au-dessus on remarque deux Amours dos à dos, — est-ce une allégorie ? — et au-dessous, ces deux vers :

Prophane, ces écrits n'ont qu'un mot à te dire :
Tu n'auras chez Gournay que louer ny que lire.

— Les admire qui les a faits.

Un *Discours sur ce livre* — à Sophronyme — tient lieu de préface. L'auteur n'y donnera point une *estimation* de son œuvre, « car l'esprit semble autant incapable de juger précisément le fruit qu'il a conceu que l'œil, quoiqu'il voie toutes choses, est impuissant à se voir soy-mesme. » Mais elle fournira « une guide pour se conduire en son examen, et, par incident, une guide générale encore au public pour l'éclairer en la lecture des écrits. »

Un point la préoccupe surtout dans cet examen, la question du style : eh! comment la négliger « en une saison si langagère et si grimeline?... Voyons s'il a quelque ingénuité, si la composition est assaisonnée de quelque grâce, si les métaphores ne luy dénient point l'ornement qu'elles luy doivent,... si la vigueur ne luy manque pas, si la variété l'accompagne ; » elle a essayé « d'éviter la confusion, le trop d'une part, de l'autre cette piaffe, ce fard d'une étude fantasque et servile qu'on y recherche tant à cette heure. »

On le sent en lisant ses écrits, mademoiselle de Gournay — et c'est là son défaut — fait de la morale pour la morale, de la critique pour la critique; tout entière à son sujet, elle oublie le lecteur ; sur la route qu'ils doivent parcourir ensemble, elle ne pense qu'à son but, mais sans le faire d'abord assez connaître, et sans dire assez tôt ce qui l'y attire. Sûre d'y arriver, elle y vise, et en ligne droite, et d'une marche sûre ; mais c'est d'un pas si lent que le lecteur, fatigué d'aller sans bien voir où, n'est tenu en éveil que par les soubresauts capricieux de son guide ; s'il va jusqu'au terme, c'est sans s'y être prêté, sans avoir uni sa pensée à celle de l'auteur : plus attentif à l'écrivain qu'au sujet, à un langage accidenté qu'à une idée laborieusement poursuivie, et qui ne vaut pas toujours la peine qu'on s'est donnée pour l'atteindre.

Qu'on prenne, par exemple, le traité *De la Médisance, et qu'elle est la principale cause des duels*, et qu'on passe avec l'auteur « de la médisance simple à la double, qui s'appelle drapperie ou moquerie »; qu'on examine ensuite avec elle *Si la Vengeance est licite ;* qu'on lise enfin ses *Advis aux gens d'Eglise,* ses discours sur les fausses dévotions, et ce qu'elle appelle « les vertus vicieuses », on verra bien qu'elle parle avec indépendance, qu'elle observe avec finesse, que les questions religieuses ne l'effrayent pas, et qu'elle porte son originalité dans la manière même de les résoudre. Mais sont-ce là des mérites suffisants pour qu'on la lise, je ne dis pas avec plaisir, mais avec intérêt et avec profit? Non, sans doute, et n'étaient ces heureux effets obtenus souvent par un style dont les boutades surprennent et percent, pour ainsi dire, les nuages de vifs rayons, on ne serait pas dédommagé du temps qu'elle a pris.

C'est donc, et je le dis surtout pour ses écrits moraux, le langage employé qui nous a frappé plutôt que le sujet même, l'instrument plutôt que l'œuvre produite. Mademoiselle de Gournay a des bonheurs d'expression qui lui sont propres et dont, à cette époque, le chancelier du Vair est seul à présenter de pareils exemples, avec les mêmes caractères de fougue imprévue et de saine vigueur. On en jugera par quelques extraits :

« La vertu, dit-elle, est une habitude formée, universelle, constante et concordante au bien... Ny Dieu ny l'équité ne veulent estre servis par parenthèse. »

« L'âme ne sert au vulgaire que comme le sel au pourceau, pour l'empêcher de se corrompre. »

« Un honneste homme pardonne bien une bêtise, parfois et souvent ; un sot ne pardonne guère une sagesse.

« Lorsque je considère les ordes taches et la néantise des hommes, il me vient parfois envie de croire que le dessein du Ciel n'a fondé chacune des grandes cités que pour dix âmes, et que toutes les autres sont forgées pour servir de lustre à ce petit nombre et de matière à leurs diverses vertus. »

« L'homme est bon ou n'est pas grand. »

Dans le traité *Des Vertus vicieuses,* après avoir parlé du courage des sots, de la générosité des prodigues, l'auteur ajoute :

« Quel triomphe de chasteté peut prétendre une femme qui, par son ignorance ou sa pesanteur, ne connoît ni la qualité précise du vice qu'elle fuit, ni celle de la vertu qu'elle suit, ni les charmes ou le prix des objets d'amour qui lui passent devant les yeux, ou bien qui, par sa vérité aigre ou sévère, est hors d'échelle pour la pluspart des autres passions tendres, aussy bien que pour celle d'aimer : femme invincible au mal, faut-il le dire, parce qu'elle l'est au bien ; qui vend sa vertu, mais chèrement, par une humeur insolente ou hargneuse, et qui mérite, pour le dire en un mot, qu'on loue sa continence et non pas elle. »

Plus loin :

« Détestable ambition ! Misérable ambitieux ! Es-tu plus criminel ou plus fou ? Te faut-il crucifier ou te lier ? ».

Et enfin :

« Pour conclure ce traité, quiconque retrancheroit de l'homme toutes les vertus qu'il pratique par force, par intérêt, ou par hasard et par inadvertance, logeroit le genre humain plus près des bêtes que je n'ose dire. »

Cette manière de dire si neuve, si piquante, si personnelle, c'est la gloire de mademoiselle de Gournay et comme sa mesure. Elle a dit, en parlant du cardinal d'Ossat, qui ne cachait pas la bassesse de sa naissance : « Le soleil, tout grand qu'il est, paroit entier en une simple goutte d'eau : l'homme, souvent en un seul trait, et des moins brillants de sa vie. » Ainsi, pour mademoiselle de Gournay, son vrai mérite est tout entier dans ses phrases bien pensées et bien dites, qui brillent dans son style comme sur la nappe d'eau les gouttes préférées de la lumière.

L'attrait que nous offrent ces jets vigoureux de la pensée ne nous fait point oublier ce qu'il y a de chagrin, d'acéré et presque d'importun dans ces traits dont la brusquerie peut choquer les *Philintes*. Alceste en jupons, mademoiselle de Gournay est, en effet, d'une humeur toujours morose et grondeuse, et l'on peut, à bon droit, lui reprocher de bâtir des moulins pour les attaquer ; mais, à côté de ces lieux communs, rachetés, ainsi qu'on l'a vu, par des traits pénibles à chercher, et dont le mérite inaperçu ne lui a jamais attiré ni blâme ni éloge, on trouve pourtant des idées fort justes, exposées avec succès dans tout leur long développement, et on est même surpris de les voir aborder et rendre avec tant d'audace par une femme à cette époque. Nous voulons parler de ses thèses sur la noblesse, sur les rapports du peuple et des rois, et, enfin, sur l'égalité des hommes et des femmes. Nous citerons encore quelques passages — qu'on nous le permette — qui feront connaitre la portée et l'audace de son esprit : nous les choisirons tels qu'ils puissent bien résumer sa pensée.

Dans un temps où la noblesse avait presque seule la considération, les emplois et les honneurs, elle osait dire :

« Il faut, il faut donner pour précepteur à ce médecin (le médecin de l'Etat, le Roi) le fils d'un gentilhomme, d'un homme nouveau, d'un citadin ou d'un paysan :

n'importe si celui qu'on establit à la conduite d'un Roi ou d'un grand est noble ou non, pourvu qu'il soit ce que les nobles doivent être, et qu'il soit utile aux Rois et aux grands de le croire et de l'imiter [1]. »

« Quant à l'avantage des races, de quoy s'enflent et se dorent ceux que ce chapitre regarde ?... Il se trouve, en effet, de nul ou de léger poids... ; tous les hommes procédant d'une seule tige, les empereurs ont eu cent bouviers pour grands-pères, et les bouviers cent empereurs... La race noble, au mieux qu'on puisse dire, est celle de qui la roture s'est dissipée à la longue ; l'ignoble aussy, de qui la noblesse s'est ensevelie par la même voie : l'une et l'autre, conséquemment, selon la vicissitude de toutes choses, prête à passer en la place de sa compagne... Or, concédons qu'il y ait vraie noblesse et vraie roture aux souches des hommes, ce que non, l'on trouvera de plus grands et plus dignes enfants et des gestes plus glorieux en l'histoire de ceste-ci que de ceste-là [2].

Le passage suivant se rattache à ceux-ci : nous demandons qu'on le compare à La Bruyère : c'est le portrait anticipé de *Phédon :*

« Le pauvre vertueux est une monnoie qui n'a point de cours ; il est l'entretien des compagnies, l'écume de la ville, le rebut de la place et l'âne du puissant. Il mange le dernier, du pire et du plus cher ; son teston ne vaut pas huit sous, ses sentences sont des folies, son accortise est une afféterie, ses avis sont des niaiseries, son bien appartient à chacun ; il est offensé de plusieurs et détesté de tous. S'il se trouve en conversation, il n'est pas écouté ; si on le rencontre, on le fuit ; s'il donne un conseil on s'en moque ; s'il fait des miracles, il est sorcier ; s'il vit sincèrement, c'est un

---

[1] *De l'Education des Enfants de France,* p. 1-29.
[2] *De la Néantise des communes vaillance de ce temps, et du peu de prix de la qualité de noblesse,* p. 241-262.

hypocrite. Son péché véniel est un blasphème, sa seule pensée est punie comme un crime; on ne luy garde point ses droits, et tout ce qu'il peut faire, c'est d'appeler à l'autre vie du tort qu'il reçoit en celle-ci [1].

Apologie heureuse de la pauvreté et de la roture, bien digne de celle qui a écrit :

La vertu sans les biens j'honore où je la voy...;
Les foibles je respecte à l'égal des puissans.

La royauté même n'a pas pour mademoiselle de Gournay ce prestige qui éblouit, cet éclat qui fait fermer les yeux : « Le peuple, dit-elle, est la gloire et la grandeur des Rois, et non pas eux la sienne [2]. » Ailleurs [3], elle fait dire à un monarque : « Pensons-nous donc estre nés roys et libres ensemble ? Certainement, chacun des sujets ne dépend que d'un seul prince, mais un prince dépend, et, pour mieux parler, est sujet de tous ses sujets... Orgueil à part, ma fille, nos sujets, le titre levé, sont nos compagnons... De plus, tous les hommes étant nés sous les lois de l'égalité, chacun de ceux qui vivent sous ton sceptre à venir étoit capable d'être ce que tu es. » Ce sont là d'audacieuses paroles; peut-être a-t-on mieux aimé ne les pas entendre que les arrêter; aussi n'ont-elles fait aucun bruit et ont-elles pu passer inaperçues.

Il semble d'ailleurs que sur ces matières délicates on ait établi contre mademoiselle de Gournay une sorte de conspiration du silence; il ne se trouva

---

[1] *Apologie pour celle qui écrit*, p. 594-631. — L'original de ce morceau, traduit par mademoiselle du Gournay, est espagnol; mais le style est sien.

[2] *Adieu de l'âme du Roi à la Reine régente, Marie de Médicis* (p. 49-80).

[3] *Le Promenoir de M. de Montaigne.*

personne pour signaler ou combattre ces fières pensées auxquelles Richelieu, plus tard, n'eût pas pardonné. Il en fut de même quand elle entreprit la défense et la réhabilitation de la femme, on laissa à terre le gant qu'elle avait jeté, et deux traités successivement publiés ne purent émouvoir une indifférence qui semblait calculée. Le dédain qui avait accueilli son *Egalité des hommes et des femmes* fut pour elle comme une attaque directe; irritée de cette blessure faite au moins à son amour-propre, elle revint sur le *grief des dames* et se moqua des hommes dont la lâcheté, la fausse courtoisie ou l'esprit sottement railleur n'avait pas répondu à son premier traité. Là, elle n'avait pas demandé pour la femme la suprématie sur l'homme, mais seulement l'égalité. Qu'on ne reproche pas à celle-ci de n'arriver point au même degré de science : la faute en est à l'éducation dont les hommes ont soin de la priver : « Au surplus, ajoute-t-elle, l'animal humain n'est ni homme ni femme, à le bien prendre, les sexes étant faits non simplement pour constituer une différence d'espèce, mais pour la seule propagation : l'unique forme et différence de cet animal ne consistant qu'en l'âme raisonnable; et s'il est permis de rire en passant chemin, le quolibet ne sera pas hors de saison, lequel nous apprend qu'il n'est rien plus semblable à un chat sur une fenêtre qu'une chatte. »
— Suit une longue liste de femmes célèbres dans l'Écriture sainte et dans l'histoire profane.

Il ne faudrait pas croire que mademoiselle de Gournay, tout entière à ses spéculations philosophiques, vécût en dehors de son siècle; activement mêlée à la vie commune, elle en a suivi les événements et en a marqué la trace par des écrits nombreux. Ainsi a-t-elle célébré la naissance des enfants de France, fourni un plan pour leur éducation, déploré le régicide de l'an 1610. Le siège de Rhé, l'attaque du Pas-de-Suze la trouvèrent plume en main, préparée à suivre le Roi à la guerre comme dans ces ballets pour lesquels elle fit des vers, ou à la chasse dont elle lui reprochait d'abuser.

Ainsi attentive aux actions de la Cour, mademoiselle de Gournay trouvait le temps aussi de vivre de sa vie propre, loin des tourbillons qui auraient pu l'emporter, la main tendue vers des amis qu'elle servait vaillamment et qui savaient la respecter, montrant bec et ongles, résistant de toute sa faiblesse, sans jamais crier merci, aux ennemis qui la déchiraient.

Ses amis étaient ou avaient été — car, dans sa longue carrière, les affections purent se succéder — Montaigne, sa femme et sa fille madame de Gamaches, le cardinal du Perron et le cardinal d'Ossat, saint François de Sales, Juste-Lipse; puis, dans un autre monde, Chapelain, Godeau, Maynard, Colletet, La Mothe Le Vayer, et le bon abbé de Marolles; puis encore madame de Guercheville et madame de Ragny, M. de Liancourt, Bautru, Bois-Robert et bien d'autres, qui tous étaient en France des mieux connus et des plus haut placés. Leurs noms paraissent fréquemment dans ses écrits; à ceux-ci les mêmes études, à ceux-là une sympathie de caractère, à d'autres la reconnaissance l'avait attachée. Elle dut ainsi à Bois-Robert, ce *Solliciteur des muses affligées*, une pension qu'il obtint pour elle du cardinal de Richelieu; celui-ci, qui la croyait aussi fidèle aux vieux mots de la langue que prompte à en accepter les véritables enrichissements, « lui fit, dit Tallemant des Réaux, un compliment tout de vieux mots qu'il avait pris dans son *Ombre*. — « Vous riez de la pauvre vieille, dit-elle ; mais riez, grand génie, riez ; il faut que tout le monde contribue à votre divertissement. » Le Cardinal, surpris de sa présence d'esprit, lui en demanda pardon, et dit à Bois-Robert : « Il faut faire quelque chose pour mademoiselle de Gournay. Je lui donne deux cents écus de pension. — Mais elle a des domestiques, dit Bois-Robert. — Et quels ? reprit le cardinal. — Mademoiselle Jamyn, répliqua Bois-Robert, bâtarde d'Amadis Jamyn, page de Ronsard. — Je lui donne cinquante livres par an, dit le cardinal. — Il y a encore ma mie Piaillon, ajouta Bois-Robert : c'est sa chatte. — Je lui donne vingt livres de pension, répondit l'Eminentissime, à condition qu'elle aura des tripes. — Mais, Monseigneur, elle a chatonné, dit Bois-Robert. — Le Cardinal ajouta encore une pistole pour les chatons... »

Ses amitiés l'avaient prise jeune ; la haine n'accourut qu'au bruit qu'elle fit.

C'est en 1612 que nous la voyons pour la première fois atteinte par la satire. Elle avait manifesté une sympathie imprudente pour les jésuites, que la malveillance publique n'épargna jamais, et moins encore au temps du meurtre de Henri IV. Tous les adversaires du P. Cotton furent les siens ; les uns attaquèrent ses mœurs, accusation vague, la première que fassent toujours à une femme ses ennemis; on lui reprocha aussi son âge, et on lui prêta cinquante-cinq ans : la vérité est qu'elle en avait quarante-cinq ans[1] ; enfin, le cardinal du

---

[1] *Remerciement des beurrières de Paris au sieur de Courbouzon de Montgommery.* Niort, 1610.

Perron, son ami cependant, pour ne pas laisser perdre un bon mot, s'en serait même pris à son visage. « On attaque ses mœurs, aurait-il dit ; qu'elle publie son portrait ! »

Que prouve tout cela ? La malveillance et non la faute. Plus tard, quand elle fut réellement vieille, et que l'humeur grondeuse ne la quitta plus, on lui fit d'autres reproches. Sans penser que la modicité de sa fortune ne lui permettait guère d'entreprendre, avec ses seules ressources, une nouvelle édition de Montaigne, on la blâma de provoquer dans ce but des sortes de souscriptions qu'elle aurait employées à ses besoins. Chapelain, écho de ces bruits, écrivait à Godeau en avril 1635 : « La philosophie ne s'accommode pas avec la marchandise, et je n'aime pas que la fille du grand Montaigne publie qu'elle ne fait réimprimer ses *Essais* que pour honorer sa mémoire, et que néanmoins elle y cherche de l'intérêt. » Mais Chapelain a-t-il bien le droit de juger le désintéressement dans autrui, lui qui fut le mieux renté de tous les beaux esprits ? J'ajoute que Chapelain est ici suspect de partialité, car il ne l'aimait pas ; poli pour elle, s'il lui faisait des visites, c'était avec l'espoir de ne la point rencontrer [1], et il désirait vivement en être « aussi bien débarrassé que Saint-Amant », sans se porter aux mêmes grossières insultes [2].

Attaquée publiquement par Saint-Amant dans des vers qui seraient sans excuse si, tout en laissant trop deviner le nom, il n'avait pris soin de le taire,

---

[1] *Lettres de Chapelain.* (Manuscrit appartenant à M. Sainte-Beuve.) — Avril 1635 et 28 novembre 1632.

[2] Voy. notre édition des *Œuvres de Saint-Amant*, publiées pour la première fois complètes. Paris, P. Jannet, 1856. *Biblioth. elzév.* — T. I, p. 228-236.

mademoiselle de Gournay, pauvre, âgée de soixante-dix ans, se vit aussi en butte aux insolences de je ne sais quel laquais versifiant et insultant. *La fameuse monarchie de Gaillard et de Bracquemard*, mauvaise farce de Gaillard, la met aux prises avec Neufgermain, ce poète ridicule qui se faisait appeler poète hétéroclite de monseigneur le duc d'Orléans. — C'était en 1634.

Trois ans plus tard, l'Académie était fondée. A en croire l'abbé de Marolles, qui demeurait dans sa maison rue Saint-Honoré, en face de l'Oratoire, ce n'est pas dans les réunions de Conrart qu'il faudrait voir le germe de l'Académie, mais dans le modeste logis qu'occupait au haut de l'escalier mademoiselle de Gournay : « Ce fut, dit-il, chez cette honnête demoiselle où se conçut la première idée de l'Académie françoise, par tous ceux qui la visitoient tous les jours, où j'ai vu non seulement MM. Ogier, de La Mothe Le Vayer, L'Estoile, Cotin, Habert, abbé de Cerisy, mais encore trois frères de celui-là même; Jacques de Serisay, intendant de M. de La Rochefoucauld, et Claude de Malleville, Parisien, depuis secrétaire de M. de Bassompierre. »

L'auteur d'une vie manuscrite de G. Colletet, P. Cadot, attribue aux réunions de celui-ci l'honneur d'avoir donné naissance à l'Académie; pour nous, loin de l'ôter à Conrart, à Colletet ou à mademoiselle de Gournay, nous le laissons à tous les trois et à d'autres encore, persuadé que l'Académie avait dû exister en fait et être presque entrée dans les mœurs avant d'être consacrée plutôt même que fondée, par une loi. Quoi qu'il en soit, la part qu'avait pu prendre mademoiselle de Gournay aux travaux de la Compagnie, avant ou depuis son institution, n'a pas échappé aux auteurs des satires dirigées contre l'Académie. Ainsi la voit-on figurer dans le *Rôle des présentations aux grands Jours de l'éloquence françoise,* par Sorel ; dans la *Requête des Dictionnaires,* de Ménage ; et dans la *Comédie de l'Académie,* œuvre de Saint-Evremond.

Dans ces pièces, ses mœurs, son âge ou sa figure ne sont plus en jeu. Un seul grief lui est imputé, son culte passionné pour les vieux mots. Ainsi la comédie de Saint-Evremond l'introduit dans une salle où sont réunis Serisay, Bois-Robert et Silhon.

MADEMOISELLE DE GOURNAY, *à Serisay*

Je vous ai bien cherché, Monsieur le Président.

SERISAY

Baissez-vous, Bois-Robert, et ramassez sa dent.

BOIS-ROBERT

C'est une grosse dent qui vous étoit tombée,
Et qu'un autre que moi vous auroit dérobée.

SILHON

Montaigne en perdit une âgé de soixante ans.

MADEMOISELLE DE GOURNAY

J'aime à lui ressembler, même à perdre les dents.
Mais apprenez de lui que par toute la Grèce
C'étoit comme un devoir d'honorer la vieillesse,
Et le *vieil* âge en vous sera peu respecté
Si vous en usez mal dans la virilité.
Montaigne s'employoit à corriger ce vice,
Et bien connoître l'homme étoit son *exercice*
Il n'auroit pas *cuidé* pouvoir tirer grand *los*
Du stérile *labeur* de réformer les mots.

Mademoiselle de Gournay continue ses reproches et fait ses réclamations; ôtez, dit-elle,

Otez *moult* et *jaçoit*, bien que mal à propos,
Mais laissez pour le moins *blandice*, *angoisse* et *los*.

SERISAY

Tout ainsi que l'esprit est vague et *contournable*,
De même le discours doit être variable.
Les termes ont le sort qu'on voit au genre humain :
Un mot vit aujourd'hui qui périra demain.
L'usage parmi nous est fort *ambulatoire*.

MADEMOISELLE DE GOURNAY

Vous raillez sottement la vérité *notoire*.
Il mourra, *tout ainsi*, que je vois méprisé;
Mais devant lui mourront les vers de Serisay [1].

Malgré ce qu'il y a d'improbable à représenter comme hostiles à mademoiselle de Gournay des gens qui furent ses amis, la scène n'est pas sans esprit, surtout dans les dernières éditions qui s'en firent. Mademoiselle de Gournay n'ajoute rien après sa piquante réponse à Serisay, et se retire sans avoir obtenu justice.

Tout le monde connaît aussi, grâce à Tallemant des Réaux, au *Menagiana*, à la comédie des *Trois Orontes* de Bois-Robert, et au *Francion* de Sorel, la pièce que lui firent, ou plutôt à Racan, Yvrande et le chevalier de Bueil. Ces *pestes* savaient qu'elle avait envoyé son livre au poète Racan, sans le connaître, et que celui-ci l'en devait aller remercier : tous deux, gentilshommes du bel air, la

---

[1] Voyez aussi, sur la part que put prendre mademoiselle de Gournay aux travaux de l'Académie, l'étude consacrée à cette savante fille par M. Léon Feugère.

furent visiter, l'un après l'autre, sous le nom de Racan ; parut ensuite le poète lui-même, hors d'haleine, bégayant et de mauvaise grâce. Dès qu'il se nomma, mademoiselle de Gournay, furieuse de la mystification, le chassa honteusement : « Voyez, Jamyn, disait-elle, le joli personnage ! Au moins les deux autres étoient-ils plaisants, mais celui-ci est un méchant bouffon. — Mademoiselle, je suis le vrai Racan. — Je ne sais pas qui vous êtes, répondit-elle, mais vous êtes le plus sot des trois. Mordieu ! je n'entends pas qu'on me raille !... Depuis, ils furent les meilleurs amis du monde, car elle lui demanda cent fois pardon. »

Une autre anecdote rapproche encore de Racan mademoiselle de Gournay. Les deux amis sont à dîner chez le médecin Delorme, qui leur sert un potage un peu fade : — C'est un potage à la grecque, dit Racan. Il faisait allusion à ces épigrammes à pointe molle que composait mademoiselle de Gournay, à la façon des Grecs, selon elle.

En effet, quoiqu'elle eût presque oublié la langue grecque, elle avait conservé pour les littératures classiques une admiration religieuse, qui la portait à traduire Virgile et à imiter l'*Anthologie;* mais admiration sans fanatisme, telle même qu'elle attachait peu d'importance à l'étude des langues, et trouvait qu'un souverain a bien autre chose à faire qu'à apprendre le latin. Elle-même fait assez bon marché de ce qu'elle sait; elle semble viser plutôt à l'atténuer qu'à l'exagérer, et ne l'avoue que pour en avoir le pardon. Si elle est savante, c'est une « savante qui ne peut cautionner nettement la mesure d'un vers latin : savante sans grec, sans hébreu, sans faculté d'illustration sur les auteurs, sans manuscrits, sans logique, physique ny métaphysique, mathématique ny sa suite; disons après, sans vieilles médailles, puisqu'on loge assez souvent en leur possession l'une des principales suffisances de notre siècle. »

Son principal soin, c'était l'étude de la langue, et, jusqu'à la fin de sa vie, elle y persista avec courage, réformant son livre à chaque édition. Aussi en acceptait-elle toute la responsabilité, et recommandait-elle expressément à ses éditeurs futurs — qui ne se sont point présentés — de respecter son œuvre : « Si ce livre me survit, dit-elle, je défends à toute personne, telle qu'elle soit, d'y ajouter, diminuer ny changer aucune chose, soit aux mots ou en la substance, soubs peine à ceux qui l'entreprendroient d'estre tenus aux yeux des gens d'honneur pour violateurs d'un sépulchre innocent. »

Elle survécut peu à cette dernière « imprécation. »

Elle s'éteignit le 6 octobre 1645, à l'âge de soixante-dix-neuf ans, neuf mois, sept jours, et fut enterrée à Saint-Eustache, selon Sauval, ou plutôt à Saint-Étienne-du-Mont, comme l'affirment Hurtaut et Magny *(Dictionnaire historique de Paris)*, qui citent l'inscription gravée sur sa tombe. Sa mort fut un événement qui ne réveilla aucune haine, mais que ses nombreux amis ne laissèrent point passer inaperçu : on ferait un petit volume des sonnets, stances, épitaphes, notices biographiques dont son tombeau fut honoré.

C'est ici le lieu d'examiner la place occupée à cette époque par mademoiselle de Gournay parmi les défenseurs du langage. Sans doute, on peut lui reprocher la forme acerbe de ses observations, qui semblent des attaques, et ses déclarations de principes, qui semblent des déclarations de guerre ; nous comprenons fort bien que, pour agacer sa susceptibilité pointilleuse et un peu aussi pour défendre la marche naturelle et le progrès heureux du siècle, on ait affecté de ne voir en elle que la protectrice arriérée d'un langage suranné. Mais si, pour la combattre, ses ennemis n'ont voulu voir que ses défauts, nous devons, facilement impartial au milieu de ces colères refroidies depuis deux siècles, envisager la vérité des deux parts et mettre les deux causes dans une égale balance.

Quelle est, en réalité, la prétention de mademoiselle de Gournay ? Est-ce de revêtir la langue du XVIIe siècle des habits du XVIe ? d'affubler Malherbe de la défroque usée par Ronsard ? Point : toute sa doctrine peut se résumer dans ces deux formules : — Faire avancer la langue sans qu'elle doive ou puisse reculer [1] ; — conserver l'usage de la langue entière [2] : — c'est-à-dire, d'une part, ne laisser perdre aucun mot, et « louer et avouer aux occasions les mots qu'ils appellent vieux » ; de l'autre, donner accueil à tous les termes nécessaires : « c'est l'impropre innovation certes qu'il faut blâmer et non l'innovation aux choses qui, n'étant pas achevées, aspirent toujours au comble de leur perfection avec impatience ; et on doit porter l'audace du parler inventif, industrieux, vigoureux et délicieux aussi loin que se peut étendre le besoin et la faculté d'amendement en la langue. »

Jette aujourd'hui qui voudra la première pierre

---

[1] *Défense de la poésie et du langage des poètes*, 1er traité, pages 391-442.

[2] *De la Façon d'écrire de messieurs l'éminentissime cardinal du Perron et Bertaut, illustrissime évêque de Séez*, pages 733-773.

à l'auteur d'une si sage théorie. Pour nous aussi, ce serait le principal mérite d'un écrivain de conserver ce fonds précieux que nous ont laissé les anciens, et de l'augmenter selon nos besoins et nos progrès ; nous voudrions que la langue étendît sa sphère sans se démunir au centre ; que les procédés de style qui ont fait la gloire de Régnier, de La Fontaine, de Molière, de Bossuet l'emportassent sur ce système étroit d'exclusion soutenu et propagé par Malherbe, par Boileau, par Racine ; il est peu de mots qui n'aient leur emploi naturel, logique, d'une nécessité permanente comme le motif qui les a fait adopter, peu de mots qui n'aient encore leur raison d'être : l'art suprême consisterait à en connaître, à en régler l'emploi.

C'est parce qu'elle a soutenu ces principes que mademoiselle de Gournay nous a paru mériter une étude spéciale, et c'est parce que la littérature et la morale l'ont eue pour défenseur, que nous l'avons rangée, sur l'autorité de Somaize et de Jean de la Forge, parmi ces femmes dont les Précieuses invoquèrent le patronage. Nous n'avons point dissimulé les torts qu'on peut reprocher à sa fougue intempérante ; mais n'était-ce pas justice de rendre hommage à un mérite méconnu, à une femme dont le génie vaut mieux que sa réputation ? Attaquée, mal défendue, sa cause était depuis deux siècles pendante devant la postérité : nous l'avons instruite et évoquée. Qu'on la juge.

VII

RENÉ LE PAYS

Dans tous les siècles il a paru de ces génies heureux, dont la puissance a étonné leurs contemporains, les a dominés, dirigés peut-être, ou dont l'élan a dépassé les esprits du vulgaire : pour ceux-là, le présent fut parfois ingrat; la postérité les a vengés.

Mais pour un, deux, trois peut-être de ces hommes inspirés qu'a produits une même période, le nombre n'est-il pas infini de ceux qui furent leurs rivaux, et dont les noms, passés au crible du temps, ont maintenant disparu !

Parmi ces auteurs, représentants fidèles d'une époque qui put facilement les mesurer, et qui leur paya comptant toute la somme de gloire qu'ils méritent, est le poète breton René le Pays.

Presque tous les auteurs ses contemporains avaient l'honneur d'être Normands, honneur envié, dont ils se montraient fiers[1]; Le Pays lui-même était d'une famille de Normandie, et voici à ce sujet des renseignements précieux que je dois à l'obligeance d'un petit-neveu de notre poète, M. Le Pays du Teilleuil, de Fougères :

Noble homme[2], Denis Le Pays, seigneur de la Brimonière, né à la Mancelière, commune de Buays, diocèse d'Avranches, et y baptisé le 9 novembre 1604, se maria à Fougères, le 3 mai 1630, avec demoiselle Marguerite le Fébure, et s'établit définitivement dans cette ville peu de temps après.

« Il eut, de mademoiselle de Fébure, six enfants, dont l'aîné fut René Le Pays, d'abord sieur de la Hayais, puis du Plessis-Villeneuve, né à Fougères, le 28 décembre 1634. »

Ces paroles décisives, en même temps qu'elles prouvent que Le Pays n'est point né la même année que Boileau, comme l'avancent les biographies, enlèvent à Nantes une de ses rares illustrations littéraires, qui lui est justement revendiquée, on le voit, par Fougères.

Comment passa-t-il ses premières années ? Nous n'avons d'autres détails sur ce point que ceux qu'ils nous a laissés lui-même. C'est lui qui nous parle de ce précepteur si dur qui le frappait et le forçait à chanter : le pauvre enfant n'avait d'autre consolation, dit-il, que de crier cent fois plus haut, et d'ap-

---

[1] Voy. la *Vie de Corneille*, par M. J. Taschereau, édition de la *Bibliothèque elzévirienne*.

[2] *Noble.* En effet, lors de la réformation de 1669, il put fournir des titres de noblesse qui sont maintenant encore entre les mains de M. Le Pays du Teilleul, notre obligeant correspondant. M. le Pays nous renvoie au *Nobiliaire du Dauphiné* de Guy Alard, p. 261; Chorier, t. III, p. 424; Moréri, édit. de 1707.

peler son précepteur bourreau[1]. Envoyé plus tard au collège si fameux que dirigeaient les Jésuites à la Flèche, il s'y fit un ami qu'il retrouva longues années plus tard, très haut placé, et auquel il rappelle des souvenirs fort agréables de leur temps de collège :

« Quoique vous soyez dans une belle charge, vous vous souviendrez avec plaisir du temps que l'amour m'avoit fait si grand seigneur, que vous vous mettiez à genoux pour me demander les bonnes grâces d'une certaine Tiennette dont j'étois le maître. Vous vous souviendrez que nous étions fort égaux dans l'esprit de madame Urbane, et que, si je n'eusse eu chez Patan plus de crédit que vous, nous aurions souvent fait fort maigre chère ; car, sans vous déplaire, vous étiez aussi mauvais ménager que moy, et dans trois semaines vous aviez le malheureux talent de dépenser l'argent de trois mois. Que madame votre mère die tant qu'il luy plaira que je vous ay débauché : dans l'âme, vous en savez la vérité, et si je n'étois pas le meilleur escolier de La Flèche, avant que vous y fussiez venu me corrompre[2]. »

Après des études faites avec assez de succès, paraît-il, en dépit de ses petites fredaines, Le Pays, jeune encore, se rendit à Paris ; peu *accommodé*, ou ambitieux d'accroître sa fortune, il entra dans les finances ; après avoir voyagé dans plusieurs provinces, il fut nommé intendant des gabelles à

---

[1] *Nouvelles Œuvres* de Le Pays, t. II, p. 258.
[2] M. Carissan, professeur à l'École militaire de la Flèche, a bien voulu faire, à notre instance, des recherches que sa position lui rendait faciles. Il n'a pu nous donner aucun nouveau renseignement, parce que tous les registres du collège ont été détruits pendant la Révolution.

Nantes, d'où il passa en Gascogne, puis à Grenoble [1], avec le titre de directeur général.

Ce haut emploi permit à Le Pays de se livrer à la littérature. Il était jeune encore, d'un caractère aimable et enjoué, riche enfin ; il lui fut facile d'être aimé, et il chanta ses amours dans ces *lettres dorées*, ces *vers galants* [2] que le succès de Voiture avait mis en vogue.

Quand parut, en 1664, chez de Sercy, le livre des *Amitiez, Amours, Amourettes*, Le Pays, âgé de trente ans, homme inutile, selon lui, sans grand souci de sa gloire, n'avait qu'un but, — il en fait le serment, — c'était de contribuer au divertissement de trois illustres conseillers du Roi, les plus considérables de ses amis, qu'il ne nomme point et qu'il ne veut point nommer avant de savoir, par le succès ou la chute de son ouvrage, si le commerce qu'ils entretiennent avec lui n'est point une honte pour eux : il garde le secret sur eux comme sur ses maîtresses ; peut-être son amour-propre trouvait-il moins de satisfaction à rappeler leurs noms obscurs qu'à divulguer le sentiment de leur intimité.

De ses contemporains, je ne sache guère que Boileau et Chorier qui aient parlé de Le Pays, l'un pour faire son éloge, l'autre pour l'accabler d'un trait de ses satires. C'est donc dans ses œuvres mêmes qu'il faut se faire une opinion sur l'auteur. Le critique n'a que le livre pour appuyer ses décisions : c'est le livre qu'il faut examiner.

Les auteurs de ce temps ne daignaient rien pu-

---

[1] Portrait de M. Le Pays, dans les *Amitiez, Amours, Amourettes*, p. 420, 3ᵉ édit. Sercy, 1665, in-12.
[2] *Epître dédicatoire* de le Pays.

blier par eux-mêmes; leurs ouvrages, dérobés par d'indiscrets amis, qu'ils excusent d'ailleurs, se sont imprimés à leur insu ; le public leur pardonnera des fautes qu'ils auraient facilement corrigées si l'impression ne les avait surpris. D'autres, comme un obscur marquis de Villennes, craignent même que la foule de leurs lecteurs ne pardonne pas à la noblesse de leur condition d'avoir abaissé leur haute capacité jusqu'à l'occupation roturière de faire un ouvrage de cinquante pages [1]; un autre, que nous connaissons, permet bien qu'on trouve des fautes dans ses livres; — ce sont les œuvres d'un homme de guerre, plus familier avec l'épée qu'avec la plume. — Mais, modérez vos expressions, critiques, je m'appelle Georges de Scudéry !

Le Pays a évité cet orgueil d'une fausse modestie, et ces rodomontades de fanfaron du Parnasse : l'auteur s'est fait homme, dans une préface animée d'une franchise enjouée, d'une naïveté pleine de grâce. Voici son début; jugez-le, il est là.

AU LECTEUR : — « Il ne tient qu'à moy de vous dire icy, comme la pluspart de ceux qui mettent leurs ouvrages au jour, que l'on me fait autheur par force : que mes amis m'ont arraché des mains les lettres et les poésies que je vous donne, et que

---

[1] Les élégies choisies des *Amours* d'Ovide, par M. le marquis de Villennes, gouverneur de Vitry-le-François. Paris, Barbier, 1668, 1 vol. in-12 : « On s'estonnera peut-estre qu'un homme de ma naissance et de ma profession se soit donné le loisir de s'attacher à cet ouvrage. Mais... » — Messire Nicolas Bourdin, chevalier seigneur de Villennes, est aussi l'auteur d'une traduction de Claude Ptolémée : l'*Uranic*, Paris, Besogne, 1640, in-18. — Son père était astrologue; sa femme et sa fille, marquise de Guibermeny, se mêlèrent aussi de poésie.

jamais elles ne seroient sorties de mon cabinet sans la violence que l'on m'a faite. Mais je suis trop sincère pour vous déguiser la vérité. Je veux bien vous dire la chose comme elle est. Il est vray que quelques-uns de mes amis m'ont conseillé de faire part au public de mes divertissements particuliers, et que mesme ils m'ont flatté de l'espérance de quelques succès; mais il est vray aussy, qu'aucun d'eux ne m'a mis le poignard à la gorge, et que si j'eusse voulu, mes *Amitiez,* mes *Amours* et mes *Amourettes* ne seroient point devenues des choses publiques. C'est de mon propre mouvement, mon cher lecteur, que je vous donne mes petits ouvrages, et par la seule demangeaison que j'ay de m'ériger en autheur. Je sçay assez que ce glorieux titre n'est pas trop bien deu à un homme qui n'a fait que des sonnets, des madrigaux et des lettres, et qu'après l'impression de ce volume on pourroit encore me le disputer sans me faire une grande injustice. Mais pourtant... j'ay cru que dans un temps où les titres sont à si bon marché, dans un temps où chaque gentilhomme a nom Monsieur le Marquis, et chaque ecclésiastique Monsieur l'Abbé, je pourrois bien m'appeler Monsieur l'Autheur. J'ay cru enfin, que dans un pays où l'on souffre des marquis sans marquisats, et des abbez sans abbayes, on pourroit bien aussi souffrir des autheurs sans authorité. »

Ces derniers traits ne sont pas sans malice, mais ils sont charmants; ce ton dégagé d'ailleurs est bien plus de notre siècle que du dix-septième. Ces éclairs sont curieux à saisir dans une langue où l'emploi habituel des périodes, l'accueil fait aux participes présents et aux conjonctions, sans donner d'obscurité à la langue, lui ôtait pourtant cet éclat de vive légèreté qui paraît aux époques suivantes.

Je continue ma citation :

« Quel honneur à mes neveux d'avoir un autheur pour parent? Dans cinq ou six siècles ils pourront avoir eu dans leur race d'illustres magistrats et de grands capitaines dont ils ne sçauront point de nouvelles : mais mon livre, qui sera demeuré en quelque coin, leur apprendra qu'ils auront eu un parent autheur. Ils me citeront à tous moments... J'ay mesme déjà quelques parentes qui n'auront garde de s'en taire, et qui seront fières quand elles diront : *Mon frère l'autheur a fait un livre nouveau. Mon neveu l'autheur m'a écrit la plus jolie lettre du monde. Mon cousin l'autheur m'a envoyé des vers tout à fait galants.* Après cela, mon cher lecteur, qui pourroit s'en défendre? Après cela, ne m'excuserez-vous pas si j'ay fait mettre au jour mes poësies et mes lettres ? »

L'auteur dit ensuite quels ont été ses modèles : c'est Balzac, dont il envie la force; c'est Voiture, dont il voudrait avoir la douceur : il n'a pour lui que la nouveauté, et la gloire « d'avoir suivy de loin deux guides si illustres. » Ailleurs, il cite « nos maitres les Sarasins, les Marignis, les Voitures. »

Cet aveu modeste de son imitation lui a attiré un mot piquant; on a dit qu'il était le singe de Voiture.

On raconte encore que le poète-ivrogne Linières, le même qui chansonnait Chapelain et qui dépensait au cabaret l'argent emprunté à Despréaux, n'épargna pas plus un mouvement de vivacité de sa part que ses ennemis n'avaient épargné sa modestie. — Linières, lui dit Le Pays, vous êtes un sot, en trois lettres. — Et vous, reprit Linières, dans les mille que vous avez composées.

A en juger par les œuvres de Le Pays, notre auteur n'a pas eu beaucoup de relations avec les littérateurs contemporains. Je trouve dans son recueil très peu de lettres adressées à des écrivains connus : l'abbé de Marolles,

> Un de ces froids auteurs dont les vers sont en prose,

comme dit l'abbé de Villiers, et dont le style n'est pas de ce monde; son cher ami, M. Tallemant, celui qui faisait perdre deux séances à l'Académie pour lui prouver que ce n'est pas l'Océan qui entoure les terres, mais les terres qui environnent l'Océan[1]; l'abbé de Montreuil, un de ses rivaux dans les vers galants et les lettres à l'eau de rose; enfin l'historiographe du Dauphiné, Chorier, plus connu comme l'auteur immoral, mais élégant et spirituel, de l'*Aloïsia :* voilà ses seuls correspondants littéraires, correspondants à la façon de La Harpe, dont les lettres au roi de Prusse n'ont point de réponses connues. Il paraît avoir été fort lié aussi avec une femme d'un certain talent, mais d'une vertu fort équivoque, et dont les ouvrages seraient plus goûtés s'ils étaient moins nombreux, mademoiselle Desjardins, connue sous le nom de madame de Villedieu.

Dans une de ses lettres, Le Pays fait allusion à l'amour qu'avait la jeune fille pour ce chevalier de Villedieu qu'elle avait vu dans un bal, accueilli au sortir de cette fête, soigné dans une maladie, admis enfin dans sa plus familière intimité, et dont elle avait été abandonnée. Peut-être Le Pays ne

---

[1] *Factum* pour messire Ant. Furetière.

croyait-il pas si navrant pour le cœur de mademoiselle Desjardins ce coup qui l'atteignait, car il la raille sur les craintes qu'elle avait pour son amant, au temps de l'entreprise de Gigery, en 1664; et cependant mademoiselle Desjardins, qui se faisait appeler, mariée ou non, madame de Villedieu, empruntait trente pistoles sur la recette présumée de sa comédie de *la Coquette*, donnée à la troupe de Molière, et courait en poste à Avignon pour y voir son infidèle au passage.

Outre ces lettres écrites à des auteurs connus, et mille autres à des correspondants anonymes, nous devons rappeler celles qu'il adressait à un chevalier de La Peyrouse, conseiller du duc de Savoie; à M. du Tiger, ambassadeur au Caire, qui a fait précéder les *Amitiez, Amours et Amourettes* d'assez mauvais madrigaux: à M. Du Gué, qui n'est autre que Dugué-Bagnols, intendant de Lyon, dont la fille aînée avait épousé M. de Coulanges, le spirituel chansonnier, cousin de madame de Sévigné[1]; nous avons aussi sa correspondance avec une ou plusieurs abbesses qui lui avaient envoyé des confitures[2], des conserves[3] et des pommes de reinette[4], qui le gâtaient enfin, comme ces pieuses personnes dont parle le P. Sanlecque dans ses satires, qui ne trouvaient jamais de bouillons assez succulents, de gibier assez délicat pour leurs directeurs. Ces dernières lettres ne sont pas les moins curieuses; — enfin, n'oublions pas ses épîtres contre un précieux.

C'est une remarque curieuse à faire que les

---

[1] *Mémoires sur madame de Sévigné*, t. III, p. 295.
[2] *Amitiez, Amours, Amourettes*, page 45.
[3] Même ouvrage, page 407.
[4] Même ouvrage, page 357.

précieuses ont été tournées en ridicule de leur temps par nombre d'écrivains, dont nous regardons maintenant les œuvres comme le type de la *préciosité*[1]. Croirait-on que l'abbé Cotin, que l'abbé de Pure font fi des précieuses ? que Le Pays lui-même a écrit une lettre contre un précieux ? — Distinguons les époques. Nous sommes arrivés à un temps où les réunions ont cessé dans la chambre bleue d'Arthénice; mais on ne sait que trop leur maladresse à remplacer la pudeur par la pruderie, la pureté du langage par l'afféterie, le savoir modeste par l'orgueil d'un pédantisme prétentieux : elles sont devenues ridicules, et Molière les a traduites à la barre de son théâtre; l'abbé de Pure les a jouées sur la scène italienne; Cotin, qui voit le fétu dans l'œil de son voisin, se moque d'elles, et Le Pays les gourmande de son style le plus sérieux. C'est alors qu'elles changent leur nom de *précieuses* pour celui d'*illustres*, qui ne leur est guère plus favorable. Lisez, en effet, la lettre de Le Pays; écoutez les reproches qu'il leur adresse dans la personne d'un précieux : « Lorsqu'il dit quelque chose, il seroit bien marry de la dire selon l'usage commun. Comme il est plus habile que le vulgaire, il affecte de ne le point suivre dans son langage. Il recherche les grands mots et les expressions extraordinaires ; il use toujours de métaphores; jamais il n'appelle rien par son nom, et jamais on ne l'a entendu parler comme les autres. Cependant il n'est rien qui choque tant l'esprit des honnêtes gens que cette singularité. Un homme qui ne parle pas comme les autres paroît aussi ridicule qu'un homme qui

---

[1] Ce mot est de l'abbé Cotin. — *Cuique suum.*

n'est pas vestu à la mode. A la ville, on porte présentement des habits tout unis, et l'on ne voit paroître la broderie que sur le théâtre. S'il vouloit aussi parler tout uny parmy nous, s'il vouloit enfin estre un peu moins prétieux, il seroit plus généralement estimé[1]. »

On voit quelle sagesse de style professe Le Pays; cette lettre n'est pas la seule où il ait exposé ses opinions en littérature; je trouve ailleurs ces paroles : « Je ne me pique point de faire des vers, et comme j'estime que dans la poésie la médiocrité même est un vice, je croy qu'un honneste homme n'en doit jamais faire profession, s'il ne se sent d'une force à pouvoir égaler les plus illustres de ce métier. Cela n'empesche pourtant pas que chacun n'en puisse faire pour son usage. Un galant homme qui est amoureux ne doit pas aller solliciter son amy de luy faire un sonnet pour sa Philis. Il est bon d'avoir chez soy une petite Muse domestique qui fasse des vers de ménage quand on en a besoin. »

Qui ne reconnaîtrait ici les idées d'Alceste, quand il permet de faire de mauvais vers à quiconque les voudra cacher?

J'en pourrois par malheur faire d'aussi méchants,
Mais je me garderois de les montrer aux gens.

Plus haut, on a remarqué aussi l'idée exprimée par ce vers de Boileau :

Qui ne vole au sommet rampe au plus bas degré,

C'est que Le Pays était un des amis de Boileau ; il était enchanté de voir le fouet du satirique

---

[1] *Amitiez, Amours, Amourettes*, p. 359.

atteindre le mauvais goût partout où il se trouvait, même dans ses propres œuvres à lui, l'impartial Le Pays.

Despréaux avait dit :

Le Pays sans mentir est un bouffon plaisant,

Voici comment sa victime lui répondit[1].

Dans un voyage qu'il fit à Paris, Le Pays obtint l'honneur, qu'il enviait à M. du Tiger, de voir Boileau ; il se présenta chez lui. Grand fut l'embarras du critique ; il s'excuse : « Je ne vous ai pas fort maltraité ; je vous avois entendu préférer à Voiture : je ne le pouvois souffrir. »

Le Pays accepta ces explications ou ces excuses de si bonne grâce, se montra si enjoué et si spirituel que Despréaux lui tendit la main, et que les deux écrivains, l'offenseur et l'offensé, devinrent les meilleurs amis du monde.

Il paraît que la bonhomie de Le Pays fit des adeptes : il l'éprouva lui-même. Un jeune poète avait fait deux sonnets sur le mariage de M. le comte du Bouchage ; Le Pays se déclara juge des deux sonnets ; il les sacrifia sans pitié au bon goût, avec tous les considérants d'une mordante raillerie et un style d'une jeunesse qu'on aime à apprécier. Si le poète *verse tous les plaisirs d'un amour ravissant*, « ce grand mot de ravissant, dit le critique, ne ravira personne, si vous ne faites ressusciter Desportes, Ronsard ou du Bartas. C'est une épithète usée et moisie, dont les modernes ne se servent pas. »

Si l'auteur explique l'hymen de tout à l'heure

Par un coup de l'amour que nul autre n'égale,

[1] Tome II, p. 195.

Le Pays le renvoie « au nouveau satirique », à *Philis, en miracles féconde,* etc.; le malheureux sonnet avait, paraît-il, entrelacé les fleurs des grâces et les feux de l'hymen, et il avait dit :

Et ces fleurs et ces feux formeront leur couronne.

Il faut suivre le commentaire de Le Pays : — « Sans mentir, vous êtes un rare faiseur de couronnes ! En lisant les poëtes, j'ay veu des couronnes de toutes sortes de matières, sans y avoir veu celle que vous avez employée. J'en ay veu de laurier sur la teste des empereurs, de chesne sur celle des citoyens romains, d'olivier sur la teste d'Aristophane, et de pampre sur celle de Bacchus et des Ménades ; j'en ay veu d'or sur la teste d'Apollon, d'argent sur celle de sa sœur, et de pierreries sur celle de beaucoup de princes : mais vous êtes le premier chez qui j'ay veu des couronnes de feu. Croyez-vous, en bonne foy, que vos deux mariez vous sachent bon gré de vostre couronne ? Hé quoy ! du feu sur la perruque de l'amant ! du feu sur le front de l'amante ! Passe encore pour la perruque... — Et encore puis-je vous assurer que le front de M. du Bouchage n'aspire point à la gloire de porter des rayons. »

Puis, quittant l'œuvre pour l'ouvrier : — « Vous dites que vous estes jeune ? — Je le croy... ; et que vous ne faites que commencer ? — Il y paroist : mais pourquoy ne cachez-vous pas de si méchants commencements ? Quand on se sent né pour la poësie, on peut laisser évaporer son premier feu, barbouiller du papier et rimer à tort et à travers ; mais il faut que le papier barbouillé et toutes les méchantes rimes demeurent dans le cabinet[1]. »

[1] *Nouvelles Œuvres,* 1ᵉʳ partie, Paris, Sercy, 1680. — P. 266.

C'est ainsi que le bon sens s'exprime encore par la bouche d'Alceste.

Croirait-on que des duretés semblables, écrites le 14 et le 15 mai 1665, soient suivies d'une lettre du 19 mai, intitulée : « Réconciliation [1] ? » L'auteur des sonnets était fait pour devenir l'ami du censeur : la critique exercée ou par Le Pays ou contre lui semblait lui porter bonheur et lui procurer des amis.

Quand Le Pays écrivit ces remarques, il était sous l'impression de sa visite à Boileau, qui l'avait rendu sévère, et son caractère était aigri peut-être par la perte de mille écus qui lui étaient retranchés par ordre du Roi. On sait qu'en 1664 le Roi supprima un quartier des rentes constituées sur l'Hôtel-de-Ville. De toutes parts s'élevèrent des plaintes ; les sollicitations commencèrent, et Le Pays entreprit le voyage de Paris pour faire ses démarches en personne. En vain attaquait-on de tous côtés l'arbitraire ; en vain un anonyme écrivait-il :

> Louis ayant veu que Clément
> Retranchoit si facilement
> La morale de l'Evangile,
> Pour imiter Sa Sainteté
> A retranché de son côté
> Les rentes de l'Hôtel-de-Ville [2].

Cette mesure était trop nécessaire pour que Louis XIV se laissât arrêter par des chansons ou

---

[1] *Ibid.*, p. 293.
[2] Extrait de deux feuilles de pièces Mss de la Bibliothèque d'Angers, liasse n° 426. A la suite de l'épigramme que nous citons se trouvent ces vers :
> Quand Louis nous réduit à la mendicité,
> Par le retranchement des rentes de la ville,
> Ah! de grâce, Clément, laisse-nous l'Evangile,
> Pour y prendre du moins l'esprit de pauvreté !

des épigrammes ; et, quoi qu'en pussent dire les bourgeois pâlissants ou les poètes plus désintéressés, comme de Cailly[1], l'arrêt fut exécuté.

Le Pays descendit à l'hôtel du comte de Lionne, qu'il nomme son « cher ami » et qui était alors premier écuyer de Sa Majesté. Mais il resta peu de temps à Paris, et suivit la cour à Fontainebleau, dans l'espoir d'y trouver plus de facilité à faire écouter ses réclamations. Il prenait mal son temps. C'était au mois d'août. Le Roi, qui recevait alors le cardinal Chigi, légat *à latere,* neveu du Pape, songeait avant tout à lui faire, d'une manière brillante et toute royale, les honneurs de son palais et de la campagne. Molière et sa troupe avaient été appelés pour jouer une comédie-ballet, *la Princesse d'Elide.* Une fête splendide avait été donnée le 2 août, et le lendemain, jeudi, on avait fait représenter par les comédiens de l'hôtel de Bourgogne la tragédie nouvelle de P. Corneille, *Othon,* qui ne parut en public à Paris que vers le 8 novembre[2]. Mais, comme il le dit, « le retranchement de mes mille escus empoisonne tous les plaisirs que je veux prendre ; il ternit les yeux et le teint de mesdames de Soubize, de Brissac et de Saint Géran, de mesdemoiselles de Lanois, de La Mark et

---

[1] De Cailly, plus connu sous le nom d'Aceilly, son anagramme :

> De nos rentes pour nos péchés
> Si les quartiers sont retranchés,
> Pourquoi s'en émouvoir la bile ?
> Nous n'aurons qu'à changer de lieu :
> Nous allions à l'Hôtel-de-Ville :
> Et nous irons à l'Hôtel-Dieu.

[2] Pour les détails, voir la *Muse historique* de Loret, à l'année 1664.

de Rouvroy; il efface l'éclat des tapisseries, les peintures et les dorures des plus riches appartements; il trouble l'eau des canaux, des fontaines et des cascades... Voyez, Monsieur, combien ce retranchement nuit à Fontainebleau, et demeurez d'accord que si le Roy en estoit averty, il ne voudroit pas pour mille écus laisser détruire de si grandes beautés [1]. »

On le voit, le style badin de Le Pays le suit partout. L'enjouement s'est posé chez lui à demeure. Ici je ne lui chercherai pas trop chicane, parce que, après tout, c'est de lui, c'est de ses mille écus qu'il s'agit; mais quand il parle de la peste [2] et qu'il rit, de la mort de sa grand'mère [3] et qu'il rit encore, on trouve que ce rire fixe, qui doit faire grimacer son visage, fait grimacer son style, et il impatiente. Je vais plus loin; le dégoût prend quand il s'avance trop lui-même et qu'il remplace la gaieté par la bouffonnerie, la plaisanterie par la grossièreté.

Sans doute, de son temps, à part celles des précieuses qui avaient ce ridicule [4], on ne cherchait guère l'idée impure, cachée sous le voile d'un terme plus ou moins indécent. Cependant, nous devons le dire, dussions-nous, pour disculper Le Pays, rejeter la faute sur son siècle, il est des bornes qu'on ne peut franchir en aucun temps; aucune époque ne pourra souffrir un valet qui *ronfle comme un cochon;* aucune femme aujourd'hui ne lira sans étonnement le titre des vers qu'il adresse à une jeune religieuse, ou les plaisanteries

---

[1] *Nouvelles Œuvres*, 1ʳᵉ partie, p. 325.
[2] *Nouvelles Œuvres*, I, 148.
[3] Ibid., I, 5.
[4] Voyez le *Chevræana*, et Bayle, *Discours sur les obscénités*.

qu'il se permet en écrivant à une dame la relation d'un de ses voyages.

Le Pays, qui savait plusieurs langues, fit plusieurs voyages, même hors de France. Ainsi nous le trouvons en Angleterre, où il est allé par les Pays-Bas. Une autre de ses lettres nous apprend qu'il a passé trois et même quatre fois les Alpes. Quand il descendait ainsi au sud-est, c'est en Savoie ou en Piémont qu'il se rendait, à la cour du duc Charles-Emmanuel, où l'attendait le meilleur accueil. Le duc de Savoie, prince de Piémont, roi de Chypre, etc., lui écrivait quelquefois, recevait ses lettres avec plaisir, l'appelait auprès de lui : Le Pays ne pouvait résister à ses offres engageantes, et il se rendit plusieurs fois à Turin. Il était de toutes les fêtes, assistait à tous les bals, ballets, concerts, opéras donnés par la troupe du prince, qui, à l'imitation des ducs de Brunswick et de Lunébourg, et de l'électeur de Bavière, avait une troupe française. On l'invitait aux *cadeaux* ou petits soupers, il avait sa chambre dans le palais, les chevaux du prince à sa disposition [1]; bref, le marquis de Saint-Damien, grand prieur de l'ordre de Saint-Maurice de Savoie, signa à notre poète un brevet de chevalier de cet ordre.

Le Pape, plus généreux que le duc de Savoie et plus fervent admirateur encore du talent de Le Pays, lui accorda une distinction d'autant plus flatteuse que, par considération pour son mérite, il l'étendit à d'autres membres de sa famille. M. Le Pays du Teilleuil possède encore dans ses papiers, sous la signature du duc de Duras, référendaire du Saint-Siège et protonotaire apostolique, des lettres-

---

[1] *Nouvelles Œuvres*, II, 171.

patentes en date du 1ᵉʳ décembre 1672, conférant à :

1º René Le Pays, seigneur du Plessis-Villeneuve, chevalier des ordres de Saint-Maurice et de Saint-Lazare ;

2º Gilles Le Pays, seigneur de la Brimonière ;

3º Julien Le Pays, seigneur du Plessis, frères, du diocèse de Rennes, à eux et à leurs descendants mâles et légitimes, le titre de *aulæ Lateranensis milites ac comites palatinos*.

A quoi lui servaient tous ces titres ? S'ils ne gonflaient sa bourse, du moins ils flattaient son amour-propre, et c'est aussi tout le profit qu'il retirait du titre d'agrégé à l'Académie d'Arles, dont il fut nommé membre à trente-quatre ans. Dans le remerciment qu'il adresse à ses nouveaux confrères, il avoue, sans fausse modestie, qu'il se croit « quelque idée naturelle de l'éloquence. » Mais il se plaint des affaires, qui ne lui « ont pas laissé le temps d'emprunter le secours de l'art pour aider la nature. »

C'était alors la mode des portraits. Dans les sociétés, on se faisait un plaisir de tracer ou de voir tracer d'après nature les images de soi-même ou de ses amis.

Le Pays, homme du monde avant tout, homme aimable, s'exécuta de bonne grâce à la prière de la duchesse de Nemours ; il envoya de Grenoble son portrait à la princesse, le 20 juillet 1664. Ces trente pages forment, après le roman maintenant oublié de *Zélotide*, et *la Muse Amourette*, l'ouvrage le plus important de Le Pays. Il avait à craindre le double danger, soit de laisser aller son amour-propre à se donner des louanges déplacées, soit, par un orgueil plus grand encore, de se dépeindre d'une façon grotesque. Il sut allier, en parlant de lui-même, la dignité à l'enjouement. En dépouillant son portrait des grâces du style dont il l'a revêtu, nous voyons dans Le Pays un homme de taille moyenne, gros du ventre, rond du dos, fort en jambes, les mains fines, les cheveux blonds, une barbe rare sur un visage ovale et bien rempli, grand nez, large bouche « bordée de lèvres charnues et suffisamment rouges, et meublée de belles et grandes dents. »

Après avoir donné ce signalement, sous lequel on reconnaîtrait Le Pays entre mille, l'auteur parle de ses inclinations : « J'en ay beaucoup pour les exercices du corps, et, parce que je les aime, je m'imagine y réussir; mais pour dire le vray, je trouve fort peu de gens de mon avis, et peu s'en faut que je ne sois seul à croire que je danse bien et que je joue passablement de la guitare. Ce n'est pourtant pas me faire plaisir que d'avoir un sentiment contraire ; quand on me raille sur ce chapitre, je ris en apparence, et j'en enrage au fond du cœur. Mais, sans mentir, l'on ne m'offense pas lorsqu'on me dit que je chante mal; j'en demeure d'accord, et n'en disputeray jamais la belle méthode à Lambert ny à ses écoliers. Ma voix est tout à fait contraire à mon esprit; elle n'a aucune disposition à s'accorder avec les autres...

« Si ma voix ne s'accorde pas bien avec les autres, mon courage s'accorde encore plus mal avec le péril. Je ne sçay si ma personne vaut la peine d'être conservée; mais naturellement je crains fort de l'exposer. Je puis dire, sur ce sujet, que je sens dans l'âme des sentiments fort chrétiens, puisque souvent je fais réflexion que je suis un pauvre mortel que la mort peut détruire à tous moments, et j'en suis si persuadé que je fuis avec beaucoup de soin toutes les occasions où il y a quelque légère apparence de hazarder sa vie. Ce n'est pas que je ne sois fort brave en paroles, et que, quand j'y suis engagé, je ne fasse par honneur ce que les autres font par courage; et j'en use en pareilles rencontres avant tant de fierté, qu'il n'y a guère que moy qui puisse connoistre ma foiblesse.

> Car dans l'occasion je crie et je fais rage;
> Si l'on me tient à quatre, alors, plein de courage,
> Je jure, je menace, et fais le fanfaron;
> Si bien que, d'un vaillant faisant le personnage,
> Je suis seul à sçavoir combien je suis poltron.

« Voilà la seule chose où je suis dissimulé. En toute autre rencontre j'ay une franchise que l'on peut nommer excessive au siècle où nous sommes. Dans un temps où la bouche n'exprime plus les sentiments du cœur, où chacun se pique de n'estre pas connu même de son frère et d'avoir un visage qui se démonte, j'ay encore l'ingénuité des premiers siècles; mon âme est toute sur mes lèvres, et mon visage le véritable tableau de mes pensées. »

Cette nouvelle citation n'est pas d'un style moins moderne, moins pur, moins correct que les autres passages qui nous ont déjà paru dignes d'être transcrits; je ne sais si je me trompe : — en semblable matière il faut, pour décider, une autorité que je n'ai pas, — mais j'ose croire et dire que ce passage est du meilleur goût; il fait d'ailleurs connaître l'auteur mieux que je ne l'aurais pu faire, et si j'ai un regret, c'est de n'avoir pu le donner en entier.

Je voudrais encore rappeler une étude sur la

poésie légère, où une véritable érudition se cache sous un spirituel enjouement, — je me répète, je le sais ; mes termes sont peu variés ; mais que ne varie-t-il lui-même son style ? — Cette pièce, qui n'occupe pas moins de quatre-vingts pages du volume, est adressée « à monseigneur Du Gué, intendant de la justice, police et finances, ès provinces du Dauphiné, Lyonnois, Forez et Beaujolois. » Elle fut composée à l'occasion de la grande réformation de la noblesse (1669). Le Pays, après avoir prouvé son titre de gentilhomme, veut donner aussi les titres de sa Muse, la Muse Amourette.

Je ne ferai point l'analyse de cette longue lettre ; l'histoire abrégée qu'il y donne de la poésie chez les Romains et les Grecs n'a pour nous ni l'utilité que nous trouverions dans Schœl, ni plus de charme que les œuvres déjà citées de Le Pays. Mais je rappellerai en abrégé, pour le moins, tout ce qui a trait aux contemporains de l'auteur.

Après avoir défendu la noblesse, assuré qu'une Muse prouve sa filiation par sa ressemblance avec sa mère, que l'une peut naître des cendres de l'autre, fussent-elles refroidies depuis deux mille ans ; que Sapho est mère de mademoiselle de Schurman [1] en Hollande, de madame de La Suze et de mademoiselle de Scudéry en France ; que Chapelain descend d'Homère en droite ligne, et Brébeuf de Lucain, Le Pays affirme qu'une seule Muse peut avoir plusieurs mères, et donne pour

---

[1] On a de cette savante fille, si célèbre au XVIIe siècle, un volume polyglotte, imprimé à Leyde, chez Elzevier (2e édit.), 1650, in-12, sous le titre de : *Nobiliss. Virginis Annæ Mariæ à Schurman Opuscula hebræa, græca, latina, gallica : prosaïca et metrica.*

exemple « la Muse du sublime Corneille », fille des Muses de Sophocle, Sénèque et Lope de Véga; celle de « notre tendre Quinaut », qui doit sa naissance à Euripide, Térence et Guarini; celle enfin de « notre facétieux Molière », qui lui a été transmise par Aristophane en passant par Plaute et Jodelle. Telle est l'exposition de ses principes en matière généalogique; je ne sais si d'Hozier les eût approuvés : tels sont aussi les trois auteurs qu'il choisit dans le genre dramatique pour descendants de Sophocle, d'Euripide et d'Aristophane. Quinaut a usurpé la place que devait occuper l'auteur d'*Andromaque,* de *Britannicus* et de *Phèdre,* et que Le Pays pouvait lui donner puisque son livre est de 1680. — J'arrive, sans discuter davantage, à la généalogie toute pure de la Muse Amourette.

Amourette a pour mère la Muse de Voiture, laquelle eut pour sœurs celles de Benserade et de Sarasin, et pour père Maynard. Celle-ci eut un grand nombre de parents qui inspirèrent Bois-Robert, Racan, Godeau, Malleville, Chapelain, Gombaud, Saint-Amant, Cerisy, Colletet, Tristan, Rotrou, Desmarets, de l'Estoile, Scudéry et l'incomparable Corneille. « Toute cette nombreuse et docte famille avoit pour père le bonhomme Malherbe. Ç'a été ce père glorieux qui a élevé tant d'illustres enfants. C'est de ce maistre qu'ils ont appris à faire toutes les choses que nous avons admirées, et c'est de sa succession que sont venus tous les trésors dont ils ont enrichy le monde. Il est vray que quand nous voyons dans ses œuvres le fonds d'où l'on a tiré tant de richesses, nous sommes estonnés de voir le peu d'espace qu'il occupe; nous sommes surpris que quelques sonnets et quelques odes soient la source de tant de poëmes différents. Mais ce fonds n'est pas d'une nature ordinaire ; tout y est or, tout y est pierreries, et pour contenir de pareils thrésors, bien qu'ils soient immenses, il ne faut pas un grand espace. Avant que ce grand homme eût écrit, notre langue estoit dans un misérable estat ; elle estoit stérile, mal cultivée et remplie de quantité d'expressions étrangères, qui estouffoient peu à peu les naturelles. Il entreprit de la défricher, et y travailla si heureusement qu'elle luy est obligée de la pluspart de ses grâces et de ses beautez.

« La Muse de Malherbe eut quatre sœurs dont elle estoit la cadette, trois qui se rendirent célèbres en Italie, Tasso, Guarini et Marino... Mais en France elle eut une sœur qui ne fut pas moins célèbre, et qui fut beaucoup plus heureuse. Ce fut la Muse de Desportes.

« La Muse de Malherbe eut pour mère celle de Joachim du Bellay, qui fut surnommé le peintre de la nature, et que Malherbe a souvent imité ; et pour tantes, les Muses du bonhomme Des Yveteaux et du fameux Bertaut. Cette Muse eut pour ayeule celle de l'illustre Ronsard. »

On peut juger par cet extrait de la tournure d'esprit, de la façon d'écrire de Le Pays : le reste de l'épitre est dans le même goût. Mais nous sommes obligés de nous arrêter ici, sans nous aller jeter dans les recherches érudites qui suivent et qui n'ont plus pour nous, comme le précédent extrait, le mérite d'une sorte d'actualité rétrospective.

Et si, somme toute, Le Pays est plus souvent simple et vrai que Voiture, jamais il n'atteint cette hauteur où s'est élevé, par une heureuse exception, l'auteur éloquent de la lettre sur la prise de Corbie[1]; jamais non plus son style n'est aussi fourni, aussi riche de pensées, bonnes ou mauvaises, que celui de Voiture. Pinchesne, dans la vie de son oncle, dit que celui-ci « entendoit la belle raillerie, et tournoit agréablement en jeu les entretiens les plus sérieux : » c'est son défaut ; mais toujours est-il que, si l'expression est légère, la pensée peut avoir sa gravité, sa grandeur même.

Le Pays ne s'élève jamais plus haut que le bon sens, et ne descend jamais plus bas que Voiture. Comment lui demander d'ailleurs de faire du style sublime lorsqu'il écrit des nouvelles galantes sur le *Traité des Pyrénées*, qu'il demande du *quinaquina* pour se guérir de la fièvre quarte, qu'il remercie l'abbé D. S. R. de lui avoir cédé sa maîtresse, et qu'il entretient correspondance avec Margoton ? Veut-on qu'il pindarise pour remercier Iris d'une bourse en broderie, pour railler deux pédants, pour se moquer d'un grand parleur ? Tout au plus pourrait-on lui demander, dans ce cas, de déployer l'extravagance sérieuse, les emportements bouffons, les franches rodomontades de Bergerac[2] s'adressant aussi à je ne sais quel faux savant ; mais ici encore la phrase de Le Pays est flasque et molle, et son style cède toujours et échappe à la critique, qui ne sait par où le saisir.

Son plus grand tort, cependant, ce n'est pas d'avoir été un *bouffon plaisant*, c'est d'avoir écrit tant de lettres, sans les soutenir par des faits ou l'expression des sentiments intimes qui cachent l'auteur et montrent l'homme.

---

[1] *Œuvres* de Voiture, nouv. édit., 1681, t. I, p. 175.
[2] Les *Œuvres diverses* de M. de Cyrano de Bergerac, Paris, Sercy, 1663. 1 vol. in-12, p. 154.

On lit madame de Sévigné parce que sa correspondance est l'écho de son cœur, l'image de la société qu'elle fréquentait, et qu'on y voit agir, parler, vivre chez eux et pour eux, ces mille personnages que l'histoire de cette féconde époque montre sur la scène, aux yeux du public, dans leur costume de théâtre et dans les rôles de leur emploi ; parce que sa phrase est vivante, parce qu'elle est elle-même et qu'elle est femme.

On lit les lettres du bonhomme Malherbe (je parle de lui comme Le Pays ; mais j'ai plus de respect quand je parle de ses poésies), malgré ses solécismes, son jargon de province, son langage suranné, et un style que l'excellente prose de plusieurs auteurs de son temps fait trouver détestable, parce qu'il faut les lire, parce qu'elles sont un répertoire précieux pour l'historien qui veut vivre de la vie des contemporains de Henri IV, de Sully, de du Vair, de Richelieu jeune homme et de Louis XIII enfant.

Mais Le Pays, quels titres a-t-il pour qu'on le lise ? Ces titres sont peu nombreux, et si j'en parle si longuement, c'est pour qu'on puisse au moins, après avoir parcouru cette notice, ne pas le juger seulement sur la parole de Despréaux, et savoir pourquoi ses lettres adressées à la postérité, comme on l'a dit de Pline, ne sont pas toutes parvenues à leur adresse.

Telles qu'elles sont, ce sont les souvenirs d'un homme aimable, d'un homme du monde ; il eut assez de génie pour sentir le beau, trop peu pour l'imiter, assez pour comprendre que la Muse Amourette n'aime pas les vieillards, qu'elle badinerait mal sous les rides, et pour cesser d'écrire avant d'être forcé au silence par la crainte du ridicule.

Le dernier volume de le Pays *(Nouvelles Œuvres)* fut imprimé en 1680, avec privilège du 6 novembre 1676. Le Pays avait quarante-deux ans.

La vie de Le Pays, qui s'était écoulée si facilement, fut troublée, vers le soir, par un procès déplorable. Il avait pris un associé auquel il avait accordé, trop légèrement peut-être, une confiance que sa position officielle rendait imprudente : il fut trompé, forcé de payer pour un ami insolvable une assez forte somme, et exposé sans doute à une disgrâce qui l'atteignait dans son crédit et peut-être dans sa réputation.

Il adressa au Roi à ce sujet deux placets où il avait essayé de sauver son amour-propre de solliciteur, et de prendre le sans-façon de Saint-Pavin ; celui-ci, appréciant la valeur des moments du Roi à quatre mille écus par heure, lui disait :

Ne pourrois-je obtenir, Sire, avant que je meure,
    Un quart d'heure de votre temps ?

Le Pays, à son tour, écrit à Louis XIV :

. . . .
Mon petit bien n'est pas un fief impérial :
    N'attaquez jamais de bicoque
    Indigne d'un siège royal ;
Subjuguez tout le Rhin, la gloire en sera grande,
La justice le veut, votre droit le demande,
    Ce sont des coups dignes d'un roi ;
Prenez sur l'Empereur, prenez sur la Hollande :
Mais, Sire, au nom de Dieu, ne prenez rien sur moi !

Après la perte de son procès, il adressa à Louis XIV les vers suivants :

Sire, je l'ai perdu, ce procès si terrible,
    Qui peut m'enlever tout mon bien :
    Hélas ! ce tout n'est presque rien ;
Mais ce rien m'étoit tout, et tout perdre est sensible.

Je le perds, et pourquoi ? pour m'être associé
D'un homme qui montroit de sages apparences.
Il a, ce faux prudent, dissipé vos finances :
    Pour lui dois-je être châtié ?
    D'un innocent ayez pitié ;
Votre âme à la justice en tout temps est ouverte :
Vous ou moi nous perdrons ; consultez votre cœur :
    Qui de nous deux, dans un malheur,
    Peut mieux supporter une perte ?

Sous le coup peut-être de ces revers qu'il semble prendre pourtant sans grand désespoir, Le Pays mourut dix ans après la publication de ses *Nouvelles Œuvres,* deux ans seulement après son dernier ouvrage, *le Démêlé de l'esprit et du cœur*, qui parut en 1688. Il mourut à Paris, le 13 avril 1690, et fut enterré à Saint-Eustache, dans la même église qui, par un singulier hasard, avait déjà reçu le tombeau de Voiture, et devait recevoir bientôt celui de Benserade[1].

---

[1] La famille de Le Pays compte encore quelques représentants en Bretagne ; je citerai, outre M. Le Pays du Teilleul, de Fougères, le général Le Pays de Bourjolly.

VIII

MAITRE JEAN GRILLET

« ÉMAILLEUR DE LA REINE, NAGUÈRE ÉMAILLEUR DES DÉESSES »

Qui n'a été frappé, en étudiant l'histoire privée des hommes célèbres, de voir d'où sont partis, pour s'élever au premier rang, des personnages que leur naissance semblait condamner à une injurieuse obscurité ? La noblesse, au dire de Pascal, mettait trente ans d'intervalle entre les hommes. Entre les hommes à mérite égal, nous l'accordons ; mais le génie franchissait les distances, et, à défaut de génie, le talent parvenait tôt ou tard à les combler. Nous avons toujours suivi avec un intérêt particulier ces existences où la volonté humaine force des passages qui lui semblaient à jamais fermés, soit que des luttes victorieusement renouvelées, soit que des circonstances toujours heureuses aient amené des triomphes plus ou moins complets, plus ou moins méritoires.

J'ai dit ailleurs la vie d'un homme qui, sorti de parents obscurs et fils d'une terre étrangère, était parvenu, en France, à l'un de nos sièges épiscopaux les plus recherchés, et avait obtenu à la Cour, outre l'affectueuse déférence de Richelieu, la confiance éclairée d'une Reine, et dans le monde tous les honneurs dus à un prélat respecté [1]. J'aurais pu, restant au même point de vue, chercher quelle fut la naissance de maint artiste, de maint guerrier dont le nom, environné de son prestige glorieux, nous paraît dans son vrai milieu parmi les plus aristocratiques personnages de leur époque. J'abandonne cette thèse facile, et, négligeant aujourd'hui le génie dont l'ardente tenacité, dont la persévérance puissante a franchi d'un bond tous les degrés qui le séparaient du niveau le plus élevé, je veux rechercher dans la vie d'un simple artisan, d'un émailleur, maître Jean Grillet, jusqu'à quel échelon pouvait gravir, au-dessus de son point de départ, un homme dont le mérite n'était pas même dans un art libéral.

Il se trouve que Jean Grillet a fait des vers, qu'il a publié un volume comme maître Adam. Mais loin de nous la pensée de le comparer au menuisier-poète, tout surfait que soit le mérite de celui-ci ; les vers de Grillet sont franchement sans valeur, et nous n'y chercherons que son autobiographie.

Nous n'avons que son livre pour nous guider : il est intitulé :

« *La beauté des plus belles dames de la Cour*, les

---

[1] *Philippe Cospeau, évêque d'Aire, de Nantes et de Lisieux, sa vie et ses œuvres.* Paris, Alvarez, 1854, 1 vol. in-12. A la fin du volume, nous avons donné le texte très rare de l'éloquente oraison funèbre de Henri IV, prononcée par Ph. Cospeau, dit aussi Ph. de Cospéan. — Cette notice a été reproduite dans notre ouvrage intitulé : *Portraits du grand siècle.* — Un vol. in-8°.

actions héroïques des plus vaillants hommes de ce temps, avec la rime heureusement rencontrée sur toutes sortes de noms, et plusieurs autres pièces sur divers sujets gaillards et sérieux. Dédié à Monseigneur le Maréchal de Schomberg. » — Paris, R. Dehain, 1647, — in-4º. — *(Privilège du 4 janvier; achevé d'imprimer le 9 juillet 1647.)*

L'auteur, on le voit, n'est pas même nommé au titre ; mais le privilège indique, avec son nom, sa profession ; il est accordé à « Jean Grillet, émailleur ordinaire de la Reyne... »

Nous faisons bon marché du poète, avons-nous dit ; mais l'homme qui, par un talent manuel, parvint à approcher des plus grands de la Cour, et de la Reine elle-même, nous intéresse comme une des heureuses exceptions de son temps, et nous chercherons à le faire connaître.

A en juger par un portrait placé en tête de son livre, Grillet, à l'époque de cette publication, devait avoir l'âge du siècle : il naquit sans doute vers le même temps que Corneille, caprice d'une date qui ne les rapprocha point. Où est-il né ? où a-t-il été élevé ? Il n'en dit mot. De son éducation, plus ou moins négligée, il conserva le goût de la lecture peut-être ; mais s'il apprit à connaître quelques auteurs, n'en soyez point dupe : il ne les a pas lus ; et il arrive ainsi à faire de leurs noms l'emploi le plus divertissant. Prenant le Pirée pour un nom d'homme, il fait de Bucéphale un ami de Platon, de Pythagore et du vin :

A tort tu bois cet élément
Duquel je lave mon écuelle,

> Platon, Bucéfal, Pitagore
> Et plusieurs autres fous encore
> Deffendaient à leurs museaux
> De jamais convoiter les ondes.

Qu'il vienne nous citer après cela Hésiode ou Pline, nous comprendrons qu'il appuie leur nom d'une meilleure autorité ; c'est Guillot Gorju qu'il donne à Pline pour compagnon :

> Buveur d'eau, tout bien débattu,
> Quoy que disent nos Esculapes,
> Le vin des plus communes grappes
> La passe toujours en vertu,
> Comme étant d'essence plus noble,
> Selon Pline et Guillot Gorju.

Grillet n'était pas riche ; il vivait de la vente des pièces d'émail qu'il fabriquait ; mais sa condition précaire lui était facile à supporter. Ainsi dit-il à Jeanneton, — Jeanneton, un nom de guerre, comme Philis ou Amaranthe, — c'est-à-dire à Marie-Rose, qu'il est impatient d'épouser :

> Et ne t'inquiète point si ma fortune est grande,
>   On vit jusqu'au trespas.........
>
> Les fous veullent beaucoup ; Dieu, pour montrer sa gloire,
> Nous entretient de peu. Moy qui n'eus jamais rien
>   Je vis assez gaillard.

Cette femme, qu'il rassurait ainsi sur sa position financière, l'épousa-t-il ? Je le crois, car il est certain qu'il fut marié, et sa femme,

> Une Auvergnate violente
> Dont le tintamarre confond
> Ce que les pauvres Muses font,

ne lui aurait pas laissé imprimer des vers à l'adresse d'une rivale. Hélas! le pauvre poète, il souffrait assez de sa dureté! Bonne ménagère, connaissant le prix du temps et le prix de l'huile, la valeur de l'émail et la valeur des vers, elle était sans pitié pour sa poésie. En vain il invoquait les Muses! La fille du Mont Dore chassait les filles de l'Hélicon.

> Elles me vindrent sitost voir;
> Mais ma femme les chassa toutes!

La même pièce nous le montre oubliant pour la rime les soins matériels de son métier. Sa lampe est allumée; il active le feu nécessaire pour amollir le verre, mais sa pensée est où volent les nuages, où fleurissent les rêves, où resplendit l'idéal; il s'isole du milieu grossier où il vit et cherche ailleurs les hautes pensées si nécessaires à l'âme humaine qui les peut comprendre. Mais hélas! pendant qu'il écoute « ses pensers plus qu'humains qui ne laissent agir que son âme, » la lampe éclaire et l'huile se consume, et sa femme est là toute prête à couper les ailes qui soutiennent le poète loin de la terre dans son vol inutile :

> Ah! fou, l'huile ne coûte rien!

Et il tombe, le pauvre homme, de toute la hauteur où il s'était élevé. — Il l'aimait pourtant, sa Marie-Rose; c'était là sa compensation; il était resté son amant après son mariage : il le dit en assez jolis vers :

> Celle dont le nom se compose
> Du nom de Marie et de Rose
> Me vient tellement enflammer,
> Que combien que je la possède,
> Si faut-il toujours que je cède
> A ce beau nom qui fait aimer...

> Ayant l'heur d'estre son mary,
> Je devrois en estre guary;
> Mais c'est bien une telle rose
> Que j'en suis encore étonné,
> Et le ciel jamais n'a donné
> Au monde une si belle chose.

Sans doute, le sentiment si vif exprimé dans ces rimes sincères n'était pas sans écho dans celle qui l'inspirait; et en effet, paraît-il, Grillet n'était point un trop mauvais parti. Il criait misère, parce que c'était l'usage aux poètes de le faire, et l'émailleur se croyait poète; mais son métier était d'un revenu assuré : ses goûts un peu épicuriens s'accordaient avec un caractère aimable et facile à tous; son portrait le montre avec de longs cheveux plats, une mouche et des moustaches épaisses, l'air décidé et toute la mine d'un galant homme. — Ceux qui m'ont pu connaitre, dit-il lui-même :

> Voyant un ventre assez rond
> Et considérant mon étoffe,
> Ont creu que j'estois philosophe,
> Poète, ivrogne ou environ [1].

Souvent obligé de venir à Paris, il demeurait d'ordinaire à Essonne, entre Paris et Fontainebleau, dans le voisinage du palais que M. Hesselin, surintendant des fêtes, plaisirs et ballets de la Cour, s'y était fait construire : ce palais, un moulin à poudre et enfin Grillet lui-même étaient, comme il le dit ingénument, les trois merveilles du lieu; l'abbé de La Roche-Pozay, dans son voyage du

---

[1] Le seul peut-être des écrivains contemporains de Grillet qui ait parlé du « Poète émailleur », sans donner d'ailleurs son nom, est Costar, qui dit lui avoir entendu réciter, sur la route de Fontainebleau, les quatre vers que nous citons ici. — Voy. COSTAR, *Apologie,* in-4°, 1657, p. 302.

Levant, n'avait rien trouvé qu'il y pût comparer. Là, devant sa porte, il avait affiché ces vers :

> Vous pouvez voir souffler le verre
> Et faire des pièces d'émail ;
> C'est le plus bel art de la terre :
> Pour cent francs l'on voit ce travail.
> Mais je me trompe. Cet écrit
> Réduit mon gain à des oboles ;
> Apolon trouble mon esprit :
> J'ai dit cent francs pour cent pistoles.
> Toutefois si l'on ne le peut,
> Il vous est bien permis de croire
> Qu'on en rabat tant que l'on veut.
> Conclusion : il faut pour boire.

Si quelque personnage de qualité passait par Essonne, Grillet, à la façon des *improvisatori* italiens, ne manquait pas de leur faire fête, et célébrait *in promptu* M. l'abbé, M. l'ambassadeur ou M. le conseiller. D'autres fois on le trouve dans le Nivernais, à Nevers, où il chante maître Adam et la princesse Marie (la reine de Pologne) ; à Pougues ou à la Charité, il fréquente

> ..... La mère Folie
> Qui chasse la mélancolie.

Partout il avait ou savait se faire des amis. Quoiqu'il fréquentât le beau monde, comme nous le verrons bientôt, il était peu difficile sur la qualité. Par là, il se rattache aux classes d'où il est sorti, et c'est là un des contrastes singuliers de ses vers, d'admettre le maître sans dédaigner le valet. Maître Adam était plus fier : ni les cochers du prince de Condé, ni son valet de chambre, ni boulangers, ni marchands n'ont trouvé place dans ses *Chevilles*. Tels sont, au contraire, les familiers de Jean Grillet ;

s'il s'élève un peu, sans sortir de son cercle d'amis, il nous parle des musiciens de la chambre, de Champagne le coiffeur, — c'était une puissance, — de maître Adam ou de ce pauvre fou Neufgermain, un poète aussi. Joignons-y Turlupin, Gautier Garguille et Gros Guillaume, à qui il se crut obligé de faire une épitaphe « à cause de la sympathie qui estoit entre eux et lui. »

Les goûts de ses amis étaient les siens ; comme eux il aimait à chanter après boire, à jouer aux boules après dîner. Un cuisinier languedocien avait inventé, paraît-il, une sorte de ragoût exquis ; il se nommait La Cassole, et le mets prit son nom, — son nom que nous avons vainement cherché dans tous les livres du même temps[1]. Qui eût cru qu'un rival de La Varenne, l'écuyer de cuisine de M. le marquis d'Uxelles, dût tomber dans un tel oubli ! Grillet semble le seul de ses contemporains qui ait pris soin de sa gloire. Bien mieux, le poète enthousiasmé nous a même légué la recette du cuisinier :

> Avant qu'elle vint en France
> Du pays des Languedochiens,
> Nous vivions dedans la souffrance
> Aussi maigrement que des chiens ;

---

[1] Un ex-habitant de Castelnaudary, après avoir lu cette notice dans le *Moniteur*, a bien voulu nous écrire ce qui suit :

« La cassole, ou plutôt le cassolet, est un plat très connu dans la petite ville de Castelnaudary, où l'on ne manque jamais de l'offrir aux personnes étrangères à la localité, comme une merveille gastronomique. On dit dans le Languedoc : *le cassolet* de Castelnaudary, comme on dit partout les pâtés de Strasbourg ou les biscuits de Reims. »

Il résulte de ce renseignement que le fameux La Cassole

> Car pour composer la cassole
> Et pour joindre la graisse à l'art,
> Il faut une livre de lard;
> On n'en rabat pas une obole...
> Ouy, l'on y met beaucoup de ris,
> Un chapon, de la bonne moelle,
> Le jus d'un gigot de mouton,
> La cuisse de la mesme beste :
> Cela fait branler le menton
> Comme qui diroit à la feste.

Cette cassole que chante le poète était un composé assez bizarre, on le voit : de chacun de ses éléments, lard, chapon, gigot et épaule de mouton, un moins gastronome eût fait un plat décent. Mais la mode était aux ragoûts composés, ce qui n'empêchait pas le nombre infini des plats. Saint-Amant, l'auteur de l'*Hostel des Ragousts*, et certain gourmand illustre dont parle Guy Patin [1], l'ont bien prouvé.

Pour Grillet, comme pour ces héros « du plat et du pot, » c'était le bon vin qui faisait le bon repas; écoutez-le :

> Garçon, que ce lopin est tendre !
> Nous allons faire un bon repas...
> Ah ! ce goust ne feroit-il pas
> Revivre une personne morte !
> Viande jamais de la sorte
> Sur mes appétits n'empira.
> Je désire, avant qu'on la mange,
> Dire deux mots à sa louange,
> Pendant qu'elle refroidira.

n'a peut-être pas donné son nom au mets aimé de Grillet, mais qu'il portait un nom de guerre qui rappelait un plat de son métier. — *Concedo*.

[1] Voyez, dans les lettres de Guy Patin, celle du 30 janvier 1653.

> Puisque je me donne la gloire
> D'exalter ce mets précieux,
> Je devrois commencer à boire,
> Afin de m'en acquitter mieux.
> Le vin amène la parole;
> Outre que, s'il n'est des meilleurs,
> Pour accompagner la cassole,
> Nous en pouvons chercher ailleurs;
> Elle vaut bien qu'on la seconde,
> Si l'on peut, du meilleur du monde,
> Et que le goust soit délicat
> Dans le pot comme dans le plat.

C'est encore par Grillet que nous savons sa passion pour le jeu de boule et ses droits sur M. Delisle, qui avait perdu à ce jeu un déjeuner :

> Quoy! pensez-vous, monsieur Delisle,
> Qu'il ne soit pas bien difficile
> A des joueurs faits comme nous
> D'attendre si longtemps à boire ?
> Vous avez perdu pour tretous :
> Mais n'en perdez pas la mémoire !

Gai compagnon, ami du Loup et du Renard, tous deux cochers de M. le prince, de M. Eutrope le marchand, et d'autres manants et bourgeois, Grillet se plaît à caqueter avec eux ; il est aux aguets de tous les bruits de la Cour, l'écho de tous les commérages de la ville. Il connaît la chanson de Montauban et l'histoire de ce chapelier que M. Ed. Fournier nous a récemment rendue[1], et il fait à souhait des canards du même genre : telle est son histoire du beurre volé. Est-il question d'un impôt somptuaire sur les voitures ; Grillet sera le premier à en jaser. Le duc de Créqui est-il vainqueur sur

---

[1] *Variétés histor. et littéraires.* Paris, P. Jannet.

le Tésin ; Grillet le dira avant tout autre : rien né lui échappe, surtout des événements populaires, la mort d'un âne ami ou les caprices de dames connues.

Ces mille riens qu'il rappelle avaient peut-être même de l'intérêt pour d'autres que pour ses pairs ; on était si peu difficile, alors qu'il n'y avait pas de journaux ! On acceptait de si grand cœur tous les bruits, toutes les rumeurs qui pouvaient alimenter la conversation, même dans un monde élevé ! car, grâce à son talent qui lui servait de patron et de protecteur, maître Jean Grillet, dont on oubliait sans doute les tendances poétiques, et qui d'ailleurs était officier de la Reine, à titre d'émailleur, comme Scarron à titre de malade, était admis dans les cercles les plus aristocratiques. Sa lampe à la main, il se transportait où on le faisait demander, et il travaillait en ville à juste prix.

C'est ici le lieu de parler du travail même de Grillet, de ce titre qu'il avait à l'estime de ses contemporains et qui ne nous est parvenu qu'à l'aide de ses vers biographiques.

L'émail est une sorte de verre coloré ; il se travaillait au feu de la lampe, à l'aide d'un soufflet, et mieux d'un petit tuyau par lequel on soufflait avec la bouche : c'est ainsi que procédait Grillet.

Il parle souvent de son art, et toujours avec enthousiasme. Ainsi, l'abbé de La Roche-Pozay, en passant par Essonne, l'a fait venir pour le voir travailler sous ses yeux ; quand il eut congédié l'artisan, il parla de lui à son valet de chambre. Grillet qui voulait connaître l'impression produite, écouta à la porte la conversation ;

 Et l'ayant diverty par ses vers et son verre,

il entendit surtout priser son talent d'émailleur : en effet, il nous rapporte ce que dit l'abbé de son travail, mais non ce qu'il dit de sa poésie.

L'abbé de La Roche-Posay a déjà admiré la maison de M. Hesselin, une jolie villageoise et une fabrique de poudre; mais, dit-il,

> Mais son effect pourtant me semble moins subtil
> Que l'ouvrier qui s'en va, lequel a sans outil
> Découppé de l'émail dedans un trait de flame,
> Si délicatement qu'il a ravi mon âme...
> Sans outil dans le feu pouvoir faire une mouche!

Ailleurs, l'auteur s'adresse « à des goinfres qui lui demandèrent des vers sur ce qu'il avoit travaillé devant eux ; »

> N'étiez-vous pas au soir ravis
> De me voir, en soufflant le verre,
> Imiter le bruit du tonnerre?
> Vous avez creu que les démons
> M'aidoient à faire des babioles,
> Surtout faisant ces grandes fioles
> Avec le vent de mes poumons

Monseigneur le comte de Montéclair, qui était un de ses protecteurs, reçut un jour de Grillet, pour étrennes, un thermomètre. C'était chose encore nouvelle, car le thermomètre, inventé par Galilée qui en parle dès l'an 1603, était sans doute connu des savants; mais il ne pouvait être répandu dans le vulgaire, où l'usage n'accepte pas si vite des instruments toujours fort chers au moment de la découverte. Aussi Grillet, qui fait au comte un tel présent, lui en explique-t-il l'utilité ; et ses vers sont trop curieux pour que nous puissions nous dispenser de les citer :

> Par une raison naturelle,
> L'eau qu'on voit dans cet instrument
> Monte, et se loge entièrement
> Dedans la boule quand il gèle.
> Le froid qui fait resserrer l'air
> Cause qu'elle ne peut couler,
> La tenant comme suspendue,
> Et jamais elle ne descend
> Que ce ne soit lorsqu'elle sent
> Que la glace est un peu fondue ;
> L'air la fait aller à son gré ;
> Elle descend quelque degré
> Quand la chaleur la fait estendre ;
> Qu'il se serre ou lâche d'un point,
> Cette liqueur ne manque point,
> Haussant ou baissant, de s'y rendre.

> Lorsque le temps est tempéré,
> Que l'on n'est pas bien assuré
> Si le chaud passe la froidure,
> Qu'on ne peut dire ouy ny non,
> Cette eau qui marche par mesure
> S'arrête au milieu du canon.

> Et quand le chaud a l'advantage,
> Elle cherche le bas estage,
> Selon qu'il est ou foible ou fort ;
> Mesme, au degré qu'elle se range,
> C'est d'où jamais elle ne sort
> Sinon lorsque le temps se change.

> Mais quand le grand chaud est venu,
> Et qu'il fait bon aller tout nu,
> Seroit pourtant une merveille
> Qu'elle entrât dans l'autre bouteille ;

> Elle garde si bien ses lois
> Que jamais il ne l'y recule,
> Si ce n'est que la maison brusle
> Ou ce petit morceau de bois[2].

Grillet montre ensuite quels services peut rendre le thermomètre; et la table des degrés, dit-il, en parlant de l'observateur,

> ...... Luy montre au matin
> S'il doit beaucoup couvrir ses membres
> Ou ne guères charger son corps;
> Car elle fait voir dans les chambres
> Quel est le temps qu'il fait dehors.

Le thermomètre sert encore

> A trouver dans un logement
> Laquelle chambre est la plus saine.

Enfin, il est indispensable à un père de famille pour juger si ses filles sont ou ne sont pas encore bonnes à marier, d'après la chaleur de leur sang :

> En le leur faisant manier,
> Selon qu'il voit cette eau descendre,
> Il sçait s'il les faut marier
> Ou si l'on peut encore attendre.

On voit par ces citations que le thermomètre ancien, déjà différent du nôtre par l'absence des points fixes qui commencent l'échelle à la congélation et la finissent à l'ébullition de l'eau, se posait aussi d'une tout autre façon : le récipient, *la boule*, était en haut et le liquide, qui s'étend par la chaleur et se resserre par le froid, descendait alors au lieu de monter comme dans l'instrument actuel. Ainsi, au moment où le soleil se couche, le thermomètre,

---

[1] C'est la table où sont les degrés. *(Note du texte.)*

qui baisse chez nous, étant alors renversé, montait du temps de Grillet, et le poète y voyait un élan du liquide vers la lumière, qui, avant de disparaître, recevait ses adieux.

Nous avons vu déjà Grillet à l'œuvre, faisant des fioles, des mouches, des thermomètres ; il parle aussi de pendants d'oreilles et de mille autres petits objets ; il les fabriquait, le plus souvent, sous les yeux de personnes riches qui l'appelaient, et à la Cour même. Aussi se représente-t-il lui-même comme un autre Diogène, toujours la lampe à la main :

> Et je porte toujours ma lampe,
> Combien que ce soit en plein jour.

C'est grâce à son métier et à l'intérêt qu'inspiraient ses efforts pour rimer, tant bien que mal, qu'il dut d'être admis dans la plupart des maisons riches de Paris, à l'hôtel de Rambouillet et à la Cour.

Ainsi chante-t-il madame Le Cocq, sans doute cette madame Le Cocq de Corbeville, dont le nom se trouve si souvent dans les écrits du temps, madame de Grammont, cette madame de Pienne qui devint ensuite comtesse de Fiesque, et si célèbre sous le nom de la reine Gilette. Elle était ainsi nommée de son nom de fille, Gilonne d'Harcourt ; elle recevait très nombreuse compagnie, et les courtisans, assidus auprès d'elle, qu'elle admettait dans son salon garni de moquette, prenaient le nom de chevaliers de la moquette. Citons encore parmi ses amis le comte d'Harcourt, ce brave Cadet La Perle, que les vers de Saint-Amant ont élevé aux nues et que la postérité a laissé retomber ; le duc d'Usez, dont le fils, paraît-il, manquait souvent d'argent, et que Grillet se permet de solliciter au nom du pauvre enfant dépourvu. Voiture, qui le connaissait, je ne sais d'où, l'introduisit auprès de madame de Chavigny, la précieuse *Chrysolis,* dont l'émailleur-poète fit un portrait flatteur. Peut-être est-ce encore Voiture qui le présenta à l'hôtel de Rambouillet.

On a trop voulu voir dans le cercle de la marquise une société de pédants prétentieux, de coquettes affectées, de précieux enfin de mauvais goût; on lui a retiré toutes les charmantes qualités, l'abandon, l'aisance, le laisser aller même, dont n'abusaient pas les gens distingués familiers de l'hôtel, mais qu'ils aimaient à rencontrer. Grillet dut se trouver parfaitement à l'aise parmi tous ces gens qui ne demandaient que de faciles plaisirs et qui ne marchandaient pas l'admiration. La plus ardente des protectrices qu'il y rencontra fut mademoiselle de Rambouillet (Angélique); le marquis de Grignan, qui l'épousa, la perdit jeune encore, et se remaria avec la fille de madame de Sévigné.

Admis à l'hôtel de la marquise, Grillet, sans prendre plus d'orgueil, pouvait parfaitement paraître à la Cour. Il avait célébré la naissance du jeune Roi; il avait chanté son précepteur, l'abbé de Beaumont; parmi les gentilshommes le mieux en cour, comme le marquis de Sourdis, le duc de Créqui, et, sans parler des autres femmes dont il avait vanté la beauté, la duchesse de la Meilleraye, la belle Claire-Clémence de Maillé, princesse de Condé, et madame de Comminges, il avait su se ménager des protecteurs puissants. Ajoutons qu'il avait entrée chez le capitaine des Tuilleries, ce marquis de Congis dont le nom a été connu de

Somaize et figure dans son *Dictionnaire des Précieuses* [1].

C'est chez M. de Congis, aux Tuileries mêmes, que Grillet l'émailleur eut un de ses plus beaux succès. Les vers du poète révèlent bien un peu la gloire qu'il acquit en ce jour.

Il avait fait un Cupidon de verre :

> N'est-ce pas un enchantement,
> Une merveille sans seconde,
> De faire un Dieu dans un moment :
> Il faut six jours à faire un monde !

Que devint ce Cupidon et quel mérite avait-il ? C'est ce que la table du volume nous apprend, par appendice : « Mademoiselle Destin le mit sur son giron et M. le baron de Livet, prosterné devant, confessa qu'il n'en pouvoit plus. »

Un brave et galant gentilhomme que ce monsieur le baron ! Il prenait un plaisir d'enfant à ces merveilles qu'improvisaient la lampe et le soufflet de l'émailleur, et maniait l'épée en homme de cœur. Il mourut bien malheureusement, victime de sa bravoure. En allant des Tuileries à la rue Dauphine, il fut attaqué au bout du Pont-Neuf par six voleurs ; au lieu de se rendre au nombre, il mit l'épée à la main, blessa l'un, blessa l'autre ; mais, surpris et désarmé, il y laissa la vie.

Grillet, qui avait tant joui de ses applaudissements, et qui sans doute en avait tiré une récompense digne de tous les deux, n'avait pas le même bonheur partout où il allait, et trop souvent il lui arriva d'être assez mal rétribué.

Un jour, entre autres, il avait travaillé devant

---

[1] Voyez notre édition du *Dictionnaire des Précieuses*, t. I et II. — Paris, P. Jannet, *Bibliothèque elzévirienne*.

le Roi. On sait dans quel incroyable dénûment le cardinal-ministre Mazarin le laissait volontiers, même au delà de l'enfance, et La Porte, un valet mécontent et médisant, nous a conservé à ce sujet les plus étranges détails : le pauvre jeune Louis XIV eut fort grand'peine à trouver de l'argent pour récompenser l'artisan. Date mémorable! c'était le 22 juin 1645! Sa Majesté avait sept ans, et Grillet, qui en fait déjà un grand Roi, nous laisse le témoignage de cette misère plus vraie que vraisemblable :

> Est-il possible qu'un grand Roy
> Ne trouve point d'argent pour moy
> Qui l'ay ravy soufflant le verre!
> Le sort perfide et déloyal
> M'accompagne-t-il sur la terre
> Jusque dans un palais royal?

Une autre fois, il devait vendre à je ne sais quel gentilhomme des pendants d'oreilles. Sa seigneurie, qui les avait achetés, les refusa ensuite. Grillet, dont la Muse servait les rares vengeances, ne pardonna pas ce méfait; il fit à la honte de son débiteur cette épigramme que les contemporains, qui en connaissaient la victime, comprenaient mieux que nous : c'était du reste un avis au lecteur :

> Ce gentilhomme avec son port
> Qui semble défier la mort,
> Pensez-vous qu'il aime la guerre?
> Pour moy, je m'asseure que non;
> Puisqu'il se dédit pour du verre,
> Tiendroit-il coup contre un canon?

Grillet se montra toujours sans pitié pour tout manque d'égards; l'avarice de ceux qu'il honorait de ses visites lui était particulièrement odieuse : il était fait pour comprendre la générosité, quand il en était l'objet. Écoutez comme il traite un seigneur qui, l'ayant fait travailler devant lui, n'y songea plus :

> Cet homme-là n'a rien de rare,
> Sinon qu'il est le plus avare
> Qui, depuis qu'on émaille en vain,
> Ait jamais passé pour vilain.
> Il va jusqu'à l'ingratitude
> Et pour luy je n'ay point d'étude.

Était-ce haine de l'injustice, avidité, besoin ou crainte d'être gourmandé par Marie-Rose, qui, sans doute, le recevait d'autant mieux que meilleures étaient ses recettes ? Nous croirions volontiers que son orgueil souffrait à n'avoir pas la preuve sonnante, trébuchante et convaincante de l'admiration causée par son travail ; en effet, il ne paraît pas avoir été trop avide, l'homme qui a dit que :

> Qui se sert bien d'une rime
> N'a pas besoin de rien avoir.

Divine poésie ! tu étais la consolatrice de ses mauvais jours, la vengeresse de ses déboires, le délassement de ses travaux :

> Moy qui n'ay ny maison ny terre,
> De qui le plus digne travail
> Consiste à manier l'émail,
> Et dans l'exercice du verre,
> Quand je me trouve en belle humeur,
> Je fais quelquefois le rimeur.

Il paraît que ses moments de repos et de belle humeur ont été assez fréquents pour donner loisir à Grillet d'écrire son volume, un volume entier, dont nous allons maintenant dire quelques mots après avoir parlé de l'homme et de l'ouvrier.

A vrai dire, la poésie de Grillet n'est pas plus mauvaise que celle de tous les poètes secondaires de cette époque de transition qui va de Malherbe à Boileau. Si elle ne tombe guère, c'est qu'elle rampe et ne lève jamais la tête; elle est assez correcte, elle est facile, mais elle a cette banalité déplorable qui agace et fatiguerait dès la dixième page, si l'on y cherchait seulement des vers. On l'a vu, nous en avons fait des mémoires autobiographiques. Mais telle n'était pas la pensée de Grillet! Il s'était rappelé son métier; et pour assurer la gloire de son livre, il s'était attaché à « l'émailler de quantité de belles pensées. »

C'est ainsi qu'il s'exprime lui-même dans son Épître dédicatoire à M. de Schomberg. Il ne sera pas sans intérêt de voir comment il parle là encore et ailleurs de son curieux volume.

Dans cette même Dédicace, il s'exprime vraiment en homme qui craint peu d'offenser le public, sûr d'avance d'un pardon qui ne peut manquer à ses boutades : « Je crains plus, dit-il au Maréchal, vostre censure que celle de ces messieurs, qui, en matière de poésie, font extrêmement les délicats, et, néanmoins, sont si grossiers que quand il y auroit plus de chevilles dans mes vers qu'il n'y a maintenant de chenilles dans les bois, ils n'y en verroient pas une... Mais je vous fais icy une épistre qui pourroit servir d'avertissement au lecteur : je confonds les matières; une autre fois, je feray mieux. Ce sont ces maroufles qui en sont cause. Il leur faut des vers d'Académie; il leur faut le diable qui leur casse le cou. Où les prendrois-je?

Je n'ay point d'autre Académie qu'un peu de raison. »

A la fin de son Avis au Lecteur, il ne parle pas d'un ton moins cavalier : « Je ne vous entretiendray pas de ma façon d'écrire ; si elle est vieille ou nouvelle, c'est à vous d'en juger ; et quant à mon style, s'il est haut ou bas, mesurez-le... Adieu ! »

Cet avertissement même, il ne l'a pas écrit de son plein gré. Ses amis lui ont dit qu'il en fallait un à tout prix, et il leur fait cette concession, mais en quels termes ! Jugez s'il n'eût pas mieux valu ne rien dire au public que de lui parler avec ce sans-gêne : « Lecteur, quelqu'un de mes amis m'a faict la faveur de m'avertir que quand on expose de nouveaux ouvrages au jour, c'est la coustume, en matière d'écriture, de vous faire un advertissement. J'oubliay de lui demander touchant quoy. Toutefois je croy qu'il se mocque de moy. De quoy vous avertiray-je ? Il n'y a point d'embuscade dans mon livre, et mes vers ne sont point de si dangereuses bestes ; ils n'ont point de venin. »

Ce dernier mot, pour un homme peu entendu, comme se dit Grillet, est une transition fort adroite qui l'amène à parler de son sujet, tel que le fait connaître son titre plutôt que son livre ; bien différent de Corneille qui, pressé par Gilles Boileau de lui envoyer des vers à la louange de feu M. le premier président, oublia son épître à Montauron et répondit qu'il ne savait pas louer, Grillet proclame hautement que ses vers « jamais n'ont picqué personne ; — vous n'y verrez que des louanges », ajoute-t-il ; mais quelles louanges ? S'est-il donc, flatteur banal, fait l'apologiste insouciant du mal et du bien, de la beauté et de son contraire ? Non pas ; connaissez-le mieux. Il n'est pas de « ces autheurs assez lasches pour trouver des vertus où il n'y en eut jamais... Je ne sçay quel homme je suis ; je ferois conscience d'envoyer de la canaille à la postérité. »

Noble sentiment, sans doute, et dont la postérité lui doit tenir compte puisqu'il est arrivé jusqu'à elle, après deux longs siècles d'oubli, d'un oubli complet dont personne ne semble l'avoir tiré. Nous le présentons à nos contemporains ; il fut peut-être habile émailleur, il ne fut pas bon poète, mais il mérite un peu de cette sympathie qui s'attache à un brave homme quand on reconnaît en lui des sentiments comme celui-ci, qu'on trouve en tête des éloges si fréquents dans son livre : « Un honneste homme, avant toute chose, en cette matière, se doit satisfaire soy-mesme, et quand un bon esprit peut estre satisfait dans un honteux employ, c'est une marque infaillible qu'il ne vaut rien du tout. »

Et maintenant, combien de temps vécut Grillet ? quand mourut-il ? Lui seul n'a pu le dire ; mais comme personne autre ne nous a rien laissé qui le concerne, nous sommes réduit à avouer que nous ne savons rien au delà de ce que nous avons dit sur cet « émailleur de la reine, naguère émailleur des déesses, mais toujours prince des poëtes crottez et non crottez [1]. »

---

[1] C'est ainsi qu'il signe une de ses pièces.

IX

BOIS-ROBERT

François le Metel de Bois-Robert ou de Bois-Robert Metel,

> Car il n'importe guère
> Que *Metel* soit devant ou *Metel* soit derrière,

naquit à Caen, en 1592, dans la paroisse de Notre-Dame de Froiderue[1]. Sa mère, qui était noble, avait dérogé en épousant son père, huguenot converti et roturier, qui était procureur, mais qu'il nomme avocat. Celui-ci, qui voulait se ménager un successeur dans sa famille, éleva son fils dans sa profession, et Bois-Robert plaida au barreau de Rouen. Bientôt, les clients lui manquèrent-ils ou manqua-t-il aux clients ? L'histoire n'en dit mot ; le fait est qu'il signait, en 1616, un sonnet en l'hon-

[1] Huet, *Origines de Caen,* et *Histoire du Théâtre-François,* des frères Parfaict.

neur de frère Martin Lenoir, augustin, à l'occasion de son *Uranoplée ou Navigation du lit de mort au port de vie,* publiée à Rouen, et qu'il avait déjà quitté et son état et son pays.

De Caen à Rouen, de Rouen à Paris, c'est aujourd'hui l'affaire d'un *adieu, je pars, à bientôt.* Dans ce temps-là, c'était autre chose. On ne quittait point son pays sans motif, et, en se rendant à Paris, Bois-Robert, qui était encore jeune et inconnu, n'allait pas pour jouir de sa gloire. Cherchons bien ; peut-être trouverons-nous dans la jeunesse de Bois-Robert quelqu'une de ces peccadilles que le coupable est le seul à se pardonner. — Nous y voilà.

Un jour qu'il plaidait à Rouen, une femme, — si vous saviez comme Tallemant la traite ! — se présente au barreau, l'interrompt et lui parle. Est-ce une communication avantageuse à sa partie, un nouveau moyen de défense ? Les juges attendent. Bois-Robert reprend sa plaidoirie, parle, parle, cite grec et latin, oublie sa cause, — ainsi faisaient alors ses confrères, — et s'arrête. On va juger ; nouvel incident. Une femme, la même, revient à la charge. Bois-Robert laisse là juges et clients et la suit. Qu'est-ce encore ? Soyez tranquille ; son père n'est pas au lit de mort, un banqueroutier n'enlève point sa fortune ; mais c'est bien pis vraiment. Il y va de sa liberté ! Bois-Robert avait *cajolé* (c'est le mot du temps) je ne sais quelle fille, sa voisine, et en avait eu deux enfants. Une brouille survint ; la dame voulut une vengeance, et ne trouva rien de mieux que d'attaquer Bois-Robert en justice. Mais, averti à temps et justement effrayé, il quitte Rouen, court à Paris et se donne au cardinal du Perron. Protégé par ce prélat,

Bois-Robert, tranquille sur son sort, parut à la Cour. Il y fit la connaissance de l'évêque de Luçon et se mit à adorer le soleil levant : « Gardez-moi près de vous, lui disait-il un jour, je vaux bien un chien pour manger vos miettes. » Une autre fois, il le vit essayer un chapeau. L'évêque en choisit un : « Me sied-il bien, Bois-Robert ? — Oui, mais il vous siérait encore mieux, s'il était de la couleur du nez de votre aumônier. » Or, le nez de mons Mulot était rouge comme le chapeau d'un cardinal. L'évêque rit beaucoup, mais guère son aumônier. Richelieu, qui ne l'aimait pas encore, ne pouvait déjà se passer d'un courtisan de si belle humeur.

Bois-Robert n'avait pas attendu que le duc de La Rochefoucault dit que les Rois font des hommes comme des pièces de monnaie, pour savoir qu'ils les font valoir ce qu'ils veulent. On connaît ce conte d'un gentilhomme ruiné qui pria Richelieu, pour toute grâce, de lui frapper familièrement sur l'épaule en public. On le crut favori du ministre, on lui fit la cour, et bientôt sa fortune fut rétablie [1]. Bois-Robert employa un moyen semblable, et Sorel raconte longuement ce trait au cinquième livre de Francion.

Je sais dans le *Roman bourgeois* de Furetière un passage satirique qui s'applique merveilleusement aussi à Bois-Robert, et qui explique la rapide considération dont il a joui. « La plus nécessaire qualité à un poète pour se mettre en réputation, c'est de hanter la Cour ou d'y avoir été nourri. Car un poète bourgeois ou vivant bourgeoisement y est

---

[1] L'abbé de la Roche, *Commentaire sur les Maximes de La Rochefoucault*.

peu considéré. Je voudrois qu'il eût accès dans toutes les ruelles, réduits et académies illustres... Je voudrois qu'il écrivît aux plus grands seigneurs, qu'il fît des vers de commande pour les filles de la reine et sur toutes les aventures du cabinet... Le meilleur seroit qu'il eût assez de crédit pour faire les vers d'un ballet du Roi, car c'est une fortune que les poètes doivent autant briguer que les peintres font le tableau du mai qu'on présente à Notre-Dame. »

C'est là, tracée d'avance et mot pour mot, l'histoire de Bois-Robert. Dès son arrivée à Paris, il eut des vers à faire pour le ballet des *Bacchanales* (1623), dont il est le principal auteur.

La Cour entière briguait alors l'honneur de paraître dans les ballets, et les poètes qui se signalaient à en composer pouvaient tout espérer de la libéralité des acteurs pour lesquels ils écrivaient.

Dans le ballet des *Bacchanales*, dansé au Louvre, le 26 février 1623, Bois-Robert fut secondé par Théophile, Saint-Amant, Duvivyer et Sorel. Bois-Robert écrivit pour ce ballet le récit des esclaves conduisant le triomphe de Bacchus, le récit de Bacchus, des vers pour un coupeur de bourses, pour le Grand Prieur, représentant un coureur de nuit, pour M. de Longueville et M. d'Elbeuf, représentant des donneurs de sérénades, et enfin pour le duc de Montmorency, représentant un débauché pour les mascarades. Nous n'avons rien à citer de ces pièces, toutes très faibles, mais qui ne laissèrent pas de rendre à Bois-Robert de très grands services. Il n'était pas homme à en jouir longtemps.

Bois-Robert était à la tête légère ; il s'ennuya de la France comme il s'était ennuyé de Caen, et partit pour l'Angleterre avec M. et madame de Chevreuse, qui devaient assister au mariage de la princesse Henriette de France avec le prince de Galles, depuis Charles Ier.

Il y allait, dit Tallemant, pour attraper quelque chose. Le roi lui envoya un jour trois cents écus. Ce fut un précieux dédommagement de toutes les mésaventures qu'il eut à subir. Il fut victime de plus d'un mauvais tour et vit tous les rieurs contre lui, dans plusieurs circonstances, le jour, par exemple, où madame de Chevreuse lui fit contrefaire le comte Holland, et cacha derrière une tapisserie le Roi et le comte Holland lui-même. Le pis est que le lendemain madame de Chevreuse lui avoua cette méchanceté.

Avant de partir pour la France, il acheta quatre haquenées et obtint du duc de Buckingham, alors grand amiral, un passe-port gratuit, qui lui permettait d'emmener quatre chevaux, « pour le tirer d'autant plus vite de ce climat barbare. » Ces mots étaient une allusion à un vers d'une élégie qu'il avait faite en Angleterre, et qu'il eut la douleur de ne pas y voir passer inaperçue.

Bois-Robert resta peu de temps en France. Vers 1630, il partit pour l'Italie. Ce voyage lui profita. Il vit à Rome le pape Urbain VIII, et obtint de lui un petit prieuré en Bretagne. Comment il put gagner les bonnes grâces du Saint-Père, je ne saurais le dire ; mais ce ne fut pas par l'entremise des cardinaux. L'un d'eux, le cardinal Scaglia, qu'il avait rencontré et salué, ne lui rendit pas sa politesse. Bois-Robert, un Français, qui avait deux estafiers à sa suite, être ainsi dédaigné ! Il rencontra une autre fois le même prélat, ne le salua pas et le regarda effrontément. Le cardinal en colère fait courir après lui. Il se sauve dans une église... Il fallut capituler, et il en fut quitte pour saluer à l'avenir Son Eminence fort humblement.

A son retour, il devint chanoine de Rouen. Avec ce titre si sérieux, il trouva moyen d'amuser toute la ville, — moins le chapitre; ses imprudentes railleries irritèrent ses collègues, et le facétieux abbé fut obligé de faire, en présence de tous les chanoines, une sorte d'amende honorable, des excuses, des promesses qui l'humilièrent fort.

Au milieu de ces petits chagrins qu'il s'attirait, il avait, sans parler de son heureuse humeur, de grandes consolations. Le chancelier Seguier, protecteur de tous les gens de lettres, aimait Bois-Robert, et donna au père, en faveur du fils, le titre d'écuyer : Bois-Robert nous l'apprend lui-même dans une épitre au chancelier :

> ... Tu me fis mon père gentilhomme
> A mon retour du voyage de Rome...
> Avec chagrin j'ai souvent vu ma mère,
> Noble de sang, reprocher à mon père
> Qu'il n'étoit pas d'esgalle qualité...
> Je te pressay, tu luy fus favorable :
> D'un advocat tu fis un escuyer.

Bois-Robert, à cette époque, n'était pas moins en crédit auprès de Richelieu. Il connaissait la passion malheureuse du Cardinal pour les pièces de théâtre, et avait composé, dès 1633, une pièce de *Pyrandre et Lysimène,* dédiée à Monsieur de Cahusac, un des ancêtres, sans doute, de l'auteur du traité intéressant, mais mal écrit, sur la danse ancienne et moderne.

Nous n'avions guère eu encore, sur notre théâtre,

que les pièces innombrables de Hardy, celles de Billard de Courgenay, *Pyrame et Thisbé*, puis *Pasiphaé*, de Théophile, quelques-unes de Mairet, entre autres, *la Sylvie* (1622), et *Sophonisbe* (1629), qui n'est pas sans mérite, et enfin, la même année, *la Mélite*, de P. Corneille. Il ne faut donc pas demander à Bois-Robert ce que nous serons en droit d'exiger de lui quand *le Cid* aura paru et fixé les règles essentielles de la tragédie moderne ; l'unité de lieu, de temps et d'action, la convenance du dialogue, la simplicité de l'intrigue, sans parler du génie dramatique.

Pyrandre et Lysimène est, comme *le Cid*[1], une tragi-comédie, c'est-à-dire une pièce qui tient de la tragédie par la noblesse des personnages, tous rois, princes et princesses, et de la comédie, par la part faite dans le drame à l'élément comique. C'est un fait à remarquer que, dans le premier âge de notre tragédie, on avait compris la nécessité du contraste qui naît de la différence des situations, des caractères et des rangs. Corneille, Racine, Voltaire, ont négligé cette source facile d'intérêt, et c'est à l'école moderne que nous en devons l'introduction constante et la règle.

Cette pièce, ses poésies déjà publiées, son crédit auprès de Richelieu, faisaient de Bois-Robert un personnage considérable.

Ami de Colletet, il voyait nombre de savants et d'hommes lettrés se réunir dans la maison que ce poète avait achetée des héritiers de Ronsard, dans le faubourg Saint-Marcel ; sans doute, ils y trouvaient plus d'agrément que dans les greniers où

---

[1] Le *Cid*, dans les premières éditions, portait le titre de *tragi-comédie*, sans doute à cause de la scène du soufflet.

l'opinion place les logis des savants. Voici en quels termes en parle Colletet :

> Je ne voy rien icy qui ne flatte mes yeux ;
> Cette cour du ballustre est gaye et magnifique ;
> Ces superbes lions qui gardent ce portique
> Adoucissent pour moi leurs regards furieux.
>
> Ce feuillage animé d'un vent délicieux
> Joint au chant des oiseaux sa tremblante musique ;
> Ce parterre de fleurs, par un secret magique,
> Semble avoir desrobé les estoiles des cieux.
>
> L'aimable promenoir de ces doubles allées,
> Qui de profanes pas n'ont point esté foulées,
> Garde encore, ô Ronsard ! les vestiges des tiens.

Bois-Robert vit, chez son ami, plusieurs écrivains en prose et en vers qu'il retrouva ensuite chez Conrart, et c'est lui qui donna au Cardinal l'idée de fonder, à la gloire de notre littérature, l'Académie française. Lui-même en fut un des premiers membres ; et, comme il y avait grande influence, il y fit entrer, dit-on, dans son ardeur à rendre service, beaucoup de passevolants[1], mouches du coche qui faisaient nombre, recevaient pension, ne disaient rien ou parlaient mal, et n'écrivaient point. On les appelait les enfants de la pitié de Bois-Robert ; c'étaient ceux-là sans doute que Furetière, comme Pierre Corneille, appelait jetonniers, parce qu'ils étaient assidus à l'Académie, plutôt pour y gagner des jetons, dit-il, que pour servir le public.

[1] Comparses à l'usage des capitaines qui, les jours de revue, les employaient pour compléter leurs compagnies. Une ordonnance de 1668 les condamne à être marqués à la joue avec un fer rouge par le bourreau, et confisque leurs équipages.

Le Roi donnait aux académiciens présents quarante livres par séance, à se partager entre eux. Quelques-uns des membres, qui venaient, paraît-il, en vue de ces jetons, entravaient plutôt qu'ils ne servaient les discussions relatives au Dictionnaire dont Chapelain avait proposé la rédaction à l'Académie[1].

Aussi, Bois-Robert ne se faisait aucun scrupule d'attaquer ses confrères. Il dit dans une épître à Balzac :

> Divin Balzac, père de l'éloquence...,
> Tu me choisis entre tes favoris
> Pour te mander ce qu'on fait à Paris...
> Or, commençons par notre Académie.
> Quoyque toujours puissamment affermie,
> Elle ne va qu'à pas lents et comptez
> Dans les desseins qu'elle avoit projetez
> Sous Richelieu, l'ornement de son âge,
> Qui luy donna crédit, force et courage.
> Le grand Seguier qui marche sur ses pas,
> Par ses bienfaits entretient ses appas.
> Il lui tesmoigne une tendresse extrême:
> Mais il faudroit que le Roy fît de mesme.
> C'est là qu'on voit tous ces graves esprits
> Qui du beau style ont emporté le prix.
> Séparément, ce sont autant d'oracles;
> Tous leurs escrits sont de petits miracles;
> Leur belle prose, avecque leurs beaux vers,
> Porte leurs noms au bout de l'univers.
> Pour dire tout enfin, dans cette épître,
> L'Académie est comme un vrai chapitre :
> Chacun à part promet d'y faire bien,
> Mais tous ensemble ils ne tiennent plus rien;

---

[1] 2ᵉ factum pour messire Ant. Furetière. — Voyez aussi notre édition de l'*Histoire de l'Académie française*, par Pellisson et d'Olivet.

> Mais tous ensemble ils ne font rien qui vaille,
> Depuis six ans que sur l'F on travaille,
> Et le destin m'auroit fort obligé
> S'il m'avoit dit : Tu vivras jusqu'au G.

Tout impitoyable railleur qu'il fût pour l'Académie, il obligeait volontiers les académiciens. Il se nomme lui-même, dans une épître à Bautru,

> .... Solliciteur des Muses affligées,
> Appliquant tous ses soins à les voir soulagées.

Personne ne lui contesta ce titre, et moins Gombauld que tout autre.

Ce pauvre Endymion-Gombauld fut toujours *incommodé* et besoigneux. En 1660, au moment où Costar présenta à Mazarin la liste des écrivains les plus dignes de ses bienfaits, il n'avait « pas plus de deux cents écus de revenu, » et cependant nul en France ne tournait mieux le sonnet ou n'aiguisait mieux l'épigramme. Peut-être était-ce à Bois-Robert qu'il devait tout ou partie de cette pension, car c'était Bois-Robert qui avait forcé le cardinal de Richelieu à entendre la lecture qu'il lui fit lui-même du panégyrique composé par Gombauld, à l'occasion de la promotion de Son Eminence à l'ordre du Saint-Esprit (14 mai 1633).

Mairet, l'auteur de la *Sophonisbe*, sans ressources après la condamnation si sévère, mais trop méritée, du duc de Montmorency, son protecteur, était dans la nécessité de mourir de faim ou d'implorer Bois-Robert dont il avait bafoué les pièces de théâtre ; il chargea Chapelain et Conrart d'intercéder en sa faveur. Bois-Robert, toujours généreux, s'adressa au Cardinal et obtint pour son ennemi deux cents écus de pension ; « Mairet l'en vint remercier et se mit à genoux devant lui [1]. »

Mademoiselle de Gournay ne dut pas moins à Bois-Robert, qui la présenta à Richelieu et obtint pension pour elle, pension pour Jamyn, sa gouvernante, pension pour ma mie Piaillon, sa chatte, et jusque pour les chatons, fils de ma mie Piaillon.

Et le maréchal de Vitry, embastillé pour avoir bâtonné l'archevêque de Bordeaux (Escoubleau de Sourdis), et... Mais ce qui précède suffit pour montrer de quelle influence il jouissait sur l'esprit du Cardinal, et de quelle façon généreuse il en usait.

Son crédit ne fit que s'accroître lorsqu'il participa, avec les sieurs Colletet, Rotrou, l'Estoille et Corneille, à la composition de ces pièces dont le Cardinal donnait le titre et le plan [2], et se réservait l'honneur, et il eut tous les ennuis d'un favori.

Cinq-Mars, si intéressant depuis sa mort sur l'échafaud, et surtout depuis le beau livre de M. de Vigny, avait, sinon une méchanceté d'esprit habituelle, incompatible avec son caractère faible, du moins des emportements d'enfant qui nuisaient parfois à ses amis et les compromettaient ; c'est l'histoire de toute sa vie et surtout de ses relations avec son malheureux ami M. de Thou.

La Chesnaye, espion du cardinal, avait desservi M. le Grand auprès de Richelieu. Cinq-Mars voulut le perdre lui et ses amis ; mais il fallait les connaitre. Bois-Robert, pensa-t-il, m'a quelquefois adressé des vers ; il voit tous les jours le Cardinal et sa

---

[1] Tallemant des Réaux.
[2] Les principales sont l'*Aveugle de Smyrne* et la comédie des *Tuileries*, toutes deux représentées en 1638, et enfin, en 1641, *Mirame*, pour laquelle Richelieu fit plus de cent mille écus de frais.

cour : — « Bois-Robert, je vous ai toujours aimé, et mon grand-père aussi ; renseignez-moi : quels sont mes ennemis chez le ministre ? »

Bois-Robert est fort touché de cette déclaration d'amitié ; il ne dit pas oui, ne dit pas non, se tire d'affaire comme il peut, fort désolé d'avoir vu M. le Grand, et jurant qu'on ne l'y reprendra plus. Cinq-Mars le cherche-t-il ? Il se cache. Cinq-Mars n'eut plus d'autre ressource que de discréditer à l'avance son confident, en cas d'indiscrétions : Si bien il fit que le Roi daigna parler de Bois-Robert, et dire qu'il déshonorait la maison de son maître.

Pauvre Bois-Robert ! que deviendra-t-il ? lui, autrefois si fêté, si adulé !

> J'ai veu, comme tu vois, des grands à mon lever ;
> Plusieurs de tes suivants ont mesme esté des nostres,
> Et je pense avoir fait le fat comme les autres.

Il n'eut guère moins d'amis après sa disgrâce qu'avant, et ne resta pas longtemps dans ses abbayes ou à Rouen ; il dit lui-même comment il vivait au prieuré de la Ferté :

> Je suis vers Chaumont arrêté
> Au prieuré de la Ferté,
> Situé sur les rives de l'Aube,
> Où je me lève avant l'aube...
> Je n'ay toit, grange, ny pressoir
> Qui ne tombe ou qui n'aille cheoir...
> Tout me desplaist et tout me choque ;
> Dans cette maudite bicoque,
> Nos plus honnêtes officiers
> Portent des clous à leurs souliers...
> Mes moines sont cinq pauvres diables...
> On connaît moins dans leur canton
> Le latin que le bas-breton ;

> Mais ils boivent, comme il me semble,
> Mieux que tous les Cantons ensemble.
> J'oy braire icy matin et soir
> Cinq paysans vêtus de noir,
> Et de ces ignorantes bestes
> Je n'ay que plaintes et requestes.

Dignes moines d'un tel abbé. M. de Coupeauville, abbé de la Victoire, ne parlait pas mieux de lui : « La prêtrise, disait-il, en la personne de Bois-Robert, est comme la farine aux bouffons, et cela sert à le rendre plus plaisant. »

Le reproche que fait ici à Bois-Robert l'abbé de la Victoire fait assez entendre qu'il partageait les vices de ces moines dont il se moque. Heureux s'il n'avait eu que ceux-là ! Mais Ménage lui en prête bien d'autres, au temps même que le cardinal de Richelieu l'avait éloigné de lui à cause de ses débauches.

Jeune encore, il souffrait déjà de la goutte, — il n'en jurait pas moins, — et jamais mieux que dans ses accès il n'appréciait le mérite de Citois, son ami, médecin de Son Eminence.

Citois et Bois-Robert étaient tous deux puissants sur l'esprit du Cardinal, qui les honorait de son amitié. Aussi, que de jalousies se dressèrent contre eux ! Persuadés que l'union c'est la force, ils avaient fait, pour résister à leurs envieux et conserver leur protecteur, une alliance qui fut utile à l'un et à l'autre.

Quand Bois-Robert fut exilé, par exemple, ce fut Citois qui obtint son rappel : « *Recipe* Bois-Robert, » prenez deux drachmes de Bois-Robert, ajoutait-il au bas de toutes ses prescriptions; et le Cardinal bien persuadé d'abord qu'il était l'idole du pauvre proscrit, puisque son médecin savait fort bien le remède qu'il lui fallait, fit revenir Bois-Robert. Mazarin était déjà un des protecteurs du bon abbé, et ce fut lui qui donna jour à son client pour venir se jeter dans les bras du Cardinal, s'efforcer de pleurer, paraître ému jusqu'à étouffer et se faire saigner; utile hypocrisie, qui lui gagna le retour des bonnes grâces de son maître.

Dans le temps des persécutions contre le *Cid,* Bois-Robert se prêta, comme Scudéry, aux mesquins procédés du Cardinal, et parodia quelques scènes de cette tragédie. C'était faire au poète un chagrin sensible. Corneille ne pardonna pas plus tard à Racine, son rival, mais son admirateur, ce vers des *Plaideurs,* emprunté au *Cid:*

Ses rides sur son front ont gravé ses exploits.

Il dut être bien humilié de voir ce trait :

Rodrigue as-tu du cœur?
— Tout autre que mon père
L'éprouverait sur l'heure...

devenir sous la plume de Bois-Robert :

Rodrigue as-tu du cœur?
— Je n'ai que du carreau.

Pour comble d'outrage, l'auteur eut le tort nouveau, dit-on, de faire jouer cette parodie par des laquais et des marmitons, et, jusqu'où la jalousie de métier entraînait-elle Son Eminence ! devant le Cardinal lui-même.

Personne, mieux que Bois-Robert, ne saisissait le côté plaisant des objets; personne n'avait plus de sagacité pour démêler les intrigues galantes, de mémoire et d'entrain pour citer les histoires graveleuses de Beroalde de Verville et de Bonaventure Desperriers; c'est à tous ces mérites, sans doute, qu'il dut l'abbaye de Châtillon et le titre, sinon les fonctions, de conseiller d'Etat. Malleville, le poète souvent grâcieux, qu'on s'obstine à tort, selon nous, à négliger entièrement, expliquait d'autre façon la fortune de Bois-Robert. Il décocha contre lui ce joli rondeau :

> Coiffé d'un froc bien raffiné,
> Et revestu d'un doyenné
> Qui lui rapporte de quoy frire,
> Frère René devient messire
> Et vit comme un déterminé.
> Un prélat riche et fortuné,
> Sous un bonnet enluminé,
> En est pour ainsi dire
>   Coiffé.
>
> Ce n'est pas que frère René
> D'aucun mérite soit orné,
> Qu'il soit docte ou qu'il sache écrire,
> Ny qu'il dise le mot pour rire;
> Mais c'est seulement qu'il est né
>   Coiffé

Il est clair ou que tous les commentateurs se sont trompés, en voyant Bois-Robert dans frère René, ou que Malleville ne le connaissait pas. Lui refuser le mot pour rire! mais c'est retirer son foudre à Jupiter, à Hercule sa massue !

Si Bois-Robert n'avait pas le talent de plaire à Claude de Malleville, il avait celui de charmer, à tort ou à raison, tous ses contemporains. D'ailleurs, il savait fort bien se consoler de l'envie, et se donner les louanges dont ses rivaux le sevraient : Qui ne sait, écrit-il à Conrart, que mes vers

> Par leur naïfve et nette liberté
> De mon récit prennent force et beauté?

> En récitant, de vray je fay merveilles :
> Je suis, Conrart, un grand duppeur d'oreilles ;
> Par ce talent j'aurois de Mondory
> Comme d'Armand esté le favory.

Il disait vrai dans ces derniers vers. On l'a vu faire assaut de talent comme acteur avec Mondory, et tirer des larmes au plus célèbre comédien, peut-être, qui ait été depuis Roscius, dit Tallemant. Aussi, les plaisants disaient-ils, en faisant allusion à ce mérite, que l'abbé Mondory irait quelque soir prêcher à l'hôtel de Bourgogne.

Sans doute, comme plus tard Racine, qui forma le jeu de la Champmeslé, Bois-Robert dictait à ses acteurs les intentions de ses pièces. Car il ne s'en était pas tenu à *Pyrandre et Lysimène,* et à sa part de collaboration dans les pièces du bureau dramatique de Richelieu. Le catalogue du duc de la Vallière cite, de Bois-Robert, dix-neuf pièces de théâtre, dans la plupart desquelles il loue la conduite et l'intrigue, et quelquefois le style.

Une des meilleures est le *Couronnement de Darie.* Mais quand on songe que cette tragédie parut douze ans après le *Cid,* neuf ans après *Horace* et *Cinna*, il faut se rappeler que Corneille fut une exception jusqu'à Racine, pour trouver encore quelque mérite à l'œuvre de Bois-Robert.

J'aime mieux parler de la *Belle Plaideuse,* comédie qui parut douze ans avant l'*Avare* (1655-1668) ; Molière, qui retrouva dans le *Pédant joué,* de Cyrano de Bergerac, la scène de la galère, reprit, car c'était aussi son bien, dans la pièce de Bois-Robert, la scène où le père et le fils se trouvent en présence, l'un pour emprunter, l'autre pour prêter à usure.

Cette scène, d'ailleurs, n'appartenait ni à Molière ni à Bois-Robert; elle était au public, et, pour la cour comme pour la ville, ce n'était ni Amidor ni Harpagon qui étaient en jeu, c'était le président de Bercy et son fils.

A cette comédie, je préférerais peut-être celle qu'il avait donnée en 1653, la *Folle Gageure* ou la *Comtesse de Pembrock*. Qu'on me permette de m'arrêter quelque temps sur le théâtre de Bois-Robert. C'est là, et avant tout ce qu'il y a de piquant et d'original dans sa vie privée, un de ses titres à la rapide étude que je lui ai consacrée.

Madame la comtesse de Pembrock n'est point une parente de madame la comtesse de Pimbesche; elle est de la famille des précieuses, non des ridicules précieuses que Molière a *distinguées*, comme Beaumarchais *distingua* Marin, mais de celles qu'aimaient madame de Rambouillet, madame de Sévigné, madame de Lafayette. Le Barsamon du *Dictionnaire des Précieuses* — c'est Bois-Robert, — ne raillait point les femmes d'esprit.

La comtesse, malade depuis longtemps, se distrait dans la compagnie d'*honnêtes gens de toute qualité* qui, autour d'elle, *s'entretiennent de vers, de musique et d'amour;* Lidamant et Télame sont ses principaux alcovistes. Lidamant fait et lit des vers; Télame, qui a fait autrefois des bouts-rimés, des ballades et des rondeaux, genres de poésie, l'un créé du temps de Voiture par ce fou de Dulot, les autres renouvelés par lui, avoue qu'il n'en fait plus,

Car « ces ouvrages-là ne sont plus à la mode ».

C'était en 1653. Voiture, qui en fit toute sa vie avec succès, mourut en 1648. Cinq ans avaient donc suffi pour diminuer la vogue de ces ballades et de ces rondeaux dont la mode avait été si répandue.

Mais j'oublie Lidamant, Télame et la comtesse.

Un autre personnage lit des stances où il parle de la beauté immortelle dont il est épris. Immortelle ! dit la comtesse :

> .... Hé ! quoy, voyons-nous pas
> Que la vieillesse suit la jeunesse à grands pas ;
> Que le temps, affamé de ses propres ouvrages,
> Dévore et détruit tout jusqu'aux plus beaux visages ?

La conversation roule sur des vers ; on donne une énigme, enfin on pose cette question : Quelle est la chose la plus difficile? — De plaire, même avec du mérite sans noblessse, dit l'un. — D'inspirer de l'amour par l'amour qu'on témoigne, dit un autre. — Pour moi, dit Lidamant :

> Pour moi, ce que je trouve encor plus impossible
> Est qu'une belle femme, à l'amour insensible,
> Le puisse être aux langueurs, aux soupirs, aux présents,
> Aux vers, à la musique, aux soins des courtisans.

Télame se récrie ; Lidamant soutient son dire ; Télame, l'imprudent ! prend un exemple de femme insensible, — sa sœur ! Sa sœur, qui ne peut voir personne, être connue de personne. Lidamant se pique d'honneur ; s'il réussit, à lui Diane, la sœur de Télame, et de plus mille jacobus qui sont en jeu. Il a recours à Philippin, un valet dont Figaro n'aurait pas dédaigné l'amitié. Philippin connaît la sœur de Télame, la préfère, c'est fort heureux vraiment ! à Astérie, pauvre femme abusée par

Lidamant et qui l'attend le soir même. Le drôle *veut être berné*[1],

S'il n'endort chien, valet, et servante et maîtresse.

Le second acte s'ouvre par une scène entre Télame et son vieux serviteur Tomire, à qui il avoue son pari et dont il demande le secours. Il sort. Diane, sa sœur, a quelque défiance, et cherche à connaître de Tomire le sujet des inquiétudes de son frère; Tomire se trouble, donne de mauvaises raisons; Diane lui prodigue les caresses; ses reproches affectueux sont charmants :

> Mais quelque autre sujet que ta bouche déguise,
> Montre que tu n'as plus pour moi cette franchise,
> Ces respects innocents, cette douce amitié
> Dont tu m'as retranché la plus douce moitié !
> Qu'ai-je fait à Tomire ? et pourquoi sa maîtresse
> N'a-t-elle plus de lui ces marques de tendresse ?
> J'ai vu que sans réserve ainsi que sans regret,
> Ta bouche de ton cœur m'ouvroit tout le secret.
> Ai-je abusé, dis-moi, de cette confiance ?
> Est-ce que j'ai perdu ma première innocence ?
> Non, non, c'est bien plutôt, et j'en meurs de douleur,
> Que Tomire a perdu sa première chaleur.
> *(A part.)* Il pleure, je le tiens.

TOMIRE

> Ah ! plût à Dieu, madame,
> Que votre œil pût percer jusqu'au fond de mon âme,
> Je sçay qu'il y verroit les mêmes sentiments,
> Et Dieu qui les voit tous connoît bien si je mens;

---

[1] Je crois nécessaire de dire que *berné* signifie souvent *moqué, joué, raillé*, de puisque l'auteur d'une récente histoire littéraire, à propos de Voiture, qui dit avoir été berné, a cru devoir s'élever contre le manque de dignité des littérateurs du temps.

Mais la fidélité que je dois à mon maître
M'engage (et vous savez que je ne suis pas traître)
A suivre, malgré moi, des mouvements jaloux
Que souvent, sans sujet, il conçoit contre vous.

Pauvre vieux serviteur! il aime tant sa jeune maîtresse! Comment lui laisser croire que sa tendresse pour elle se refroidit! si encore elle promettait de lui garder le secret, il lui dirait tout! Et il lui dit tout; à savoir que Lidamant, un cavalier accompli, a parié contre son frère qu'il se ferait aimer d'elle.

DIANE

Lidamant est hardi d'oser gager ainsi,
Mais mon frère est sans doute impertinent aussi.

TOMIRE

Hélas! j'ai trop parlé!

Eh! oui, malheureux, tu as trop parlé! un mot d'elle et tu es perdu. Mais ne crains rien, rien du moins jusqu'à ce que toi et Télame soyez bien convaincus, d'abord que tête de femme n'est bien gardée que par elle-même, ensuite que cœur de femme n'est pas à jamais imprenable.

Arrive un marchand français;

De mille beaux objets sa cassette est remplie.

Tout ce qu'il a est au service de Diane, excepté un seul objet, le portrait d'un jeune gentilhomme

Brave, beau, libéral, galant, d'égale humeur,
D'un esprit enjoué, mais pourtant déjà meur,

parfait enfin; je crois bien, c'est Lidamant chanté par Philippin déguisé. — Echange de portraits.

Lidamant, dès qu'il l'a reçu, admire le portrait

de Diane; il tombe au plus vite amoureux d'elle ; un peu plus, il ferait à Télame des aveux et des excuses, et lui demanderait la main de sa sœur. La comtesse l'arrête, — et son pari ? — puis elle prête à Philippin, pour un tour de son invention, six chevaux, six laquais de même livrée, et des lettres de l'amiral d'Ecosse. Avec ce renfort, il introduira Lidamant auprès de sa maîtresse.

La scène reste vide, faute impardonnable à l'époque où cette pièce a paru. Entrent Diane et Lise. Il parait que Télame a vu sur le lit de sa sœur le portrait de Lidamant ; sa fureur est au comble.

TÉLAME

Comment l'as-tu donc eu ?..........

DIANE

Lise, par modestie, ayant les yeux baissés,
En revenant du temple a trouvé sur la place
Ce portrait. . . . . . .
 (On entend une fanfare.)
                    Ou l'oreille me trompe,
Ou quelque cri public se fait à son de trompe.

TÉLAME

Écoutons.

Ecoutons, nous aussi, la formule du crieur :

« Si quelqu'un a trouvé un portrait dans une boîte d'or émaillée de bleu et garnie de diamants, en le rendant à celui qu'il représente, et qui l'a perdu ce matin, on lui donnera dix jacobus pour le vin. »

Télame est convaincu de l'innocence de sa sœur et lui fait, comme c'est justice, réparation d'honneur.

Il est interrompu par l'arrivée bruyante du chevalier de Finmatois, qui lui apporte une lettre de l'amiral d'Ecosse et lui amène de sa part six magnifiques chevaux. Ce fin matois, c'est M. Philippin, qui a entrée dans la maison, qui doit y trouver un appartement, et qui va y faire apporter ses malles, dont l'une est occupée par son maître.

Philippin suffit à tout : les chevaux à soigner, Télame à tromper, Diane à séduire, Lidamant à aider ; il fait tout à la fois.

Une scène de bas comique, mais assez plaisante, est celle où le pauvre amoureux sort de son coffre.

LIDAMANT

. . . . . Tire-moi donc d'ici.
(Il sort la tête et un bras.)

PHILIPPIN

Rentrez, j'entends du bruit.

LIDAMANT

Justes dieux ! qu'est ceci ?

PHILIPPIN

Ce n'est rien.

LIDAMANT

Sors-moi donc.
(Il sort à moitié.)

PHILIPPIN, *fermant brusquement le coffre*

Rentrez, de par le diable !
Sortez..! ce n'est qu'un rat qui couroit sur la table.

Lidamant quitte enfin son étrange prison : une entrevue lui était ménagée, par Lise et Philippin, avec Diane, au jardin. Le frère de la jeune fille soupait avec Valère, un certain Valère qui a le tort d'avoir laissé passer trois actes sans se faire connaître. Ami de Télame, amoureux discret de Diane, il se croit aimé d'elle. Oh! s'ils avaient connu, les deux amis, la présence de Lidamant! s'ils avaient pensé que Diane et lui n'attendaient que leur départ pour concerter leur fuite! ils auraient bien appris

Que rien n'est impossible à deux cœurs qui s'entendent.

La nuit vient; Lidamant force le passage avec un pistolet qui effraye et les gardes et le bon vieux Tomire lui-même. Philippin reste dans la place, écarte les ennemis par ruse, et emmène, dûment cachée et voilée, Diane à son amant. Les fugitifs rencontrent Télame, qui leur offre, sans reconnaître Diane et Lise, de les accompagner. Une offre semblable, en pareil cas, ne peut guère s'accepter. On le refuse.

Télame allait rentrer, quand il rencontre Tomire qui lui apprend l'enlèvement de sa sœur, et Acaste, lieutenant des gardes, qui l'arrête et le conduit... chez la comtesse. Tout se découvre. Télame a perdu son pari et finit par s'en trouver fort heureux. Je n'ai pas à dire que Diane épouse Lidamant, que Lise épouse Philippin. Ainsi finit la comédie, et la morale de ceci, c'est :

Apprenez sur l'exemple et les soins de Télame,
Qu'il est très malaisé de garder une femme.

Après cette longue analyse, je me ferais scrupule de m'étendre sur une autre pièce que Bois-Robert avait faite « par l'ordre et le commandement absolu du plus grand Roy du monde, » — *les Trois Orontes;* mais j'en dirai un mot.

Bois-Robert était toujours à l'affût des contes et nouvelles de la cour et de la ville, et il tirait adroitement parti de tout ce qu'il apprenait ou devinait. Son humeur caustique préférait à un sujet purement d'imagination, qui aurait pu amuser, un sujet réel, dont il pouvait à la fois amuser les uns et narguer les autres. C'est ainsi déjà qu'il a mis en scène le président de Bercy, et qu'il va jouer encore le pauvre Racan.

Il n'est pas le seul, d'ailleurs. Tallemant des Réaux, Ménage et Charles Sorel (dans le *Francion*), nous ont raconté l'anecdote dont Bois-Robert fit le sujet de sa pièce.

Dans Tallemant, dans Ménage, c'est le même fait, le même nom ; mais le récit facile et gai de Tallemant perd de sa grâce et de sa verve dans Ménage. Sorel ne fait pas rire : les traits les plus amusants, les pointes les plus délicates, les observations les plus fines, tout ce qui fait le mérite de Tallemant se retrouve parfois dans Sorel, mais noyé dans les embarras d'un style lourdement sérieux. Comme Bois-Robert, il a changé le nom et le fait. Ce n'est plus Racan se rendant, lui troisième, chez mademoiselle de Gournay, où l'avaient précédé, sous son nom, Yvrande et le chevalier de Bueil, et se faisant repousser avec perte par l'irascible demoiselle, qui n'admet qu'un Sosie ; le tour est joué au poète par l'Ecluse et Audebert, qui vont, l'un suivi de l'autre, lire au pédant Hortensius la même églogue, une églogue de Saluste. Le vrai Saluste arrive en bégayant, « et il bégayoit bien « mieux, il s'imitoit bien mieux soi-même que nous « ne l'avions imité. Mais néanmoins quand il com- « mença à dire qu'il s'appeloit Saluste et qu'il lui « vouloit montrer une églogue, il le repoussa de

« toute sa force hors de sa chambre, et s'il ne s'en
« fût fui, il lui eût fait sauter les montées. — Com-
« ment, disoit-il, celui-ci est encore pire que les
« autres, il parle de beaucoup plus mal. Ne cessera-
« t-il de m'en venir jusqu'au soir?... Quiconque ce
« soit qui me vienne voir désormais, je n'ouvrirai
« point ma porte qu'il ne m'ait dit son nom ; que
« s'il bégaye ou s'il s'appelle Saluste, il n'entrera
« pas. »

La pièce de Bois-Robert a pour titre : *les Trois Orontes.*

Oronte doit épouser Caliste ; mais Caliste aime Cléante, et tous deux ont l'appui de Lisette, laquelle a un frère, tout aussi honnête faussaire que l'Intimé, qui donnera à Cléante, sous le nom d'Oronte, des lettres pour Amidor, père de Caliste.

Un second Oronte arrive ; c'est Cassandre, une femme cette fois, fiancée au véritable Oronte, et qui a la lettre que celui-ci devait remettre à Amidor. Cassandre, déguisée, apprend qu'Oronte s'est déjà présenté avec des lettres de son père ; grand désespoir de Cassandre, qui croit que son infidèle amant poursuit Caliste.

Voici venir le véritable Oronte, accompagné de son valet. Ils aperçoivent Cassandre. L'un s'effraye de son ton résolu et de ses jurons, l'autre reconnaît sa maîtresse à qui il a conservé son amour, car l'obéissance filiale seule l'a amené à Paris.

Encore quelques péripéties, et on arrivera à un dénoûment qui se fait trop attendre, car, dès à présent, on prévoit : que Cléante épousera Caliste ; qu'Oronte épousera Cassandre ; que Philippin épouse Lisette.

Cette pièce était pour le public ; mais pour le Cardinal et ses domestiques ou familiers, Bois-

Robert en avait une autre qui n'avait pas moins de succès ; c'était le récit véritable de la mésaventure de Racan. Il le faisait devant Racan lui-même, et le pauvre marquis ne pouvait s'empêcher de rire et de se reconnaître : « Il dit *vlai!* il dit *vlai!* »

A la mort de Richelieu, Bois-Robert perdit un protecteur dont la bienveillance lui fit souvent défaut. Il fit bien à la nièce du Cardinal, madame d'Aiguillon, des offres de services ; mais la duchesse ne l'avait jamais beaucoup plus aimé que les parents d'un homme puissant n'aiment ses favoris. Elle le craignait avec ses caquets médisants : elle ne lui fit pas de mal ; mais elle n'avait pas besoin de lui, et ne lui fit pas de bien ; elle se crut obligée toutefois de le leurrer de promesses vaines, de bonnes paroles sans effet. Bois-Robert sut bientôt reconnaître la sincérité d'une telle protectrice.

— Mon neveu, l'abbé de Marmoutiers, lui dit un jour la duchesse, a plusieurs riches prieurés à sa collation ; vous en aurez un, Bois-Robert.

— Je remercie madame la duchesse. — Et voilà Bois-Robert guettant les maladies, épiant les morts de MM. les prieurs, et à chaque vacance nouvelle, courant solliciter. Jamais il n'arrivait à temps ; le prieuré était toujours donné de la veille ou du jour même. Enfin, c'est la dernière fois, le voilà encore une fois chez la duchesse, l'œil en feu, l'air radieux :

—Madame la duchesse, le prieuré de Kermassonnet, est vacant, je viens de l'apprendre.

— Ah! ah! ah! vous êtes encore en retard, Bois-Robert, j'ai pensé à vous, mais il m'est venu je ne sais quel pauvre hère avec des lettres si pressantes que je n'ai pu le refuser. Il y a une heure à peine, Bois-Robert.

— Madame la duchesse se trompe ; ce n'est pas de Kermassonnet qu'elle veut parler.

— Oh ! je me rappelle le nom, il y a si peu de temps... Votre heureux rival vient de sortir à peine ; vous l'avez dû rencontrer.

— Madame la duchesse se trompe.

— Non, assurément, c'est bien Kermassonnet. Consolez-vous, Bois-Robert ; attendez au premier bénéfice vacant.

— Ah ! si c'est enfin celui-là qui doit m'échoir, mon Dieu ! faites que ce ne soit pas un prieuré en l'air, comme celui de Kermassonnet, que vous n'avez pas plus donné à un autre que refusé à moi, Madame, car il n'existe pas.

L'habile homme savait, d'ailleurs, à quel vent tourner son aile. Le cardinal Mazarin, qui le protégeait pendant la vie, le protégea encore après la mort de Richelieu, et comme lui, il accordait aux bouffonneries de son favori ce que les sollicitations les plus humbles des gens les plus ambitieux n'auraient pas obtenu. Quand il demandait, par exemple, une pension pour son frère, Antoine le Metel d'Ouville, « une manière d'ingénieur géographe, » il savait très bien, et il en convenait, que c'était un homme de nul mérite ; il savait que les quelques pièces de théâtre de d'Ouville et ses contes graveleux n'étaient pas pour lui un titre bien puissant à figurer sur la liste des pensionnaires de l'Etat ; mais il ne recula pas pour si peu. Son frère, inscrit sur les registres, en avait été rayé par M. de la Vrillière, secrétaire d'Etat. Bois-Robert agit avec tant de bonheur auprès de Mazarin, bafoua si bien son adversaire, que son frère fut rétabli. Peu de temps après, M. de la Vrillière, indigné, voulut annuler le brevet de d'Ouville. Bois-

Robert osa le menacer de publier contre lui une satire où il disait :

> Le Saint-Esprit, honteux d'être sur ses épaules,
> Pour trois sots comme lui s'envoleroit des Gaules ;

et il eut, à la fois, l'agréable et le malin plaisir de servir son frère et d'humilier un ministre.

Ses succès auprès des hommes les plus haut placés ne le rendaient pas plus heureux auprès des femmes. Je ne crois pas qu'il ait obtenu de Ninon autre chose qu'une bonne amitié, cette amitié, dont se trouvaient si heureux les gens qui étaient ses amants, ceux qui ne l'étaient pas et ceux qui ne l'étaient plus.

Bois-Robert, très lié d'amitié avec Ninon, l'appelait sa *divine*. Il lui demandait conseil, lui faisait ses confidences, et lui permettait même ces railleries qui l'avaient quelque temps brouillé avec Ménage. Un jour, il lui déclare que, pour réformer sa réputation et se faire oublier, il va se retirer chez les jésuites et passer une année en religion.

Deux jours après, il revient : « Je n'ai pas besoin, lui dit-il, d'un si long séjour. Un mois suffira. » Il revient encore : « N'est-ce pas, *ma divine,* que j'aurai bien assez de trois jours au cloître ? » Bref, il se contenta d'une visite où il charma, égaya, émerveilla de son mieux les bons Pères, et ceux-ci regrettèrent fort de ne pouvoir conserver ce joyeux compagnon.

Si l'attachement qu'il eut pour sa *divine* ne lui servit pas, il n'en fut pas même ainsi du dévouement qu'il témoigna à Mazarin pendant la Fronde, et qui faillit avoir pour lui, entre autres conséquences fâcheuses, le funeste effet de lui aliéner tous ses autres protecteurs, partisans du Coadjuteur. Il y avait alors dans les rangs des poètes, comme dans ceux de la bourgeoisie et de la noblesse, grande dissension. Scarron d'ici, de là Saint-Amant et Bois-Robert se faisaient une rude guerre ou plutôt soutenaient vaillamment, sans se livrer d'attaques personnelles, les partis contraires de la Cour ou du parlement.

Bois-Robert qui, avant et après, et peut-être pendant la Fronde, fut l'ami du Coadjuteur, s'avisa cependant de faire sur la Fronde, en certaines circonstances, quelques chansons, qui blessèrent son amour-propre. Le cardinal de Retz ne l'oublia pas. Un jour que Bois-Robert dînait chez lui :

— Chantez-moi vos couplets, monsieur de Bois-Robert.

— Bois-Robert se lève, va sans affectation à la fenêtre et revient s'asseoir.

— Eh ! bien ?

— Ma fois, Monseigneur, je n'en ferai rien ; votre fenêtre est trop haute.

Comment s'étonner, en voyant un semblable caractère, de ces malices qu'il fait à tous ceux qui l'approchent de trop près ? Tantôt, c'est M. de la Volière, huissier de la Reine, qui veut l'arrêter. Bois-Robert passe de force et sort en narguant son ennemi. Tantôt, c'est Picard, le fils d'un cordonnier parvenu, à qui il fait donner des louanges, — le beau héros ! — par le gazetier Loret ; toute la Cour en rit, et Bois-Robert se fait un plaisir de raconter ce mauvais tour. Il n'oubliait qu'un détail : c'est qu'il faillit recevoir de Picard le traitement qu'il reçut une fois, à Rouen, de la part d'un chanoine, son confrère, — des coups de bâton. Tantôt, c'est Sablé ou Saint-Evremont qu'il menace d'une satire, épée de Damoclès dont il les effraye longtemps sans les en vouloir blesser. Tantôt c'est Costar qu'il prend à partie.

Bois-Robert s'appelait lui-même le Trivelin de Longue-Robe. Toute la cour, avec l'abbé de la Victoire, l'appelait l'abbé Mondory. Costar crut pouvoir lui donner ce nom dans sa *Défense de Voiture*, en l'entourant des plus belles louanges. Bois-Robert, qui craignait peut-être que ce mot, dans le volume de l'auteur, ne le compromît auprès de la postérité, ou plutôt qui, ce jour-là, était d'humeur noire, adressa à Costar la lettre la plus impertinente qu'il put; le pauvre Costar, pour en finir, n'eut d'autres ressources que de lui faire des soumissions et des excuses.

Bois-Robert jouait gros jeu en maniant si prestement l'arme blessante de la plaisanterie. On se ligua contre lui. On n'eut pas grand'peine à trouver des charges suffisantes pour le faire exiler. Ne jurait-il pas au jeu? Avait-il quelque religion? Faisait-il maigre en carême? Non; et ce fut son malheur. Il fut de nouveau relégué en province, et par son protecteur Mazarin lui-même, comme il avait été déjà exilé par Richelieu. Dans son infortune, il implore la Reine, et charge mademoiselle Ennemonde Servien, fille du ministre, de rappeler à Sa Majesté son dévoûment pendant la Fronde...

> Pour six mois entiers me bannir!
> C'est trop souffrir, belle Ennemonde;
> Je n'en murmure ny n'en gronde:
> On m'a cru justement punir.
>
> Si l'on avoit fait souvenir
> La meilleure reine du monde
> De ma vigueur contre la Fronde,
> Ma disgrâce auroit dû finir.

> Quand tout Paris l'a déchirée,
> Je l'ay constamment adorée ;
> Sa gloire a fait tout mon soucy.
>
> Cela n'a point de répartie ;
> Je croy qu'elle m'en ayme aussy ;
> Mais qui bien ayme bien châtie.

Il ne tarda pas à être rappelé, grâce aux sollicitations et de mademoiselle Servien, et de madame de Mancini qui, disait-il en riant, voulait se faire payer de quarante pistoles perdues au jeu. Mais il fut soumis à une rude épreuve. On le força de dire quelquefois la messe. Qu'on juge de la dévotion qu'il devait inspirer à ceux qui le connaissaient ! Madame Cornuel croyait sa chasuble faite d'une robe de Ninon. Je dois dire que ce mot lui valut une satire, et qu'elle apprit à ses dépens que trop parler nuit. Mais Bois-Robert était sans rancune, et l'affaire finit par s'arranger.

Un jour qu'il sortait de dire la messe, quelqu'un vint le prier d'assister un pauvre homme qui se mourait dans la rue. Bois-Robert allait dîner. Il consent à s'arrêter : « Mon ami, dit-il au mourant, recommandez votre âme à Dieu, et dites votre *Benedicite.* » — Volontiers, Bois-Robert attardé l'eût dit avec lui, pour n'avoir plus qu'à se mettre à table.

C'est peu de temps après sa rentrée à Paris qu'il publia la seconde édition de ses poésies (1659). Pour la première, achevée d'imprimer en 1646, le 21 juillet, il avait été l'objet d'une rare faveur. Conrart, secrétaire de l'Académie et conseiller du Roi, lui avait signé d'avance un privilège. C'est ce que Conrart lui-même nous apprend, dans une épître facile et nette de forme qui, rapprochée de la ballade du *Goutteux*, et de la traduction de quelques psaumes, montre que l'auteur, dont les œuvres n'ont jamais été rassemblées, était un homme moins médiocre que sa réputation.

> Oui, Bois-Robert, je reconnois
> Que je t'ay conseillé cent fois
> De rendre tes lettres publiques,
> Et qu'en patentes authentiques
> Je t'ay signé, de par le Roy,
> Un privilège malgré toy.

Dans le second volume, on trouve les mêmes mérites et les mêmes œuvres que dans le premier, et, de plus, quelques pièces satiriques que l'auteur n'avait osé publier du vivant de ceux qu'il attaquait, une entre autres contre le riche et puissant Abel Servien, son confrère à l'Académie.

Sa passion pour le jeu le força plus d'une fois à

> Mettre son Apollon aux gages d'un libraire ;

non pas, comme on a vu de son temps du Ryer, à travailler sur commande, mais au moins à faire argent de ce qu'il avait composé, et il était assez *accommodé* pour pouvoir jouir d'un carrosse.

Tallemant raconte que, craignant sans doute la tentation de vendre une maison qu'il avait fait construire à la porte de Richelieu, et de rester sans logis quand il aurait joué et perdu le prix de la vente, Bois-Robert la céda à Villarceaux, sans autre condition que de lui fournir un logement sa vie durant. Tallemant ajoute qu'il s'en repentit. Je croirais plutôt encore au repentir qu'à la faute, si je n'avais vu ailleurs M. de Villarceaux appelé l'hôte de Bois-Robert.

Ajoutez à ses dépenses de jeu, ses frais de table

et ses bonnes œuvres. Tallemant, qu'on est obligé si souvent de citer, quand on parle du XVIIe siècle, dit qu'un jour il prêta, sans espérance de les revoir jamais, trois cents pistoles, une valeur de huit mille francs de nos jours, au marquis de Richelieu. On l'en blâmait : « Je me souviendrai toujours, répondit-il, qu'il est le neveu du cardinal de Richelieu. » Il eut l'agréable surprise d'être remboursé.

Ce fut après cette *rentrée*, sans doute, qu'il acheta aux champs la maison appelée Villoison, qui convenait parfaitement, disait-il, à ses oisons de neveux, et qu'il voulait leur substituer. Il ne les fit pas trop attendre.

En effet, en parlant de son retour d'exil, Loret donne à Bois-Robert cet éloge, que le Cardinal obtint son rappel

> Au gré des plus grands de la Cour,
> Où l'on chérit cet homme rare,
> Qui fait des vers comme un Pindare,
> Et qu'on aime de tous côtés
> Pour ses aimables qualités.

Le poète-gazetier eut bientôt une autre occasion de reparler de son ami. C'est dans sa lettre du 8 avril 1662 :

> Bois-Robert, homme assez notable,
> Assez libre, assez accostable,
> Écrivain assez ingénu,
> Sur le Parnasse assez connu,
> N'est plus que poussière et que cendre,
> La Parque l'ayant fait descendre
> Depuis dix jours dans le cercueil,
> Dont Apollon en a grand deuil.
> Il joua divers personnages;
> Il fit de différents ouvrages;

> Il étoit tantôt inventeur,
> Il étoit tantôt traducteur,
> Il étoit de Cour et d'Église,
> Et, pour parler avec franchise
> De ce poète signalé,
> C'étoit un vrai marchand mêlé.

Cette citation, outre qu'elle fait connaître le mérite chronologique de la Muse historique de Loret, nous dispense de dire qu'il mourut le 30 mars 1662. Il demandait à Dieu, à son dernier moment, d'être aussi bien avec Notre-Seigneur qu'il avait été avec le cardinal de Richelieu, qui l'avait perdu, disait-il; il n'eut que le temps ensuite de donner au diable un potage à l'oignon, qu'il avait pris chez le comte d'Olonne et qui lui avait fait mal. Mort peu sérieuse, sans dignité, comme pouvait être celle d'un homme qui ne songea qu'à s'amuser, qui se laissa aller à tous ses penchants, qui ne pratiqua de vertus que celles qui ne gênaient pas ou qui servaient ses goûts. Il fit peu de mal, quelque bien. Il a beaucoup écrit, mais pour son temps, sans s'occuper assez de la postérité, qui lui a rendu dédain pour dédain. Bois-Robert ne peut être oublié cependant parmi les premiers auteurs de notre théâtre, et l'on doit un souvenir, sinon au fondateur, du moins à la cause de l'Académie française.

FIN

APPENDICE

LA GUIRLANDE DE JULIE

NOTICE [1]

Le dessein de cet ouvrage est un des plus ingénieux et des plus galants qu'on pût imaginer en ce genre. M. Huet l'a appelé le chef-d'œuvre de la galanterie et a vanté la magnificence de son exécution : l'on peut dire qu'elle n'a été en rien inférieure au projet.

Il a pour auteur feu M. de Montausier qui l'envoya, le jour de la fête de Julie-Lucine d'Angennes de Rambouillet, à cette charmante personne dont

[1] Nous reproduisons ici, comme l'a fait Charles Nodier, en tête de son édition, la Notice insérée dans le Supplément à la première partie du Catalogue des livres rares et précieux de feu M. le duc de La Vallière, rédigé par Guillaume Debure fils aîné, qui en a fait la vente depuis le 12 janvier jusqu'au 5 mai 1784. La tradition ayant en quelque sorte consacré cette Notice, il y aurait en effet comme le dit le dernier éditeur, quelque pédantisme à la remplacer par une autre. On la trouve déjà, mais moins étendue, dans la copie de la *Guirlande* conservée au t. I du Recueil de Maurepas; elle a été reproduite dans l'édition imprimée en 1784, chez Didot, et plus récemment (en 1826), par Ch. Nodier. M. de Gaignères, bien connu par ses collections, conservées encore à la Bibliothèque nationale, est le principal auteur de ce travail, complété ensuite par Debure.

il devint enfin l'époux, après en avoir été longtemps l'amant.

Comme cette fête arrivoit dans un temps où la terre ne produit pas assez de fleurs au gré des amants[1], celui-ci suppléa à la stérilité de la saison par cette Guirlande.

Ce manuscrit commence par huit feuillets.

Les trois premiers sont en blanc. On lit, au haut du *recto* du second, le billet que l'abbé de Rothelin écrivit de sa main à M. de Boze, en lui faisant présent de ce beau livre :

« Je prie M. de Boze de vouloir bien accepter le
« présent livre, et le placer dans son magnifique
« cabinet, comme une marque de ma tendre
« amitié.
          « L'abbé de ROTHELIN. »

Le quatrième feuillet contient le titre.

Sur le cinquième est peinte une guirlande[2] superbe, au milieu de laquelle on lit ces mots :

LA
GUIRLANDE
DE
IVLIE

Le sixième est encore en blanc.

Il y a sur le septième une miniature où l'on voit Zéphire entouré d'un nuage, et représenté du côté gauche au côté droit du spectateur[3]. Il tient dans

---

[1] Le 22 mai.
[2] Nous dirions plutôt une couronne.
[3] C'est-à-dire tout simplement, faisant face au spectateur ; dans cette position, la droite de Zéphire est à gauche du spectateur. Il est représenté de trois quarts.

sa main droite une rose, et dans sa gauche la guirlande de fleurs[1] au nombre de vingt-neuf, qu'il souffle légèrement sur la terre pour qu'on puisse les reconnoître aisément[2].

Le huitième contient un madrigal intitulé : *Zéphire à Julie*.

Le corps de l'ouvrage vient ensuite. Il est de quatre-vingt-dix feuillets, dont le premier est coté 6, et le dernier 95.

De ces quatre-vingt-dix feuillets, il y en a vingt-neuf qui contiennent chacun une fleur, et soixante-un qui contiennent chacun un madrigal.

Ce volume est terminé par une table alphabétique qui n'est point du tout commode. Elle est dressée selon l'ordre des premières lettres de chaque madrigal; de là vient que le nom de la même fleur y est répété plusieurs fois, et qu'on n'y voit pas d'un seul coup d'œil toutes les pièces qui ont été faites sur elle[3].

Nous avons corrigé ce défaut, en substituant à cette table défectueuse celle qui a été faite par M. l'abbé Rive.

Sans vouloir enrichir le passé aux dépens du présent, il faut avouer qu'il seroit difficile aujourd'hui d'assembler un aussi grand nombre de beaux

---

[1] Cette seconde guirlande, ou plutôt cette seconde couronne, qui peut avoir deux pouces au plus de diamètre, quand la première occupe presque toute la page, n'est pas la copie exacte de celle-ci, mais la rappelle vaguement. C'est dans la première et non dans la seconde que les fleurs peuvent être comptées.

[2] Les fleurs que souffle Zéphire ne sont pas aussi variées que celles de la couronne.

[3] C'est cette table qui a été reproduite dans l'édition donnée, en 1729, à la suite de la Vie du duc de Mautausier, par Petit, 2 vol. in-12, Paris, Rollin et Geneau.

esprits et de poètes célèbres qu'il s'en trouva alors pour immortaliser le nom de Julie.

La table qui contient les noms de tous ces poètes, et que nous avons ajoutée à celle de l'abbé Rive, ne présente que les illustres fondateurs de l'Académie françoise, qui s'élevoit à l'hôtel de Rambouillet, en attendant qu'elle reçût et sa forme et sa gloire du cardinal de Richelieu.

Mais, quand on n'auroit pas appris par là qui sont ceux qui aidèrent à M. de Montausier à célébrer mademoiselle de Rambouillet, il seroit toujours facile de juger, par tant de poésies diverses et ingénieuses, que des esprits d'un ordre supérieur y ont eu part.

Ces poésies ou madrigaux ont été imprimés à Paris en 1729, à la suite de la Vie de M. de Montausier, rédigée par Nicolas Petit, jésuite, qu'on a confondu avec d'autres auteurs du même nom, dont les ouvrages sont annoncés dans la *France littéraire*, t. Ier, p. 361 ; t. II, p. 92, et *Supplément*, part. Ire, p. 167. L'on vient de réimprimer tout récemment[1] ces madrigaux avec la Vie de M. le duc de Montausier.

L'on apercevra aisément, à la table des noms des auteurs, que M. de Montausier, comme amant, a composé un très grand nombre de ces madrigaux. On ignore les raisons pour lesquelles il s'est caché

---

[1] Nous avons vu chez M. le duc d'Uzès une édition de la Vie de Montausier, publiée vers 1735; on y a joint le texte de la *Guirlande*, donné en 1729. — En 1784, parut à l'imprimerie de Monsieur une nouvelle édition de la *Guirlande*, mais isolément et sans la vie de Montausier. C'est cette réimpression qui était récente au moment où Debure donnait son *Catalogue*.

quelquefois sous ces lettres : M. le M. de M.[1], ainsi que le marquis de Racan[2], par celles de M. le M. de R., M. Conrart[3], que l'on peut appeler le père de l'Académie françoise, n'y est désigné que par M. C. L'on a restitué tous ces noms dans cette édition...

Comme la baronnie de Montausier ne fut érigée en marquisat qu'en 1644, trois ans après que la *Guirlande de Julie* fut présentée à mademoiselle de Rambouillet, l'on sera sans doute étonné que M. de Montausier ait pris le nom de marquis avant de l'être effectivement; mais on ne doit pas ignorer qu'il étoit très commun que les gens de qualité prissent dans le monde le titre de marquis avant que la terre de leur nom fût érigée en marquisat. Le frère ainé de M. le duc de Montausier, qui mourut en 1633, avoit aussi porté le titre de marquis de Montausier[4].

Chapelain, fameux par l'attente de la *Pucelle*, qui lui avoit fait par avance un nom qu'elle n'a pu soutenir quand elle a été au grand jour, fut un de

---

[1] Les noms des auteurs sont écrits, de la main de Jarry, dans l'angle gauche de chacune des pages où commencent leurs madrigaux, et non de leur main à la fin de chaque pièce. — Le nom de Montausier paraît toujours en toutes lettres, excepté à la table.

[2] Le madrigal signé de ces initiales paraît être du marquis de Rambouillet, père de Julie.

[3] Des pièces signées M. C., les unes sont attribuées à Corneille, dans le troisième volume du Recueil de Sercy; les autres sont peut-être aussi de l'illustre poète, mais jusqu'ici aucune preuve n'autorise cette supposition.

[4] M. de Montausier était marquis de Salles; en prenant le nom de Montausier, il garda le titre de marquis, attaché à une autre terre, mais qu'il avait parfaitement le droit de porter sans invoquer l'usage rappelé par l'auteur.

ceux qui brilla le plus en cette occasion. La fleur impériale dont il fit choix donna lieu à une allégorie fort spirituelle, sur laquelle roule toute la finesse de son madrigal.

En voici l'explication en deux mots :

Le grand Gustave étoit alors au plus haut période de sa gloire, et il en jouissoit sans rivaux, puisque personne ne pouvoit lui disputer celle d'être le plus fameux conquérant de son siècle. Mademoiselle de Rambouillet, juge très capable du vrai mérite, ne parloit d'ordinaire de ce prince qu'avec éloge; elle avoit même son portrait dans sa chambre, et disoit toujours qu'elle ne vouloit point d'autre amant que ce héros.

Cela donna lieu à Chapelain de choisir pour sujet de son madrigal la fleur qu'on nomme impériale, qu'il suppose être Gustave ainsi métamorphosé, qui vient lui rendre hommage et lui offrir de la couronner. Voiture, à qui cette fiction avoit sans doute paru très noble, y fait allusion dans la lettre qu'il écrivit à mademoiselle de Rambouillet, au nom du Roi de Suède, et qui commence : *Voicy le lion du Nord,* etc.

On a cru devoir cette explication en particulier à ceux qui verront ce livre, sans entrer dans le détail du reste, qui s'entend facilement, et l'on se contentera d'ajouter ici que Robert, célèbre peintre d'alors, fut chargé de peindre les fleurs dont il est enrichi, et que Nicolas Jarry, le plus fameux maître d'écriture de son temps, a écrit de sa main et les madrigaux et la table des auteurs[1].

Afin que rien ne manquât à embellir cet ouvrage,

---

[1] Dans le recueil Ms. de Maurepas, on attribue à Jarry même le dessin et la peinture des fleurs.

il fut relié par Le Gascon, qui n'avoit point d'égal en son art, et enrichi par le dehors et le dedans des chiffres de Julie-Lucine, afin que l'on scût d'abord à qui il étoit[1].

Tant que madame de Montausier a vécu, elle a conservé précieusement ce gage de la politesse et de l'amour de son mari pour elle. Etant morte, M. de Montausier en devint le dépositaire et le montroit avec plaisir à ses amis. De ses mains, il passa en celles de madame la duchesse d'Uzès, sa fille, qui savoit trop ce qu'il valoit pour ne pas le garder avec soin. Aussi ce ne fut qu'après sa mort que ce livre fut vendu par ses héritiers, comme une pièce qui ne méritoit pas leur attention. Un particulier l'acheta à l'intention de M. Moreau, premier valet de chambre de monseigneur le duc de Bourgogne, si connu par son mérite et son bon goût, qui lui paya quinze louis d'or, valant alors deux cents livres; et depuis, il a eu l'honnêteté de m'en faire un présent, et de m'obliger à le prendre, croyant avec raison enrichir par là mon cabinet (celui de M. de Gaignères, auteur principal de cette notice).

Nicolas Jarry, écrivain inimitable du dernier siècle, fit trois manuscrits de la *Guirlande de Julie* dans la même année, 1641, savoir : un in-folio[2], un in-quarto et un in-octavo.

Le premier, annoncé dans le catalogue des livres de M. le président Crozat de Tugny, Paris, 1751,

---

[1] Ce chiffre, imprimé en or et semé sur la couverture, qui est en maroquin rouge, avec filets, est formé des lettres J. L., écrites à la fois de gauche à droite et de droite à gauche.

[2] C'est celui-ci que M. le duc d'Uzès, avec une bonne grâce parfaite, a bien voulu nous permettre de consulter.

p. 119, n° 1316, n'étoit pas imprimé. C'est une erreur de ne pas l'avoir annoncé manuscrit. Il est de la propre main de Jarry, sur papier in-quarto, à longues lignes, et contient cinquante-trois feuillets très bien écrits, en lettres bâtardes ; il paroit avoir été l'esquisse et le modèle de l'in-folio présenté à mademoiselle de Rambouillet. M. le marquis de Courtanvaux en a été ensuite possesseur. Il est passé, à sa vente, entre les mains de P.-F. Didot, imprimeur de Monsieur.

Le second, très précieux, sur vélin in-folio, qui a donné lieu à cette Notice, est supérieurement écrit en lettres rondes ; les figures de toutes les fleurs, peintes par le fameux Robert, et la reliure magnifique, en maroquin rouge, de ce livre, orné en dehors et en dedans du chiffre entrelacé de J. L., ajoutent au très grand mérite de cet ouvrage, unique en son genre.

Il paroit qu'après M. de Gaignères ce manuscrit passa entre les mains de M. le chevalier de B*** ; il fut acheté en 1726, à la vente de ses livres, par M. l'abbé de Rothelin [1], qui, comme on l'a vu plus haut, en fit présent quelque temps après à M. de Boze [2]. M. de Cotte [3] l'acheta des héritiers de M. de Boze avec une partie de sa bibliothèque, et le céda à M. Gaignat, à la vente duquel il fut acheté par M. le duc de La Vallière. M. Peyne, libraire de Londres, l'a payé à la vente de ce dernier quatorze mille cinq cent dix livres. Nous ignorons entre les mains de qui il est passé [4].

---

[1] Membre de l'Académie des inscriptions.

[2] Membre et secrétaire de l'Académie des inscriptions.

[3] Architecte célèbre, qui disposa l'aménagement de la Bibliothèque royale dans le palais Mazarin.

[4] Ch. Nodier a reproduit ces lignes. Déjà cependant, au

Le troisième et dernier manuscrit de la *Guirlande* contient quarante feuillets sur vélin in-octavo, écrits en *lettres* bâtardes. Il ne renferme que les madrigaux seuls, sans aucune peinture. La reliure est la même que celle du manuscrit précédent, parce qu'ils furent présentés tous les deux en même temps à mademoiselle de Rambouillet, par M. le duc de Montausier. L'on ignore absolument comment il est passé dans la bibliothèque de M. le duc de La Vallière[1]. M. G. Debure fils aîné, chargé de la vente de cette bibliothèque, l'a payé quatre cent six livres et en est actuellement le possesseur (1784).

Ce manuscrit peut être regardé comme le chef-d'œuvre de N. Jarry, parce qu'il excelloit encore plus dans les *lettres bâtardes* que dans les *lettres rondes*[2].

Nous croyons ne pouvoir mieux finir cette Notice qu'en rapportant le sonnet de Gilles Ménage,

---

temps de son édition, le duc d'Uzès était possesseur de ce précieux volume.

[1] Il y est passé par héritage, selon une tradition conservée dans la famille.

[2] Nous avons cité, dans le cours de cette Notice, les principales réimpressions de la *Guirlande de Julie*. Une édition fut donnée à Paris, en 1818, avec figures coloriées; enfin, une autre a paru sous ce titre :

La *Guirlande de Julie*, expliquée par de nouvelles annotations sur les madrigaux et sur les fleurs peintes qui la composent, par M. Amoreux. *Montpellier et Paris*, Gabon, 1824, in-18.

Le nouveau texte que nous publions, scrupuleusement conforme à l'original, est en outre suivi de quelques madrigaux composés en vue de la *Guirlande* et qui, pour des motif inconnus, n'y ont pas trouvé place.

imprimé dans ses *Miscellanea, Parisiis,* 1652, in-4º, p. 124.

SONNET

SUR LA GUIRLANDE DE JULIE

Sous ces ombrages verts, la Nymphe que j'adore,
Ce miracle d'amour, ce chef-d'œuvre des Dieux,
Avecque tant d'éclat vient d'éblouir nos yeux,
Que Zéphire amoureux l'auroit prise pour Flore.

Son teint étoit plus beau que le teint de l'Aurore ;
Ses yeux étoient plus vifs que le flambeau des Cieux ;
Et sous ses nobles pas on voyoit en tous lieux
Les roses, les jasmins et les œillets éclore.

Vous, qui pour sa Guirlande allez cueillant des fleurs,
Nourrissons d'Apollon, favoris des Neuf Sœurs,
Ne les épargnez point pour un si bel ouvrage.

Venez de mille fleurs sa tête couronner ;
Sous les pieds de Julie il en naît davantage
Que vos savantes mains n'en peuvent moissonner.

LA GUIRLANDE DE JULIE

POUR

MADEMOISELLE DE RAMBOUILLET

JULIE-LUCINE D'ANGENNES

Escript par N. Jarry

1641

ZÉPHIRE A JULIE

MADRIGAL

Recevez, ô Nymphe adorable
Dont les cœurs reçoivent les loix,
Cette Couronne plus durable
Que celles que l'on met sur la teste des Roys.
Les fleurs dont ma main la compose
Font honte à ces fleurs d'or qu'on voit au firmament ;
L'eau dont Permesse les arrose
Leur donne une fraîcheur qui dure incessamment ;
Et tous les jours ma belle Flore,
Qui me chérit et que j'adore,
Me reproche avecque courroux
Que mes soupirs jamais pour elle
N'ont fait naître de fleur si belle
Que j'en ai fait naître pour vous [1].

M. LE M. DE MONTAUSIER [2].

---

[1] Dans l'original, tous les vers, de quelque nombre de syllabes qu'ils soient, commencent à égale distance de la marge.

[2] Cette pièce est la seule du marquis de Montausier qui ne soit pas signée dans l'original.

LA COURONNE IMPÉRIALE

MADRIGAL

Je suis ce prince glorieux,
De qui le bras victorieux
A terracé l'orgueil d'un redoutable Empire.
Au plus froid des climats je me sentis brusler
  Par un nouveau Soleil que l'univers admire,
Et que celuy des Cieux ne sçauroit égaler.
Du rivage inconnu de l'aspre Corélie,
Où la mer sous la glace est toute ensevelie,
Le Flambeau de l'Amour mes voiles conduisant,
  Je vins pour rendre hommage à l'auguste Julie;
Mais jugeant ma couronne un indigne présent,
Je voulus conquérir le riche diadême
Dont jadis les Césars, en leur pompe suprême,
  Eurent le front si reluisant.
Au comble d'un succès qui les peuples étonne,
Vainqueur des ennemis et vaincu du malheur,
Je rencontray la mort dans le champ de Bellonne;
  L'amour vid mon désastre, et, flattant ma douleur,
    Me convertit en une illustre fleur,
    Que de l'empire il nomma la Couronne.
Ainsi je fus le prix que cherchoit ma valeur;
Ainsi par mon trépas j'achevay ma conqueste;
En cet état, Julie, accorde ma requeste;
    Sois pitoyable à ma langueur,
    Et si je n'ay place en ton cœur,
    Que je l'aye au moins sur la teste.

M. CHAPELAIN.

LA COURONNE IMPÉRIALE

MADRIGAL

Bien que de la Rose et du Lys
Deux Roys d'éternelle mémoire,
Facent voir leur fronts embellis,
Ces fleurs sont moindres que ta gloire ;
Il faut un plus riche ornement
Pour récompenser dignement
Une vertu plus que royale ;
Et si l'on se veut acquitter,
On ne peut moins te présenter
Qu'une Couronne impériale

M. DE MALLEVILLE.

LA COURONNE IMPÉRIALE

MADRIGAL

Quelque diversité que le parterre étale,
    Je me treuve sans effroy [1] :
    La Couronne impériale
    Est seule digne de toy ;
    Tant de fleurs que la nature
    Emaille de sa peinture.
    N'ont rien qu'on doive estimer ;
    Voy l'éclat qui m'environne ;
    Moi seule fais la couronne
Que tant d'autres ensemble ont peine de former.

M. DE SCUDÉRY.

[1] Les éditions de Didot et de Nodier portent « trouve » ; le manuscrit original « treuve ».

LA ROSE

MADRIGAL

Alors que je me voy si belle et si brillante,
Dans ce teint dont l'éclat fait naître tant de vœux ;
L'excès de ma beauté moy-même me tourmente,
Je languis pour moy-même et brusle de mes feux,
Et je crains qu'aujourd'hui la Rose ne finisse
Par ce qui fit jadis commencer le Narcisse.

M. HABERT, ABBÉ DE CÉRISY.

LA ROSE

MADRIGAL

Devant ce teint d'un beau sang animé,
Je ne parois que pour ne plus paroistre ;
Je n'ay plus rien de ce lustre enflammé
Que de Vénus le sang avoit fait naistre ;
Le vif éclat de ce teint nompareil
Me fait paslir, accuser le Soleil,
Seicher d'envie et languir de tristesse :
O sort bizarre ! ô rigoureux effet !
Ce qu'a produit le sang d'une Déesse,
Le sang d'une autre aujourd'hui le défait.

M. DE MALLEVILLE.

LA ROSE

MADRIGAL

Assise en majesté sur un throsne d'épines,
    Je porte le sceptre des fleurs.

Qui cèdent à l'éclat de mes grâces divines,
Quand l'Aurore au matin m'arrose de ses pleurs ;
　　　Mais, beauté que le monde adore,
　　　Et qui sçais doucement ravir,
J'estime beaucoup plus l'honneur de vous servir
Que celuy de régner dans l'empire de Flore.

M. LE M. DE MONTAUSIER.

LA ROSE

MADRIGAL

Si vous n'aviez banny l'ardeur démesurée
Qui du cœur des mortels fait triompher l'amour,
Ma beauté près de vous seroit mal assurée ;
Aux chaleurs de l'été, je ne dure qu'un jour ;
Mais un sort plus heureux en ce lieu m'environne :
Le temps, dont le pouvoir de toute chose ordonne,
Par vos charmes puissans se trouve surmonté ;
J'ay de vous obtenu la faveur désirée,
Et sur votre visage, où règne la beauté,
　　　Je suis d'éternelle durée.

M. COLLETET.

LA ROSE

MADRIGAL

　　　Quoy que la Fable nous raconte,
　　　Jamais la Reine d'Amathonte
Ne changea ma couleur ni mon lustre ancien ;
Si quelque trait de flamme à ma neige s'allie,
C'est de honte que j'ay que le teint de Julie
Est estimé plus frais et plus beau que le mien.

M. COLLETET.

LE NARCISSE

MADRIGAL

Je consacre, Julie, un Narcisse à ta gloire ;
Luy-mesme des beautez te cède la victoire ;
Estant jadis touché d'un amour sans pareil,
      Pour voir dedans l'eau son image,
      Il baissoit toujours son visage,
Qu'il estimoit plus beau que celuy du Soleil ;
Ce n'est plus ce dessein qui tient sa teste basse ;
C'est qu'en te regardant il a honte de voir
      Que les Dieux ont eu le pouvoir
De faire une beauté qui la sienne surpasse.

M. LE M. DE MONTAUSIER.

LE NARCISSE

MADRIGAL

      Je suis ce Narcisse fameux
Pour qui jadis Écho répandit tant de larmes,
Et de qui les appas ne cedent qu'à vos charmes,
      Qui viens pour vous offrir mes vœux.
      Qu'on m'accuse, belle Julie,
D'avoir en ce dessein plus de temerité
      Que je n'eus jamais de folie
      Adorant ma propre beauté ;
Je ne puis m'empescher de commettre ce crime,
      Je le trouve trop glorieux :
Oyez donc ce discours que ma pasleur exprime,
      Et qui ne s'entend que des yeux :
      Si vous me voyez le teint blesme,
Ce n'est plus moy, c'est vous que j'ayme.

M. LE M. DE MONTAUSIER.

LE NARCISSE

MADRIGAL

Épris de l'amour de moy-même,
De berger que j'estois je devins une fleur;
Faites profit de mon malheur,
Vous que le Ciel orna d'une beauté suprême,
Et pour en éviter les coups,
Puisqu'il faut que tout ayme, aymez d'autres que vous[1].

M. HABERT, C. DE L'ARTILLERIE[2].

LE NARCISSE

MADRIGAL

Quand je voy vos beaux yeux si brillans et si doux
Qui n'ont plus désormais rien à prendre que vous,
Leur éclat m'est suspect, et pour vous j'apprehende.
Souvent ce riche don est cherement vendu;
Je sçay que ma beauté ne fut jamais si grande,
Et pourtant chacun sçait comme elle m'a perdu[3].

M. HABERT, ABBÉ DE CERISY.

---

[1] Le recueil de Sercy donne ainsi le dernier vers, mais à tort :
>Julie, aimez d'autres que vous.

— Nous avons suivi l'original.

[2] L'original et la copie de Maurepas portent: « de M. Habert, C. de l'artillerie. » — Les éditions Didot et Nodier portent : « Cap. » mais à tort. Habert était *Commissaire* et non *Capitaine* de l'artillerie.

[3] Dans la copie du Recueil de Maurepas. ce madrigal est placé ici; dans le texte de Ch. Nodier, au contraire, il est placé avant le précédent. — Dans le recueil de Sercy, le dernier vers se lit aussi comme nous l'avons donné d'après le texte original ; mais les textes de Didot et de Nodier portent :
>Chacun sçait toutefois comme elle m'a perdu.

L'AMARANTE

MADRIGAL

Je suis la fleur d'amour qu'Amarante on appelle,
Et qui viens de Julie adorer les beaux yeux.
Rose, retirez-vous, j'ay le nom d'immortelle !
Il n'appartient qu'à moi de couronner les Dieux.

M. DE GOMBAUD.

L'ANGÉLIQUE

MADRIGAL

Recevez mon service, adorable Julie,
Seule que la nature a fait naistre accomplie ;
Ah! que j'estimeray mon destin glorieux,
Si votre belle main sur vos cheveux m'applique !
    Je suis favorite des Cieux,
    Je porte le nom d'Angélique ;
Mais je n'ignore pas qu'au jugement de tous
    Je la suis beaucoup moins que vous.

M. LE M. DE MONTAUSIER.

L'ANGÉLIQUE

MADRIGAL

Quand toutes les fleurs prennent place
Sur l'yvoire de votre front,
Il faut, par raison, que je face
Ce que, par audace, elle fait,
Et, certes, si la voix publique
Me nomme partout Angélique

Et me donne tant de renom,
Je réponds mal à ses louanges,
Et ne mérite plus mon nom
Si je ne couronne les anges.

M. DE MALLEVILLE.

L'ŒILLET

MADRIGAL

Bien que dans l'empire des fleurs
J'espère emporter la couronne
Dessus toutes mes autres sœurs,
Au moins si la beauté la donne,
Devant son teint vif et vermeil,
De qui l'effet plus grand que celuy du Soleil
Des cœurs les plus gelez fond la plus dure glace,
Mon éclat se ternit et mon lustre s'efface ;
Mais dessus tes cheveux je reprends ma beauté,
Et j'emprunte de toy ce que tu m'as osté.

M. LE M. DE MONTAUSIER.

LA FLEUR DE THIN

MADRIGAL

Sans beauté, sans grandeur, sans éclat et sans grace,
Je nays, par un arrest de mon injuste sort,
  Incapable d'un bel effort
  Pour acquerir l'illustre place
  Où mon ambition m'ose faire aspirer ;
  Toutefois, ô belle Julie !

Si de tes doux regards tu daignes m'éclairer,
Je renaistray par eux de tant d'attraits remplie,
  Que j'auray sujet d'esperer
De rendre ta couronne et ma gloire accomplie.
  Sois donc favorable à mes vœux
Embellis ma laideur, releve ma bassesse,
  Des Destins montre-toy maitresse,
Mets-moy, malgré leur haine, en un état heureux.
La nature, pour moy non moins barbare qu'eux,
  En vain t'oppose ses obstacles ;
Tes beaux yeux chaque jour font de plus grands miracles.

M. D'ANDILLY, LE FILZ.

LE JASMIN

MADRIGAL

Cause de tant de feux, source de tant de pleurs,
  Julie, accorde ma requeste ;
  Comme à toutes cès autres fleurs
  Donne-moy place sur ta teste ;
  Devant le lustre de mon teint
  L'éclat des plus beaux lys s'éteint ;
  Partout ailleurs je leur fais honte.
Seulement dans ton sein leur blancheur me surmonte.

M. LE M. DE MONTAUSIER.

L'ANÉMONE

MADRIGAL

Je m'offre à vous, belle Julie ;
Mais ne refusez pas mes vœux:

La Couronne qu'on met dessus vos beaux cheveux
    Sans moy ne peut estre accomplie.
Je dois entre les fleurs tenir le premier rang;
On ne sçauroit cueillir que parmy les épines
Cette fleur que Vénus fit naistre de son sang,
Et je n'en mesle point à mes beautez divines;
    Mais l'éclat de votre beauté
    M'accuse de temerité.
    Je cederai toujours aux roses
Tandis qu'elles seront sur vôtre teint écloses.

M. LE M. DE MONTAUSIER.

LA VIOLETTE

MADRIGAL

Franche d'ambition je me cache sous l'herbe,
Modeste en ma couleur, modeste en mon séjour;
Mais si sur vostre front je me puis voir un jour,
La plus humble des fleurs sera la plus superbe.

M. DES MARESTZ [1].

LA VIOLETTE

MADRIGAL

    De tant de fleurs par qui la France
    Peut les yeux et l'ame ravir,
    Une seule ne me devance
    Au juste soin de te servir;

---

[1] Anonyme dans la copie de Maurepas, ce madrigal n'a jamais été attribué qu'à Desmarets; dans l'original, il est signé, avec cette orthographe : *M. Des Marestz*.

  Que si la Rose en son partage
  Fait gloire de quelque avantage
  Que le Ciel daigne luy donner,
  Elle a tort d'en estre plus fiere :
  J'ay l'honneur d'être la premiere
  Qui naisse pour te couronner.

M. DE MALLEVILLE.

LES LYS

MADRIGAL

Merveille de nos jours, dont les charmes vainqueurs
Ravissent les esprits et regnent dans les cœurs,
Rare present du Ciel, adorable Julie,
Lorsque toutes les fleurs, d'un email precieux
Viennent rendre à l'envy ta Couronne embellie,
C'est sur moy que tu dois arrester tes beaux yeux.
De la Reyne de l'air je suis la fleur divine ;
Ma blancheur de son lait tire son origine ;
Il se fait voir encor sur mon teint sans pareil,
Et le Dieu dont les loix forment la destinée
Veut que le plus grand Roy qu'eclaire le Soleil
Ayt de moy seulement la teste couronnée.
Au temple de Thémis je preside avec luy ;
Son throsne glorieux est mon illustre appuy ;
La valeur de ce Mars fait pour moy des miracles,
Et je dois esperer que par son bras puissant
S'accompliront bientôt les celebres oracles
Qui me promettent place au-dessus du Croissant.
Mais parmy ces grandeurs, le bruit de ton merite
A me donner à toy si fortement m'invite
Que je veux de ma gloire enrichir ta beauté.
En vain toutes les fleurs dans leur pompe suprême

Se vantent de t'orner d'un royal diadème
Leur plus superbe éclat n'a point de majesté.
Nulle autre que le Lys sans audace n'aspire
A te rendre un honneur qui soit digne de toy ;
Elles parent ton front, et je t'offre un Empire,
Puisqu'en te couronnant je t'égale à mon Roy.

M. D'ANDILLY.

LES LYS

MADRIGAL

Le plus ardent de tous mes vœux
Est de couronner tes cheveux ;
Et je croy, si je ne me flatte,
Que je puis aspirer à cet honneur nouveau ;
Car par moy ton visage est beau,
Et par moy de nos Roys le diadême éclatte :
Mais j'ay plus de gloire cent fois,
Et je tire plus d'avantage
D'éclater dessus ton visage
Que dessus la teste des Roys.

M. LE M. DE MONTAUSIER.

LES LYS

MADRIGAL

Reçoy les Lys que je te donne
Pour en former une Couronne
Par qui ton pouvoir soit dépeint ;
C'est l'ornement que je t'apreste :
Pour rendre ce qu'on doit aux Lys de ton beau teint,
Il t'en faut mettre sur la teste.

M. DE MALLEVILLE.

LE LYS

MADRIGAL

Devant vous je pers la victoire
Que ma blancheur me fit donner,
Et ne préten plus d'autre gloire
Que celle de vous couronner.
  Le Ciel, par un honneur insigne,
Fit choix de moy seul autrefois,
Comme de la fleur la plus digne
Pour faire un present à nos Roys.
  Mais si j'obtenois ma requeste,
Mon sort seroit plus glorieux
D'estre monté sur vôtre teste
Que d'estre descendu des Cieux.

M. DES RÉAUX-TALLEMANT.

LE LYS

MADRIGAL

Je puis mettre entre les louanges
Qui me rendent si glorieux
D'avoir fleuri dedans les Cieux,
Cultivé de la main des Anges ;
Mais certes c'est y retourner
Que de vous pouvoir couronner.

M. MARTIN.

LE LYS

MADRIGAL

Que j'ay de gloire à cette fois,
Que j'ombrage ces belles tresses !
Je ne couronnois que les Roys,
Et je couronne les Déesses.
M. MARTIN.

LE LYS

MADRIGAL

Un divin oracle, autresfois,
A dit que ma pompe et ma gloire
Sur celle du plus grand des Roys
Pouvoir emporter la victoire ;
Mais si j'obtiens, selon mes vœux,
De pouvoir parer vos cheveux,
Je dois, ô Julie adorable,
Toute autre gloire abandonner ;
Car nul honneur n'est comparable
A celuy de vous couronner.
M. C. [1].

---

[1] Dans l'original et dans la copie de Maurepas, cette pièce est signée seulement d'initiales : « M. C. » — Des textes de Didot et de Nodier signent, sans motif connu, « Conrart. » L'éditeur de 1729, plus prudent, avait conservé les initiales.

LES LYS

MADRIGAL

Belle, ces Lys que je vous donne
Auront plus d'honneur mille fois
De servir à votre Couronne
Que d'estre couronnez aux armes de nos Roys.

M. DES MARETS.

LA TULIPE

MADRIGAL

Je fus un Berger autrefois,
Qui, poussé d'une belle audace,
Alla cueillir dessus Parnasse
Des lauriers plus fameux que les lauriers des Roys.
Ce genereux desir d'une éternelle gloire
Ne m'empécha pas de servir
Avec les filles de Mémoire,
Les mortelles beautez qui me sçurent ravir.
Mais mon âme fut si volage,
A tant d'objets divers elle rendit hommage,
Et les bergers si souvent
En me reprochant leurs caresses,
Se plaignirent que mes promesses
Se perdoient parmy l'air dessus l'aile du vent,
Qu'Amour vint d'une main puissante
Me transformer en cette fleur,
Qui, comme j'eus l'âme inconstante,
Est inconstante en sa couleur.
Miracle de nos jours, si mes yeux t'eussent veue,
Avec tous ces appas dont le ciel t'a pourveue,

Mon cœur n'eût point esté léger ;
Mais mon sort me console et pour ma gloire ordonne
Depuis que j'ay l'honneur d'embellir ta Couronne,
Que mes vives couleurs ne pourront plus changer.

M. GODEAU.

LA TULIPE

MADRIGAL

Je suis le plus brillant ouvrage
Dont le pinceau de Flore embellit les Estez,
Et sur les autres fleurs j'ay le mesme avantage
Qu'a le feu de tes yeux sur les autres clartez.
    Mais dans l'éclat qui m'environne,
Et qui de cent couleurs releve mes beautez,
    La gloire que le Ciel me donne
    D'estre une fleur de ta couronne.
    A pour moi de si doux appas
Que, bien que de ma mort ma gloire soit suivie,
    Pour mourir d'un si beau trépas
    J'ayme mieux la mort que la vie.

M. ARNAUD DE CORBEVILLE.

LA TULIPE AU SOLEIL

MADRIGAL

Bel astre à qui je dois mon estre et ma beauté,
    Ajoute l'immortalité
A l'éclat nompareil dont je suis embellie;
Empêche que le temps n'efface mes couleurs.
Pour throsne donne-moy le beau front de JULIE;

Et si cet heureux sort à ma gloire s'allie,
  Je seray la Reyne des fleurs.

M. C.[1]

LA TULIPE NOMMÉE FLAMBOYANTE

MADRIGAL

Permettez-moy, belle Julie,
De mesler mes vives couleurs
A celles de ces rares fleurs
Dont votre teste est embellie :
Je porte le nom glorieux
Qu'on doit donner à vos beaux yeux.

M. LE M. DE MONTAUSIER.

LA JONQUILLE

MADRIGAL

Dans la Fable, ni dans l'Histoire,
  Il ne se parle point de moy ;
Je ne me puis vanter de posseder la gloire
De descendre du sang ni d'un Dieu ni d'un Roy ;
  Mais la passion véritable
  Que vous témoigne ma couleur,
  Plus qu'une plus illustre fleur
  Me doit rendre recommandable.

---

[1] Dans l'original, dans la copie Maurepas et dans l'édition de 1729, cette pièce n'est signée que d'initiales : « M. C. » — Les éditions de Didot et de Nodier ont signé « de M. Conrart. » — Le Recueil de Sercy signe « Corneille. »

O Beauté qu'on doit adorer!
Permettez-moy de vous parer,
Et je m'estimeray cent fois plus glorieuse
Que celle dont l'histoire est cent fois plus fameuse.

M. LE M. DE MONTAUSIER.

L'HYACINTE

MADRIGAL.

Je n'ay plus de regret à ces armes fameuses,
Dont l'injuste refus precipita mon sort;
Si je n'ay possédé ces marques glorieuses,
Un destin plus heureux m'accompagne à la mort;
Le sang que j'ay versé, d'une illustre folie,
A fait naistre une fleur qui couronne JULIE.

M. LE M. DE R. [1].

L'HYACINTE

MADRIGAL

Depuis mon changement, tout l'univers remarque
    Que d'un triste et muet discours
    Je me plains qu'en mes plus beaux jours
    J'ai ressenti la rigueur de la Parque;
    Mais je cesse de murmurer;
Car l'extrême plaisir que j'ai de te parer

---

[1] Dans la copie de Maurepas, ce madrigal parait signé seulement des initiales « de M. le M. de R. » — Les éditions Didot et Nodier ont signé : « de M. le Mis de Racan. » Il est attribué généralement au marquis de Rambouillet, père de Julie.

Efface maintenant la pleinte
Que mes feuilles portoient empreinte.

M. LE M. DE MONTAUSIER.

L'HYACINTE

MADRIGAL

D'un éternel bonheur ma disgrâce est suivie;
Je n'ay plus rien en moy qui marque mon ennuy.
Autrefois un Soleil me fit perdre la vie;
Mais un autre Soleil me la rend aujourd'huy.

M. C.[1].

L'ÉLIOTROPE

MADRIGAL

A ce coup les Destins ont exaucé mes vœux;
Leur bonté me permet de parer les cheveux
    De l'incomparable Julie;
    Pour elle, Apollon, je t'oublie,
    Je n'adore plus que ses yeux.
C'est avecque leurs traits qu'Amour me fait la guerre;
    Je quitte le Soleil des Cieux
    Pour suivre celui de la Terre.

M. LE M. DE MONTAUSIER.

---

[1] Original, et Ms. de Maurepas : « M. C. » — Les éditions Didot et Nodier portent : « de M. Conrart. »

LE SOUCY

MADRIGAL

Si l'on vous donne un Lys, un Œillet, une Rose,
 Je vous veux présenter aussy
 Un triste et languissant Soucy ;
 Le sort ne me laisse autre chose.
 Je souffre d'une telle douleur
 De vous offrir la moindre fleur,
 Qu'on verra dans votre Couronne
 Que je deviens ce que je donne.

M. LE M. DE MONTAUSIER.

LE SOUCY

MADRIGAL

Faut-il donc que la Rose ait sur moy l'avantage
D'étaler ses beautez dessus votre visage,
D'y charmer tous les cœurs et d'y donner des loix ?
Luisez, Astre vivant, dessus ma dernière heure ;
Une jalouse ardeur ordonne que je meure,
Pour un second Soleil, une seconde fois.

M. HABERT, C. DE L'ARTILLERIE [1].

---

[1] L'original et la copie de Maurepas portent : « de M. Habert, C. de l'artillerie. » — Des éditions Didot et Nodier, portent : « Cap. ; » — Voir la note 2, p. 399.

LE SOUCY

MADRIGAL

Ne pouvant vous donner ni sceptre ni couronne,
Ni ce qui peut flatter les cœurs ambitieux.
Recevez ce Soucy, qu'aujourd'huy je vous donne,
Pour ceux que tous les jours me donnent vos beaux yeux.

M. HABERT, C. DE L'ARTILLERIE [1].

LE SOUCY AU SOLEIL

MADRIGAL

Quoyque tu sois pourveu d'un éclat nompareil,
Ce n'est pas de ton feu que je suis embellie ;
   Si je suis la fleur du Soleil,
C'est du Soleil qui luit dans les yeux de Julie.

M. COLLETET.

LE SOUCY

MADRIGAL

  Jadis les rigueurs du Soleil
    Me coûterent la vie ;
  J'attends un accident pareil
    A cause que j'ay même envie ;
Mais il m'importe peu qu'elle me soit ravie,
    Puisque même après le trepas
    Je sçay l'art de suivre ses pas.

M. DE SCUDÉRY.

---

[1] Voyez la note précédente.

LE SOUCY SOUS LE NOM DE CLYTIE

MADRIGAL

Mortels, qu'on ne m'accuse pas
D'estre infidèle ni volage,
Bien qu'un miracle de cet âge
Ait prix mon âme en ses appas;
Je puis, sans crime et sans folie,
Cherir cet objet nompareil;
Aymer Apollon ou Julie,
C'est toujours aymer le Soleil [1]

M. DE MALLEVILLE.

LE SOUCY SOUS LE NOM DE CLYTIE

MADRIGAL

Je suis et l'Amante et l'Image
De l'astre étincelant qui regne dans les Cieux,
Et je puis sans orgueil pretendre l'avantage
De parer son front glorieux;
Mes rivalles ont eu l'audace,
Dans leur plus superbe appareil,
De t'oser demander ma place.
Mais, incomparable Soleil,
Plus digne de mes vœux que celuy qu'on adore,
Nulle dans l'empire de Flore

---

[1] Le texte imprimé des poésies de Malleville (Paris, Courbé, 1649, in-4, p. 265), donne cette variante, pour les deux derniers vers:

Aymer la divine Julie
N'est-ce pas aymer le Soleil?

Ne me peut disputer cet honneur sans pareil.
   Je n'exalte point ma naissance,
   Je ne vante point mes appas ;
   Pour concevoir cette esperance,
   J'ai ce que les autres n'ont pas ;
De rayons éclattants je suis environnée ;
    Telle est ma destinée,
Que tu ne peux qu'à moy cette gloire donner.
Qui pourroit qu'un Soleil un Soleil couronner ?

M. D'ANDILLY, LE FILZ.

LA PENSÉE

MADRIGAL

Vous qui suivez l'amour, dont le feu vous égare,
Ne jettez point les yeux sur un objet si rare ;
C'est avecque respect qu'il en faut approcher.
Quoique de ses beautez votre âme soit blessée,
Apprenez que les mains n'ont pas droit d'y toucher,
Et que cet heur n'est dû qu'à la seule Pensée.

M. COLLETET.

LES SOUCYS ET LES PENSÉES

MADRIGAL

  Lorsque, pressé de mon devoir,
  Je veux t'offrir une Guirlande,
  Ta beauté m'oste le pouvoir
  D'accomplir ce qu'il me commande ;

Ce qui te l'a fait mériter
Empesche que tu ne l'obtiennes :
Ton beau teint ne peut supporter
D'autres merveilles que les siennes ;
Par luy la Rose est sans couleur,
Les Œillets ont perdu la leur,
Les Tulipes sont effacées,
Les Lys n'ont plus de pureté ;
Et pour toy rien ne m'est resté
Que des soucis et des PENSÉES.

M. DE MALLEVILLE.

LA FLEUR D'ORANGE

MADRIGAL

Du palais d'émeraude, où la riche Nature
M'a fait naistre et regner avecque majesté,
Je viens pour adorer la divine beauté
Dont le Soleil n'est rien qu'une foible peinture.
Si je n'ay point l'éclat ni les vives couleurs
      Qui font l'orgueil des autres fleurs,
Par mes douces odeurs je suis plus accomplie,
Et par ma pureté plus digne de JULIE.
Je ne suis point sujette au fragile destin
      De ces belles infortunées
      Qui meurent dès qu'elles sont nées,
Et de qui les appas ne durent qu'un matin ;
Mon sort est plus heureux, et le Ciel favorable
Conserve ma fraîcheur et la rend plus durable.
Ainsi, charmant objet, rare présent des Cieux,
Pour mériter l'honneur de plaire à vos beaux yeux,
      J'ay la pompe de ma naissance ;

Je suis en bonne odeur, en tout temps, en tous lieux ;
      Mes beautez ont de la constance,
Et ma pure blancheur marque mon innocence ;
J'ose donc me vanter, en vous offrant mes vœux,
De vous faire moy seule une riche couronne,
      Bien plus digne de vos cheveux
Que les plus belles fleurs que Zéphire vous donne.
Mais si vous m'accusez de trop d'ambition
Et d'aspirer plus haut que je ne devrois faire,
      Condamnez ma présomption
      Et me traitez en temeraire ;
Punissez, j'y consens, mon superbe dessein
      Par une severe defense
De m'élever plus haut que jusqu'à votre sein,
Et ma punition sera ma récompense.

M. C.[1]

LE SAFFRAN

MADRIGAL

Je viens m'offrir à vous pour parer vos cheveux,
      Divin objet de mille vœux,
      Par qui toute ame est enflammée ;
      La Nature, mere des fleurs,
      Pour me distinguer de mes sœurs,
      De langues m'a toute formée ;
Mais, aymable Julie, il le faut avouer,
Je n'en ay pas encore assez pour vous louer.

M. LE M. DE MONTAUSIER.

---

[1] L'original et la copie de Maurepas portent : « M. C. » les textes imprimés de Didot et de Nodier : « de M. Conrart. »

LA FLAMBE

MADRIGAL

Je ne croy pas que ces Guirlandes,
Dont chacun vous fait des offrandes,
Conservent toutes leurs couleurs ;
Si votre bel œil les éclaire,
Je m'attends bien de luy voir faire
Des flambes de toutes les couleurs.

M. DE MALLEVILLE.

LA FLAMBE

MADRIGAL

Parmy toutes ces autres fleurs,
Recevez cette FLAMBE, ô JULIE adorable !
C'est le vivant portrait des mortelles douleurs
Que cause dans mon sein une playe incurable ;
Pour vous montrer l'état de mon cœur consumé,
Je ne pouvois choisir qu'un objet enflammé !

M. LE M. DE MONTAUSIER.

LE MUGUET

MADRIGAL

J'abandonne les bois dont les feuillages sombres,
Malgré l'astre brûlant qui répand les clartez,
Conservent ma fraîcheur sous leurs épaisses ombres,
Pour venir rendre hommage à tes rares beautez ;

Mais je crains, en voyant l'éclat qui t'environne,
Que ton feu sans pareil
Ne me soit plus fatal que celuy du Soleil.
N'importe, toutefois, quoy que le Soleil ordonne,
Ou j'embelliray ta couronne,
Ou, mourant au feu de tes yeux,
Mon sort égalera le sort des Demy-Dieux.

M. BRIOTE.

LA FLEUR DE GRENADE

MADRIGAL

Dans l'empire fameux de Flore et de Pomone.
Mon père a mille enfans qui portent la couronne ;
Mais, preferant mon sort au leur,
J'ay mieux aymé demeurer fleur,
Avec le vif éclat dont je suis embellie,
Afin de m'offrir vierge à la chaste JULIE.
O perte favorable ! ò change precieux !
Je quitte une gloire mortelle
Pour l'immortel honneur de parer cette belle,
Et le destin des Roys pour le destin des Dieux.

M. C. [1].

LA FLEUR DE GRENADE

MADRIGAL

D'un pinceau lumineux, l'Astre de la lumiere
Anime mes vives couleurs,

---

[1] Ce madrigal, signé ailleurs du nom de Conrart, ne porte que les initiales M. C. dans l'original et dans le recueil de Sercy.

Et, regnant sur l'Olympe en sa vaste carriere,
    Il me fait regner sur les fleurs;
Ma pourpre est l'ornement de l'empire de Flore;
Autresfois je brillay sur la teste des Roys,
      Et le rivage More
      Fut sujet à mes loix.
Mais, meprisant l'éclat dont je suis embellie,
    Je renonce au flambeau des Cieux,
    Et viens, ô divine JULIE!
    Adorer tes beaux yeux,
Pour vivre par leur feu d'une plus noble vie.
    Je viens, par une belle ardeur,
A la honte du Ciel, achever ta grandeur;
    Il te devoit une Couronne,
      Et moy je te la donne.

M. BRIOTE.

LA FLEUR D'ADONIS

MADRIGAL

Si quelque soin vous tient de vous rendre immortelle,
Et de voir votre nom par le monde semé [1],
Rendez-vous à l'Amour, ne soyez plus rebelle;
Si je fleuris encor, c'est pour avoir aymé.

M. DE MALLEVILLE.

---

[1] Dans les *Poésies* de Malleville, 1649, in-4°, p. 269, ce vers a subi une variante :

    Et de voir votre nom sur la terre estimé.

LA PERCE-NEIGE

MADRIGAL

      Fille du bel Astre du jour,
      Je nays de sa seule lumiere
Alors que sans chaleur, à son nouveau retour,
      Des mois il ouvre la carriere.
      Je vis pure et dans la froideur,
      Et mon teint, que la neige efface,
    Conserve son éclat dans l'extrême rigueur
      De l'hyver couronné de glace.
      Fleurs peintes d'un riche dessein
      Que le chaud du Soleil fait naître,
Et qui, peu chastement, ouvrez votre beau sein
      Au Pere qui vous donna l'estre ;
      Vous qui, sans pudeur, aux Zéphirs
      Souffrez découvrir vos richesses,
Et, vous laissant toucher à leurs foibles soupirs,
      Ployez sous leurs molles caresses ;
      Osez-vous, peu modestes fleurs,
Prétendre couronner cette beauté sévère ?
Et ne craignez-vous point les cruelles froideurs
Dont elle sçait punir une âme temeraire ?
      N'ayez plus cette vanité,
Puisque seule je dois obtenir l'avantage
D'orner de son beau chef l'auguste majesté,
Lorsque de tous les cœurs elle reçoit l'hommage.
      Au throsne de la pureté.

M. DE MONTMOR-HABERT.

LA PERCE-NEIGE

MADRIGAL

Sous un voile d'argent la Terre ensevelie
    Me produit malgré sa fraîcheur;
    La neige conserve ma vie,
Et, me donnant son nom, me donne sa blancheur.
Mais celle de ton sein, nompareille Julie,
    Me fait perdre aujourd'huy le prix
    Que je ne cède pas aux Lys.

M. BRIOTE.

LE PAVOT

MADRIGAL

    Accordez-moi le privilége
    D'approcher de ce front de nége;
Et si je suis placé, comme il est à propos,
Auprès de ces Soleils que le Soleil seconde,
    Je leur donneray le repos
    Qu'ils dérobbent à tout le monde

M. DE SCUDÉRY.

L'IMMORTELLE

MADRIGAL

Foibles fleurs à qui le Destin
Ne donne jamais qu'un matin,

Reconnoissez votre folie ;
Moy seule dois prétendre à couronner Julie.
　　Digne objet des plus dignes vœux,
　　Placez-moy dessus vos cheveux :
J'aspire à cet honneur, faites que je l'obtienne ;
Ainsi puisse le Ciel vous combler de plaisirs,
Faire que tout succede à vos justes desirs,
Et que votre beauté dure autant que la mienne !

M. DE SCUDÉRY.

L'IMMORTELLE BLANCHE

MADRIGAL

Donnez-moy vos couleurs, Tulipes, Anémones ;
Œillets, Roses, Jasmins, donnez-moy vos odeurs :
Des contraires saisons le froid ni les ardeurs
　　Ne respectent que les couronnes
　　Que l'on compose de mes fleurs ;
Ne vous vantez donc point d'estre aimables ni belles ;
On ne peut nommer beau ce qu'efface le temps.
　　Pour couronner les beautez éternelles
　　　Et pour rendre leurs yeux contens,
　　　Il ne faut point estre mortelles.
　　Si vous voulez affranchir du trépas
　　　Vos brillants, mais frêles appas,
　　　Souffrez que j'en sois embellie ;
Et, si je leur fais part de mon éternité,
Je les rendray pareils aux appas de Julie,
Et dignes de parer sa divine beauté.

M. C. [1]

---

[1] L'original et la copie Ms, de Maurepas portent : « M. C. »
Le recueil de Sercy : « Corneille. »

LE MÉLÉAGRE

MADRIGAL

Je vay finir pour Julie :
O que mon destin est beau !
La glorieuse folie !
Dieux ! le superbe tombeau !
Je suis fleur et fus jadis homme ;
Mon sort une autre fois se trouve au même point,
Car un feu secret me consomme,
Qui me brusle et ne paroist point [1].

M. DE SCUDÉRY.

---

[1] Ce madrigal, qui est le dernier du volume, occupe le feuillet 95 ; — les feuillets ne sont paginés qu'au recto.

FIN DE LA GUIRLANDE DE JULIE.

SUPPLÉMENT
A LA GUIRLANDE DE JULIE

MADRIGAUX INÉDITS

COMPOSÉS POUR LA GUIRLANDE

Et qui ne figurent pas dans le manuscrit original [1].

SUR LA FLAMBE

GUSTAVE A JULIE [2]

Divine cause de mes pleurs,
Objet dont la gloire m'estonne,
Adjoute à tant de belles fleurs
Cette Flambe que je te donne.

Tes yeux peuvent bien approuver
Ce présent d'un cœur tributaire ;
La Flambe qui te va trouver
Est un feu qui tend à sa sphere.

---

[1] Ces madrigaux nous sont fournis par une copie, d'ailleurs fort incomplète, qui se trouve dans un des volumes manuscrits de Conrart, indépendants des deux collections bien connues de l'Arsenal.

[2] P. 1097 du manuscrit.

Jette ton regard curieux
Sur les merveilles qu'elle enserre;
Ce qu'est Iris dedans les Cieux,
La Flambe l'est dessus la terre.

Ou sois favorable à mes vœux,
Ou tu seras digne de blasme;
Je ne mets que sur tes cheveux
Ce que tu mets dedans mon âme.

Il faut que ton feu nompareil,
Cherche un objet à qui tout cede,
Et que ce qui vient du Soleil
Un autre Soleil le possede.

A peine luit-elle en ces lieux,
Où l'amour veut que je l'envoye,
Que, paroissant devant tes yeux,
Elle s'espanouit de joye.

Tes yeux en cest heureux séjour
Raniment sa grâce première,
Et c'est moins de l'Astre du jour
Que d'eux qu'elle tient sa lumière.

L'Arc-en-ciel n'a point de couleur
Que le Soleil rende si belle
Que le lustre de cette fleur
Quand tes yeux rayonnent sur elle.

A l'esclat du feu vehement
Dont toutes les feuilles sont pleines,
Tu pourras juger aysément
Celuy qui brusle dans mes veynes.

Ces feuilles qui, dans ce beau lieu,
N'ont rien que de vif et de rare
Sont autant de langues de feu
Par qui mon amour se déclare.

Je ne puis en la vive ardeur
Que me cause ta renommée
Exprimer l'estat de mon cœur
Que par une chose enflammée.

Certes, mon courage est atteint
D'autant de peines violentes
Que l'émail dont elle se peint
Brille de couleurs différentes.

Face l'astre qui luit aux Roys,
Pour adoucir mon amertume,
Que la Flambe que tu reçois
Passe en ton cœur et te consume.

(ANONYME.)

LA TULIPE[1]

Curieux enfants d'espérance,
Belle troupe de mes amans
Ne venez plus dans l'ignorance
Du sujet de mes changemens.
Je cherche à me rendre embelie
D'un si grand nombre de couleurs
Qu'il ne faille que de mes fleurs
Pour la guirlande de Julie.

(ANONYME.)

---

[1] P. 1100 du manuscrit.

EN FAVEUR DE LA GUIRLANDE DE JULIE

MADRIGAL [1]

Quelle est cette beauté que tout le monde adore?
A voir son front orné de tant de vives fleurs,
Et son teint surmonter l'esclat de leurs couleurs,
 On la prendroit pour la Déesse Flore,
Mais non; Flore s'esmeut au doux vent des Zéphirs,
Et celle-cy resiste au vent de noz soupirs.

(ANONYME.)

LE NARCISSE

POUR LA GUIRLANDE DE JULIE [2]

Lorsque la Nymphe Écho fut réduite en servage,
Et ressentit les traits de ma vaine beauté,
 Si de JULIE elle eust eu le visage,
J'eusse banny de moy l'insensibilité.
Jamais une fontaine en son cristal mobile
Ne m'eust charmé les yeux d'un objet decevant;
Un autre plus divin m'eust pris auparavant,
Et la Nymphe eust trouvé ma conqueste facile.
Je ne serois pas fleur; mais, ô doux changement,

---

[1] P. 1102 du manuscrit.
[2] P. 1103 du manuscrit.

Mémorable destin d'un bienheureux amant!
   Agréable folie!
Je triomphe en ma perte, et deviens glorieux
De pouvoir vivre ainsi jusqu'au temps de JULIE,
D'embellir sa guirlande et de plaire à ses yeux.

(ANONYME.)

L'ŒILLET A JULIE [1]

La blancheur de ta main m'est un trosne d'yvoire,
Et, bien que par ton teint le mien soit surpassé,
Je suis soubz ton empire au comble de la gloire,
Et j'emprunte de toy ma plus grande beauté.

(ANONYME.)

L'ANGELIQUE [2]

  De tant de fleurs que l'on vous donne
  Pour composer cette Couronne,
   Celle que je vous viens offrir
    Vous sera la plus chere.
Le Ciel qui cognoissoit qu'elle devoit vous plaire,
D'un amour non commun a daigné la chérir;
A ce que vous aymez ses dons il communique,
Et vous aymez surtout la divine ANGELIQUE.

(ANONYME.)

---

[1] P. 1104 du manuscrit.
[2] P. 1106 du manuscrit.

LA ROSE A JULIE[1]

Par la loy d'un nouveau Destin,
Ma pourpre, qui jadis ne vivoit qu'un matin,
Conserve son esclat dans ta riche Guirlande.
Je naquis du beau sang de la mere d'Amour;
    Mais c'est une grace plus grande
De conserver que de donner le jour.

LA ROSE[2]

Vénus qui voit les Cieux[3], ainsi que les Mortelz,
Implorer sa clemence au pied de ses autelz,
Se repent que son sang m'ayt donné la naissance,
    Et croit recevoir un affront
    Me voyant couronner le front
De celle dont le cœur se rit de sa puissance.

LE NARCISSE[4]

    Rien n'est esgal à ma douleur;
    Bien que je ne sois qu'une fleur,
    J'ayme la fille d'Artenice.
Aux flammes de ses yeux je me laisse esblouyr;
Mais je suis sans espoir, car le sort de Narcisse
Est d'aymer les objets dont il ne peut jouir.

(ANONYME.)

[1] P. 1108 du manuscrit.
[2] P. 1108 du manuscrit.
[3] Les (?) *Dieux*.
[4] P. 1109 du manuscrit.

L'HYACINTHE[1]

Alors que d'un garçon je devins une fleur,
Le Dieu qui me perdoit voulut que sa douleur
    Dessus mes feuilles fût tracée ;
    Mais te couronnant aujourd'huy,
Qu'on ne s'estonne point de la voir effacée,
Je gaigne plus en toy que je ne perds en luy[2].

(ANONYME.)

[1] P. 1109 du manuscrit.
[2] Le titre de cette pièce, et le mot *en* qui paraît deux fois dans le dernier vers, ont été écrits de la main de Conrart.

AUTRES PIÈCES

CONSERVÉES DANS LES POÉSIES DE MALLEVILLE

LE SOUCY SOUS LE NOM DE CLYTIE, AU SOLEIL

Perfide amant, je te déclare
Que mon cœur n'est plus ton captif;
C'est trop chercher un fugitif
Et trop réclamer un barbare.
Un plus admirable flambeau,
Un Astre plus doux et plus beau
Me vint guérir de ma folie.
J'adore son feu nompareil,
Et ne cognois plus de Soleil
Que dans les beaux yeux de Julie[1].

SUR LA FLEUR DE GRENADE

Moy qui pouvois passer pour la Reine des Fleurs,
Je seiche, je languis, je flestris et je meurs.
Quand je voy ces beaux yeux, dont l'esclat me surmonte,
Mon teint n'a plus ce feu qui brilloit vivement,
Et s'il rougit encore, il rougit seulement
      De depit et de honte[2].

---

[1] *Poésies*, 1649, p. 264.
[2] *Poésies*, p. 268.

LE NARCISSE

Apres m'estre perdu dans une onde perfide,
Je seiche au feu des yeux d'une belle homicide,
Quand je luy rends hommage et m'acquitte d'un vœu.
O Destin, qui me fais cette injure seconde!
N'estoit-ce pas assez d'avoir pery par l'onde
      Sans perir par le feu [1]?

LA FLEUR D'ADONIS

  Je suis si fragile en mon estre
  Que je ne puis longtemps fleurir;
  Le vent qui les Roses fait naistre
  Est si fort qu'il me fait mourir.
  Je dépens du moindre Zephire,
  Et dès le moment qu'il souspire
  Je tombe à terre et ne vis plus :
  Mais si je suis sur vostre teste,
    Ne seray-je pas au-dessus
  Et des vents et de la tempeste [2]?

---

[1] *Poésies*, p. 268.
[2] *Poésies*, p. 269.

TABLE DE LA GUIRLANDE DE JULIE

PAR ORDRE ALPHABÉTIQUE DES FLEURS

ADONIS (La Fleur d'), madrigal; de M. de MALLEVILLE, p. 421.
Si quelque soin vous tient de vous rendre immortelle.

AMARANTE (L'), madrigal; de M. de GOMBAUD, p. 400.
Je suis la fleur d'amour qu'Amarante on appelle.

ANÉMONE (L'), madrigal; de M. le Mis de MONTAUSIER, p. 402.
Je m'offre à vous, belle Julie.

ANGÉLIQUE (L'), premier madrigal; de M. le Mis de MONTAUSIER, p. 400.
Recevez mon service, adorable Julie.
Second madrigal; de M. de MALLEVILLE, p. 400.
Quand toutes les fleurs prennent place.

ÉLIOTROPE (L'), madrigal; de M. le Mis de MONTAUSIER, p. 412.
A ce coup les Destins ont exaucé mes vœux.

FLAMBE (La), premier madrigal; de M. de MALLEVILLE, p. 419.
Je ne croy pas que ces Guirlandes.
Second madrigal; de M. le Mis de MONTAUSIER, p. 419.
Parmi toutes ces autres fleurs.

GRENADE (La Fleur de), premier madrigal; de M. C., p. 420.
Dans l'empire fameux de Flore et de Pomone.

Second madrigal ; de M. de Briote, p. 420.
D'un pinceau lumineux, l'Astre de la lumière.

HYACINTHE (L'), premier madrigal ; de M. le Mis de R..
p. 411.
Je n'ai plus de regret à ces armes fameuses.

Second madrigal; de M. le Mis de Montausier, p. 411.
Depuis mon changement, tout l'univers remarque.

Troisième madrigal ; de M. C., p. 412.
D'un éternel bonheur ma disgrâce est suivie.

IMMORTELLE (L'), madrigal ; par M. de Scudéry, p. 423,
Foibles fleurs à qui le Destin.

IMMORTELLE BLANCHE (L'), madrigal ; de M. C., [? Corneille], p. 424.
Donnez-moy vos couleurs, Tulipes, Anémones.

IMPÉRIALE (la couronne), premier madrigal ; de M. Chapelain, p. 394.
Je suis ce prince glorieux.

Second madrigal ; de M. de Malleville, p. 395.
Bien que de la Rose et du Lys.

Troisième madrigal ; de M. de Scudéry, p. 395.
Quelque diversité que le parterre étale.

JASMIN (Le), madrigal ; de M. le Mis de Montausier p. 402.
Cause de tant de feux, source de tant de pleurs.

JONQUILLE (La), madrigal ; de M. le Mis de Montausier,
p. 410.
Dans la Fable ni dans l'Histoire.

LYS (Les), premier madrigal ; de M. d'Andilly, p. 404.
Merveille de nos jours, dont les charmes vainqueurs.

Second madrigal ; de M. le Mis de Montausier, p. 405.
Le plus ardent de tous mes vœux.

Troisième madrigal ; de M. de Malleville, p. 405.
Reçois les Lys que je te donne.

Quatrième madrigal ; de M. des Réaux-Tallemant, p. 406.
Devant vous je pers la victoire.
Cinquième madrigal ; de M. Martin, p. 406.
Je puis mettre entre les louanges.
Sixième madrigal ; de M. Martin, p. 407.
Que j'ay de gloire à cette fois.
Septième madrigal ; de M. C., p. 407.
Un divin oracle autresfois.
Huitième madrigal ; de M. Desmarests, p. 408.
Belle, ces Lys que je vous donne.

MÉLÉAGRE (La Fleur de), madrigal ; de M. de Scudéry, p. 425.
Je vay finir pour Julie.

MUGUET (Le), madrigal ; de M. de Briote, p. 419.
J'abandonne les bois dont les feuillages sombres.

NARCISSE (Le), premier madrigal ; de M. le Mis de Montausier, p. 398.
Je consacre, Julie, un Narcisse à ta gloire.
Second madrigal ; du même, p. 398.
Je suis ce Narcisse fameux.
Troisième madrigal ; de M. Habert, commissaire de l'artillerie, p. 399.
Épris de l'amour de moy-même.
Quatrième madrigal ; de M. Habert, abbé de Cérisy, p. 399.
Quand je voy vos beaux yeux si brillans et si doux.

ŒILLET (L'), madrigal ; de M. le marquis de Montausier, p. 401.
Bien que dans l'empire des fleurs.

ORANGE (La Fleur d'), madrigal ; de M. C., p. 417.
Du palais d'émeraude, où la riche Nature.

PAVOT (Le), madrigal ; de M. de Scudéry, p. 423.
Accordez-moi le privilège.

PENSÉE (La), madrigal ; de M. Colletet, p. 416.
Vous qui suivez l'amour, dont le feu vous égare.

PERCE-NEIGE (La), premier madrigal; de M. de Montmor-
	Habert, p. 422.
Fille du bel Astre du jour.

 Second madrigal; de M. de Briote, p. 423.
Sous un voile d'argent la Terre ensevelie.

ROSE (La), premier madrigal; de M. Habert, abbé de
	Cérisy, p. 396.
Alors que je me vois si belle et si brillante.

 Second madrigal; de M. de Malleville, p. 396.
Devant ce teint d'un beau sang animé.

 Troisième madrigal; de M. le Mis de Montausier,
	p. 396.
Assise en majesté sur un throsne d'épines.

 Quatrième madrigal; de M. Colletet, p. 397.
Si vous n'aviez banny l'ardeur démesurée.

 Cinquième madrigal; du même, p. 397.
Quoique la fable nous raconte.

SAFFRAN (Le), madrigal; de M. le Mis de Montausier,
	p. 418.
Je viens m'offrir à vous pour parer vos cheveux.

SOUCY (Le), premier madrigal; de M. le Mis de Montau-
	sier, p. 413.
Si l'on vous donne un Lys, un Œillet, une Rose.

 Second madrigal; de M. Habert, commissaire de
	l'artillerie, p. 413.
Faut-il donc que la Rose ait sur moi l'avantage.

 Troisième madrigal; du même, p. 414.
Ne pouvant vous donner ni sceptre ni couronne.

 Quatrième madrigal; de M. Colletet, p. 414.
Quoyque tu sois pourvu d'un éclat nompareil.

 Cinquième madrigal; de M. de Scudéry, p. 414.
Jadis les rigueurs du Soleil.

 Sixième madrigal; de M. de Malleville, p. 415.
Mortels, qu'on ne m'accuse pas.

 Septième madrigal; de M. d'Andilly le fils, p. 415.
Je suis et l'amante et l'image.

 Ces deux derniers madrigaux sont intitulés :
Le Soucy sous le nom de Clytie.

SOUCYS ET LES PENSÉES (Les), madrigal; de M. de
MALLEVILLE, p. 416.
Lorsque pressé de mon devoir.

THIN (La Fleur de), madrigal; de M. d'ANDILLY le fils,
p. 401.
Sans beauté, sans grandeur, sans éclat et sans grace.

TULIPE (La), premier madrigal; de M. GODEAU, p. 408.
Je fus un Berger autrefois.
 Second madrigal; de M. ARNAUD de Corbeville,
  p. 409.
Je suis le plus brillant ouvrage.
 Troisième madrigal; de M. C. [? Corneille], p. 409.
Bel astre à qui je dois mon estre et ma beauté.

TULIPE (La), nommée *flamboyante,* madrigal; de M. le
Mis de MONTAUSIER, p. 410.
Permettez-moy, belle Julie.

VIOLETTE (La), premier madrigal; de M. DESMARESTS,
p. 403.
Franche d'ambition, je me cache sous l'herbe.
 Second madrigal; de M. de MALLEVILLE, p. 403.
De tant de fleurs par qui la France.

ZÉPHIRE A JULIE, madrigal; de M. le Mis de MONTAU-
SIER, p. 393.
Recevez, ô Nymphe adorable.
 Ce madrigal est sur le huitième des feuillets qui
 sont à la tête de ce manuscrit.

TABLE ALPHABÉTIQUE DES AUTEURS

AVEC L'INDICATION

DU PREMIER VERS DE LEURS MADRIGAUX

ANDILLY (M. d').
Merveille de nos jours dont les charmes vainqueurs, p. 404.

ANDILLY (M. d') le fils.
Sans beauté, sans grandeur, sans éclat et sans grâce, p. 401.
Je suis et l'Amante et l'Image, p. 415.

BRIOTE (M. de).
J'abandonne les bois dont les feuillages sombres, p. 419.
D'un pinceau lumineux l'Astre de la lumière, p. 420.
Sous un voile d'argent la terre ensevelie, p. 423.

CHAPELAIN (M).
Je suis ce prince glorieux, p. 394.

COLLETET (M.).
Si vous n'aviez banny l'ardeur démesurée, p. 397.
Quoy que la Fable nous raconte, p. 397.
Quoique tu sois pourveu d'un éclat nompareil, p. 414.
Vous qui suivez l'amour dont le feu vous égare, p. 416.

M. C.
Un divin oracle autresfois, p. 407.
Bel astre à qui je dois mon estre et ma beauté [Corneille], p. 409.
D'un éternel bonheur ma disgrâce est suivie, p. 412.
Du palais d'émeraude, où la riche Nature, p. 417.
Dans l'empire fameux de Flore et de Pomone, p. 420.
Donnez-moi vos couleurs, Tulipes, Anémones [Corneille], p. 424.

TABLE DE LA GUIRLANDE

CORBEVILLE (Arnaud de).
Je suis le plus brillant ouvrage, p. 409.

DES MARESTS (M.).
Franche d'ambition je me cache sous l'herbe, p. 403.
Belle, ces Lys que je vous donne, p. 408.

GODEAU (M.).
Je fus un berger autrefois, p. 408.

GOMBAUD (M. de).
Je suis la fleur d'amour qu'Amarante on appelle, p. 400.

HABERT (M.), abbé de Cérisy.
Alors que je me vois si belle et si brillante, p. 396.
Quand je vois vos beaux yeux si brillants et si doux, p. 399.

HABERT (M.), commissaire de l'artillerie.
Epris de l'amour de moy-même, p. 399.
Faut-il donc que la Rose ait sur moi l'avantage, p. 413.
Ne pouvant vous donner ni sceptre ni couronne, p. 414.

MALLEVILLE (M. de).
Bien que de la Rose et du Lys, p. 395.
Devant ce teint d'un beau sang animé, p. 396.
Quand toutes les fleurs prennent place, p. 400.
De tant de fleurs pour qui la France, p. 403.
Reçois les Lys que je te donne, p. 405.
Mortels, qu'on ne m'accuse pas, p. 415.
Lorsque pressé de mon devoir, p. 416.
Je ne croy pas que ces Guirlandes, p. 419.
Si quelque soin vous tient de vous rendre immortelle, p. 421.

MARESTS, voyez DES MARESTS.

MARTIN (M.).
Je puis mettre entre les louanges, p. 406.
Que j'ay de gloire à cette fois, p. 407.

MONTAUSIER (M. le marquis de).

Recevez, ô Nymphe adorable, p. 393.
Assise en majesté sur un throsne d'épines, p. 396.
Je consacre, Julie, un Narcisse à ta gloire, p. 398.
Je suis ce Narcisse fameux, p. 398.
Recevez mon service, adorable Julie, p. 400.
Bien que dans l'empire des fleurs, p. 401.
Cause de tant de feux, source de tant de pleurs, p. 402.
Je m'offre à vous, belle Julie, p. 401.
Le plus ardent de tous mes cœurs, p. 405.
Permettez-moy, belle Julie, p. 410.
Dans la Fable ni dans l'Histoire, p. 410.
Depuis mon changement tout l'univers remarque, p. 411.
A ce coup les Destins ont exaucé mes cœux, p. 412.
Si l'on vous donne un Lys, un Œillet, une Rose, p. 413.
Je viens m'offrir à vous pour parer vos cheveux, p. 418.
Parmy toutes ces autres fleurs, p. 419.

MONTMOR-HABERT (M. de).

Fille du bel Astre du jour, p. 422.

M. le marquis de R.

Je n'ay plus de regret à ces armes fameuses, p. 411.

RÉAUX-TALLEMANT (M. Des).

Devant vous je pers la victoire, p. 406.

SCUDÉRY (M. de).

Quelque diversité que le parterre étale, p. 395.
Jadis les rigueurs du Soleil, p. 414.
Accordez-moi le privilège, p. 423.
Foibles fleurs à qui le Destin, p. 423.
Je vay finir pour Julie, p. 425.

TALLEMANT, voyez Réaux-Tallemant (Des).

FIN DE LA TABLE DE LA GUIRLANDE.

TABLE DES MATIÈRES

INTRODUCTION. — De la société précieuse au xviie siècle.   I

    I. MADAME DE RAMBOUILLET. — I. L'hôtel de Rambouillet. — II. La marquise et sa famille 1

   II. L'ABBÉ COTIN 115

  III. MADAME CORNUEL 133

  IV. L'ABBÉ D'AUBIGNAC 151

   V. GEORGES DE SCUDÉRY 211

  VI. MADEMOISELLE DE GOURNAY 265

 VII. RENÉ LE PAYS 297

VIII. MAITRE JEAN GRILLET, « émailleur de la Reyne, naguère émailleur des Déesses » 325

  IX. BOIS-ROBERT 347

APPENDICE.

LA GUIRLANDE DE JULIE.

Notice 383

Madrigaux 393

Supplément à la Guirlande de Julie : — 1° Pièces tirées des manuscrits de Conrart 426

2° Pièces conservées dans les poésies de Malleville.. 433

Table de la Guirlande de Julie, par ordre alphabétique des fleurs 435

Table alphabétique des auteurs avec l'indication du premier vers de leurs madrigaux 440

FIN DE LA TABLE DU VOLUME.

Aix-les-Bains (Savoie). — Imprimerie Coopérative, avenue de Tresserve

www.ingramcontent.com/pod-product-compliance
Lightning Source LLC
Chambersburg PA
CBHW050253230426
43664CB00012B/1934